Geert Mak

Wie Gott verschwand aus Jorwerd

Geert Mak

Wie Gott verschwand aus Jorwerd

Der Untergang des Dorfes in Europa

*Aus dem Niederländischen
von Isabelle de Keghel*

Siedler

Zum Gedenken an meine Mutter,
Geertje van der Molen

Inhalt

Earst it wûnder fan it bouwen.
De bûthúsdoar stiet iepen; de man leit stiennen op inoar.
Hij bout in muorre. Op 'e muorre komt it stalhout.
Nêst him stiet de ridskipsbak mei it machtich ark.
Sa is wol groeid wat fan alle tiden like!
Dan bout ek de jonge sels;
Yn 'e ierde graaft er hoalen en gongen,
Yn it sân bout er kanalen en sluzen en fan stien
$\qquad$ *tuorren en kastielen.*

Dan it wûnder fan de foldiedigens fan de natûr.
It hôf leit bedutsen mei de grutte, reade, swietrokige fruchten,
Dy't de wyn naam fan de mânske beammen.
O de wille fan it rispjen, wrâlds rykdom lade
$\qquad$ *op de romme souder!*
Dan de hege weiden, dy't ta de skuorredoar ynwraggelje;
En de blanke ierdfrucht út 'e fette grûn dold!

Soe it him wat jaan dat er opwoechs yn de ôf-te-eagjen
Libbensmienskip fan it doarp?
Dat er it bûthús koe en de skuorre, de tún en de greide?
Dat er op 'e poepestâl wie en mei de ûngetiders yn it haailân?
Dat er de lucht koe fan it hout wêr't oan 'e dyk it heiblok giet,
Fan it boat by it fûkfandeljen en fan 'e taan yn
$\qquad$ *fiskermansefterhús?*
Dat er de huzen koe mei stiennen flieren
En de lege swartberikke souders?

Obe Postma

Zunächst das Wunder des Bauens.
Die Stalltür steht offen; der Mann legt die Steine aufeinander.
Er baut eine Mauer. Auf die Mauer kommt das Querholz.
Neben ihm steht der Kasten mit mächtigem Werkzeug.
So ist wohl gewachsen, was zeitlos erscheint!
Dann baut auch der Knabe selber;
In der Erde gräbt er Höhlen und Gänge,
Im Sand baut er Kanäle und Schleusen und aus Stein
                                  Türme und Schlösser.

Dann das Wunder der üppig spendenden Natur.
Der Garten liegt bedeckt mit den großen, roten,
                                  süßduftenden Früchten,
Die der Wind den schweren Bäumen genommen hat.
O Wonne der Ernte, die Reichtümer der Welt auf den
                                  geräumigen Boden zu laden!
Dann die hohen Fuhren, die durchs Scheunentor wanken;
Und die blanke Erdfrucht, aus fettem Boden gegraben!

Würde es ihm helfen, daß er dort aufwuchs, in der kleinen,
Abgezirkelten Gemeinschaft seines Dorfes?
Daß er den Kuhstall kannte und die Scheune,
                                  den Garten und die Weide?
Daß er im Moffenstall* hockte und mit den Tagelöhnern
                                  im Mähfeld war?
Daß er die Gerüche kannte: von Holz am Wegrand,
                                  wo der Rammbock aufprellt,
Und von dem Boot, das die Reusen hochzieht,
                                  von der Lohe hinter den Fischerbuden?
Daß er die Häuser mit den Steinböden kannte
Und die niedrigen schwarzgeräucherten Decken?

(Übersetzung: Ard Posthuma)

---

* Friesisch »poepestâl« = Stall, der den »poepen« zum Schlafen eingerichtet wurde. »Poepen« oder »Moffen« = abschätzige Bezeichnung für
Deutsche, in diesem Fall sind die westfälischen Tagelöhner gemeint, die
im Sommer zum Mähen in die Niederlande kamen (Anm. Ard Posthuma
u. a.).

Das Wunder des Bauens

Peet hatte die Welt des Dorfes nie verlassen. Er lebte im geschlossenen Kreis von Familie, Verwandtschaft, Freunden und Nachbarn. Morgens legte er manchmal irgendwem, den er mochte, ein Bund Möhren vor die Tür oder einen Blumenkohl oder ein paar Stangen Lauch. Er liebte die Wolken, die das Licht manchmal in Strahlen hindurchließen, das freie Feld, die rote Morgenluft, das Blau des Herbstmorgens. Und wenn er sich dann umdrehte, sah er immer wieder denselben Turm, die Häuser, die sich ringsum dicht an die Kirche schmiegten, die Dächer, die weißlich waren vom ersten Nachtfrost, die meisten Äste schon kahl und schwarz.

Es war still geworden im Dorf. Manchmal fuhren Schulkinder auf Fahrrädern die Straße entlang, nach vorne gebeugt, wild strampelnd, in langen Reihen, auf dem Gepäckständer die Taschen mit den Hausaufgaben. Manchmal sah man in der Ferne einen Bauern, der einen Wassergraben entlanghastete. Manchmal war etwas los mit einem Schaf, oder ein Traktor war steckengeblieben. Manchmal kam Rauch aus einem Schornstein.

Als Peet jung war, hörte man immer Holzschuhe und Fahrräder auf der Dorfstraße. Morgens, wenn alle Knechte zugleich vom Melken kamen und nach Hause gingen, um zu frühstücken. Um zwölf Uhr, wenn die Glocke zum warmen Essen rief. Mittags, wenn die Schule ausschwärmte. Abends, wenn die Läden noch geöffnet waren und die Frauen einen letzten Einkauf erledigten.

Peet und seine Klassenkameraden brauchten nur die Augen zu schließen, und sie sahen die Schatten über die Straßen huschen: den alten Mann, der am Rande des Dorfes wohnte, dort, wo die Weite begann. Den Fahrer der Molkerei. Seinen Nachbarn, einen Fleischer, der mit Vieh handelte und für den Eigenbedarf noch ein paar Kühe im Stall stehen hatte. Den alten de Groot, der einen Lebensmittelladen und ein Käsedepot besaß. Den Schiffer, der Torf und Anthrazit verkaufte, braunen und schwarzen Brennstoff, und der im Sommer Mist, Zuckerrübenpülpe und Kartoffelabfälle transportierte. Seine Frau, die in schlechten Zeiten von Hof zu Hof hausieren ging mit einem Tragjoch, an dem zwei große Körbe voller Brote und Plätzchen befestigt waren. Die Allerweltsbastler von nebenan, kleine Leute, die überlebten, indem sie klein blieben: ein wenig Gelegenheitsarbeit bei einem Bauern, ein bißchen Petroleumhandel. Ihren Nachbarn, den Arbeiter, der ebenfalls Steinkohle verkaufte. Die alte Jantsje, die einen Kostgänger hatte, einen verrückten Mann, das war mit der Familie so geregelt. Evert Beton, das war sein Spitzname – wegen der strammen Muskeln, die er vom Arbeiten hatte. Dann den Kuhmelker, der Taue, Karbol und Eutersalbe verkaufte, und seine Frau, die bei den Honoratioren des Dorfes putzte.

Und dann gab es an der Ecke, bei der Brücke, wo jetzt nichts mehr zu sehen ist, das Lokal von Sijmen Tijssen, wo die Hochzeiten gefeiert und die Begräbnisse begangen wurden und wohin sogar der Pfarrer kam, um die Leichenrede zu halten. Die Kneipe war Wohnzimmer, Dorfhaus und Theatersaal zugleich. Wenn sich die Jugend an den Winterabenden dort versammelte, um das alljährliche Theaterstück einzuüben, machte Tijssens Frau Janke es sich am Ofen bequem und stopfte Socken. Und Tijssen selbst saß in Hemdsärmeln an einem der Tische und machte seine Buchhaltung, den ganzen Abend lang. Das Theaterstück wurde immer zweimal aufgeführt: am Sonntagabend für die Jugend, am Dienstagabend für die Verheirateten.

Früher einmal, vor langer Zeit, hatte Peet in die Welt ziehen wollen. Die Zeitungen hatten von einem Krieg in Spanien berichtet, von Bombenangriffen und erschossenen Kindern, und eines frühen Morgens hatte er sich auf sein Fahrrad geschwungen. Er war losgefahren, durch das flache grüne Land, von Kirchturm zu Kirchturm, aus der Provinz hinaus, über den langen, kahlen Abschlußdeich über das Meer nach Nordholland, in Richtung Spanien. Dann brach allmählich die Dunkelheit herein. Irgendwo in der Gegend von Hoorn erinnerte er sich an einen entfernten Verwandten. Dort wurde er liebevoll empfangen. Als er am nächsten Morgen aufwachte, stand sein Vater schon an seinem Bett. Zur Kaffeezeit war Peet wieder zurück in Jorwerd, und er verließ es nie mehr.

Peet de Groot war am Ende seines Lebens ein langer, magerer Mann mit einem bleichen Gesicht und einer dunklen Brille. Ich habe mich hin und wieder mit ihm und seinem Freund Folkert unterhalten. Sie hatten überall gearbeitet: bei verschiedenen Bauern, beim Bäcker, in der Grastrocknerei, als Zimmerleute; den Turm hatte Folkert bis zum Dachfirst gebaut. »Wir haben eine seltsame Zeit miterlebt, aber schön war es schon«, sagten sie, und dann fingen sie an zu erzählen von den Aufführungen des Dorftheaters, die immer ausverkauft waren. Und vom »Tippen«, einem Spiel, das schon jahrhundertelang auf den Bauernhöfen gespielt wurde. Dabei müssen die Spieler mit einem gekonnten Stockwurf ein Bällchen von einem Wagenrad herunterschlagen. Oder davon, daß der Turm einmal eingestürzt war und daß Folkert mit seinem Akkordeon von Dorf zu Dorf gezogen war und so gut dreihundert Gulden für einen neuen Turm zusammenbekommen hatte – der Pfarrer hatte das Geld zuerst gar nicht annehmen wollen. Oder vom Unterschied zwischen Jauche und Scheiße. Jauche war mit Harn, Nachgeburten und anderer Fäulnis vermischt und stank nach Brand und Säure. Und Scheiße, die Scheiße, wie sie früher war, war speckig und trocken, voller Stroh. Und von den Vögeln und der Scheiße, den verschiedensten Vögeln, die um die Scheiße herumflatterten, wenn der Mist ausgefahren wurde, und von den Geräuschen, die über dem flachen Land verebbten, ohne Echo.

Aber jetzt lag Peet selbst im Grünkohl, tot, mit dem Gesicht nach unten in seinem Garten, halb in einen Wassergraben gerutscht, und danach läuteten die Glocken die vorgeschriebenen Schläge. Folkert hatte ihn gefunden. »Er hatte noch Lauch holen wollen, der Eimer stand neben ihm. Na ja, so geht's im Leben«, sagte Folkert im Lokal.

Sie hatten beide ihr Leben auf dem Feld verbracht, hatten Eier gesucht, ein bißchen gewildert und ein paar Reusen im Kanal ausgeworfen, und jeden Abend hatten sie mit ihren Freunden auf der Brücke gestanden, geschwatzt und Münzen geworfen, bis das Radio Einzug hielt und danach das Fernsehen, von dem niemand sich mehr loseisen konnte. Als Jungs hatten sie das neue Licht kommen sehen, den Übergang von der Petroleumlampe zur Elektrizität: Ein Haus nach dem anderen, ein Bauernhof nach dem anderen leuchtete abends plötzlich auf in nie gekannter Helligkeit. Mütter machten sich daran, alles anzustreichen und zu putzen, weil das neue Licht so viel enthüllte. Alle Petroleumlampen wurden ausrangiert. »Das wird was werden!« hatten sie einander zugeraunt.

Sie hatten das Eintreffen der ersten Melkmaschinen im Dorf miterlebt, das Töff-Töff der Einzylindermotoren, das Säubern der Kerzen, immer wieder. Die ersten Autos, das vom Schmied und das vom Notar.

Folkert war jetzt klein und krumm, aber das Funkeln seiner Augen überstrahlte alles. In den siebziger Jahren hatte er die zwei Reihen Neubauten noch eigenhändig gefugt. Peet und er hatten die Zugezogenen kommen sehen, mit ihren Sitzmulden und ihren wilden Gärten, sie hatten die Geschäfte verschwinden sehen, eines nach dem anderen, sie hatten die Landarbeiter wegziehen sehen und waren mit den neuen Zeiten mitgewachsen. »Wenn wir tot sind, ja, dann ist es aus«, sagte Folkert. »Sonst wär ja auch der Teufel los.« – »Ein Junger *kann* sterben, ein Alter *muß* sterben«, ergänzte Peet.

Die Glocken läuteten zu Peets Begräbnis, so wie sie an seinem Todestag und am Tage seiner Geburt geläutet hatten – die große Glocke aus dem Jahre 1354 und die kleine, die 1748 umgegossen worden war, weil sie einen Riß bekommen hatte, als man sie zur Geburt von Prinz Willem V. läuten ließ.

1991 wurde die Vorschrift für das Läuten der Glocken noch einmal im Dorfblättchen abgedruckt: »Bei einem Todesfall wird die Glocke um neun Uhr oder nachmittags um vier geläutet. Bei einer Geburt morgens um elf Uhr. Für einen Mann wird die große Glocke geläutet, und dann stimmt die kleine ein, für eine Frau beginnt die kleine, wonach die große einstimmt.« So wußte man in Jorwerd immer, wer gestorben war, denn die Zeichen waren klar, und den Rest hörte man ohnehin von den Nachbarn.

Der Trauergottesdienst wurde im Dorf abgehalten, und Peet wurde am alten Turm von Oosterwierum begraben, ein paar Kilometer weiter. Alles war bescheiden, kurz und still, so, wie auch sein Leben gewesen war. Eine Woche später schaute ich noch einmal auf dem Friedhof vorbei: Der Turm stand einsam in der Ebene, der Regen prasselte auf den Lehmboden des Grabes, zwei Rosen- und Tulpensträuße lagen auf dem Häufchen Erde und welkten vor sich hin.

14

Folkert erzählte die Geschichte, wie er Peet gefunden hatte, seinen Freunden aus der Kneipe bestimmt noch dreißigmal. Er hatte eine eigene Anzeige in die Zeitung setzen lassen mit der Überschrift: »Mein bester Freund«. Er war – und das wiederholte er immer wieder – nur erschrocken. Er war einiges gewohnt.

*

In diesen letzten Monaten des Jahres war grausames Wetter, wie man hier sagt. Das Land war so flach, wie man es selten auf der Welt findet; jede Wolke steuerte auf einen zu wie ein Schlachtschiff. Der Wind pfiff tagelang durch die nassen Bäume rings um die Kirche, aber dann wurde es wieder ruhig. Das Licht kam langsam zum Vorschein, aber alles blieb in Grautöne gehüllt. Die Vögel waren verschwunden. Die Schafe lagen dichtgedrängt in einem Kreis eng aneinandergeschmiegt, halb in einem Wassergraben, die stärksten außen. Der Nebel verstärkte jedes Geräusch, und wir hörten die ferne, unsichtbare Stadt wie eine Schiffsmaschine stampfen.

In jenen Monaten wohnte ich in dem kleinen Haus, in dem Folkert geboren war. Nach Folkert hatte dort jahrelang eine Familie mit neun Kindern gelebt. Aus einem der Alkoven hatte man eine Küche gemacht und dahinter, halb unter einem Schrank, einen Hühnerstall gebaut. Die Eltern schliefen im verbliebenen Alkoven, alle anderen lagen auf Strohsäcken auf dem Dachboden.

Etwas später hatte der Lebensmittelhändler Kooistra dort seine Bäckerei für vorgebackene Pommes frites, bis die Ölpfannen in Flammen aufgingen und er sich aus der Frittenbranche zurückzog. Und jetzt war es eine Art Wochenendhäuschen, versteckt in einem der hintersten Winkel des Dorfes: Stube, Küche, Treppe, Dachboden.

Jorwerd lag in der sogenannten Greidhoek, einem flachen Weidegebiet in der Provinz Friesland, ziemlich genau in der Mitte des Dreiecks Harlingen, Leeuwarden und Sneek. Einen Kilometer entfernt war der Weiler Funs, wo drei Bauern in ewigem Hader lebten. Etwas weiter entfernt folgten die Dörfer Weidum, Baard, Bears und Jellum. Und dann war da noch das etwas größere Mantgum, wo es einen kleinen Supermarkt gab und einen Laden mit

Töpfen, Pfannen, Eisenwaren und Plastikblumen und eine Eisen-
bahnstation, damit man wieder wegkam. »Ich wollte dort nicht
mal begraben sein«, sagten die Jorwerder über Mantgum, denn sie
haßten ihren Rivalen mit Hingabe.

Auch Jorwerd konnte sich sehen lassen. Das Dorf hatte eine
Schule und einen Gemüsehändler, es gab neunundzwanzig Vereine,
ein Dorfhaus und eine Eisbahn, einen alten und einen jungen
Notar, Sjoerd Gjalts van der Hem und Gjalt Sjoerd van der Hem,
einen Pfarrer und einen Lehrer – wenn der auch offiziell in einem
anderen Dorf arbeitete –, und es gab eine Kneipe, die »Het Wapen
van Baarderadeel« (»Das Wappen von Baarderadeel«) hieß.

Es waren alte Ansichtskarten vom Dorf im Umlauf, auf denen
ich mein Haus jedoch nur mit Mühe wiederfinden konnte. Es
stand versteckt zwischen den hohen Dächern der Bauernhöfe, den
Bäumen des Pfarrgartens und dem Friedhof mit dem alten Giebel-
dachturm. Die meisten Dorfbauten waren um ihn herumgruppiert,
und von der Warft führten sie hinunter zu einigen kleinen Weilern,
insgesamt etwa hundert Häuser, wenn ich die Handvoll Neubauwohnungen mitzähle.

Im großen und ganzen hatte sich das Muster der Straßen, Gas-
sen und Bauernhöfe seit den fünfziger Jahren wenig verändert.
Aber wenn man mit älteren Dorfbewohnern sprach und alle Geschichten und alle Häuser aneinanderreihte, dann entstand eine
bunt gefärbte Perlenkette aus Licht und Dunkelheit, aus Erlebnissen und Fügungen des Schicksals, aus Festen, Liebesgeschichten,
Kindern, Plackerei, Stürmen, Todesqualen, aus Menschenleben,
die für uns völlig unkenntlich geworden waren – obwohl ihre Welt
gerade erst untergegangen war.

Wie sah das Dorf um 1950 aus? Vom Fahrer der Molkerei und
vom Wohnzimmerlokal, das Sijmen Tijssen bei der Brücke betrieb,
war bereits die Rede. Auf der anderen Seite des Kanals hatte der
Anstreicher seine Werkstatt. Ein Stückchen weiter standen eine
Zimmerei und ein Gemüseladen. Der Gemüsehändler hatte ein
Wägelchen, auf dem er seine Waren auslegte; er besaß eigene Obst-
bäume und auch einen Frachtkahn, mit dem er Käse und Gemüse
nach Leeuwarden brachte. Später übernahm sein Sohn das Geschäft, suchte sich schließlich jedoch eine Arbeit bei der Post. Er
verkaufte Eis durch das Küchenfenster. Dann gab es das Konsisto-

rium der Kirche, wo auch der Küster wohnte, der zugleich Schuster war. Dahinter die Schmiede. Dann ein Kurzwarenladen, ein paar kleine Bauernhöfe, ein Kartoffelgeschäft, Lamkjes Fleischerei, das Häuschen des Bahnarbeiters und das Pfarrhaus.

Wir kommen jetzt zum Hafen – er war tief in das Dorf hineingegraben worden, so daß das Torfschiff immer in der Dorfmitte liegen konnte. Dort in der Nähe gab es noch einen Lebensmittelladen mit einer Viehfutterhandlung. Dann einen Bauernhof, ein paar Arbeiterwohnungen, eine Bäckerei und das Häuschen des Gemeindearbeiters, der den Hausmüll abholte. Daneben lag ein Süßwarengeschäft mit Keksen, sauren Drops und Lakritz – der Ladenbesitzer kam jede Woche bei allen Bauernhöfen in der Gegend vorbei, mit einem Tragjoch und zwei vollen Körben. Darauf folgte ein Laden, in dem erst ein Goldschmied und später ein Gemüsegeschäft untergebracht war. Daneben wohnte ein Schiffer, der sich sein Haus angeblich mit dem Eisschnellauf verdient hatte. Er war meist mit dem Schiff unterwegs, und seine Frau betrieb ein kleines Lebensmittelgeschäft. Dann der Petroleummann, der zugleich den *Leeuwarder Courant* vertrieb und später auch mit Töpfen, Pfannen und Tassen handelte. Daneben ein Laden für Unterwäsche, Stoffe und Knöpfe – auch diese Leute kamen jede Woche auf dem Fahrrad mit einem Koffer voller Handelsware bei den Bauernhöfen vorbei. Dann die Landwirtschaftliche Kreditgenossenschaft, das Haus des Lehrers, das Postamt, das große Lokal, der Fahrradladen – der Fahrradhändler war zugleich der Jäger der Dorfes –, noch eine Bäckerei, das Notariat, die Schule, das Haus der Gemeindeschwester, neben der ein Mann wohnte, der stotterte und Holzschuhe machte, dann eine Frau, die mit Zimt, Kräutern und Zucker handelte, und schließlich eine Handvoll kleiner Armenhäuser, deren Bewohner braun vor Armut waren. Auf alten Schulfotos sieht man ihre Kinder, sie litten eindeutig Hunger; in den sechziger Jahren verschwanden sie, und diese Menschen und ihr Leid sind danach völlig in Vergessenheit geraten.

So sah das Dorf also aus, als Peet und Folkert in den besten Jahren waren: zwei Fleischer, vier Lebensmittelhändler, zwei Bäcker, vier Schiffer und Frachtfahrer, vier Brennstoffhändler, zwei Wirtshäuser, ein Anstreicher, ein Zimmermann, ein Gemüsehändler, ein Schuhmacher, ein Fahrradladen, ein Geschäft für Töpfe und Pfannen, zwei Textilwarengeschäfte und ein Schmied. Es gab ein paar Reiche und ein paar Arme, wobei ich all die kleinen Geschäfte der Leute außer Betracht lasse, die sich an der Armutsgrenze bewegten: den Kleinhandel mit Petroleum, mit Bindfaden und mit Eutersalbe oder das Hausierengehen mit dem Brotkorb.

Um die Jahrhundertwende wohnten ungefähr sechshundertfünfzig Leute im Dorf. 1950 waren es noch vierhundertzwanzig. 1995 gab es etwa dreihundertdreißig Einwohner, aber die meisten von ihnen wohnten eigentlich mit einem Bein in der Stadt. Innerhalb von hundert Jahren war das Dorf fast auf die Hälfte geschrumpft.

Die Leihbücherei verschwand 1953, das Postamt 1956. In diesem Jahr wurde auch der Hafen zugeschüttet, der Schuhmacher gab 1959 nach einem halben Jahrhundert auf, die letzte Bäckerei schloß 1970, im selben Jahr machten Tijssen und seine Frau ihre Wohnzimmerkneipe zu, 1972 wurde die Buslinie stillgelegt. Man brachte Straßenschilder an, und der niederländisch-reformierte Kirchenvorstand fusionierte mit zwei Nachbardörfern. 1974 stellte der letzte Binnenschiffer den Betrieb ein, der Fleischer schloß seinen Laden etwa 1975, und 1979 starb der letzte Jäger des Dorfes. In diesem Jahr verschwanden auch die Zimmerei und die Freiwillige Feuerwehr, 1986 gab der Schmied auf, 1988 machte der letzte Lebensmittelladen zu, und 1994 wurde die Kirche einer Stiftung für Denkmalschutz übergeben.

Im Gemeindearchiv liegt ein Foto von dem großen Umzug, der immer vor den jährlichen Dorfwettkämpfen abgehalten wurde, irgendwann in den dreißiger Jahren: Zwei Männer mit einer Trommel und einer Ziehharmonika gingen voran, dahinter das halbe Dorf, Frauen mit Hüten, Männer mit Mützen, die Jungs in kurzen Hosen, die Kinder jubelnd, Fahnen, die »Tipper« stolz mit ihrem Schlagholz auf der Schulter. Dazwischen müssen irgendwo Peet und Folkert gestanden haben, aber ich habe sie nicht finden können.

*

An einem stillen Nachmittag, nicht allzulange nach Peets Beerdigung, sah ich vor der Kneipe einen Jungen mit einem Skateboard üben. Er war vielleicht fünfzehn Jahre alt, trug eine Jeansjacke und hatte blondes, kurzgeschnittenes Haar, und er versuchte, sich selbst einen bestimmten Sprung beizubringen. Er war damit schon eine Stunde beschäftigt, und eine Stunde lang war er danebengesprungen. Aber er machte weiter, mit derselben ruhigen Entschlossenheit, mit der sich wahrscheinlich sein Vater durch die Realschule gekämpft hatte und danach vielleicht noch durch die Landwirtschaftsschule und dann weiter durchs Leben. Es war kein städtisches Bild. In einer Stadt sieht man Jungs nie üben, man sieht sie nur Erfolg haben. Nur der Erfolg ist dort öffentlich, nicht der lange Weg dorthin.

Ich sah Lamkje herfahren in ihrem elektrischen Rollstuhl, hutzelig und doch flink. Zweiundachtzig Jahre alt, neunundvierzig Jahre lang Fleischersfrau, der eine Sohn bereitet jetzt das Fleisch in einem Pflegeheim zu, der andere ist Chemieprofessor, und die Tochter ist mit einem Arzt verheiratet.

Auf dem Schulhof liefen Kinder auf Stelzen. Zwei Jungen fuhren mit einem Wagen ihre Runden, den ihr Vater ihnen selbst gebaut hatte, mit einem großen runden Steuer. Später der Klang einer Glocke: der Milchmann, mit Milchflaschen – keine Tüten, aus Prinzip – und Keksen. Der Nachmittag klang langsam aus. Im Büro des Notars ging die Lampe an.

Ich solle doch einmal zum Tee kommen, hatte Lamkje gesagt. Neben ihrem Haus stand die Fleischerei, schon seit Jahren geschlossen, aber immer sauber und ausgefegt, auf dem Tresen noch immer die rote Waage und dahinter die große Schneidemaschine.

Lamkje zeigte mir das alte Geschäft. Oder besser gesagt, ich lief umher, und sie rief mir von ihrem Stuhl aus Instruktionen zu. An der Decke hingen die Schienen, an denen die toten Tiere aufgehängt worden waren: drei Kühe in zwei Wochen, dazu ein Schwein. Alles, was so ein Tier zu bieten hatte, ließ sich verwerten: Das Bries und das Fett wurden aufs Brot geschmiert, die Euter im Schornstein geräuchert, und sogar das Schweinehaar verkauften sie an einen Trödler, der Besen daraus machte. »Ich höre diesen Mann noch um einen Viertelgulden oder um zwei Groschen feilschen«, schmunzelte Lamkje. »Geld war damals noch etwas wert.« Mittags hatte sie mit dem Transportfahrrad im weiten Umkreis Fleisch ausfahren müssen. »Das war vielleicht was, wenn es stürmte und in Strömen regnete!«

Sie erzählte von ihrem einzigen Ausflug in den Jahren kurz nach dem Krieg, zu einem Auftritt der Gruppe Tetman und Jarich, einer Gruppe, die mit allerlei kleinen Liedern und Sketchen durch die Provinz zog. Das Dienstmädchen hatte gehört, daß sie in einem Nachbardorf auftreten würden, und vorgeschlagen, zusammen hinzugehen. Der Eintritt kostete einen Reichstaler, zwei Gulden fünfzig. Das war genau die Hälfte ihres wöchentlichen Gehalts.

»Wir sind da hin, mit dem Fahrrad. Es war eine Offenbarung. Sie sangen so wunderbar. Wir hatten fünf Jahre Besatzung hinter uns, kein Radio, waren nirgends hingegangen. Ich weiß noch, wie schön wir das fanden: *Dann ist die Maienzeit, die Maienzeit im Land. Dann lacht dich alles, alles doch so an.* Und ich weiß noch, daß es eine Pause gab, guten Kaffee hatten sie nicht, aber trotzdem. Mein Mann blieb lieber zu Hause. Er war immer müde, er hatte immer Arbeit.«

Er war siebzig, als er einen Herzinfarkt bekam, und das war das Ende der Dorffleischerei. Nach seinem Tod wollte Lamkje nichts mehr im Haus, im Laden und an den Scheunen ringsum verändern. »Er hatte lauter Pläne, etwas mit Schafen anzufangen, und deshalb muß es jetzt bleiben, wie es ist«, sagte sie mir. »Es braucht viel Unterhalt, es kostet viel Geld, aber es muß sein. Das waren seine Pläne, das mit den Schafen. Und so muß es bleiben.«

Später war auch Lamkje nicht mehr da. Wie eine alte Katze hatte sie sich gegen das Pflegeheim gewehrt, und wenn sie nicht so unglaublich stark gewesen wäre, hätte sie nach menschlichem Ermessen schon Jahre vorher aufgenommen werden müssen. Im Winter 1995 mußte sie kapitulieren.

»Was würde ich dafür geben, in Jorwerd bei meinen Leuten zu sein«, flüsterte sie den Besucherinnen zu. »Nachbarin, Nachbarin, ich würde so gerne noch ein bißchen leben!« Sie starb einen Monat nach dem Umzug, und danach warteten das Haus und die Fleischerei still auf ihre Käufer.

*

In die Briefkästen wurde während jener ruhigen Herbstmonate jeden Mittag mindestens ein Prospekt eingeworfen. Die Einwohner von Jorwerd sollten dazu gebracht werden, küchenfertige Hasen bei J. Hallema zu kaufen, neue Autoreifen in der Kfz-Werkstatt Hoekstra montieren zu lassen und Töpfe, Alleskleber, Zierkatzen, Seidenpflänzchen und Tassenregale bei Frits Smidstra zu erwerben. Die geräucherten Euter, die Brotkörbe, der Wind, der Regen und das Roggenbrot mit Fett schienen so weit entfernt wie das Mittelalter, und doch war der Wandel innerhalb einer einzigen Generation vor sich gegangen.

Der Umbruch im Dorf war ein langwieriger und stiller Prozeß. Das machte ihn allerdings nicht weniger spektakulär. Ids Meinsma, der Sohn des Anstreichers, erzählte mir, daß seine zehn Klassenkameraden von der Dorfschule zwischen 1965 und 1971 noch ausnahmslos Kinder von Bauern, von Landarbeitern oder von Leuten gewesen waren, die eng mit der Landwirtschaft verbunden waren – wie der Sohn des Notars. Von diesen zehn war ein einziger in der Landwirtschaft geblieben. Die anderen waren Laboranten geworden oder Schausteller oder Beamte bei Gericht, wie er selbst. Von der ganzen Klasse wohnte nur noch einer im Dorf.

Die Dorfschule von 1995 besuchte nur noch ein Bauernsohn. Die Väter der anderen Kinder waren jetzt Straßenbauer, Büroangestellte, Installateure, Computerprogrammierer, Lehrer, Fotografen, Beamte. Und in bestimmt der Hälfte aller Fälle ging jetzt auch die Mutter einer bezahlten Arbeit nach oder studierte – etwas, das vor zwanzig Jahren undenkbar gewesen wäre.

Solange es das Dorf gab, war die Landwirtschaft das Fundament gewesen, auf dem die dörfliche Wirtschaft ruhte, aber seit den siebziger Jahren hatte die Zahl der Bauern abgenommen. Sie waren nun nicht mehr die zentrale Kraft, um die sich alles drehte, und ihr Status war dementsprechend gesunken.

Nehmen wir zum Beispiel die Casteleins, eine Bauernfamilie, die seit Jahrzehnten mitten im Dorf wohnte. 1950 war Tjerk Sakes Castelein mit seinen vierzig Kühen ein Großbauer. Morgens und mittags waren wenigstens vier Paar Hände nötig, um all das Vieh zu melken: er selbst, zwei festangestellte Arbeiter und ein Junge. Immer herrschte Hochbetrieb auf den Höfen. Überall im Dorf und in der Umgebung wohnten Landarbeiter. Kein Bauer konnte auf sie verzichten.

Anfang der fünfziger Jahre kam die Melkmaschine ins Dorf, und plötzlich konnten diese vierzig Kühe ohne weiteres von zwei oder drei Leuten gemolken werden. Kurz darauf ging man in der Gegend dazu über, die Pferde durch Traktoren zu ersetzen. In den ganzen Niederlanden gab es 1950 nicht einmal viertausend Melkmaschinen. 1960 waren es zehnmal so viele. Innerhalb von drei Jahrzehnten reduzierte sich die Arbeit, die auf eine durchschnittliche Milchkuh verwendet werden mußte, um über achtzig Prozent.

Ende 1995 hatte Tjerks Sohn, Sake, etwa siebzig Kühe, und er bewältigte die Arbeit im wesentlichen allein, mit seinen zwei Händen und seinem langen, mageren Leib. Zwei seiner früheren Arbeiter wurden Busfahrer in Nordholland, ein anderer ging zu einer Schiffswerft in Alblasserdam, wieder andere wechselten zur Stahlfabrik nach IJmuiden oder suchten sich in der Kondensmilchfabrik in Leeuwarden eine Arbeit. Nur Sake saß noch auf dem Traktor, von einem Dutzend Knöpfe und Schalter umgeben, und träumte dabei von den Russen, die er abends las: Tschechow, Tolstoi, Paustowski.

Der Rückgang der Landwirtschaft fand ein Symbol in der Tatsache, daß man den Zeitpunkt der jährlichen Kirmes, der »Merke«, verlegte. Von alters her – schon 1775 wird diese Kirmes erwähnt – war dies ein typisches Erntefest, das stets im September stattfand. Im Sommer hat kein Bauer Zeit: Mähen, Heuen, das Einmieten, Ernten und all die anderen Arbeiten, die anfallen, verschlingen jede Minute. 1974 wich man ausnahmsweise von der Regel ab, weil am traditionellen Erntedankwochenende eine große Landwirtschaftsausstellung abgehalten wurde. Den meisten Dorfbewohnern – von den Bauern abgesehen – gefiel der neue Termin. Und so wurde die »Merke«, dauerhaft auf das letzte Juniwochenende verlegt und läutete von nun an den Beginn der Schulferien ein, nicht mehr das Ende einer Periode, in der man sich abgerackert und geplagt hatte.

Landwirt zu sein wurde ein einsamer Beruf. Die Betriebe wuchsen stetig, und entsprechend stieg die Abhängigkeit von Maschinen, Investitionen und Banken. Die meisten niederländischen Bauern kamen damit nicht zurecht: Mehr als die Hälfte von ihnen gaben in knapp zwei Jahrzehnten ihren Beruf auf. Die letzte Volkszählung von 1971 ergab, daß nur noch ein Viertel der Jorwerder Bevölkerung in der Landwirtschaft, aber beinahe die Hälfte im Dienstleistungssektor tätig war. Diese Verschiebung nahm in den folgenden Jahren an Tempo noch zu. Gegen Ende des zwanzigsten Jahrhunderts gaben jedes Jahr durchschnittlich zwei Prozent der niederländischen Bauern auf. Dieser ununterbrochene Niedergang spiegelte sich auch in Jorwerd wider: Allein zwischen 1975 und 1990 stellte einer von drei Bauernhöfen in der Gegend den Betrieb ein. In den alten Gebäuden ließen sich Lehrer nieder oder Hobbybauern oder Rentner aus dem Westen der Niederlande. Dies dürfte die größte Veränderung gewesen sein und die fundamentalste. Denn als die Landwirtschaft verschwand, die jahrhundertelang Motor und Bindemittel zugleich gewesen war, stellte sich die Frage, was die Dorfgemeinschaft jetzt noch zusammenhalten sollte.

Nicht nur die Welt der Bauern und der Landarbeiter wurde auf den Kopf gestellt. Lamkje erinnerte sich an einen Vortrag über die Zukunft des Mittelstands, irgendwann in den fünfziger Jahren. Der Referent hatte damals prophezeit, daß in absehbarer Zeit praktisch alle Geschäfte aus dem Dorf verschwinden würden. »Ich weiß noch, daß ich abends aus der Kneipe kam und es lachend meinem Mann erzählte. Was für ein Quatsch!« Aber das Auto hielt seinen Einzug, und in der Stadt begann der Supermarkt seine Waren zu Schleuderpreisen zu verkaufen. Die Lebensmittelhändler im Dorf konnten die Auswahl eines Stadtladens mit so vielen Sorten Schokolade und so vielen Sorten Brot nicht bieten; das wäre alles schlecht geworden, dafür wohnten zu wenig Leute im Dorf – und was sollten sie auch mit all den Sachen?

Wie überall entwickelte sich auch Jorwerd von einer Gemeinschaft, die auf Bedürfnissen basierte, zu einer Konsumgesellschaft im kleinen. Die klassischen kinderreichen Landfamilien hatten es meist nicht leicht, aber sie hatten immer einen großen Vorteil gegenüber den Familien in der Stadt: Sie besaßen für gewöhnlich eigenes Gemüse, eigenes Fleisch, eigene Milch, Butter, Käse, Eier, Kartoffeln, und so konnten sie sich mehr oder weniger selbst versorgen. Die meisten Familien bildeten so eine Wirtschaft in der Wirtschaft, und häufig war dies für sie auch der einzige Weg zu überleben. »Wir hatten neun Kinder, aber der Krämer brachte jede Woche nur einen kleinen Karton«, erzählte mir einmal eine Nachbarin. »Er kam nur wegen der Dinge, die wir wirklich brauchten, wie Kaffee, Tee, Zucker, Seife und ähnliches. Und jetzt!«

Hinzu kam die Verführung. Bis in die sechziger Jahre betraten viele Bauern nur selten einen Laden. Der Mittelstand kam zu den Leuten nach Hause. Dieselbe Nachbarin: »Wir schrieben in ein Bestellbüchlein, was wir brauchten, aber mehr auch nicht. Kaffee war Kaffee, Tee war Tee, und Seife war Seife. Für die ganze Woche kaufte ich für die ganze Familie nie mehr als für ein paar Zehner ein.« Ihr Mann: »Bei uns ist das noch bis Anfang der siebziger Jahre so geblieben. Damals drehten sich die Rollen um, und wir gingen in den Laden, statt daß der Ladenbesitzer zu uns kam.« Die Nachbarin: »Und dort sahen wir dies und jenes stehen, und wir hatten einen Prospekt hierzu und dazu gelesen, und, ach ja, das muß ich auch unbedingt mitnehmen, und das ist auch so praktisch, das habe ich im Fernsehen gesehen. Die Kartons wurden immer größer. Und dann schafften wir uns ein Auto an und fuhren in den Supermarkt, und der Krämer mit seinen zwei Sorten Kaffee und seiner einen Spülmittelmarke, der hatte das Nachsehen.«

Auch in der Dorfkneipe, dem »Wapen van Baarderadeel«, änderten sich die Zeiten. Es war ein schöner alter Raum mit niedrigen Balken, einer kleinen Bar und einem Saal im Obergeschoß, wo schon seit hundert Jahren alle Feste gefeiert wurden. Als Eef und Jan Dijkstra den Betrieb übernahmen, 1965, schloß die Kneipe fast nie nach elf Uhr. Die meisten Kunden kamen gegen acht, halb neun – viele im Dorf hatten noch keinen Fernseher –, und sogar jemand wie Folkert lag um elf, wie er das nannte, »zwischen den Lappen«. Die Landarbeiter mußten um halb vier aufstehen, um zu melken, die Bauern um vier, und der ganze Rhythmus des Dorfes war in gewisser Weise darauf eingestellt.

In den siebziger Jahren begannen einige der abendlichen Gäste erst gegen halb elf einzutrudeln, und das Lokal schloß nie vor ein Uhr. Meist blieben auch danach noch alle möglichen Leute dort sitzen. Jan Dijkstra mußte sich vom Fach des Bauunternehmers, dem er groß geworden war, verabschieden. Das »alte« Lokal hatte er noch mit einem Arbeitstag in Einklang bringen können, der um sieben Uhr begann, aber mit der Kneipe neuen Stils war das physisch nicht mehr machbar.

Neue Bewohner zogen ins Dorf. Auf den Fotos aus den sechziger und siebziger Jahren kann man sehen, wie sich die Kleidung veränderte. Die ewigen Mützen verschwanden aus dem Dorfbild, aus den sonntäglichen Sakkos der Arbeiter wurden Pullis und Jacken, aus den langen Röcken der Frauen Jeans.

Ich hatte Peet darüber klagen hören, daß weniger gegrüßt werde. »Früher sagte man jedem guten Tag.« Folkert meinte, die Zugezogenen suchten vor allem Kontakt zu ihresgleichen. »Sie haben eine andere Mentalität. Keine schlechtere, vielleicht sind es sogar bessere Menschen als wir.«

Das Merkwürdige war, daß die Neulinge sich häufig mit aller Energie ins Dorfleben stürzten, Friesisch lernten, dem Theaterklub beitraten. Nachdem die Bauern als wirtschaftliches Bindemittel weggefallen waren, machte sich offensichtlich jeder auf die Suche nach einem neuen Zusammenhalt: zum Beispiel über die Klubs, die »Merke«, das große Freilichttheater, das »Tippen«, das »Kaatsen«*, die Sprache, die Traditionen. So wurden die ökonomischen Bande der Dorfgemeinschaft allmählich durch sportliche und kulturelle ersetzt. »Das fällt mir schon auf«, sagte Peet, »all die Männer aus den Neubauten ›tippen‹ wieder.«

Eines Abends wurden im Dorfhaus ein paar alte Filme gezeigt, die der Notar gedreht hatte. Wir sahen das Dorf von 1957: Jungs mit kurzgeschnittenem Haar, Vieh auf den Weiden, den Torfkahn, eine preisgekrönte Kuh, das Haus des Anstreichers mit der Leine voller Wäsche, das Karussell, das für das jährliche Dorffest aufgebaut wurde, Heuhaufen, Mützen, Holzschuhe. 1959: ein »Tip«-Wettbewerb, »Kaatsen« für Frauen, ein Mädchen in kurzer Hose, das ständig mit der Kamera flirtet, sie dreht sich um, lacht verlegen, wendet sich ab, lacht wieder. Ein junger Folkert, hinter den Frauen. 1963: wieder das Karussell, Wettkämpfe, Holzschuhe suchen in einem großen Haufen Stroh, triumphierende Kühe, der Notar mit seiner Pfeife im Schnee, ein Schlittschuhrennen, und der halbe Saal wußte offenbar noch 1995, um welchen Wettkampf es sich handelte. 1969: der Schulmeister, würdevoll und grau, ein Schubkarrenwettbewerb, »Koekhappen«**, eine Drehorgel im Dorf, Eef kommt aus der Kneipe heraus, sie streichelt ein Pferd, sie

---

ist jung und sieht aus wie ein Hippie. 1973: das Bühnenbild der all-jährlichen Freilichtaufführung, wieder die Eisbahn und das Schub-karrenfahren, aber die Heuhaufen und die Mützen verschwinden, und es tauchen immer mehr andere Gesichter auf.

Kurz sahen wir Peet wieder, 1959, als er beim »Tippen« einen Preis gewann und einen Strauß Blumen bekam, 1963 noch einmal, mit einer großen Mütze auf dem Kopf, auch 1973 – glaube ich – in einer kurzen Sequenz. Aber dann war es vorbei, genauso wie es mit den Heuhaufen vorbei war und mit den Landarbeitern, mit dem Gedränge abends nach der Arbeit, mit dem Schmied und dem Bäcker und dem Anstreicher. Und jeder im Saal wunderte sich dar-über, wie schnell und unbemerkt all diese Veränderungen über das Dorf gekommen waren.

*

Der stille Umbruch in Jorwerd am Ende des zwanzigsten Jahrhun-derts hatte unzählige große und kleine Folgen. Eine der wichtig-sten betraf den Umgang mit Geld. Gais Meinsma, die Frau des An-streichers, erzählte mir einmal, daß sie Anfang der fünfziger Jahre damit begonnen hatte, für ihren Mann die Rechnungen einzutrei-ben. Etwa bis zu jener Zeit war Bezahlen noch ein Ritual gewesen. Ihr Schwiegervater, von dem ihr Mann das Geschäft übernommen hatte, war folglich immer persönlich kassieren gegangen. Ganze Winterabende verwendete er darauf, das Geld einzusammeln. »Dann kam er vorbei, alles wurde noch einmal im nachhinein be-redet, die ganze Arbeit. Und dann ließ er sich das Geld zahlen, und danach ging er, mit einer dicken Zigarre im Mund«, erzählte Gais. »Ich machte das ganz anders. Ich fuhr einfach kurz vorbei, ge-schäftlich. Mein Schwiegervater hielt von der schnellen Art gar nichts. Es war ein Unterschied in der Mentalität, und es war das erste Mal, daß ich so etwas bemerkte.«

Geld bekommen und ausgeben, das tat man nicht einfach so, aber auch das änderte sich. Geld setzte beispiellose Kräfte frei. Lies Wiedijk, eine der Bäuerinnen in der Gegend, war sogar der An-sicht, daß das Elend der Bauern damit einsetzte, daß sie das Milch-geld auf ihr Bankkonto überwiesen bekamen. »Als wir 1977 hier-herkamen, wurde fast alles noch bar abgewickelt. Der Fahrer der

Molkerei kam freitags mit einem Leinensäckchen vorbei, und da war dein Geld drin. Der Viehhändler bezahlte einen einfach so auf dem Küchentisch, mit lauter Hundertern. Als die Leute das Geld auf ihr Bankkonto bekamen, fingen sie plötzlich an, andere Dinge zu tun.«

Bei Eef von der Kneipe steckte allerdings mehr dahinter als anerzogene Sparsamkeit. Sie wollte weiterkommen, und was ihr nicht gelang, das sollte ihren Kindern gelingen. Ihre Sparsamkeit war ein Kräftesammeln für den großen Sprung. Manche im Dorf bezeichneten sie als hochmütig. Es war jedoch etwas anderes.

Eefs Eltern besaßen in Baard einen kleinen Bauernhof mit einem Dutzend Kühen und ein bißchen Kleinvieh, und außerdem handelte ihr Vater mit Vieh. Ihre Mutter ging mit dem »Brotkorb« hausieren – Eef später übrigens auch. »Aber ich fühlte mich deswegen nicht als etwas Schlechteres«, erzählte sie. »Mein Vater kam durch seinen Handel in Länder wie Deutschland und die Tschechoslowakei. Der kam mit Geschichten zurück, der hatte etwas von der Welt gesehen, das hatten die anderen Dorfkinder alle nicht.«

Eefs Familie hatte ihren eigenen Stolz. Während andere Väter sich querstellten, wenn ihre Töchter auf der Realschule weiterlernen wollten – »Ich bin nur sieben Jahre zur Schule gegangen, und mehr braucht ihr auch nicht« –, taten Eefs Eltern alles, um ihren Kindern den gesellschaftlichen Aufstieg zu ermöglichen. »Ihr braucht nicht denselben Weg zu gehen wie wir«, sagte ihre Mutter immer. »Es gibt mehr auf der Welt.« Und sie war dafür zu vielem bereit – notfalls nahm sie noch eine Arbeit dazu, um einen zusätzlichen Kurs für die Kinder zu finanzieren. »Gehtnicht liegt auf dem Friedhof«, war ihr Motto, »und Willnicht liegt daneben.«

Urlaub gab es nicht – einmal setzte Eefs Mutter ihre beiden jüngsten Kinder in den Bus nach Alkmaar, und sie durften ein paar Wochen in dem Haus wohnen, wo ihre älteste Tochter Dienstmädchen war, ein herrliches Erlebnis. Aber durch den Handel des Vaters behielt die Familie einen offenen Blick für die Außenwelt. Eef: »Die Grenze, die Grenze, das war für mich ein richtiger Begriff. ›Es gab Probleme an der Grenze‹, sagte mein Vater manchmal; für mich war das eine Art geheimnisvolle Mauer. Als ich zwölf war, durfte ich einmal mit ihm mit über die Grenze. Das war ein riesiges Ereignis.«

In allem drängten Eefs Eltern ihre Kinder weiter. Sie erinnerte sich, daß ihr Vater einmal im Ausland an einen vornehmen Tisch mit allerlei Sorten Besteck geraten war, mit denen er nichts anzufangen wußte. Als er nach Hause kam, sagte er seinen Kindern: »So etwas darf euch nicht passieren« – und seitdem wurde in diesem kleinen Bauernhof fein säuberlich nach der Etikette gegessen. Wenn sie »Was?« sagte, wurde das sofort korrigiert: »Was sagt Vater?« – einmal lief ihr der Vater deswegen sogar bis zum Schulhof hinterher. Für den Fall, daß Gäste kamen, lernten die Kinder, anständig die Hand zu geben.

Von Kindheit an mußten sie auf dem Bauernhof mithelfen. Aber melken durften sie nicht lernen, obwohl vor allem Eef das gern gewollt hätte. »Ich habe unter den Kühen gesessen, seit ich neun bin; ihr müßt etwas anderes lernen«, sagte ihre Mutter. Und ihr Vater: »Wenn man einmal melken kann, dann muß man es später immer machen. Wenn man es nicht kann, dann braucht man es auch nicht zu tun.«

Die Bauern im Dorf behandelten sie wie Luft. Aber der Vater schärfte ihr ein: »Du bist nicht weniger wert als sie. Und auch nicht mehr.« Als die Jungen aus einer asozialen Familie vom Rande des Dorfes anfingen, zu den samstäglichen Tanzfesten zu kommen, erklärte ihr der Vater nach den obligatorischen Ermahnungen über »Ehre« und »Anstand«: »Wenn sie dich um einen Tanz bitten, mußt du ja sagen, denn es sind Menschen wie du und ich; aber komm bloß nicht mit ihnen nach Hause.«

Das Joch, an dem einst die Körbe mit den Broten befestigt waren, hängte Eef später in der Kneipe an die Wand, neben die Trophäen vom Kaatsklub und vom »Tippen«.

*

In Jorwerd, sogar im modernen Jorwerd, gab es noch vieles, was in der Stadt längst verlorengegangen war. Es roch dort nach Gras, Rauch, Sägespänen, Heu, Mist und Erde. Die Nächte dort waren schwarz und die Luft noch voller Sterne. Jeder hatte Zentralheizung, elektronische Thermostate und doppelte Verglasung, aber das Wetter drang noch immer durch alle Ritzen und Löcher. Ein Sturm war hier ein Abenteuer, das man in der Stadt so nicht mehr erlebte.

Ein paar Tage nach Peets Beerdigung begann der Wind über die Ebene zu jagen, die Schafe duckten sich mit dem Hintern zum Wind, und an einigen Stellen konnte man kaum mehr laufen. Wolken jagten über den Himmel wie Rauch aus einem Fabrikschornstein. Bäume und Bauernhöfe stachen scharf gegen die dunkelgraue Luft ab. Im Dorf schepperten die Dachziegel, der Wind pfiff um Bäume und Laternenmasten, Bioeimer aus Plastik rollten über die Straße. Die Luft war voller Unruhe, und als die Kinder aus der Schule kamen, rannten sie jubelnd über die Straße, die Jacken halb geöffnet, und ließen sich wie Blätter von den Windstößen forttreiben.

Am nächsten Morgen herrschte Totenstille, und alles, was im Dorf geschah, war klar und deutlich zu hören: der Hilfsarbeiter der Gemeinde, der einen kaputten Dachziegel auflas und einen Grünstreifen mähte, das Beladen eines Lastwagens, ein Traktor in der grauen Ferne.

Gais Meinsma trat mit ihrem Hund aus der Tür. »Hoej!« Folkert kam auf dem Fahrrad vorbei. »'n Guten!« Eef stieg in ihr Auto. »Hoej!« Dort lief Siesling, der alte Schiffer. »Hoej!« Jeder im Dorf grüßte. Freunden sagte man guten Tag, bei Bekannten hob man den Finger, bei Dorfgenossen nickte man, aber wenn man etwas sagte, dann war das immer: »Hoej!«. »'n Guten!« verwendete man zwar auch, aber meist fungierte das als Abschluß einer etwas längeren Begegnung. »Hoej!« war der Standardgruß, ein Luftseufzer von unten aus den Stimmbändern. Bei den Älteren war der Ton oft etwas niedriger, beinahe wie ein leichtes Muhen.

Manchmal entspann sich ein Gespräch, das fast ohne Worte auskam, in dem man eher die Gegenwart des jeweils anderen genoß, als daß man Informationen ausgetauscht hätte: »Na!« (Schweigen) »Na!« (Schweigen) »Soso!« (Schweigen) »Na dann, 'n Guten!« Oft fiel auch kein einziger Laut: Man begnügte sich damit, den gestreckten Zeigefinger an die – meist nicht mehr vorhandene – Mütze zu heben.

Fremde wurden meist erst nach leichtem Zögern gegrüßt, zumindest, wenn sie selbst die Initiative ergriffen. Bei ihnen fungierte der Gruß als eine Art Besucherausweis: Sie durften dabeisein, allerdings nur auf Zeit. Die zugezogenen Frauen hatten ihren eigenen Stil des Grüßens entwickelt, in ihrem »Hoej!« war eine Melodie versteckt, die von oben nach unten ging: »Hoeoi!« Wie es auch immer klang, es war stets ein kleines Ritual der Zusammengehörigkeit, das besagte: Das ist einer von uns.

So wurden alle Ereignisse innerhalb der Dorfgemeinschaft vom Gesetz der kleinen Zahl beherrscht, ein Gesetz, das man in der Stadt kaum kennt. In einer kleinen Gemeinschaft kommt jeder Seele großes Gewicht zu. Eine Reihe neuer Wohnungen fällt in einem Stadtviertel kaum auf, aber in einem Dorf mit vielleicht hundert Haushalten haben zwanzig neue Familien enormen Einfluß.

Der Erfolg von Aufführungen, Wettkämpfen, Versammlungen und anderen Projekten ist häufig dem Einsatz von ein oder zwei Schrittmachern zu verdanken, aber auch das Gegenteil trifft zu. Dorfgemeinschaften sind brüchig geworden, jetzt, wo man nicht mehr gemeinsam auf dem Acker und mit dem Vieh arbeitet und Leute aus demselben Dorf einander nur noch in der Kneipe oder im Theater oder Vorbeilaufen auf der Straße sehen. Unter solchen Umständen kann ein einzelner viel zerstören, und zwar für lange Zeit.

Dies traf auch auf Jorwerd zu. Eine Handvoll Leute hatte das Dorf ausgemacht, die Feste und Zusammenkünfte organisiert, die Vereine zusammengehalten, die Schule unterstützt, jahrzehntelang. Aber es brauchte nur einmal ein befristet angestellter Schulleiter dem Alkohol zu verfallen – wie in einem Nachbardorf geschehen –, und die Schule verschwand, für immer. Und als ein aggressiver Schreihals in einen Neubau einzog, brauchte der nur ein paar Wochen in der Kneipe herumzustänkern, und schon blieben Gäste weg. Gott sei Dank verzog er sich schnell wieder, sonst wäre das wichtigste soziale Zentrum des Dorfes in ernsthafte Schwierigkeiten geraten.

Wer gehörte dazu und wer nicht? Die Jugendlichen hatten dafür komplizierte Schlüssel: Es gab Einheimische, und es gab Zugezogene, ferner wurde zwischen friesischen und nichtfriesischen Zugezogenen differenziert, und schließlich gab es einen Unterschied zwischen aktiven und passiven Zugezogenen. Kurzum, für den Städter, der hierherkommen wollte, war nicht alles im voraus verloren.

Die Älteren hatten strengere Normen. Als Eef in der Kneipe in eine Diskussion über die Frage geriet, wer ein echter Jorwerder sei und wer nicht, vertraten Folkert und seine Freunde eine sehr entschiedene Meinung. Obwohl Eef im Dorf wohnte, seitdem sie zwanzig war, und dort schon seit dreißig Jahren das einzige Lokal betrieb, waren die Männer einhellig und unwiderruflich der Meinung: »Du bist keine echte Jorwerderin, denn du bist in Baard geboren.« Und als der Pfarrer in einem Gespräch mit einigen Mitgliedern des Kirchenrats den hochbetagten Sije Hogerhuis erwähnte, da rutschte einem von ihnen raus: »Ja, aber das ist doch kein echter Jorwerder, der ist erst 1927 hergezogen.«

Die Zugezogenen, die an den Umgang mit Fremden gewöhnt waren, lachten darüber. Aber auf gewisse Weise hatten die Älteren recht. Es werden allerlei Elemente von Konformismus und Fremdenangst eine Rolle gespielt haben, aber im Grunde war diese Vorsicht nichts anderes als ein Akt der Selbsterhaltung.

Dorfgemeinschaften mochten im Jahre 1995 stabiler und auch wohlhabender erscheinen als jemals zuvor, aber der Schein trog. Mit der Landwirtschaft war die Stabilität nicht nur aus der dörflichen Wirtschaft, sondern aus dem gesamten sozialen Leben des Dorfes gewichen. Manche Dorfgemeinschaften waren so pseudostabil, daß sie bereit waren, auf die günstigen Impulse eines »guten« Neulings zu verzichten, weil die Risiken für die Gemeinschaft zu groß waren, wenn man einen »schlechten« Neuling zu rasch und zu weitgehend akzeptierte.

Unbewußt nahm man in kleinen Dörfern ständig eine Interessenabwägung vor. War das einer, der lange bleiben würde oder nicht? War das eine nette Familie oder ein Haufen Nörgler? Waren sie alt, oder würden sie der Schule Kinder bescheren? Wollte er Land kaufen, das ohnehin schon Mangelware war? Oder würde er, mit all dem Geld aus der Stadt in seiner Hosentasche, viel zu viel für das heruntergekommene kleine Häuschen am Kanal bezahlen? Und würden danach noch mehr Fremde kommen, so daß die Häuserpreise in die Höhe schnellten und die eigenen Kinder nirgends in der Gegend mehr etwas kaufen konnten?

So blieb im Dorf das Wirtschaftliche privat, und das Private war dort sofort ein Politikum. Die Existenz war, anders als in der Stadt, nicht in Segmente aufgeteilt. Sie war allumfassend.

*

Das Gesetz der kleinen Zahl wurde für viele Dörfer aktuell, als Ende der achtziger Jahre Bauunternehmer und Baugesellschaften das Dorf neu entdeckten. »Wohnen am Wasser!« warben die Tageszeitungen in der Randstad*. An der Peripherie kleiner, alter Dörfer, neben versandeten Wassergräben und stillen Gewässern, tauchten plötzlich Villen »mit Einstellplatz und eigener Anlegestelle« auf, ein Viertel nach dem anderen wurde aus dem Boden gestampft.

Mit großer Geschwindigkeit breitete sich dieser weiße Schimmel über die Provinz Friesland aus. Zwischen den Dörfern brachen regelrechte Kämpfe um die Gunst der wohlhabenden Neulinge aus. Es wurden Baugenehmigungen für Projekte erteilt, die ein Jahrzehnt zuvor noch unvorstellbar gewesen wären. Die Gemeinden, die ihre Einnahmen schrumpfen sahen, erwarteten sich von den reichen Rentnern aus der Randstad neue Impulse. Die Unternehmer träumten von zusätzlichen Aufträgen. Die dahinsiechenden Dorfschulen erhofften sich neue Schüler. Geplant wurde nach Wildwestmanier. Dahinter steckte weniger ein politisches Konzept als vielmehr die Angst vor der neuen Zeit, die die Gemeinden und Dörfer antrieb.

Im Nachbardorf Wiewerd war bereits hinter einer Art Lärmschutzwall ein Kuckucksjunges herangewachsen, das beinahe genauso groß war wie der Rest der Dorfes. Dort standen futuristische Bauten mit großen Aluminiumfenstern im Schlamm, daneben Häuser mit hohen, geraden, belgischen Mauern aus gelbem Backstein, und wieder andere Villen erinnerten an amerikanische Scheunen.

Dem Ort Mantgum war ein ähnliches Steingeschwür angeklebt worden. Wohnen am Wasser war auf dem Immobilienmarkt ein absolutes Muß; weil es aber rings um das Dorf nur Weideland gab, hatte die Baugesellschaft die nötigen Wassergräben und Kanäle selbst ausgehoben. Überall an diesen geraden, soeben erst entstandenen Gewässern warteten Villen auf ihre neuen Besitzer, und einstweilen fuhren die alten Dorfbewohner Sonntag nachmittags dort vorbei. Über einen der Wassergräben hatte man eine kleine

---

Grachtenbrücke gebaut. Die ersten Kinder aus der Stadt flitzten mit ihren bunten Plastikfahrrädern durch den Schlamm. In den Gärten standen Koniferen zwischen schweren friesischen Lehmbrocken.

Eines der Häuser war auf einer Art Warft gebaut, darunter hatte man eine Garage angelegt. Ein anderes war mit breiten, groben Fugen versehen, womit der Bauunternehmer vermutlich den Stil eines Brabanter Bauernhauses hatte imitieren wollen. Eine dritte Villa war ganz in der Form eines Dreiecks gestaltet.

Viele Wohnungen waren mit altdeutschen Briefkästen und mit automatischen Gartenlampen aus Plastik ausgestattet, die – »Gut für die Umwelt!« – von Solarzellen gespeist wurden. Es waren schnelle Jungs, die für die Bauten verantwortlich gezeichnet hatten, was an den sonnigen Häusern nicht spurlos vorbeigegangen war: Imposante Portale hatte man mit den billigsten Haustüren aus dem Baumarkt kombiniert, Fensterkreuze waren zwischen den Doppelfenstern montiert anstatt an der Außenseite, und die Treppenstufen der Warft hatten die Konstrukteure aus Platzmangel ziemlich steil nach unten gehen lassen. »Wir kommen bei Glatteis wieder«, lachten die Jorwerder.

In Weidum, ein paar Kilometer weiter, machten sich Bauarbeiter noch an der letzten Ausgestaltung einer graugelben Villa zu schaffen, die mit großem Aufwand vor dem Dorf errichtet worden war. Irgendwie hatte sich das Haus vom kleinen Neubauviertel des Dorfes lösen können und versperrte nun mindestens drei Dorfwohnungen die Sicht. Die Villa war viereckig, das Dach ähnelte einer klassischen Kuppel, der Schornstein stand genau in der Mitte, und darunter würde man zweifellos einen futuristischen Kamin installieren. In Blickrichtung des offenen Landes, der Wolken und des Horizonts hatten die neuen Eigentümer eine große, halbrunde Glaswand einziehen lassen. Eine der Seitenmauern war – der Konzeption des Architekten Atsma aus Oenkerk entsprechend – aus Holz und hatte in einer Ecke ein bullaugenartiges Fenster.

Am auffälligsten war die dem Dorf zugewandte Seite des Hauses: Zu jedermanns Verwunderung schoß dort innerhalb weniger Wochen eine robuste graue Mauer empor, die kein einziges Fenster aufwies – nur die Eingangstür und die Einfahrt der Garage. Ansonsten blickten die Dorfbewohner auf blinde Mauern aus Holz, Sandstein und grauen Backsteinen.

So offenbarte sich kurz vor der Vollendung des Gebäudes sein tatsächlicher Charakter: Es war ein Wohnhaus, das sich buchstäblich in die erste Reihe gedrängelt und dann dem Dorf den Rücken zugekehrt hatte. Es machte rundum deutlich, daß es mit der Gemeinschaft nichts zu tun haben wollte. Diese neue Villa verkündete nur eine Botschaft: daß die Besitzer reich waren, daß sie fanden, daß sie diesen Platz auf der Welt verdient hatten und daß die anderen ihnen den Buckel herunterrutschen konnten.

Jorwerd war von dieser Bauwelle wie durch ein Wunder verschont geblieben. Bis eine kleine Gruppe in der Kneipe aktiv wurde. Eef und Jan überlegten sich gemeinsam mit ein paar Verwandten und Bekannten, daß es herrlich wäre, am alten Jorwerder Kanal zu wohnen. Sie ließen einen Bauplan für sechs Villen auf einem Grundstück zeichnen, das unmittelbar vor dem alten Dorfkern lag. Den Kanal würde man eventuell sogar zu einem Teich ausweiten können. Wohnen am Wasser also – wenn auch in der Praxis wohl höchstens ein Kanu am »eigenen Bootssteg« würde anlegen können, weil das Ufer ein Stück weiter überall versperrt war. Jeder Beteiligte hatte so seine eigenen Motive. Der eine wohnte zu beengt, der andere wollte es vornehmer haben, und Eef wollte hoch hinaus.

Die Gebäude würden allerdings einem Dutzend anderer Bewohner die Aussicht auf das Weideland versperren, und das war noch nicht alles. Auch das klassische Aussehen des Dorfes mit den Bäumen, dem Kanal, der Warft und dem Giebeldachtürmchen – ein Bild, das in den sechziger Jahren sogar in den Kalender von Douwe Egberts-Kaffee aufgenommen worden war – würde ernsthaft in Mitleidenschaft gezogen werden.

Schnell verbreiteten sich hinter den Türen des Dorfes die Klatschgeschichten und Gerüchte. Anfangs unternahm niemand etwas – von einem Mann abgesehen, der in die Kneipe stürmte und Eef und Jan Dijkstra ohne Umschweife fragte, was ihnen bloß einfalle, am Kanal bauen zu wollen: »Mensch, das ist der schönste Fleck in unserem Dorf. Da kann man doch keine Bungalows bauen!«

Trotzdem war vielen anderen Jorwerdern das alles recht. »Wir können doch nicht ewig in Bärenfellen herumlaufen!« mokierte sich ein Mann von der Gemeinde, und ein beträchtlicher Teil der Dorfbewohner war voll und ganz damit einverstanden.

Seltsamerweise waren es vor allem die Älteren und die Alteingesessenen, die Eingriffe dieser Art in das Dorf von Herzen begrüßten. Ausgerechnet die Jüngeren und die Neulinge waren in dieser Sache sehr zurückhaltend. Es war eine Art Konservatismus mit vertauschten Rollen, der sich zum Teil aus der Tatsache erklärte, daß die Neulinge weniger arglos waren und aus ihrem früheren Leben in der Stadt wußten, wozu eine solche Bauwut führen konnte. Die Baugegner wiesen darauf hin, daß erst kurz zuvor nach endlosem Palaver ein Flächennutzungsplan verabschiedet worden war. Zwar könne jeder darauf pochen, das sei ein schönes Plätzchen am Kanal, so habe man aber nicht gewettet.

Das war aber nicht der einzige Grund für ihren Widerstand: Sie nahmen das Dorf auch anders wahr. Für die Jüngeren wie für die Neulinge fielen die intime Atmosphäre und die ästhetische Seite des Dorfes schwer ins Gewicht – dies waren oft die Hauptgründe, weswegen sie geblieben oder gekommen waren. Die Älteren hingegen sahen das Dorf noch immer als wirtschaftliche Einheit – die in Wirklichkeit jedoch bereits verschwunden war. Jede neue Familie war für sie noch immer vor allem ein zusätzlicher Kunde, ein neues Gesicht in der Kneipe, vielleicht ein Kind in der Schule. Das Gesetz der kleinen Zahl ging ihnen ständig durch den Kopf, erst recht, als diese Zahl immer kleiner wurde.

Und doch reagierten beide Gruppen anfangs gelassen auf die Baupläne. Das hatte mit der Interessenverflechtung zu tun, die in einer kleinen Gemeinschaft unvermeidlich auftritt. Auch dies ist eine Sache, die von Stadtmenschen prinzipiell unterschätzt wird. Es erfordert erheblich mehr Mut, sich in einem Dorf vorzuwagen als in der relativ anonymen Welt der Stadt.

Ich war zufällig Zeuge der kleinen häuslichen Versammlung, bei der die Gegner des Plans erstmals die Köpfe zusammensteckten. Eine der Frauen, die bei der Gemeinde Informationen über das Projekt eingeholt hatte, äußerte sich besorgt: Wenn die anderen nun nichts unternähmen, werde sie dann nicht als einzige Unruhestifterin durchs Dorf laufen? Den Vorsitzenden des Dorfvereins wagte man nicht allzu hart anzugreifen, weil er zugleich Direktor der Bank war, bei der so gut wie jeder einen Kredit laufen hatte. Einer der Bauern war entschieden gegen das Bauvorhaben, aber da er gerade mitten in einem Flurbereinigungsverfahren steckte, konnte er sich keinen Streit mit der Gemeinde leisten. Ein anderer Bauer hielt sich zurück, weil man ihm das Leben hätte schwermachen können, indem man für seinen Bauernhof eine Umweltlizenz forderte – sein Hof stank seit über zweihundert Jahren nach Mist, aber all die neuen Regeln und Anforderungen machten ihn ungemein erpreßbar. Ein Nachbar von gegenüber hatte ein Auge auf eine Garage geworfen, die frei würde, wenn einer der Pläneschmiede tatsächlich in eine Villa am Kanal umzog. Eine Nachbarin fürchtete zwar um ihre schöne Aussicht, war aber gleichzeitig mit einem der Interessenten gut befreundet. Und die Pläneschmiede waren sich ihrerseits darüber im klaren, daß tiefe Wunden geschlagen würden, wenn sie ihren Willen um jeden Preis durchsetzten.

Kurzum: Das Gesetz der kleinen Zahl lähmte beide Parteien, denn man mußte noch eine ganze Weile miteinander auskommen. Ruhe, das war noch immer das erste und das wichtigste ungeschriebene Gesetz des Dorfes.

An einem Freitagabend kam es im Lokal zu einer Schlägerei. Der Schreihals aus dem Neubau, auch einer der Plänemacher, hatte die Freundin von Willem Osinga, einem der Baugegner, als »blöde Ziege« beschimpft. Als Willem wieder zu sich kam, saß er auf dem Mann, während die anderen Kneipenbesucher damit beschäftigt waren, ihn von diesem herunterzuziehen. Willem selbst war darüber am meisten entsetzt. »Ich habe mir in den sechzig Jahren, die ich auf der Welt bin, bisher noch immer mit Worten zu helfen gewußt«, sagte er immer wieder. »So etwas ist mir noch nie passiert.« Aber einer der Bauern, zu dem Willem sonst eigentlich kein so gutes Verhältnis hatte, ging auf ihn zu und reichte ihm die Hand.

Einige Wochen später wurden im »Wapen van Baarderadeel« alle Tische in Form eines großen Hufeisens aufgestellt. Am linken Ende saßen die Zugezogenen, in der Mitte die Frauen, und rings um das rechte Ende versammelten sich die Bauern und die älteren Männer. Um halb acht gingen noch alle davon aus, daß vielleicht zehn, fünfzehn Leute zu dieser Sondersitzung des Dorfvereins kommen würden, aber um fünf nach acht war es brechend voll.

Der Bankdirektor, der den Vorsitz hatte, erklärte einleitend, daß Bürgermeister und Beigeordnete noch keine Entscheidung über das

Bauvorhaben getroffen hätten und daß eine Gegenaktion des Dorfes also überflüssig sei. Vielleicht aber habe man diese abendliche Versammlung vor allem aus Unzufriedenheit mit dem Vorstand des Dorfvereins einberufen? »Das kann man alles machen, aber es ist vergebliche Mühe, und wir verderben uns nur das Wochenende, denn es gibt jetzt nichts zu besprechen.«

In der nächsten halben Stunde tat er weiterhin sein Bestes, nicht die Rede auf das Neubauvorhaben kommen zu lassen. Nach und nach entstand Aufregung im Saal. Und als der Vorsitzende auch noch die Zahl der Wortmeldungen beschränken wollte, verließ Willem Osinga wütend den Saal: »Wenn keine Diskussion möglich ist, dann habe ich hier nichts verloren.« Jemand stand auf: »Ich will hier was über diese Pläne hören, aber ich höre nur einen Dorfrat, der sich verteidigt. Ich will die Mitglieder dieses Vereins hören.« Der Bankdirektor: »Aber es ist noch keine Entscheidung gefallen.« Ein Bauer entgegnete, das stimme nicht, die Gemeinde sei schon längst bei ihm vorstellig geworden, um Land für den Plan zu kaufen, und die Provinzverwaltung habe sogar schon grünes Licht gegeben. Einer der Jüngeren: »Laßt uns einfach über den Plan reden, denn ich weiß, wie es sonst läuft, dann gibt es einfach Streit.« Der Bankdirektor: »Ich lasse das gern zu, aber dann halte ich mich raus, denn ich habe darüber kaum Informationen. Außerdem müssen wir auch noch über die neue Brücke sprechen.«

Jetzt war an den Tischen allgemeines Murren zu hören. Jan, der Kneipenwirt, zeigte auf einen Papierstapel am Rand des Tresens. »Der Vorsitzende sagt, daß nichts Konkretes vorliegt, aber das sind die Pläne, bis ins kleinste Detail. Wir haben den Dorfverein schon vor Monaten benachrichtigt.« Wieder versuchte der Bankdirektor, die Diskussion zu unterbinden, aber jetzt hatte er den ganzen Saal gegen sich. Tapfer und mit Verve nahm er die Rolle des Sündenbocks auf sich, und so geschah ein kleines Wunder: Innerhalb einer Stunde erreichte er, daß Baubefürworter und Baugegner, echte Jorwerder und Neulinge, Alte und Junge, Bauern und Zugezogene, kurz, alle Fraktionen im Dorf, sich zu einer Front zusammengeschlossen hatten. Gegen ihn.

Man legte eine Pause ein. Merkwürdige Einmütigkeit brandete durch das Lokal. Jan erzählte jedem mit Begeisterung von den Plänen. Und Eef unterhielt sich lachend mit einem der größten Baugegner. Gais Meinsma stiefelte fröhlich von einem zum anderen. Folkert sorgte an seiner Ecke des Tisches für schallendes Gelächter. Ich stellte mir den Jorwerder Himmel vor und wußte, daß er ganz ähnlich aussah: Friede und Eintracht im oberen Saal des »Wapen van Baarderadeel«, und alle waren dabei, Gais, Folkert, Peet, Lamkje, Sake, der Notar, der Lehrer, der Bankdirektor, Gijs, Armande, Marieke, der Anstreicher, jeder.

»Privatinitiative ist eine prima Sache«, rief einer der Männer. »Aber sie führt zur Polarisierung des Dorfes. Wir müssen alle weiter miteinander reden. Wir Jorwerder haben im Dorf das Sagen und nicht irgendwelche Planer.« Eine Frau: »Ich habe es mir ein bißchen durch den Kopf gehen lassen, und ich dachte: Vielleicht bekommen wir ja eine schöne Skyline!« Einer der älteren Männer: »Es muß gebaut werden, sonst leert sich die Schule. Für Einkäufe muß man jetzt auch schon nach Mantgum.« Gais: »Aber die Aussicht aus dem Altersheim geht verloren, und das auch noch im Jahr der Senioren.« Ein anderer: »Die Leute, die jetzt da bauen wollen, wohnen hier schon seit Jahren. Dagegen habe ich nichts. Aber mir ist klar, daß vielleicht auch Amsterdamer kommen, und dann gibt es Schwierigkeiten.«

Und dann stand ein alter Bauer mit krummem Rücken auf. »Ich möchte mal was sagen«, meinte er. »Man will mein Grundstück kaufen. Daß man mir in den Ohren liegt, mit diesem und jenem, dadurch lasse ich mich aber nicht verrückt machen. Wenn es nach mir geht, wird also nichts daraus. Und ihr könnt mir zwar böse Blicke zuwerfen, aber so ist es.«

Und so wurde der Plan für den Neubau in Jorwerd eingefroren. Er wurde nicht abgeblasen, es gab keine Prügelei, es wurde nicht diskutiert, er schlief einfach ein. Fortan schwebte er irgendwo in der Dorfgeschichte, zwischen Erinnerungen, Bildern, Träumen und vagen Zukunftsängsten.

Am nächsten Tag war alles wieder beim alten. Über dem Land hing ein grauer Nebel, der allmählich in das Abendrot überging. Am Dorfeingang stand der Mann mit den Lesemappen vor einer Einfahrt, sein Auto voll mit alten Illustrierten. Hinter den Fenstern des Notariats brannte Licht, gelb und warm. Ich sah Boonstra, den Kanzleiangestellten, mit Akten und Folianten durch den Raum schleichen, wie er das schon seit vierzig Jahren tat.

Im Dorf hatte man die Straßenlampen noch nicht angezündet. Zwischen den Häusern war das Knacken eines Fahrradsattels zu hören. Folkert. Sein Dynamo schleifte ein wenig, seine Lampe irrte zögernd von links nach rechts, aber er radelte stur die verlassene Dorfstraße hinunter. Die Kirche stand in voller Größe mitten im Dorf, ewig, unverändert, wie ein Fels in der Zeit. Das leere Gebäude erschien größer und eindrucksvoller als jemals zuvor, und während die Dämmerung hereinbrach, wurde alles ringsum klein und nichtig.

In der Ferne dröhnten die Straße nach Wommels, die Straße nach Grouw, die Stadt, die Eisenbahnlinie nach Sneek, das alles lag in der Luft, und es war, als lebten wir in einem Viereck, das aus Geräuschen bestand.

Die Überlebenskünstler

Das wichtigste Ereignis in Feddes Jugend war die Erfindung des Perpetuum mobile. Das war eine Maschine, die ganz ohne Treibstoff funktionierte; die Idee stammte von einem Junggesellen aus der Gegend von Wolvega, und auf dem Jahrmarkt von Gorredijk hatte jemand die Apparatur in Betrieb gesehen. Sie war in aller Munde. In Kürze würden jene Maschinen die ganze mühsame Handarbeit erledigen. Nie wieder Milchkannen schleppen, mähen, Heu machen, Mist karren, umgraben und schuften. Nur kurze Zeit, dann würde sich alles ändern; aber daraus ist dann doch nichts geworden.

Später kursierte die Geschichte, daß große Ölgesellschaften das ewige Schweigen des Erfinders gekauft hätten, angeblich für eine Million Gulden. Deswegen also.

Fedde war der erste Bauer, den ich kennenlernte. Er wohnte etwa dreißig Kilometer von Jorwerd entfernt, in der sandigen Gegend hinter Heerenveen. Anfang der siebziger Jahre wurde ich sein nächster Nachbar, und schon bald tranken wir jeden Sonntag Kaffee und unterhielten uns, gemeinsam mit seinen Brüdern Pieter und Goitsen.

»Es war eine Zeit des Arbeitens und Sterbens«, sagte Pieter. Sein Vater war nicht mehr da, als er geboren wurde, und von Witwenrenten und Sozialhilfe hatte damals noch niemand etwas gehört. Wenn die Bauern Kartoffeln für die Schweine kochten, war auch für die Familie ein guter Tag, da aßen alle Kinder mit. »Milch und Elend, davon lebten wir«, erzählte Goitsen.

Sietske van der Spoel hieß ihre Mutter, und sie hatte zehn Kinder, als sie Witwe wurde: Lipkje, Fedde, Hendrik, Harm, Catrinus, Trijntje – die später den Verstand verlor –, Goitsen, Hylke, Klaas und Pieter. Zwei haben jene Jahre nicht überlebt: Hendrik bekam mit achtzehn die spanische Grippe, und Catrinus – ohnehin nie robust gewesen – starb mit dreizehn an einem mysteriösen Fieber.

Die anderen mußten sich möglichst schnell ihre Brötchen selbst verdienen. Pieter fing mit vierzehn an, für den Lebensmittelhändler Einkäufe auszuliefern; um zwölf Uhr nachts kam er nach Hause, morgens um sieben mußte er wieder los. Goitsen war seit seinem zwölften Lebensjahr bei einem Bauern. Fedde auch. Später machte er sich selbständig, mit einer Handvoll Kühe und einem kleinen Kälberhandel: vier Tiere in einem kleinen Karren hinter seinem Lastenfahrrad und zwei vorn in einem riesigen Korb, so kämpfte er sich über die schlammigen Wege, von Bauernhof zu Bauernhof. »Man war auch nichts anderes gewöhnt«, sagte Pieter.

In den dreißiger Jahren hatten die meisten Kinder das Haus bereits verlassen. Nur Fedde und Pieter blieben bei ihrer Mutter Sietske. Sie wohnten hinter einem Wäldchen, dem Meibos, auf einem kleinen Bauernhof mit einer Scheune, einem Grundstück und einem Misthaufen, mitten im freien Raum, fernab der Welt. Ganz in der Nähe stand ein ähnlich kleines Haus, da wohnten Minne und seine Mutter. Ringsum war nur Land – beim peitschenden Regen im Herbst und im Winter sah man freilich meist nicht mehr als bewachsenen Schlamm, so weit das Auge reichte.

Auch Minne mußte schuften. Er hatte ein paar Kühe, und nebenher verdingte er sich als Milchknecht bei anderen Bauern. Nur sein Bruder Lammert schien sich dem Schlamm entwinden zu wollen, mit aller Macht und all der Wut, die in ihm steckte. Das neue Transportmittel, das Autobus hieß, schien ihm zukunftsträchtig, und er machte sich daran, einen eigenen kleinen Betrieb aufzubauen. Eines Tages landete der Bus im Kanal, und Lammert kehrte wieder zu seinem alten Leben zurück.

Dann und wann gab es ein Fest. Fedde erzählte manchmal von einer Hochzeit, auf der er sich schrecklich betrunken hatte. Und dann war da noch eine Geschichte mit einem Mädchen und einer Mühle. Die Erinnerung war ganz frisch geblieben, nicht überlagert von späteren Ereignissen, und so sprach Fedde darüber, als wäre es letzten Monat passiert und nicht schon fünfzig Jahre her.

Wenn sie im Sommer Heu machten, sahen sie hin und wieder Urlauber vorbeiradeln. Pieter sagte: »Urlaub, wir wußten nicht einmal, was das war. Im Urlaub Fahrrad fahren, das war eine andere Welt.«

Als der Krieg ausbrach, erfuhren sie das sofort. Pieter: »Es war im Mai 1940. Fedde war schon um fünf Uhr mit seinen Kälbern auf den Markt gegangen. Ich war gerade dabei, mich an der Regentonne zu waschen, und plötzlich stand Fedde wieder neben mir. Er sagte: ›Der Markt ist geschlossen, denn der Krieg ist ausgebrochen.‹ Ich war damals dreiundzwanzig.«

Am nächsten Tag sahen sie schon die ersten Deutschen, die mit vielen Pferden unterwegs zum Abschlußdeich waren. »Sie saßen alle auf Pferden, überall waren Pferde – ja, es war eine Schande, aber wir schauten vor allem nach den Pferden. Was für herrliche Tiere das waren.«

Das Land veränderte sich nur, wenn der Schatten der Wolken darüber hinwegzog. Fedde klapperte die Häuser ab und sammelte Schalen und Abfälle ein. So konnte er sich ein paar Kühe mehr leisten, ohne daß er zusätzlichen Boden pachten mußte. Erst im September hörten sie, daß Rotterdam im Mai bombardiert und zerstört worden war. Anderthalb Jahre später stand der Fleischer plötzlich mit einem gelben Stern hinter der Ladentheke. Ein paar Monate darauf war er verschwunden, und niemand sah ihn jemals wieder.

Die Bauern setzten in ihrer Armut all ihre Hoffnung auf die neue Ordnung. Minne und seine Mutter traten begeistert den Nationalsozialisten bei, Lammert hatte sich sogar den Schwarzhemden angeschlossen. Er wütete derart, daß er »der Schrecken von Wolvega« genannt wurde.

Bei Sietske, Fedde und Pieter kam eines Tages der Tierarzt vorbei. Ob Sietske ein paar untergetauchte Juden aufnehmen könne? Sie säßen ziemlich in der Klemme. Sietske wischte sich die Hände an der Schürze ab und nickte: »Na gut, bring sie nur, es wäre auch schade um diese Leute.«

Sie wurden die ersten in einer langen Reihe. Fedde bepflanzte den Rand des Grundstücks dicht mit Weiden und Holundersträuchern, als Sichtschutz. Jeden Abend saßen sie mit den Untergetauchten beim Kartenspiel zusammen, und wenn seltsamer Besuch kam, versteckten diese sich schnell unter dem Alkoven. Pieter: »Wir konnten nicht immer ein Herz und eine Seele sein, aber eins steht fest: Wir haben viel Spaß miteinander gehabt.«

Nach anderthalb Jahren gab es eine Panne. Die alte Nachbarin, die Mutter von Minne und Lammert, kam überraschend vorbei, um einen Löffel Zucker zu holen. Die Untergetauchten konnten nicht schnell genug unter den Alkoven huschen, und als die Nachbarin hereinspazierte, ragten noch ein paar Beine aus der Luke hervor. Am nächsten Tag wurden die Leute sofort zu einer anderen Adresse gebracht. Eine Razzia hat es nie gegeben.

Nach dem Krieg bekamen Sietske, Fedde und Pieter Medaillen und Bäume in einem israelischen Heldenwald. Lammert wurde zum Tode verurteilt, später jedoch begnadigt. Kurz darauf starb seine Mutter. Sietske wurde im Oktober 1951 krank. Sie hatte alles überlebt, aber der Leberkrebs besiegte sie. Sie starb zu Hause, unter großen Schmerzen. Nach der Beerdigung gab es Tee mit Zuckerbrezeln.

Die beiden Häuschen standen weiter auf dem Land. In dem einen lebte jetzt nur noch Fedde, im anderen wohnte Minne. Minne stürzte sich auf Motorräder und Mofas. Er war fasziniert von Maschinen, und in seinem Haus und auf dem Grundstück lagen überall Räder, Zahnräder und alte Zylinder verstreut. Fedde hatte fünf Kühe und einen alten Stier – »ein Bauer ohne Stier ist kein Bauer« –, einen Ziegenbock, einen Esel, zwei Katzen, von denen eine hinkte, vierzehn Hühner und achtzehn Hähne. Außer den Kühen liefen alle Tiere frei herum. Er radelte noch immer mit Kälbern und Kartoffelschalen durch die Gegend.

Beide Männer wurden grau, ihre Körper zäh, runzlig und voller Schwielen. Minne behielt sein heftiges Temperament. Eines Tages sah er im *Leeuwarder Courant*, daß eine alte Jugendliebe von ihm nach vierzig Jahren Witwe geworden war. Er schnitt die Traueranzeige aus. Einige Wochen später setzte er an einem Sonntagnachmittag sein Motorrad in Bewegung. »Ich muß da einfach mal vorbeischauen«, sagte er zu Fedde. Er hatte seit seinem achtzehnten Lebensjahr nicht mehr mit ihr gesprochen. Zwei Stunden später war er schon wieder da. »Sie ist dick geworden.«

Fedde wurde im Lauf der Jahre zu einer Art Dr. Doolittle, zu einem sanftmütigen Mann, der immer dieselbe Mütze und dieselbe Kordjacke trug, der bei Tagesanbruch aufstand und bei Sonnenuntergang zu Bett ging. Er verwahrte einen Vorrat an Beerenburg, einem friesischen Kräuterschnaps, den er gemeinsam mit Minne aufgetrieben hatte, als eine Kneipe in der Gegend schloß – sie hatten erst die riesige Korbflasche in eine Milchkanne umgefüllt und

dann ihre Beute gemeinsam auf dem Motorrad nach Hause ge-
karrt, Minne vorn, dann die Milchkanne, dann Fedde. Sie tranken
immer bei Fedde, im Licht der Petroleumlampe. Hin und wieder
gingen sie alle beide nach draußen, um zu pinkeln und nach den
Sternen zu sehen.

Spät abends wankte Minne dann über die Äcker nach Hause
und kletterte die Leiter hoch zum kleinen Heuboden, wo er schlief,
weil die Alkoven voll waren mit Kettenkästen, Schutzblechen und
Kolbenstangen. Dort lag er mit weit aufgerissenen Augen, denn
seit dem Krieg spukte es angeblich in seinem Haus.

In ihren Gesprächen ließen sie jene Jahre meistens aus. »Ach
ja«, antwortete Fedde, wenn man ihn nach dieser seltsamen Epoche fragte, »man muß die Zeit doch zusammen überstehen, oder?«
Ein einziges Mal hatten sie Streit, über eine nebulöse Frage, die
außer ihnen niemandem klar war. Ein Jahr lang sprachen sie nicht
miteinander. Danach saß Minne wieder jeden Sonntagmorgen bei
seinem Nachbarn zum Kaffee, und Fedde schnitt mit seinen
großen Händen Honigkuchenscheiben für ihn ab – mit Zellophan
und allem drum und dran, »denn das ist hygienischer«.

1972 wurde Fedde krank. Ein Schluck Petroleum – seit seiner
Jugend das Allheilmittel gegen jedes Zipperlein – wollte diesmal
nicht helfen. Man entfernte ein Stück aus seinem Magen, aber die
Wunde verheilte nicht mehr. Während er im Krankenhaus lag,
sorgte Minne für die Tiere, und sobald Fedde zu Hause war, fing er
wieder von vorn an mit Kühen und Hühnern. Mit der Krankheit
im Leib manövrierte er das Lastenfahrrad mit den Milchkannen
mühsam über den schlammigen Weg vom Meibos zur Straße,
zweimal täglich, bei gutem wie bei schlechtem Wetter.

Minne hatte inzwischen seinen Bauernhof aufgegeben. Er hatte
sich ein Stückchen weiter an der Straße ein neues Haus bauen lassen, mit Wasser-, Gas- und Stromanschluß und Fernsehen. Die ersten Wochen ging er nur abends hin, um die Lampen brennen zu
lassen und sich im Fernsehen *Peyton Place* anzusehen. Erst später
zog er um.

In jenem Sommer saß Fedde oft still im Heuschober und
schaute in den Abend, umgeben von seinen Tieren. Die hinkende
Katze auf dem Schoß, den Esel und den Ziegenbock neben sich, die
Hühner wie dicke Wattebäusche auf der Hühnerstange.

Dann begann der Herbst, und ein Unglück folgte auf das andere. Eine Kuh starb. Ein Mann von der Molkerei kam und erzählte, daß jetzt jeder auf Kühltanks umsteigen müsse und daß es bald vorbei sei mit den Milchtransporten und den altmodischen Milchkannen. In einer Sturmnacht wehte es den dicksten Baum um. Er versperrte den Hof und hätte das Haus fast unter sich begraben. Ein paar Wochen später lag der Esel tot vor der Tür. Fedde selbst war so geschwächt, daß er kurz darauf den Stier weggeben mußte.

Vierzehn Tage später passierte es. An einem nassen, windigen Dezembertag blieb er mit seinem Lastenfahrrad im Schlamm stecken. Es herauszuziehen schaffte er nicht mehr. Wenige Wochen später war er tot.

So ist es gelaufen. Sietske ist tot. Fedde ist tot. Lammert ist tot. Minne ist tot. In Feddes Heuschober ist heute eine Segeljacht untergestellt, aus seinem alten Schlammweg hat man eine Freizeitroute gemacht, und das Weideland, das Minne Jahr für Jahr abmähte, hat das staatliche Forstamt mit Eichen, Birken, Lärchen und anderen Gewächsen bepflanzt. Aber die Überlebenskünstler sind tot, und niemand hat ihren Platz eingenommen.

*

Ende des zwanzigsten Jahrhunderts erlebten wir die letzten Jahre einer Kultur, wie wir sie jahrhundertelang gekannt haben, die uns aber jetzt binnen weniger Jahrzehnte zwischen den Fingern zerrann.

Vor gut hundert Jahren spielte die Landwirtschaft noch überall die Rolle, die sie Zehntausende von Jahren gespielt hatte: die einer Ernährerin, Erzeugerin und Lehrmeisterin. Im größten Teil Europas war die Landwirtschaft die wichtigste Existenzgrundlage, der zentrale Motor, der das Denken und Handeln bestimmte, der Rahmen, der Leben und Tod mit eisernen Gesetzen festlegte. Die meisten heutigen Städter brauchen nur ein paar Generationen zurückzugehen, und sie stoßen auf einen Großvater, einen Großonkel oder einen Urgroßvater, der sich noch als Bauer über Wasser halten mußte.

1849 lebten vierundvierzig Prozent der niederländischen Haushalte von Vieh, dem Ertrag ihrer Felder, von Gemüse oder einer Kombination aus alldem. Hundert Jahre später, 1950, waren es zwanzig Prozent. 1995 hatten die Niederlande zwar die intensivste Landwirtschaft Europas, aber die bäuerliche Bevölkerung war in den letzten fünfzig Jahren buchstäblich dezimiert worden: von einer dreiviertel Million 1950 auf fünfundsiebzigtausend 1995. Nicht einmal zwei Prozent der Niederländer haben um die Jahrtausendwende noch etwas mit der Landwirtschaft zu tun.

Weltweit zeichnete sich eine ähnliche Entwicklung ab. Noch lange nach dem Zweiten Weltkrieg bestand der weitaus größte Teil der Menschheit aus Bauern. 1960 wohnten zwei Drittel der Weltbevölkerung auf dem Lande. 2025 wird nach den neuesten Schätzungen der Vereinten Nationen nur noch ein Drittel der Menschen ein Bauerndasein führen. 1950 gab es auf der Welt nur zwei Riesenstädte mit über acht Millionen Einwohnern, London und New York. Im Jahre 2015 werden es voraussichtlich dreiunddreißig sein, zu denen weitere fünfhundert Städte mit über einer Million Einwohner kommen.

Um die Jahrtausendwende ist also der Wendepunkt erreicht, der historische Moment, in dem erstmals in der Geschichte mehr Menschen in der Stadt leben als auf dem Land.

Als ich in Jorwerd wohnte, bestand allerdings noch immer die Hälfte der Weltbevölkerung aus Bauern. Und daß Bauern ein anderer Menschenschlag sind als Städter, das weiß jeder, der einmal seinen Fuß auf einen Viehmarkt, eine Auktion, ein Auto-Cross-Gelände oder einen Pfingstmarkt auf dem Land gesetzt hat.

Auf so einem großen Bauernmarkt gibt es fast alles, was auch auf einem gewöhnlichen Stadtmarkt zu finden ist, nur die Schwerpunkte unterscheiden sich: Man findet jede Menge Werkzeug, Spaten, Schaufeln sowie Arbeitskleidung von der robusteren Sorte; die Pflanzen sind dort billiger, aber es gibt weniger Auswahl; die Händler mit ihren Wunder-Putzmittelchen, Superzitronenpressen und elastischen Schnürsenkeln aus Amerika, die man nie wieder zuzubinden braucht, sind noch in voller Pracht vorhanden, und es gibt natürlich die verschiedensten Tiere zu kaufen: Pferde, Hühner, Gänse, Schafe, Ziegen, Enten, Kanarienvögel, Tauben, Kaninchen und sogar eine zahme Krähe.

Und dann gibt es noch unglaubliche Mengen an Alkohol: In

Zelten und in alten Schuppen versammeln sich die Leute, sie stehen oder sitzen an groben Tischen, sind in ein Gespräch vertieft oder wiegen sich etwas zur Musik und gießen sich einen hinter die Binde, bis sie blau sind. Die Mädchen haben blondes, kurzgeschnittenes Haar oder eingefettete Löckchen, die Jungs tragen blaue Jeanshosen und -jacken oder Holzfällerhemden, sie haben einen dünnen Rohrstock in der Hand, und 1995 waren kleine Sonnenbrillen groß in Mode. »Das lassen wir Männer uns nicht gefallen«, höre ich jemand neben mir sagen, und ich sehe, wie ein Sechzehnjähriger zu einem Scheinangriff gegen den Jungen neben ihm ansetzt, während seine Freundin sich halb brüllend vor Lachen hinter ihm verkriecht. Die beiden Jungs sind frisch, haben eine gesunde Gesichtsfarbe, glatte, kurze Haare und sind knallhart, und für einen Stadtmenschen kommen sie von einem anderen Planeten.

Auf Bauernmärkten sieht man Gesichter, die man in der Stadt nie entdecken wird, und man sieht sie zu Tausenden. Sie sind rot und zerfurcht – von der ständigen frischen Luft. Sie sind dick – vom Fett, das auf solchen Märkten in Form von Hamburgern, Bratwürsten, Bratfischen und fritierten Koteletts kiloweise konsumiert wird. Sie sind kräftig – vor allem die Jüngeren sind durch ihre Arbeit in der Regel bärenstark. Sie sind gezeichnet, nicht selten voller Narben und Beulen – die Arbeit in der Landwirtschaft bleibt riskant, und insbesondere die Älteren gehen mit sich selbst häufig nicht besser um als mit ihrem Vieh: Jeder Arztbesuch kostet Geld, und versichert sind sie oft kaum. Und sie sind uralt – sie tragen die Spuren von Generationen, sie sind unabhängig von Moden und Trends.

Peet, Folkert, Lamkje, Fedde und Minne hatten bei allen Unterschieden eines gemeinsam: Ihr Leben, aber auch ihr Tun und Denken und sogar ihre »Existenz« wären in einer Stadt undenkbar gewesen. Während die Grenzen verschwanden und die Entfernungen zusehends schrumpften, zog sich noch Ende des zwanzigsten Jahrhunderts eine tiefe kulturelle Kluft durch jedes Land. Es war eine Bruchlinie, die für jeden erkennbar war, über die man aber selten jemand sprechen hörte: die zwischen Städtern und Bauern, zwischen Konsumenten und Überlebenskünstlern.

Diesen Unterschied, der noch vor Sprachen, Kulturen und Konfessionen rangiert, gab es schon immer. Bereits Plato schrieb über den Gegensatz zwischen der »feurigen Gesellschaft« der Stadt und der »einfachen Gesellschaft« des Bauerndorfes. Im neunzehnten Jahrhundert bildete der Unterschied zwischen Stadt und Land ein wichtiges Element der öffentlichen Diskussion. Für Tolstoi war er fast identisch mit dem zwischen Gut und Böse – er machte ihn sogar zur Grundlage seines Romans *Anna Karenina*. Karl Marx sprach von den »bornierten Stadttieren«, die er den »bornierten Landtieren« gegenüberstellte. Und als das politische Interesse an diesem Kontrast zu Beginn des zwanzigsten Jahrhunderts nachließ, beschäftigten sich Soziologen und Anthropologen damit.

Einer der wichtigsten Forscher auf diesem Gebiet, der Amerikaner Robert Redfield, entwickelte die Theorie von der kontinuierlichen Bewegung. Sie besagt, daß die »kultivierteren« Städte unaufhörlich Macht und Reichtum akkumulieren, dafür aber in Form von Entfremdung, Normenverlust und Isolation des einzelnen einen hohen Preis zahlen müssen und schließlich zerfallen.

Immer wieder kehrt dasselbe Thema zurück, das der russische Dichter Nikolai Nekrassow vor anderthalb Jahrhunderten in folgende Worte faßte:

In den Hauptstädten geißeln bissige Redner
Knechtschaft, die Lüge und das Böse.
Doch in weiten Gegenden des Landes
hängt wie zuvor, unfaßbar
Stille über den endlosen Ebenen.

Ganz so einfach waren die Verhältnisse im zwanzigsten Jahrhundert allerdings nicht mehr. Es gab schon lange nicht mehr die abgeschlossene Stadt einerseits und das naive, offene Dorf andererseits. Auf die verschiedenste Art und Weise hatte die Stadt das Dorf regelrecht infiltriert, mit Pendlern und reichen Ruheständlern, mit Geld, mit Autos und mit Hunderttausenden von Kabelanschlüssen. Aber zugleich regte sich im Unterbewußtsein der Stadt nach wie vor das Dorf. Auch Städter waren, mehr als sie wahrhaben wollten, von bäuerlichen Traditionen geprägt.

Wenn in der Politik von der Rückkehr zu den Werten von Groß- und Kleinfamilie gesprochen wurde, dann war das – zu Recht oder zu Unrecht – ein Rückgriff auf das Dorf, auf das Heimweh nach dem flachen Land, das noch im Herzen unzähliger Städter schlummerte. Wenn sich in den großen Hochhausvierteln ein marokkanischer Junge mit der strengen Autorität seines Vaters anlegte, dann war so ein Streit in vielen Fällen auf den Konflikt zwischen den Normen des Dorfes und den Normen der Stadt zurückzuführen. Wenn in einem feinen Vorort eine holländische Mutter einen Wutanfall bekam, weil ihre Tochter mit einem bunten Hochzeitskleid nach Hause zurückkehrte anstatt mit einem weißen, sprachen beide verschiedene Sprachen: die Tochter die Stadtsprache von Genuß und Schönheit, die Mutter die Dorfsprache von Tradition, Ehre und Schande. Wenn in einer modernen Wohnung in Moskau eine Großmutter den Haushalt ihrer Tochter versorgte, wenn Pariser jeden Tag nach Hause telefonierten, dann bezeugten jene Tatsachen nur eines: Auch in einer Weltstadt war das Dorf häufig noch das Maß aller Dinge.

Wenn auf dem Balkan Bergbewohner Bibliotheken, Moscheen und jahrhundertealte Kunstschätze zusammenschossen, dann sprach daraus nicht Gleichgültigkeit, sondern Haß, der Haß des Bauern auf die komplexe Welt der Stadt. Und wenn, in demselben Kontext, von der Wildheit die Rede war, die die Kehrseite unserer Zivilisation bildete, dann steckte dahinter die ewige Angst des Städters vor den unbezähmbaren Kräften des stets schweigenden Dorfes. Die Spannung zwischen Stadt und Land war einer der am wenigsten thematisierten und zugleich einer der empfindlichsten Konfliktherde in der Kultur des zwanzigsten Jahrhunderts.

Es gab einige charakteristische Merkmale, die auf fast alle Bauern zutrafen, wo immer sie auch wohnten. Bauern lebten zum Beispiel in der Regel in kleinen Gemeinschaften, mit allem, was dazugehörte. Es gab ein gewisses Maß an Autonomie – die meisten Bauern waren letztlich kleine Selbständige, und darauf legten sie großen Wert. Dennoch wurde das Ganze bis auf wenige Ausnahmen von Außenstehenden dominiert: von Großgrundbesitzern, Zulieferern, Großabnehmern, der Bank, den Auktionen, dem Öko-Gütezeichen, dem Staat.

Väter, Söhne, Mütter, Töchter, Großeltern und Enkel verbrachten den größten Teil des Tages in körperlicher Nähe zueinander, und die meiste Arbeit verrichteten sie gemeinsam. Weil es nie genügend Hände gab, wurden auch die Kinder schon früh eingespannt, und so lernten sie fast spielend die wichtigsten Handgriffe des Bauernhandwerks: jäten, mähen, ernten, melken. Fast allen Bauernkindern, mit denen ich in Jorwerd sprach, waren schon mit sechs, sieben Jahren kleine Aufgaben zugeteilt worden – zum Beispiel mußten sie das Vieh von einer Weide zur anderen treiben. Mit ungefähr zehn Jahren lernten sie melken. Und zugleich sah ich sogar in den modernsten Betrieben, wie sich oft noch ein Großvater im Stall zu schaffen machte, um Kleinigkeiten zu erledigen und viele gute Ratschläge zu geben; denn wenn sich auch die ganze Welt verändert, eine Kuh bleibt eine Kuh, und das ist ein lebendiges und kompliziertes Wesen.

Aus alldem ergab sich ein besonderes Merkmal des Bauernhandwerks: Bei den meisten Bauern stand, wenn es darauf ankam, die Kontinuität des Betriebs an erster Stelle, nicht das Erzielen des Höchstgewinns. Ziel des Durchschnittsbauern war noch immer in erster Linie der Fortbestand der Gruppe. Es ging ihm darum, die Existenz seiner Familie und die der nachfolgenden Generationen zu sichern, und dem war alles andere untergeordnet.

In vielerlei Hinsicht waren die Unterschiede zwischen Jorwerd und Amsterdam also erheblich größer als die zwischen Jorwerd und einem beliebigen Dorf in England oder Deutschland.

Im Laufe dieses Jahrhunderts wurden viele Dörfer erforscht, und an fast all diesen Studien fällt eines auf: die »Universalität« des dörflichen Lebens. Dörfer, wo auch immer auf der Welt sie sich befinden, sind einander erstaunlich ähnlich. Machte man sich in Jorwerd Gedanken über das Überleben der Schule? In einer Untersuchung über ein amerikanisches Dorf stieß ich auf genau dieselben Sorgen. Zogen alle in die Stadt, und wurde Ackerland wieder der Wildnis überlassen? In Frankreich war es seit Jahrzehnten nicht anders. Drehte sich in vielen Jorwerder Betrieben letztlich alles um die Familie? Polnische, indonesische und südamerikanische Studien verweisen auf genau dieselben sozialen Muster.

Robert Redfield hat drei Dorfgesellschaften analysiert: eine aus dem Buch *Werke und Tage* des Griechen Hesiod (etwa 600 vor Christus); ferner ein Dorf im englischen Surrey um das Jahr 1900, beschrieben von George Bourne; und schließlich ein Maya-Dorf der Maya-Indianer in Yucatán, in dem er selbst einige Jahre wohnte.

Redfield ist der Ansicht, daß in allen drei Gemeinschaften dasselbe Wahrnehmungsmuster dominierte: Zur bäuerlichen Arbeit gehörte eine fast ehrfürchtige Haltung dem Boden gegenüber; die Arbeit war an persönliche Werte gekoppelt. Den Jüngeren brachte man bei, ausdauernd zu sein und hart zu arbeiten anstatt Risiken einzugehen und persönlichen Gewinn anzustreben. Harte Arbeit wurde akzeptiert, ja sogar als Norm angesehen, zugleich war man aber glücklich, wenn man sie hinter sich gebracht hatte. Redfields Schlußfolgerung: »Wenn ein Bauer aus einem dieser völlig voneinander isolierten Dörfer von einem guten Geist in eine der beiden anderen Gemeinschaften versetzt und mit der Sprache des Dorfes ausgestattet würde, in das er gebracht worden ist, dann würde er sich sehr schnell zu Hause fühlen. Und zwar deshalb, weil sich die fundamentalen Ausgangspunkte seiner Existenz nicht verändert hätten.«

Der englische Essayist John Berger, der in den achtziger Jahren ein französisches Bergdorf beschrieb, hob ebenfalls die Kontinuität und Zähigkeit des Bauernlebens hervor. Er umriß es als eine noch voll und ganz auf das Überleben abgestimmte Existenz. »Das Wort ›Überlebender‹ hat zwei Bedeutungen«, schrieb Berger. »Es verweist auf jemanden, der eine Katastrophe überlebt hat. Aber es kann auch jemanden bezeichnen, der einen bestimmten Lebensstil fortgeführt hat, während andere verschwunden oder zugrunde gegangen sind.«

In jener zweiten Bedeutung verwendete er dieses Wort in bezug auf Bauern als diejenigen, die mit zähem Durchhaltevermögen weiterarbeiteten, im Gegensatz zu den Unzähligen, die jung starben, emigrierten oder verarmten. Überlebenskünstler also, im Gegensatz zu Überlebenden.

Auch Richard Critchfield, amerikanischer Journalist und Anthropologe, der Dutzende von Dörfern auf der ganzen Welt untersuchte, hat den Eindruck, daß sich alles wiederholt und irgendwie ähnelt. »Der Bauer ist ein besonderer und jahrhundertealter Menschenschlag«, schreibt er, und er fragt sich sogar, ob der Bauer im Grunde nicht der einzige Menschentypus sei, »mit anderen Worten: unser aller gemeinsamer kultureller Vorfahre«.

Dennoch steckten hinter äußerlichen Ähnlichkeiten auch große Unterschiede, zum Beispiel der fundamentale zwischen »peasants«

und »farmers« oder – anders gesagt – zwischen »Eigenbrötlern«, also Bauern, die vorwiegend für sich selbst und ihre unmittelbare Umgebung produzierten, und »Stadtbauern«, also Bauern, die sich hauptsächlich auf den städtischen Markt ausrichteten, sich auf Gartenbau, Viehzucht oder Ackerbau spezialisiert hatten und mit der Stadt spielten – und die zuließen, daß die Stadt mit ihnen spielte. In den Niederlanden war so allmählich sogar der kleinste Bauer zu einem »farmer« geworden, aber es gab auch Länder, wo die »Eigenbrötler« noch immer die Mehrheit stellten.

Viele Bauern waren außerdem nicht einfach nur Bauern, sondern eher Universalisten. Den ursprünglichen Bauernhof müssen wir uns als eine Mischform von Überlebenstechniken vorstellen. Aus einer der ersten holländischen Volkszählungen, der »Informacie« aus dem Jahre 1514, geht zum Beispiel hervor, daß die Frauen im nordholländischen Ransdorp »ein oder zwei Küken« hatten, die Männer ihre Zeit jedoch größtenteils auf See verbrachten. In Nieuwkoop verdienten sich die Bauern mit Schilfschneiden, Torfstechen und dem Ausheben von Wassergräben etwas dazu. In Alphen am Rhein betrieben sie nicht nur Ackerbau und Viehzucht, sondern gingen auch auf Fisch- und Vogelfang.

Offensichtlich war kaum jemand in diesen Dörfern auf irgend etwas spezialisiert. Sowohl Männer als auch Frauen waren vielseitig einsetzbar und nutzten jede Gelegenheit, die sich bot. Man hatte ein paar Kühe, trieb ein wenig Handel, werkelte ein bißchen, nutzte den Tag und schlug sich mit Geschicklichkeit und Anpassungsfähigkeit durch.

Daher ist es auch zu einfach, von »der« Bauernkultur schlechthin zu sprechen. Die Hörigkeit des russischen Bauern gegenüber dem Städter und dem Großgrundbesitzer hatte wenig mit dem Individualismus der französischen Bergbauern zu tun. Der griechische Bauer, der, wie Generationen vor ihm, vorwiegend für seine eigene Insel produzierte, hatte eine andere Einstellung zum Markt als der deutsche Getreidebauer an der Ostsee. Und die enorme Armut der Bauern in Brabant und im Gelderland brachte eine Haltung mit sich, die ganz anders war als der Geschäftssinn der Bauern in den Küstenprovinzen Holland, Seeland, Friesland und Groningen, die schon jahrhundertelang unter dem Einfluß großer Städte lebten.

So war es auch mit den Dörfern. Das Phänomen Stadt ist nur einige tausend Jahre alt, und erst nach dem Mittelalter kommen Städte in größerer Anzahl vor. Fast alle Nationalstaaten sind nur wenige hundert Jahre alt, während viele Dörfer schon vor Tausenden von Jahren existierten. Die Dorfgemeinschaft ist die verbreitetste Form des Zusammenlebens in der Geschichte, und sie ist eine der unverwüstlichsten Institutionen der Menschheit.

Zugleich gibt es immense Unterschiede zwischen einzelnen Dörfern, sogar innerhalb der Niederlande. Es gibt Landstriche, wo man vorwiegend große Dörfer findet – wie in den Sandgebieten von Gelderland, Overijssel und Brabant –, und Gebiete, wo die Dörfer über das Land verstreut sind – wie in Friesland, Nordholland, Seeland und Südlimburg. Es gibt Dörfer wie Jorwerd mit einem klar ausgeprägten, eigenen Charakter und meist einer eigenen Kirche, einer Kneipe und/oder einigen Geschäften. Und es gibt kleine Weiler und Dörflein wie etwa Funs, die sich an ein Nachbardorf anlehnen und kaum eine eigene Identität entwickeln.

Es gibt Pendlerdörfer, Wohndörfer, von der Stadt angefressene Dörfer, Touristendörfer, Beamtendörfer, Dörfer für die Reichen und Bauerndörfer. Es gibt langweilige und schöne Dörfer. Es gibt Dörfer, in denen Hochbetrieb herrscht und die schon fast richtige Einkaufsstraßen haben, und Dörfer, wo der letzte Lebensmittelhändler schon vor einem Vierteljahrhundert in Rente gegangen ist. Es gibt Dörfer, wo die Vereine blühen und gedeihen, und Dörfer, wo die Gemeinschaft mausetot ist. Es gibt Dörfer an der Autobahn, Dörfer am Fluß, Dörfer, wo das Meerwasser über den Deich fegt, Dörfer, wo der Schützenverein marschiert, und Dörfer rings um einen armseligen Kanal im Moor. Es gibt kein »Standarddorf«, und Jorwerd ist erst recht keines.

Auch dies gehört zum Phänomen Dorf. Überall auf der Welt haben Dörfer ihre Worte, mit denen sie Nachbardörfer charakterisieren: die Leute dort sind grob und gefährlich, jenes Dorf ist eher offen und freundlich, und die aus Jorwerd sind notorische Saufbrüder, Liederjane und lockere Vögel.

Diese Einheitsgefühle und diese Abgrenzung von anderen Dörfern empfindet jeder, der in einem Dorf aufgewachsen ist. Das Wörtchen »wir«, das fast jeder Dorfbewohner ab und zu verwendet, dokumentiert zugleich den Unterschied zwischen der eigenen

Dorfgemeinschaft und anderen Dörfern. Es geht sogar noch weiter: Je mehr sich das Leben der Bewohner auf das eigene Dorf beschränkt, desto mehr ist die Dorfgemeinschaft für ihre Mitglieder der Lebenszyklus selbst, ein kleiner Kosmos für sich.

Nun sind die Niederlande, was Dörfer und Bauernkulturen angeht, ein Sonderfall. Holland, d.h. der Nordwesten der Niederlande, war schon früh ein stark urbanisiertes Gebiet – Amsterdam war im siebzehnten Jahrhundert sogar eine der größten Städte der Welt –, und dies hatte eine starke Ausstrahlung auf den Rest des Landes. Zudem waren, durch das flache Bodenprofil und die zahlreichen Wasserwege, die Verbindungen zwischen Stadt und Land hier von jeher einfach und intensiv. Sogar eine enge Gemeinschaft wie Jorwerd läßt sich beim besten Willen nicht mit einem russischen Weiler oder einem französischen Bergdorf vergleichen. Dafür war es zu lange Teil einer halb urbanisierten Region.

Es gibt Autoren, die im Hinblick auf die Niederlande jeglichen Unterschied zwischen Stadt und Dorf abstreiten. Dieses Land sei ein einziges großes kulturelles System, so meinen sie, in dem auf verschiedenste Weise ein ständiger Austausch von Personen, Vorstellungen und Ideen stattfinde. Unsere Art zu wohnen, zu arbeiten und uns zu erholen sei allgemeingültig geworden, eine Lebensweise, die sich Städter und Dorfbewohner gleichermaßen zu eigen gemacht hätten. Hinzu kommt, daß innerhalb dieses einen Kulturgebiets ständig Umzüge von der Stadt aufs Land und in umgekehrter Richtung stattfinden. Es gibt unzählige Leute, die in der Stadt wohnen und nicht von dort kommen, und umgekehrt viele andere, die aus der Stadt stammen und nicht dort wohnen. Daher habe das Land eine solche Misch-Existenz angenommen, daß sich dazu keine spezifischen Aussagen mehr machen lassen. Das Dorf ist aus ihrer Sicht nur noch etwas Negatives: Es ist Nicht-Stadt, weiter nichts.

Die Nicht-Stadt ist jedoch nur das, was man an der Oberfläche sieht. Denn das Interessante an den niederländischen Verhältnissen ist, daß sich das Dorf trotz allem eine klar erkennbare Eigenheit bewahrt hat. Dörfer und Landschaften mögen jahrhundertelang von den Städten kolonisiert worden sein, dennoch haben sie ihre Identität nicht völlig verloren. Man muß schon mit Blindheit geschlagen sein, um nicht zu sehen, daß der Arbeitsstil, der Bezug zur

Geschichte, die Rolle von Ritualen, das Verhältnis zwischen Privatheit und Öffentlichkeit, die Freundschafts- und Familienbande, der Umgang mit Hab und Gut, die Einstellung gegenüber Natur und Religion, die Bindung an den Wohnort, kurzum, daß alles, was eine Kultur ausmacht, sich in einem Dorf noch immer anders gestaltet als in der Stadt. Sogar in den Niederlanden. Wer das Gegenteil behauptet, wird weder dem Phänomen Dorf gerecht noch dem Phänomen Stadt.

In einem niederländischen oder friesischen Durchschnittsdorf wie Jorwerd sind, trotz der Nähe zu einer Stadt wie Leeuwarden, noch unzählige Auffassungen und Bräuche lebendig, die der Gemeinschaft ein anderes Gesicht verleihen als einem Ort, der zur Hälfte aus Pendlern besteht. Es sind dies die Überbleibsel der früheren, jetzt mehr oder weniger unterschwellig schlummernden Dorfkultur, häufig auch Versatzstücke alter Überlebenstechniken und nicht selten eine besondere Einstellung zum Leben, die sich erhalten hat, weil die Arbeit mit dem Wetter, dem Boden und der Natur nun einmal eine andere Haltung hervorbringt als das Leben in einer Stadt.

Dörfer haben Hunderte – manchmal Tausende – von Jahren überlebt, Dörfer haben Gesichter, Dörfer haben Geschichten, Dörfer haben Runzeln und Linien, die sich nicht mehr wegwischen lassen.

Aber ihre Stimmen sind leise geworden und ihre Farben grau, und ihr Perpetuum mobile scheint manchmal stehenzubleiben.

Der Tanz auf dem Hochseil

Wer an einem frühen Herbstmorgen über die Brücke beim alten Malergeschäft geht und dann langsam aus Jorwerd hinausschlendert, wer dies zum ersten Mal tut, der wird überwältigt von Licht, von hundert verschiedenen Arten von Licht. Das Licht über dieser Ebene bestimmt alles. Es ist immer wieder anders, es gibt jedem Tag seine eigene Farbe, es droht und tröstet, es beängstigt und behagt.

Während der Monate, in denen ich meine morgendlichen Rundgänge machte, war die Welt rings um das Dorf voller verzauberter Landschaften und weißer Nebel, in denen die verschwommenen Farben eines Bauernhofs, eines Kirchturms oder eines Dorfes zu sehen waren. Als der Herbst zu Ende ging und es nachts zu frieren begann, war rings um das Dorf nur noch Ebene, und alles, was daraus herausragte, war nur kurz daraufgesetzt worden und konnte sofort wieder entfernt werden.

Lediglich der Himmel wechselte unablässig seine Farben. Es gab Vormittage voller dunkelvioletter Wolken vor blauem Hintergrund. Die Sonne ging hinter dem Kirchturm auf, mit großen gelben Strahlen brach sie durch die Wolken. Einen Tag später war das Dorf wieder in kalten, weißlichen Nebel gehüllt, wobei hin und wieder ein Windstoß Schnee über die vereisten Felder trieb. Um zwölf Uhr das helle Läuten einer fernen Glocke.

Und dann brachen die ersten warmen Tage nach dem Winter an. Die Bäume rings um die Kirche bekamen wieder einen Hauch von Grün. Die Vormittage und die Abende waren voller Vögel. In allen Vorgärten des Dorfes sprossen die Narzissen. Es wurde geputzt, gestrichen und gezimmert, und Gijs war dabei, mit einem großen Preßlufthammer eine neue Uferbefestigung anzulegen, gemeinsam mit Wiebe, Frans und dem starken Ype – »Ha«, rief Ype, »arbeiten mit dem Preßlufthammer, das ist für mich das Schönste, was es gibt; darf ich mal kurz?«

Das Gras wurde allmählich wieder satt und grün, das erste Wiesenschaumkraut blühte, an den Straßenrändern ging der Wiesenkerbel auf, und auf den Weiden standen Schafe und Lämmer. Abends zog der Frühlingsnebel aus den Wassergräben einen feinen Schleier über das Land, ein verträumtes Weiß im Licht des Vollmonds. Später in der Nacht zogen Regen- und Gewitterwolken vorüber. Der Mond stand hoch und rot hinter dem Kirchturm, halb verdeckt von den Wolken, die ihn in einem seltsamen Bogen umgaben, so als wäre ein Kunstmaler am Werk gewesen.

Außer dem Licht gab es noch das Land. Jorwerd war ein Ort, wo bereits seit vielen hundert, vielleicht seit vielen tausend Jahren Menschen gelebt hatten, eine Siedlung, die älter war als Amsterdam und Rotterdam zusammen. Es lag in einer der ältesten Landschaften der Niederlande, einem ehemaligen Deichvorland – flach und grün, hie und da mit einer Erhebung, auf der man wohnen konnte, einer sogenannten Warft.

Als im Jahre 960 ein isländischer Wikinger namens Egil eine Reise durch die Küstenprovinzen der Niederlande unternahm, beschrieb er das Gebiet als ein flaches Land, in dem man Gräben angelegt hatte, die voller Wasser standen und dazu dienten, Äcker und Weiden abzugrenzen. Auf Balken pflegten die Bewohner die Gräben zu überqueren, vermerkte Egil. So muß auch diese Gegend damals ausgesehen haben, und so sah sie im zwanzigsten Jahrhundert mehr oder weniger immer noch aus.

Wenn man um das Dorf herumging und genau hinschaute, konnte man die Spuren von Egils Land noch entdecken. Undefinierbare flache Gräben durchzogen das Weideland, Reste eines prähistorischen Flusses, des Boorn. Auch einige Kanäle schlängelten sich hindurch, die früher wahrscheinlich natürliche Rinnsale und Wasserläufe gewesen waren. Ein paar Gräben verliefen sich in merkwürdigen Zickzacklinien, wie ein altmodischer Bohrer mit Handkurbel. Solche Verwerfungen waren oft Launen der Natur, manchmal aber auch die Folgen eines Streits zwischen Nachbarn, der im Mittelalter stattgefunden hatte: Der eine Besitzer hatte sich offenbar dagegen gesträubt, daß der Graben durch sein Land geführt wurde, und wenn seine Nachbarn dennoch einen Entwässerungskanal haben wollten, dann mußte der Graben eben auf einem anderen Grundstück ausgehoben werden. So wollten es die damaligen Regeln. Es gab die sogenannten »grünen Gräben«, die wie Kotrinnen aussahen, nur tiefer, Überreste des natürlichen Entwässerungssystems, das seit dem frühen Mittelalter benutzt wurde, bis im sechzehnten Jahrhundert die ersten Wassermühlen aufkamen.

Und es gab Erhebungen. Bei den Weilern Battens, Funs und Tsjeintgum standen die Bauernhöfe etwas erhöht, wenn man die alten Warften auch größtenteils abgetragen hatte. Das waren Erinnerungen an die ersten Bauern hier in der Gegend, Pioniere, die zweitausend Jahre zuvor von den höher gelegenen Sandböden in die neu gewonnenen Deichvorländer der Middelzee* gezogen waren. Sie hüteten Vieh, legten die ersten Äcker an und bauten ihre Hütten auf den Anhöhen des Deichvorlands und Uferbefestigungen, um nicht von der Flut überrascht zu werden.

Später schütteten sie größere Plaggenhügel auf. Manchmal stand auf so einer Warft nur ein einziger Bauernhof, manchmal waren es mehrere, kreisförmig um ein Trinkloch für das Vieh angeordnet – um die Stelle, wo später oft die Kirche gebaut wurde. So muß auch die alte Warft von Jorwerd in früheren Zeiten ausgesehen haben, größer noch als jetzt, denn im neunzehnten Jahrhundert sind erhebliche Stücke davon abgetragen worden.

Über jene ersten Warftenbewohner ist eine Beschreibung aus der Feder des römischen Offiziers Gaius Plinius Secundus erhalten, der ungefähr 50 nach Christus eine Rundreise durch die nördlichen Niederlande machte. »Wenn das Wasser das Gebiet im Umkreis bedeckt, dann gleichen sie Schiffspassagieren«, so schrieb er, »aber wenn das Wasser zurückweicht, dann ähneln sie eher Schiffbrüchigen, wie sie rings um ihre kleinen Hütten auf die Jagd nach Fischen gehen, die sich mit dem Meer zurückziehen.«

Sie taten ihm leid. »Sie nehmen Schlamm in die Hand, lassen ihn trocknen, mehr vom Wind als von der Sonne, und mit dieser Erde als Brennstoff wärmen sie ihre Nahrung und ihre eigenen, von der nördlichen Kälte klamm gewordenen Eingeweide. Zum Trinken haben sie nur Regenwasser, das sie in Kuhlen beim Ein-

---

* Ursprünglich eine Bucht in der Nordsee, die teils durch natürliche Verschlammung, teils durch Deichbau im Laufe der Zeit zu Festland wurde (Anm. d. Übers.).

gang ihrer Häuser aufbewahren. Und solche Völker sagen, sie würden Sklaven, wenn sie vom römischen Volk besiegt werden!«

Und doch wurde diese Warftengegend schon bald zu einem relativ wohlhabenden Ackerbaugebiet. Die Grundstücke erstreckten sich – von den Warften ausgehend – sternförmig über die Umgebung, das schmalste Stück, die Felder, am Bauernhof, das breiteste, die Heuwiesen, hinten. Die Höfe selbst waren aus Brettern, Plaggen und Flechtwerk gefertigt und mit Lehm verputzt. Die Dächer bestanden aus Ried und Stroh, und als Schornstein diente ein Loch – oft gab es nicht einmal das. Es waren lange, primitive Gebäude mit einem Wohnraum vorn, einem Kuhstall hinten und einem separaten Heuschober, Bauten, die sich erst im siebzehnten Jahrhundert zum bekannten Kopf-Hals-Rumpf-Typus[*] entwickelten.

Und schließlich kamen Reichtum und Macht. In unmittelbarer Nähe zu Jorwerd, am Ende der Hesense Reed, bei dem Bauernhof, der Groot Hesens genannt wird, führte der Weg plötzlich nach oben. Auch dies war der Rest einer alten Warft. Und links davon lag im Weideland eine weitere seltsame Erhebung. Das war die Stelle, wo das Jorwerder »Stins«[**] gestanden hatte. Früher hätte sich dort ein kleines Schloß befunden, so sagten die Leute, das sähe man noch an den Kanälen, die rings um das Gelände liefen; dies sei der alte Burggraben.

Aber als ich nach Jorwerd kam, war davon nicht viel mehr zu erkennen als eine Unebenheit und eine verlassene Arbeiterbehausung, in der Schafe Zuflucht suchten, wenn der kalte Wind wehte.

Welche Farben hatte das Land? Es war grün, bräunlich und grau. Früher hatte es da noch mehr gegeben. Ackerbau und Viehzucht waren miteinander vermischt, und viele der damals beliebten

---

[*] Der für Friesland typische Kopf-Hals-Rumpf-Bauernhof besteht aus einem Wohnhaus (Kopf) und einer Scheune (Rumpf), die durch einen Gang (Hals) verbunden sind. Diese Trennung zwischen Arbeits- und Wohnbereich ermöglichte es, das Haus immer sauberzuhalten (Anm. d. Übers.).

[**] Im Mittelalter der steinerne Verteidigungsturm, der zu den meist aus Holz gebauten Schlössern oder Landhäusern friesischer Adliger gehörte; später konnte der Begriff auch allgemein einen befestigten Adelssitz bezeichnen (Anm. d. Übers.).

Feldfrüchte sind praktisch verschwunden: Gerste, Flachs, Färberöte, Hopfen, Hafer, Spark, Dinkel, Buchweizen – ihre Farben und Formen prägen die Landschaft schon lange nicht mehr.

Sogar die Wiesen sahen völlig anders aus. Während das Weideland heute ganz und gar vom immergrünen englischen Raigras bestimmt wird, wechselte die Farbe der Wiesen in früheren Zeiten mit den Jahreszeiten: Sie waren weiß von den Gänseblümchen, gelb vom Löwenzahn, lila vom Wiesenschaumkraut, rot vom Sauerampfer, und das Land vollzog diesen Wandel mit.

Auch das Vieh hatte seine eigenen Farben. Die Schweine waren gelblich-weiß oder schwarz, häufig auch gesprenkelt. Die Pferde waren grau, braun, schwarzfalb oder rot mit Blesse. Die Kühe waren zunächst rötlich, wurden dann jedoch immer bunter: schwarz, rot, weiß, grau, braun oder graublau.

Aufschlußreich für die ursprüngliche Buntheit des Viehs ist ein Eintrag, den Rienck Hemmema, ein Bauer aus der Gegend, 1572 in sein »Rechenbuch« machte. Beim Aufstellen der Jahresbilanz hielt er fest, welche Tiere in seinem Stall geboren worden waren: ein mausgraues Kalb von einer schwarzen Kuh, ein mausgraues Bullenkalb mit einem weißen Kopf von einer gelben Kuh, ein mausgrau gesprenkeltes Kalb von einer mausgrau gescheckten Kuh, ein schwarzes Kalb von einer kleinen roten Kuh und ein schwarzes Kalb mit weißem Kopf von einer Kuh mit schwarzem Rücken. Die Norm vom grünen Gras und vom schwarzbunten Vieh, die lag noch vor hundert Jahren in weiter Ferne.

Fast alle Tiere waren zudem kleiner als die heutigen Sorten, und das bedeutete, daß sie viel Haut hatten und wenig Fleisch. Das allerdings war nicht von Nachteil, denn die Häute waren damals mindestens ebenso wichtig wie das Fleisch, weil man daraus Leder, Kleidung und Pergament machen konnte.

Die durchschnittliche Milchleistung der Kühe betrug nur etwa acht- bis neunhundert Liter pro Jahr. Die gut dreizehnhundert Liter, die Rienck Hemmema in seinem »Rechenbuch« notierte, waren etwas Außergewöhnliches – er muß schon ein sehr guter Bauer gewesen sein.

Über die ersten Jorwerder gibt es nur bruchstückhafte Informationen. Beim Abtragen der Warft im letzten Jahrhundert kam eine Handvoll ihrer kärglichen Habe zum Vorschein – das ist alles, was wir über sie wissen. Es ist ein geheimnisvolles schwarzgrünes, durchsichtiges Glas dabei, auf dem drei menschliche Figuren mit Spitzbart abgebildet sind. Die eine schaut zu den anderen zwei hinüber, sie halten einander bei der Hand. Ansonsten fand man das Übliche: einen Topf aus gebranntem Ton, einen beinernen, mit kleinen Kreisen verzierten Kamm, eine Amphore, eine römische Münze, eine Spindel aus Hirschhorn; die Relikte eines Eigenbrötlerdaseins, wie überall.

Sofern wir es rekonstruieren können, wurde von den Bauern in dieser friesischen Tiefebene genauso wie anderswo eine Mischwirtschaft betrieben, mit Äckern, Weiden und Heuwiesen, mit Buschwald und Gemüsegärten. Einträglich dürfte ihre Arbeit in jener Zeit kaum gewesen sein. In der Regel verwendete man ein Drittel des Ertrags als Saatgut, führte ein Drittel als Pacht an den Landesherrn ab und behielt ein Drittel für den Lebensunterhalt der Bauernfamilie.

Das Bauernleben war von jeher eine allumfassende Daseinsform, in diesem Dorf genauso wie anderswo. Dazu gehörte, daß die Familien ihre Kleider selbst fertigten, ihr Brot backten, ihr Leder gerbten und Häuser, Scheunen und Ställe selbst bauten. Der durchschnittliche Viehbestand schwankte vermutlich zwischen vier und sechs Kühen, und viele kleine Bauern besaßen oft nur zwei. Mit allerlei anderen Arbeiten schlug man sich so durch.

Manche spezialisierten sich auf bestimmte Fertigkeiten. Schmiede gab es in Friesland seit der Zeit der Völkerwanderungen, und andere begannen danach, sich auf das Gerben von Leder oder das Brotbacken zu verlegen. Man hatte nun Zimmerleute und Töpfer, Müller, um das Mehl mahlen zu lassen, und Weber mit besonderen Webstühlen – wenn es auch auf vielen Bauernhöfen noch lange üblich war, selbst zu spinnen und zu weben. So wurde allmählich die Zeit, die man zur Verfügung hatte, neu verteilt, und zwar vor allem zwischen den landwirtschaftlichen und allen übrigen Tätigkeiten.

Die Natur jedoch blieb launenhaft, manchmal Freund, manchmal Feind. Regelmäßig brachen Deiche, das Land sackte weg und verschwand – die Erdoberfläche hat sich in den Provinzen Friesland und Groningen in den letzten tausend Jahren um zwei Meter gesenkt –, und die Windmühlen waren dem Regenwasser lange Zeit nicht gewachsen.

Es gibt eine Mitteilung über Jorwerd – das damals noch Everwerth hieß – aus dem Jahre 1220 in der Abtchronik von Thomas Groningensis, in der berichtet wird, daß das Land verlassen aussah, weil es wegen Überflutungen durch das Meerwasser unbrauchbar geworden war. Im Mai 1607 schrieb ein Bauer aus Het Bildt, einer Gemeinde nordwestlich von Leeuwarden, in sein Tagebuch, die Straßen stünden so unter Wasser, daß man mit Prahmen rings um sein Dorf fahre. Als seine Frau einige Jahre später starb, brauchte man vier Pferde, um den Leichenwagen durch den Schlamm zu ziehen, »denn es hatte einen lang anhaltenden Regen gegeben«. Und am 16. Februar 1825 notierte Doeke Wijgers Hellema aus Wirdum, daß er auf den Turm gestiegen war: Die »ganze Oberfläche« des Landes »spiegelte wie Glas; vom Osten bis zum Westen, so weit das Auge reichte, sah man nichts als Wasser«.

Bis weit ins neunzehnte Jahrhundert standen große Teile von Friesland, Groningen und Holland im Winter regelmäßig unter Wasser – nicht ohne Grund sind im Friesischen die Wörter »Deich« und »Weg« Synonyme. Ein Großteil des Landes konnte nur ein paar Monate im Jahr genutzt werden. Viele Dörfer lebten während der langen, nassen Winter in der Isolation, bis der Frost einsetzte und man Schlittschuh laufen konnte. Sogar eine Stadt wie Leeuwarden war bis Anfang des neunzehnten Jahrhunderts im Winter oft von jeglicher Gemeinschaft abgeschnitten. Überall lagen Seen und Sümpfe – wie die verlassenen Dörfer in Frankreich Mahnmale eines verlorenen Kampfes um die Existenz.

Leere und Dunkelheit waren bis vor anderthalb Jahrhunderten zentrale Merkmale des flachen Landes, natürlich auch in den Niederlanden.

In Jorwerd standen, wie aus alten Kirchenrechnungen hervorgeht, seit 1763 fünf Straßenlaternen, jede mit nur einer Kerze ausgestattet. Später wurden ein paar Öllampen installiert. Nichtige, fast sinnlose Lichtquellen, aber – so schrieb der Historiker Auke van der Woud in seinem glänzenden Buch über die niederländische Landschaft – bei solchen Laternen ging es nicht um das Licht, das Wesentliche war etwas anderes: »Ein Flämmchen auf einem drei Meter hohen Pfahl – ein magisches Zeichen, ein beinahe tröstliches Zeugnis von Ordnung in der weiten, stillen Finsternis.«

Bis Anfang des neunzehnten Jahrhunderts wohnten etwa zwei

Millionen Menschen in diesem Land, der größte Teil von ihnen im urbanisierten Holland. Der Rest des Landes war überaus dünn besiedelt. Friesland hatte, neben intensiv genutzten Landwirtschaftsgebieten wie der Greidhoek, weitläufige Moore und Sümpfe. In Geldern und Brabant gab es noch endloses Heide- und Ödland, unzugängliche Landstriche, die nur an ihren Rändern zu bebauen waren. Daneben gab es enorme Flächen mit kargen Böden, die nur ein Dutzend Jahre genutzt werden konnten, um anschließend zwanzig bis dreißig Jahre brachzuliegen. In solchen Gegenden wohnten wenig Menschen, weil man sich dort kaum sein Brot verdienen konnte. Meist lebten ganze Familien gemeinsam mit ihren Knechten und Mägden auf ein und demselben Hof – »sichere Inseln inmitten dieses Meeres von Wüsteneien«, wie ein Reisender des neunzehnten Jahrhunderts in Twent notierte.

In dieser Leere herrschte nach Sonnenuntergang eine kolossale Finsternis, eine für den heutigen Niederländer unvorstellbare Dunkelheit. Außerhalb der Städte gab es kein anderes Licht als das von Mond und Sternen, und auch aus den Wohnungen drang kaum Helligkeit nach draußen. Die Leute gingen sparsam um mit ihrem Licht, sie nahmen Lampe oder Kerze mit, wenn sie sich durch das Haus und die Ställe bewegten, und sie lebten und arbeiteten bei Tageslicht, von Sonnenaufgang bis Sonnenuntergang.

Als Leeuwarden 1845 zur Straßenbeleuchtung mit Gaslaternen überging und die Lampen zum ersten Mal angezündet wurden, schrieb Doeke Hellema in sein Tagebuch, daß »man anderswo im Lande, auch in Wirdum, glaubte, es sei ein Feuer ausgebrochen, so leuchtete die Stadt«. Nachdem man sich daran gewöhnt hatte, diente das grelle Stadtlicht im weiten Umkreis als Orientierungspunkt. Die Jorwerder sahen einen schemenhaften, großen Lichtfleck am Himmel, und sie wußten: dort scheint das Kunstlicht von Leeuwarden.

Zu jener Finsternis gehörte eine finstere Bevölkerung. Auf dem leeren, flachen Land hat man jahrhundertelang Geschichten erzählt – und manchmal auch aufgezeichnet – von weißen Weibern, die über die Äcker schwebten, von Riesen, die sich plötzlich von hinten über den arglosen Wanderer beugten, so daß dieser ihr Gesicht verkehrtherum vor sich sah, von Katzen, die einen begleiteten und unterwegs immer größer wurden, von Gaunern ohne Kopf, die die Straßen unsicher machten, von Geistern, die einsame Schlittschuhläufer verfolgten, von gespenstischen Menschenmengen, die »Wehe!« rufend auf dem Wasser standen, von verzweifelten Armen, die aus dem Moor ragten, von Säuglingen, die am Abend plötzlich auf dem Ruder eines Schiffers erschienen und um ein Leichenhemd bettelten.

1842 berichtete der *Friesische Volksalmanach*, daß es nicht mehr gebräuchlich sei, über solche düsteren Dinge zu sprechen. »Wohlgemerkt: Es gibt viele, die nicht an Gespenster glauben – solange sie am Feuer sitzen oder die Hexen und Exorzisten verspotten, solange sie beim Pfarrer oder beim Lehrer oder beim Gemeinnützigen Verein* sind und reden. Aber wenn die Butter nicht fest werden will, dann zeichnen sie vor die Schwelle ihres Hauses doch heimlich ein Kreuz auf den Boden, und wenn die alte Stute Schmerzen hat, dann versuchen sie, jene mit einer ›Formel‹ zu vertreiben.«

So konzentrierten sich in Magie und Gespenstergeschichten die Ängste eines Lebens, das ständig am Rande des Abgrunds balancierte. Man konnte vom Bauernhof leben, man konnte es sogar zu einem gewissen Wohlstand bringen, aber sobald ein außergewöhnliches Unglück zu verkraften war – Krankheit, Krieg, Hochwasser, eine Mäuseplage –, konnte die Familie von einem Augenblick zum anderen in bittere Armut geraten. Katastrophen zogen weitere Katastrophen nach sich. Mißernten führten zu Hunger, Hunger zu Krankheit, Krankheit zu Arbeitskräftemangel, so daß Äcker und Deiche nicht mehr instand gehalten werden konnten. Die Natur war eine große Tombola, und das einzige, was eine Bauernfamilie tun konnte, war, kein Risiko einzugehen und sehr vorsichtig zu sein, Generation für Generation.

*

---

* Der »Gemeinnützige Verein« wurde im neunzehnten Jahrhundert gegründet, um Bildungsarbeit zu leisten und die Isolation der Landbevölkerung zu durchbrechen, vor allem durch die Organisation von Vortragsabenden (Anm. d. Übers.).

Der erste Bauer aus der Gegend von Jorwerd, über den wir etwas mehr wissen, ist der bereits erwähnte Rienck Hemmema, der Besitzer all jener mausgrauen Kälber. Er wohnte in Hitzum, einem kleinen Dorf im Westen Frieslands, südwestlich von Franeker. Von ihm sind einige Geschäftsunterlagen aus den Jahren 1569 bis 1573 überliefert. Er war wohl kaum ein Durchschnittsbauer – allein die Tatsache, daß er ein spezielles »Rechenbuch« oder »Memorial« führte, ist schon etwas Besonderes –, aber dennoch vermitteln seine Aufzeichnungen einen guten Eindruck vom Handel und Wandel eines Bauern in dieser Gegend im sechzehnten Jahrhundert.

Hemmema hatte vier Pferde, ungefähr fünfzehn Milchkühe und außer etwas Weideland gut acht Hektar Ackerland. Den Aufzeichnungen ist zu entnehmen, daß die Butter- und Käseherstellung seine wichtigste Einnahmequelle war – weil auf dem Hof soviel Milch produziert wurde, hatte er eigens dafür ein Dienstmädchen eingestellt. In manchen Jahren bezog er allerdings nahezu die Hälfte seiner Verdienste aus dem Getreideanbau.

Dung war in jener Zeit noch ein äußerst knappes und kostbares Gut: Aus Hemmemas »Rechenbuch« geht hervor, daß er für seine Äcker große Mengen Dünger hinzukaufen mußte. Damit belieferten ihn die Bürger der Stadt Franeker, die sich – wie damals üblich – häufig nebenher ein paar Kühe hielten.

Das Interessanteste ist, daß Hemmema nichts mehr von einem »peasant« hatte, wie er noch um 1500 typisch gewesen war. Die Volkszählungen von 1494 und 1514 legen diesen Schluß nahe: Die Bauern produzierten damals größtenteils für den Eigenbedarf und nicht für den Markt. Hemmemas Betrieb hingegen war gut ein halbes Jahrhundert später schon ganz auf den Markt ausgerichtet. Er ging sogar so weit, daß er kaum etwas von seiner Gerste und seinem Weizen für den Eigenbedarf behielt. Wie seine Buchhaltung zeigt, brachte er fast all sein teures Brotgetreide auf den Markt; für das Brot seiner Knechte und Mägde kaufte er dort wiederum den viel billigeren Roggen. Der Roggen stammte vermutlich direkt aus dem Ostseeraum. Hemmema hatte seine Existenz schon damals mit den europäischen Handelsströmen und mit dem Schicksal der Städte verknüpft.

Auch rings um Jorwerd verloren die Bauern vermutlich seit dem

Ende des sechzehnten Jahrhunderts ihre »peasant«-artigen Züge. Genau wie anderswo in Friesland und Holland entwickelten sie sich allmählich zu »farmers«, zu spezialisierten Bauern, die Käse, Fleisch und andere Produkte auf dem Markt verkauften oder verkaufen ließen.

Man weiß, wie viele Bauern in den Gebieten rings um Jorwerd über einen Pflug, das typische Gerät des Landwirts, verfügten. Diese Zahl ging seit etwa 1600 stark zurück – was besagt, daß immer mehr Bauern den Getreideanbau aufgaben und sich auf Viehwirtschaft, Viehzucht und Butterherstellung konzentrierten. Ein Viehhalter braucht eben keinen Pflug.

Diese kleine Revolution hatte viel mit dem Wandel zu tun, den die Stadt damals durchmachte. Während im restlichen Europa noch neun von zehn Personen auf dem Dorf wohnten, waren in Südengland und in den niederländischen Küstenregionen ausgedehnte Stadtlandschaften entstanden. In Südholland wohnte Anfang des sechzehnten Jahrhunderts schon über die Hälfte der Bevölkerung in einer Stadt, in Flandern, Brabant und Nordholland etwa ein Drittel, in Friesland immerhin ein Viertel. Außerdem konnten diese Städter immer mehr Geld für »Luxus«-Produkte wie Fleisch, Butter und Käse ausgeben. Die Kuh begann ihren Vormarsch.

Von der Blütezeit der Städte blieben auch die Dörfer nicht unbeeinflußt. Bezeichnend für jene erste Verstädterung des Dorfes sind die halb verfallenen Grabsteine, mit denen der Boden der Jorwerder Kirche noch immer gepflastert ist.

Dort liegen zum Beispiel Eelke Sipkes Banga, einer der Abgeordneten der »Vijfdelen Binnendijks«, der »Fünf Bezirke hinter dem Deich«, gestorben am 13. Dezember 1665; Hottie Fons, Pfarrer zu Jorwerd, gestorben am 26. November 1556; Elisabeth Hendriks Hemstra, gestorben am 9. September 1772, die auf dem Bauernhof von Sake Castelein wohnte; Rienck van Hettinga, Hauptmann »des Friesischen Nassauischen Regiments«, gestorben am 14. März 1602; der Gutsherr Wattie van Hania, der in der Nacht vom 2. zum 3. Dezember 1569 auf dem Jorwerder Schloß Groot Hesens in seinem Schlafzimmer ermordet wurde – auf der Grabplatte ist zu allem Überfluß die Mordszene eingemeißelt. Dies sind ganz gewiß nicht mehr die Gräber eines kleinen, isolierten Bauerndorfes.

Von demselben Verfeinerungsprozeß zeugen Inventarverzeichnisse aus dem siebzehnten und achtzehnten Jahrhundert: Das Geschirr aus Zinn und Holz wich tönernen Tellern, Tassen und Schüsseln, an die Stelle der einfachen Bänke und Truhen traten große Schränke und schöne Möbel, die Fensterläden ersetzte man durch Vorhänge.

Den ersten friesischen Steuerregistern aus dem Jahr 1511 ist zu entnehmen, daß die Bauern im sechzehnten Jahrhundert noch etwa fünfundachtzig Prozent der Landbevölkerung stellten. Aber gut zwei Jahrhunderte später, im Jahr 1749, waren – denselben Registern zufolge – die Bauern dort nur noch knapp in der Mehrheit. Die Dorfbevölkerung hatte kräftig zugenommen, und in den Dörfern wohnten jetzt auch Kaufleute, Arbeiter, Schiffer, Zimmerleute, Schneider, Schuhmacher, Lehrer, Pfarrer, Schankwirte, Ladenbesitzer, Bäcker und Schmiede. Dies galt auch für Jorwerd. Seit Anfang des siebzehnten Jahrhunderts gab es durchweg zwei bis drei Bäcker im Dorf, ein paar Schankwirte und Wirtshäuser, einen Schmied, einen Zimmermann, einen Böttcher und einen Wundarzt. Im Jahr 1850, so wissen wir aus einer Aufstellung der Gemeinde, lebten dort nicht weniger als fünf Ladenbesitzer, ein Schmied, zwei Anstreicher, ein Kupferschmied, vier Schankwirte, zwei Bäcker, drei Zimmermänner, zwei Böttcher, ein Fleischer, ein Arzt, drei Krämer, ein Kaufmann und ein Silberschmied.

Kurzum, das kleine Jorwerd bot, wie beträchtliche Teile des übrigen niederländischen Flachlandes, eine breite Palette an Waren und Dienstleistungen. Die Stadt brauchte man dafür überhaupt nicht.

Im neunzehnten Jahrhundert sollte diese Eigenständigkeit zu einer neuen Trennung zwischen Stadt und Land führen, diesmal vor allem im Hinblick auf die Mentalität. Romantische Städter begannen den Bauernstand zu idealisieren, und die Bauern selbst gingen dazu über, sich bewußt von der Stadt abzugrenzen.

In Friesland und anderenorts entstand eine Bewegung zur Förderung der eigenen Sprache; überall wurden Trachten und alte Bräuche bewußt in Ehren gehalten. Bis in die fünfziger Jahre dieses Jahrhunderts war die Jorwerder Kirche jeden Sonntagmorgen voll von funkelnden Trachtenhauben* aus dem achtzehnten Jahrhundert. Auch in der Art, wie die Bauern ihre Häuser einrichteten, ließen sie Standesbewußtsein erkennen, durch bestimmte Möbel, bestimmte Farben und Muster und bestimmte Statussymbole.

Das Verhältnis zwischen Stadt und Land war in den Niederlanden jahrhundertelang weniger festgefügt, als man üblicherweise annimmt. Es hat vermutlich einen ziemlich langen Zeitraum gegeben, in dem die Unterschiede zwischen Städten und Dörfern sogar kleiner waren als jetzt, teilweise, weil die Städte von ihrer Größe her »dörflicher« waren, teilweise auch, weil man in den Dörfern »städtischer« lebte.

*

Dabei spielten auch die Schiffer, Fuhrleute und Viehtreiber eine wichtige Rolle. Friesland und Holland waren tief gelegene und flache Landstriche, in denen man relativ einfach und schnell reisen konnte. Schon früh gab es ein ausgezeichnetes System von Wasserstraßen und regelmäßigen Schiffsverbindungen, so daß Bauern ihre Erzeugnisse zügig auf den Markt bringen konnten. Sogar das entlegene Drente war in verschiedene Handelsnetze eingebunden. Bauern aus Drente produzierten Wolle für die holländische Textilindustrie, sie züchteten Pferde für die Stadt und waren wichtige Lieferanten von Mastochsen – vermutlich drei- bis fünftausend pro Jahr. Es gibt Hinweise darauf, daß das Vieh aus Drente bis zu den Viehmärkten von Flandern getrieben wurde.

So ist es denn auch kein Zufall, daß auf Landschaftsgemälden des sechzehnten und siebzehnten Jahrhunderts überall Kuhherden zu sehen sind, ganze Straßen voll, meist angetrieben von einem halbwüchsigen Jungen mit einem Hut auf dem Kopf und einem Stock in der Hand. Diese Szene war keine idyllische Beigabe des Malers. Diese Straßen voller Wandervieh, sie müssen Bestandteil der täglichen Realität gewesen sein.

Wenn das Landleben auch nach wie vor nichts von seiner Schlichtheit verloren zu haben schien – der äußere Schein trog: Gegen 1600 existierte bereits so etwas wie eine europäische Agrarin-

---

* Dieser Kopfschmuck aus Gold oder Silber wurde als »Ohreisen« (ndl. »oorijzer«) bezeichnet und war fester Bestandteil der Tracht friesischer Bäuerinnen (Anm. d. Übers.).

dustrie. Die Ostseeländer bauten ungeheure Mengen Getreide für die Niederlande und Südeuropa an. Friesland stellte Butter und Käse für England und Holland her. Dänemark produzierte Schlachtvieh für die holländischen Städte.

In seiner *Geschichte der Landwirtschaft in den Niederlanden* führt der Agrarhistoriker Jan Bielemann imposante Zahlen an über die Dimensionen, die dieses Handelsnetz im siebzehnten Jahrhundert erreicht hatte. Von Jütland und den dänischen Inseln wurden beispielsweise durchschnittlich fünfzigtausend Ochsen pro Jahr über Norddeutschland in den Süden getrieben, in Herden von vierzig bis hundert Stück. Die Tiere wurden in Dänemark gezüchtet und während des Winters in speziellen Betrieben »vorgemästet« und so auf die lange Reise in die Konsumgebiete vorbereitet. Der Auszug dieser halbgemästeten Ochsen begann im Februar, so daß sie im Frühjahr am Bestimmungsort eintrafen, wenn dort gerade das Gras in die Höhe zu schießen begann. Über den Sommer wurden sie dann rings um die holländischen Städte auf der Weide gemästet, um schließlich im Herbst zur Schlachtung weiterverkauft zu werden. Außerdem wurden weitere acht- bis zehntausend Ochsen mit Schiffen angeliefert. Und dabei lassen wir noch die vielen Schlachtrinder außer Betracht, die Holland von anderswo importierte.

Nur die abgeschiedeneren Regionen der Niederlande waren nicht in dieses intensive System von Handel, Transport und zunehmender Spezialisierung einbezogen. So ergab zum Beispiel ein Vergleich der Berufsverzeichnisse von Nordholland und Overijssel um 1800, daß es in Nordholland proportional dreimal so viele Bäcker gab wie in Overijssel: Dort wurde das Brot offensichtlich noch immer von den Bauern selbst gebacken, aus eigenem Getreide. Den Bauern in der Gegend von Hoogeveen ging es um 1820 so schlecht, daß sie kein Geld mehr hatten, um Dung aus dem benachbarten Zwolle zu kaufen, der ihre kargen Moorböden etwas fruchtbarer hätte machen können. Jede Ausgabe, die über die Anschaffung von Saatgut hinausging, überforderte sie.

Als der Brabanter Arzt P.A. Barentsen Anfang dieses Jahrhunderts das Landleben in De Kempen beschrieb, baute man dort die meisten Behausungen noch selbst, genauso wie die Plaggenhütten in Drente und in den friesischen Wäldern. Auch die Möbel waren selbstgefertigt. Das Pressen von Öl, die Herstellung von Zündhölzern und das Brotbacken hatte man erst kurz zuvor aufgegeben. Die Phase der Spezialisierung, die ein Großteil der Bauern in Holland, Friesland und Groningen bereits drei Jahrhunderte früher durchlaufen hatte, war dort noch in vollem Gange.

In Bergeyk, so erzählte mir einmal der örtliche Tierarzt, hielten sich die Stadtbewohner noch 1950 Kühe, genauso wie anno 1572 im Franeker von Rienck Hemmema. Der Schmied hatte eine Kuh, ebenso der Lebensmittelhändler, und der Bäcker besaß sogar zwei.

Auch in Limburg, wo der Zugang zu den Märkten der Umgebung durch verschiedene Handelsschranken versperrt war, wurde noch lange Zeit eine Landwirtschaft fast mittelalterlichen Stils betrieben. Um das Jahr 1800 wurden noch drei Viertel des Limburger Bodens von Produkten in Beschlag genommen, die ausschließlich für den Verzehr in der eigenen Familie gedacht waren. Oder, wie ein Limburger den Gang der Dinge um 1790 beschrieb: »Man aß und trank, was der Bauernhof hergab. Weil nur wenig verkauft werden konnte, hatte der Bauer gut zu essen.« In der isolierten Welt der Eigenbrötler war es offenbar möglich, einen großzügigen Lebensstil zu pflegen – und vielleicht gedieh er gerade dank dieser Abgeschiedenheit.

So blieben die Dörfer in den entlegenen Gebieten festgefügte eigene Welten. Die Leute hatten nichts, aber sie brauchten auch nichts außer Kleidung, Essen und einem Dach über dem Kopf. Auf diesem Hochseil tanzten in früheren Zeiten fast alle Dorfbewohner, aber manche setzten dieses Leben einige Generationen länger fort als andere.

Im übrigen Land siedelte sich die Landwirtschaft rings um die Städte an – wie um Steine, die man in einen Teich geworfen hat: Amsterdam wurde von einem Ring von Bauern umschlossen, die sich auf Gemüse, Fleischrinder und Milch spezialisiert hatten, auf Produkte also, die schnell in die Stadt gelangen mußten. Etwas weiter entfernt, in Utrecht und auf dem Veluwe, war ein Ring von Landwirten, die Nutzpflanzen wie Hanf und Flachs anbauten. Dann gab es noch einen Ring, der Käse und Butter lieferte und Vieh für die intensiv genutzten Produktionsgebiete großzog, die sich im unmittelbaren Umkreis der Städte befanden. Zu diesem dritten Ring gehörte Jorwerd. Und wieder ein Stückchen weiter, auf den schweren Lehmböden in Groningen und im Norden Frieslands, lagen die weitläufigen Gebiete, wo das Sturzgut angebaut wurde, das problemlos über größere Entfernungen transportiert werden konnte: Getreide, Rüben, Kartoffeln.

So kam es ungefähr Ende des sechzehnten Jahrhunderts zu einer Entmischung der bäuerlichen Ökonomie, ein Eingriff, der bis heute das Licht, die Farben und das Aussehen der friesischen Landschaft prägt: im Norden die Ackerbaugegend, in der niedrig gelegenen Mitte das Wasser, in den Wäldern der Mischbetrieb mit Agrikultur und Viehzucht, im Südwesten die ausgedehnten Grünflächen mit vereinzelten Dörfern. In dieser Region wurde die Kuh zur Hauptfigur. Das langsame Umwandeln von Gras in Fleisch und Milch sollte jahrhundertelang die Existenz bestimmen.

Das Reich der Ordnung
und des Papiers

Eines der ältesten Gebäude von Jorwerd war das Reich der Ordnung, des Geldes und des Papiers.

Es war das Haus, in dem der Notar wohnte und seine Kanzlei hatte, vorn in der Straße. Es war ein flaches, wohnliches Haus mit zwei massiven altmodischen Schornsteinen und einer stabilen Eingangstür, es hatte links zwei und rechts drei Fenster, mit Bleiglas verziert, und davor stand ein merkwürdiger schiefer Zaun. Dieses Bleiglas und diesen Zaun hatte man, wie mir klar wurde, einst angebracht, weil sich früher das halbe Dorf vor dem Haus des Notars herumtrieb. Gewissermaßen zum Schutz der Privatsphäre also.

Schon im sechzehnten Jahrhundert beherbergte das Notarshaus die wichtigsten Honoratioren des Dorfes. Dort wohnten der »Grietman« – eine Art Bürgermeister[*] –, der Sekretär der »Grietenij« und der »notarius publicus«. Etwa 1800 wurde das Haus abgerissen und wieder aufgebaut, und seit 1835 lebte dort der Notar. Denn Jorwerd war kein gewöhnliches Dorf. Es fungierte jahrhundertelang als Hauptort der »Grietenij« Baarderadeel: Im Lokal war das »Gerichtshaus« untergebracht, es gab sogar einen kleinen Richtplatz, und in französischer Zeit war das Dorf eine »Mairie«. Aufgrund all dieser alten Würden ist Jorwerd noch immer offizieller Notarssitz.

Der Notar war ein selbstbewußter, grauhaariger Mann, der jeden Tag wie ein König die Dorfstraße entlangradelte. Er ging am Stock, aber das fiel niemandem auf. Wer ihm einen Besuch abstat-

---

[*] Wörtl. »derjenige, der ›grüßt‹«, d.h. Recht spricht, dt. etwa: Landamtmann. Der friesische »Grietman« hatte in seinem Amtsbezirk (»Grietenij«) sowohl richterliche als auch administrative Funktionen. Das Amt existierte mit Unterbrechungen bis 1851, als eine neue Gemeindeverfassung in Kraft trat; die »Grietmannen« wurden in Bürgermeister, die »Grietenijen« in Gemeinden umbenannt (Anm. d. Übers.).

tete, wurde nach hinten, in ein großes Zimmer geführt, das wie ein Ausläufer einer Festung in den alten Notarsgarten ragte, umringt von alten Bäumen und Sträuchern und dunkelgrünem Efeu. Nicht, daß der Notar viel von seinem Garten gehabt hätte. Seit mehr als vierzig Jahren wurde dort das sogenannte »Iepenloftspul« abgehalten, eine Serie von Theateraufführungen unter freiem Himmel, für die das Dorf überall in der Umgebung bekannt war. Den ganzen Sommer über war dort das Klopfen und Hämmern der Bühnenarbeiter zu hören, zwischendurch wurde ein gesondertes »Iepenloftspul« für die Kinder gehalten, und allmählich war die Tradition entstanden, daß der Pfarrer auf der Bühne eine »Gartenpredigt« hielt und die Gemeinde zu den Klängen der Weidumer Blaskapelle singen ließ.

»Man kann kaum noch anders, nicht wahr«, sagte der alte Notar. Immer noch kam jedes Jahr eine Delegation des Dorfes zu ihm, um offiziell anzufragen, ob man den Garten benutzen dürfe, und wenn die Vorstellungen liefen, schaute er sie sich jeden Abend an, auf dem Stuhl, der eigens für ihn reserviert war, vorn bei der Bühne. Gelangweilt hatte er sich nie. »Ich habe *Myn Leave Lyske* (*My Fair Lady*) bestimmt dreizehnmal gesehen, aber jeden Abend habe ich etwas Neues entdeckt.«

1954 hatte der Notar erstmals seine Zustimmung erteilt, als ein paar Leute Geld für die Restaurierung des Turms sammeln wollten. Damals kamen etwa fünfhundert Besucher. 1995 zog das Spektakel im Notarsgarten jährlich über siebentausend Menschen an. *A Midsummer Night's Dream* hatte man dort gespielt, *My Fair Lady* mit großen Chören und dem Lehrer in der Hauptrolle, *Anatewka* mit Dutzenden von Statisten und einem Stall voll echter Kühe, und jedes Mal machte das halbe Dorf samt Umgebung mit.

Das »Spul« war etwas, womit einige Leute das ganze Jahr zu tun hatten. Die Kulissen des vorigen Stücks waren kaum abgebaut, als schon wieder die Spieler für das nächste Jahr angeworben wurden, und wenn der Winter vorbei war, fingen die Bühnenarbeiter von neuem damit an, riesige und bizarre Konstruktionen im Notarsgarten zu errichten: mittelalterliche Burgen, Häuser, in denen es spukte, viktorianische Straßen und russische Dörfer – alles war machbar.

Jeder arbeitete umsonst. »Ach, das finden wir schön, da haben wir Spaß dran«, sagten die Frührentner und die Hobbybauern, die Woche für Woche für ein paar Vorstellungen hämmerten und pinselten. »Ich habe immer Freude daran gehabt«, bestätigte der Notar. »Allerdings ist man den ganzen Sommer seinen Garten los, und das nun schon seit vierzig Jahren.«

Der alte Notar war im Juni 1951 als Vertretung nach Jorwerd gekommen, und beim ersten Kaufvertrag, den er ausstellte, ging es um ein Pachtgut von vierzig Hektar. Der Kaufpreis betrug hunderttausend Gulden. »Die wurden damals hier in der Kanzlei bar bezahlt, man reichte einfach so die Tausender über den Tisch. Heutzutage wäre das sehr verdächtig, aber von so etwas hatten wir damals noch keine Ahnung.«

Der Notar hätte nie gedacht, daß er lange in Jorwerd bleiben würde, »denn es stürmte dort ganz fürchterlich«. Und doch war er seitdem auf wunderschöne Weise Teil des Dorflebens geworden. Er prägte das Straßenbild – immer sah man ihn Fahrrad fahren oder laufen. Er kannte jeden – wenn er für ein Schriftstück einen Zeugen brauchte, ging er immer zum Schuster, und später übernahm Oebele van Zuiden dieses kleine Ehrenamt, wofür er jedes Mal zwei Gulden fünfzig bekam. Und er war geachtet unter den Honoratioren – zum ehemaligen Pfarrer, der direkt gegenüber wohnte, hatte er ein herzliches Verhältnis, weil sie beide Nachtmenschen waren. »Dann stand er um Mitternacht bei mir vor der Tür und sagte: ›Ich habe noch Licht brennen sehen und dachte, ich komm mal rüber.‹ Und dann haben wir zusammen noch ein Gläschen Kognak getrunken.«

Im Dorf sang man ein Loblied auf seine Interventionskünste. Irgendwann hatte die Gemeindeverwaltung angefangen, das Nachbardorf Mantgum zu bevorzugen. Sie ging systematisch dazu über, in den kleinen Dörfern, die zur Gemeinde gehörten, möglichst viele heruntergekommene Wohnungen für unbewohnbar zu erklären. Die statt dessen errichteten Neubauten wurden dem Wohnungsbestand von Mantgum zugeschlagen.

Dank der schützenden Hand des Notars war so etwas in Jorwerd jedoch nie geschehen. So war etwa der Lehrer folgendermaßen zu seinem ersten Haus gekommen: Er wurde am späten Abend zum Notar gebeten, und während sie beide fernsahen, schob ihm der Notar ein Papier zu: »Unterschreib mal kurz.« Es war ein Haus für tausend Gulden, das alte Häuschen von Oma Sjoukje, die fast hundert Jahre alt geworden war. Aus Pietät hatte die Gemeinde es nicht gewagt, das Schild »Für unbewohnbar erklärt« an ihre Tür zu nageln.

Der Lehrer kritzelte seinen Namen hin, der Notar lehnte sich zufrieden zurück, drehte sich eine Zigarette, und danach war der Kaufvertrag für ein Jahr spurlos verschwunden. Als die Gemeinde endlich dahinterkam, hatte der Lehrer mit dem Maler und ein paar anderen Freunden das Haus schon komplett renoviert. Das war Anfang der siebziger Jahre.

Zehn Jahre zuvor hatte der Notar nach derselben Methode das Wirtshaus gerettet, als es zum Verkauf stand und in die Hände eines jeden Hinz und Kunz hätte geraten können. Auf sein Drängen hin übernahm der Zimmermann den Laden, ebenfalls mitten in der Nacht. Wie die Familie erzählte, kam er nach Hause, seine Frau fragte: »War's noch schön?«, und er antwortete: »Ja, und das Lokal habe ich auch gekauft.«

*

In den Archiven des Notarshauses lagerten unzählige Dorfgeschichten. »Die öffentlichen Gelder gehörten hier seit jeher der Kirche«, berichtete der Notar. Im Zuge der Reformation von 1570 hatte die niederländisch-reformierte Kirche die Klostergüter übernommen, und mit den Konsequenzen hatte sogar er noch zu tun gehabt. »Land, Wege, Straßen, alles gehörte der Kirche. Wenn etwas im Dorf gemacht wurde, wenn Laternenpfähle aufgestellt oder eine Brücke gebaut werden mußten, dann war es die kirchliche Finanzverwaltung, die das bezahlte. Noch 1970 habe ich Straßenabschnitte von der Kirche an die Gemeinde überschrieben.«

Er erzählte vom Bau der Zugbrücke im Jahre 1911, von der Brücke, die später von der Gemeinde an ein Freilichtmuseum verschenkt worden war, ohne Rücksprache mit dem Dorf zu halten – nach Jahrzehnten noch immer ein großes Ärgernis. »Im Gemeindearchiv hat man nie Zahlungen oder andere Spuren dieses Bauwerks finden können. Das hat alles seine Richtigkeit, denn diese Brücke ist nicht von der Gemeinde bezahlt worden, sondern von der Kirche. Sogar damals noch. Aber niemand wußte das mehr, als die Gemeinde mit unserer Brücke bei diesem Museum Eindruck schinden wollte.«

Viele historische Daten über Jorwerd waren von Klaas de Jong, dem früheren Bäcker, gesammelt worden und von einem Neffen der Casteleins, Jolt Oostra, der daraus sogar ein ganzes Buch machte. Aus ihren Nachforschungen ging zum Beispiel hervor, daß – was sich auch rings um Jorwerd veränderte – die Orte, wo die Bauern wohnten und lebten, immer dieselben geblieben waren. Genau dort, wo 1755 Tjeerd Jans wohnte, hatte 1995 Hendrik Kundersma seinen Bauernhof. Der Hof von Bonne Hijlkema war seit 1640 in den Büchern verzeichnet. Der Betrieb von Cor und Lies Wiedijk hatte früher »Fondensera State«* geheißen und schon 1511 einer gewissen »Katryn zu Fondens«, auch Funs genannt, gehört. Und das Landgut von Sake Castelein wurde ebenfalls 1511 schon von einem »Jacob in der Gasse« genutzt. »Jorwerd liegt in einer Gegend, wo die Bauern von alters her nicht Eigentümer waren, sondern Pächter«, sagte der Notar. »Das bedeutete, daß man ziemlich oft umzog. Aber trotzdem kann man an den Unterlagen sehen, daß Bauernhöfe manchmal Generationen in derselben Familie blieben.« Der größte Hof des Dorfes, Groot Hesens, wurde zum Beispiel schon seit nahezu hundertfünfzig Jahren von derselben Familie, den Kundersmas, bewirtschaftet. Und der Bauernhof von Sake, wo inzwischen drei Generationen von Casteleins wohnten, wurde hundertsiebzehn Jahre lang, von 1795 bis 1912, von ein und derselben Familie betrieben – weitergegeben vom Vater an den Schwiegersohn, vom Bruder an die Witwe; eine Kette, die dreizehn Nachfolger umfaßte.

Der Notar erzählte von der Kontinuität des Bauerndaseins in dem Dorf, aus dem er stammte – sein Vater war Bauer in Poppenwier –, und so war es überall in Europa.

Ebenso festgelegt war die Art und Weise, wie man arbeitete und lebte. Bis zum Ende des achtzehnten Jahrhunderts verwendeten die Bauern im wesentlichen noch immer dieselben Mittel – Pflug, Dung, Bewässerung sowie die Zugkraft von Pferden und Ochsen –

---

* State: Schloß oder Landhaus in Friesland. In der Regel wird der Familienname der Besitzer vorangestellt (Anm. d. Übers.).

wie zu Beginn unserer Zeitrechnung, sie reisten noch immer zu Fuß oder zu Pferd, und für ihre Werkzeuge und Geräte waren sie noch immer auf Holz und Eisen angewiesen. Erst um 1800 geriet plötzlich alles in Bewegung.

Erstens hatte nach jahrhundertelanger Stagnation in ganz Europa wieder ein starkes Bevölkerungswachstum eingesetzt. Die Leute heirateten in immer jüngeren Jahren und bekamen daher mehr Kinder, und diese Kinder blieben zudem häufiger am Leben, weil sich die medizinische Versorgung verbesserte. So stieg im neunzehnten Jahrhundert die Zahl der Niederländer von gut zwei Millionen auf fast zehn Millionen. All diese Menschen mußten sich von demselben Land ernähren wie zuvor. Schon allein diese Tatsache hatte ungeheure Folgen für die Landwirtschaft.

Die zweite große Veränderung betraf das Transportwesen. Der transatlantische Schiffsverkehr weitete sich nach 1840 enorm aus. Überall wurden Eisenbahnlinien angelegt; Güter von geringem Wert konnten nun in großen Mengen über weite Strecken transportiert werden.

In weniger als dreißig Jahren, zwischen 1838 und 1864, stieg der niederländische Rinderexport um das Zwanzigfache. Der Butterpreis auf dem Leeuwarder Markt verdoppelte sich fast. Der Aufschwung jener Jahre, der Reichtum, das Selbstwertgefühl, all dies wurde in Friesland verkörpert von den unzähligen stolzen Kopf-Hals-Rumpf-Bauernhöfen, von den Stjelphöfen* mit den vielen Fenstern, von den eleganten zweirädrigen Kutschen, von der friesischen Tracht, von den breiten goldenen Trachtenhauben, von den tausend Verzierungen des Jorwerder Pfarrhauses, von diesem einzigen großen Feuerwerk der Bauernkultur, das charakteristisch für die Mitte des neunzehnten Jahrhunderts war.

Die dritte grundlegende Veränderung betraf die Mechanisierung. In einer der alten Notarsakten war zu lesen, daß am 14. April 1864 von einem der größten Jorwerder Bauern, Oene Sijbes Kundersma, eine Versteigerung abgehalten worden war. Er hatte nicht weniger als vierundvierzig Kühe, und die Inventarliste der zu versteigernden Güter umfaßte alles, was ein Bauer so gebrauchen

---

* Bauernhof mit viereckigem Dach (Anm. d. Übers.).

konnte: einen Stier, eine braune Stute, einen Wagen und eine Kutsche mit Verdeck, vier Heuwagen, zwei Schubkarren, sechs Hühner und einen Hahn – insgesamt über vierhundert Posten, aber von Maschinen noch keine Spur. Es hätte, überspitzt gesagt, auch eine Inventarliste von Rienck Hemmema dreihundert Jahre früher sein können.

Natürlich hatten die Bauern ihre Hände nicht in den Schoß gelegt. Seit dem Mittelalter waren einige wichtige Verbesserungen in der Landwirtschaft vorgenommen worden. Die Einführung der Windmühle im fünfzehnten Jahrhundert ermöglichte es, den Wasserstand weit besser zu kontrollieren als zuvor. Durch das Abtragen von Erde und das Aufschütten von Stadtmüll wurde der Boden melioriert. Bei der Getreideernte war die Sichel durch die Sense ersetzt worden, mit der es sich schneller arbeiten ließ. Die Butterherstellung wurde durch die Einführung der durch Pferde angetriebenen Butterknetmaschine vereinfacht. Es waren bessere Pflüge und bessere Aussaatmethoden entwickelt worden. Um einen besseren Dungertrag zu erzielen, ließ unser Rienck Hemmema bereits 1571 einen Anbindestall* errichten – die Vorstufe zur gesonderten Dunglagerung.

Die meisten landwirtschaftlichen Neuerungen aus dem siebzehnten und achtzehnten Jahrhundert hatten allerdings einen gravierenden Mangel: Sie waren kaum darauf ausgerichtet, die Arbeitsbelastung der Bauern und Arbeiter zu reduzieren, sondern nur darauf, die Produktion zu erhöhen. Soundso viel Getreide, soundso viele Rüben, soundso viel Saatgut stecke ich in den Boden. Wieviel hole ich wieder heraus: das Vierfache, das Siebenfache, das Zehnfache? Das waren die Berechnungen, die der durchschnittliche Bauer anstellte, alles andere war dem untergeordnet, die eigene Gesundheit und die der Familie eingeschlossen. Arbeit zählte nicht. Weil die meiste Arbeit von der Familie geleistet wurde, konnte man darüber ja frei verfügen, ohne etwas bezahlen zu müssen.

Die Landwirtschaft ging daher ausgesprochen ineffizient mit dem Faktor Arbeit um, zumal aus heutiger Sicht. Laut einer Schät-

---

* Auch Grüppenstall: Viehstall mit einer am Boden verlaufenden Kotrinne (Grüppe) (Anm. d. Übers.).

zung Lavoisiers, eines französischen Agronomen aus dem achtzehnten Jahrhundert, verbrachte ein durchschnittlicher Tagelöhner etwa zwölf Tage pro Jahr mit Pflügen und Säen, achtundzwanzig Tage mit der Getreideernte und vierundzwanzig Tage mit Mähen und Heuen. Die übrige Zeit widmete man vorwiegend dem Dreschen. In diese Tätigkeit steckte ein Tagelöhner mindestens dreiundsechzig Prozent seiner Zeit, hundertdreißig Tage pro Jahr. Es war eine ungemein staubige und ungesunde Arbeit. Oft wurde den ganzen Winter über gedroschen, von November bis März, tagsüber und selbst abends noch nach dem Essen eine Weile.

Der alte französische Bauer Tiennon, der Anfang dieses Jahrhunderts von dem Schriftsteller Emile Guillaumin interviewt wurde, erinnerte sich noch, wie er als kleiner Junge jeden Abend beim Licht einer Laterne bis zehn Uhr dreschen mußte. »Ich kenne keine Arbeit, die nervenaufreibender ist«, erzählte er. »Ständig im selben gleichmäßigen Tempo den Flegel zu schwingen, um im Takt zu bleiben, denn das ist unbedingt notwendig; keine Sekunde zu haben, um sich die Nase zu putzen oder um ein Staubkorn wegzuwischen, das am Nacken kitzelt – wenn man noch ungeschickt ist und wenig Ausdauer hat. Das ist zum Verrücktwerden!«

Zwischen all jenen Jorwerder Notariatsakten waren kaum Unterlagen zu finden, die auf Investitionen hindeuteten, auf das systematische Leihen von Geld, auf neue Methoden, auf unternehmerische Risiken, auf die Reduzierung der Arbeitsbelastung. Schon am 30. Oktober 1893 hatte der *Leeuwarder Courant* zum Beispiel von der Möglichkeit berichtet, mechanisch zu melken. In der Gegend von IJlst hatte ein dänischer Erfinder Experimente »mit einer Melkmaschine« durchgeführt, und die hatten nach Meinung von Experten die Brauchbarkeit »dieser scheinbar einfachen, aber doch sehr einfallsreichen Erfindung« zur Genüge bewiesen. Man hatte damit Kühe »mit großen dicken und mit kleinen dünnen Zitzen gemolken, alle mit demselben günstigen Ergebnis; sogar Kühe mit wunden Zitzen ließen sich damit mühelos melken«. Dennoch dauerte es fast zwanzig Jahre, bis 1912 die erste Melkmaschine in Jorwerd Einzug hielt, beim Bauern Wiepke Algera von Groot Battens. Er war damit zugleich der erste in Friesland. Erst in den fünfziger Jahren kam es zur größeren Verbreitung dieser »sehr einfallsreichen Erfindung«.

Auch bei anderen landwirtschaftlichen Maschinen lag meist eine lange Zeitspanne zwischen ihrer Entdeckung und ihrer Nutzung. Dreschmaschinen waren zum Beispiel schon Ende des achtzehnten Jahrhunderts bekannt, wurden aber erst seit Mitte des neunzehnten Jahrhunderts in den Niederlanden verwendet. Es wird sicherlich gewisse Kinderkrankheiten und andere technische Probleme gegeben haben, aber zweifellos spielte auch ein anderer Faktor hinein: das hier bereits kurz angesprochene Phänomen des Geldes.

Maschinen kosteten Geld, während körperliche Arbeit aus der Sicht der Bauern meist gratis war – denn die Schufterei der Frau, der Kinder und des Bauern selbst zählten nicht als Unkosten.

Vor allem in entlegeneren Regionen war bei den Bauern häufig nicht viel Geld im Umlauf; jede Familie versorgte sich ja im Prinzip selbst, und sonst wurde wenig gekauft und verkauft. In den wohlhabenderen Gegenden hatten die Bauern zwar Prunkgemächer und elegante Kutschen, und sie hängten, wie sie es nannten, »ihr Geld an die Frau«, aber sogar dieser Schmuck und andere Exzesse waren durch Traditionen und Rituale reglementiert. So war der Geiz der Bauern nicht Geiz, sondern Mißtrauen, und zwar gegenüber dem Phänomen Geld im allgemeinen. Denn jeder Bauer war auf die Kontinuität des Familienbetriebs bedacht, auf das Vermeiden von Risiken, nicht auf das Anhäufen von Kapital.

Der bereits erwähnte Brabanter Arzt P. A. Barentsen schilderte ausführlich, wie ehrfürchtig Bauernfamilien in De Kempen mit einem neuen Gerät umgingen, wenn sie endlich gewagt hatten, es zu kaufen. Ein Bauer versuchte so lange wie möglich, mit dem alten Werkzeug weiterzuarbeiten. Notfalls wurde es mit Schnüren zusammengehalten, notfalls nahm man entsetzlich viel Arbeit und Unbequemlichkeit in Kauf. Manchmal gingen die Achtung vor Gütern und die Angst, etwas wegzuwerfen, so weit, daß überall alter Plunder gesammelt wurde, in der Hoffnung, ihn noch für den Betrieb gebrauchen zu können – wie zum Beispiel bei Minnes Motorradersatzteilen. Manchmal führte diese ewige Priorität des Betriebs zu recht bizarren Situationen – wenn zum Beispiel eine Wasserleitung gelegt wurde, wurde auf manchen Bauernhöfen nur im Stall ein Wasserhahn installiert. In jener Welt, die so voll war von Arbeit und so arm an Geld, hatte die Produktion immer Vorrang vor dem Konsum. Alles diente, wie der alte Bauer zu sagen pflegte, »nur dem Nutzen, nicht dem Genuß«.

*

Eine der ersten Maschinen, die so viel »Nutzen« brachte, daß sich sogar der sparsamste Bauer überzeugen ließ, war die Dreschmaschine. 1846 kam in Groningen die erste amerikanische Dreschmaschine auf den Markt. Damit konnte die Arbeitszeit beim Dreschen auf ein Viertel dessen reduziert werden, was man früher dafür aufwenden mußte. Die größeren Maschinen wurden von Roßmühlen angetrieben, einem knarrenden Band aus Holzlatten, auf dem ein oder zwei Pferde ununterbrochen liefen. Nach etwa einem Jahrzehnt waren einige hundert davon in Betrieb, und 1885 liefen in den Niederlanden fast sechstausend Pferdedreschmaschinen, neunhundert Handdreschmaschinen und hundertsiebzig Dreschmaschinen, die von einem »Dampflokomobil« angetrieben wurden.

Die Bauern waren auf diese Arbeitsersparnis auch angewiesen. Die neuen Verfahren in der Landwirtschaft steigerten den Ertrag von Boden und Vieh derart, daß die Arbeit allein von Frau, Kindern, Knechten und Familie mit den traditionellen Methoden nicht mehr zu bewältigen gewesen wäre.

Für das Heuen wurde um 1850 der erste Pferderechen eingeführt – ein Gerät, das noch bis vor kurzem überall auf den Heuwiesen zu sehen war. Am 11. Juli 1875 lasen die friesischen Bauern im *Leeuwarder Courant*, daß während einer Tagung in Heerenveen einige Mähmaschinen getestet worden waren. »Im großen und ganzen war das Resultat höchst zufriedenstellend und übertraf die Erwartungen«, so berichtete das Blatt. »Einige Landwirte haben denn auch bereits eine solche Maschine angeschafft, und es ist zu erwarten, daß diese Geräte bei weiterer Vervollkommnung rasch allgemeine Verbreitung finden werden.«

Die Jorwerder Warft wurde wegen der fruchtbaren Erde, die dort zum Vorschein kam, teilweise abgetragen, und so erging es auch vielen anderen Warften. Immer mehr Wind- und Dampfpumpmühlen wurden eingesetzt, die verhinderten, daß sich das Land jeden Winter in einen Sumpf verwandelte.

Im Jahre 1858 bat die Friesische Gesellschaft für Geschichts-, Altertums- und Sprachwissenschaft alle Dorflehrer, für die Nachwelt eine Beschreibung ihres Dorfes anzufertigen. Der Jorwerder Schulmeister Heerke Alberts Jonghoff schrieb folgendes:

»Das Dorf Jorwerd befindet sich ziemlich genau in der Mitte der Grietenij Baarderadeel. Es ist ein Dorf in günstiger Lage und hat eine mehr oder weniger kreisrunde Form. Die Kirche und der Turm stehen etwas erhöht, und die Siedlung verläuft sozusagen ringsherum. […] Das Dorf ist recht wohlhabend, es gibt dort gepflegte und wohlgestaltete Häuser und Gebäude, die jetzt innerhalb weniger Jahre gründlich ausgebessert und verschönert worden sind. Der Ort hat etwa achthundert Hektar Lehmboden, von denen zwei Hektar als Ackerland dienen, aber der Rest besteht aus Weiden und Heuwiesen, die größtenteils in gutem Zustand sind, da der Bauersmann die Böden nun seit einigen Jahren stark verbessert hat.«

In diesem vorsintflutlichen Jahr 1858 befand sich Jorwerd, rückblickend betrachtet, vielleicht auf dem Höhepunkt seiner Existenz. Zumindest als klassische Dorfgemeinschaft. Es hatte zu jener Zeit gut sechshundert Einwohner, es gab dort Geschäfte, Bäckereien und Wirtshäuser, und für jeden, der weniger als eine halbe Stunde Fußweg vom Dorf entfernt wohnte, fungierte es als eine Art Mini-Einkaufszentrum.

1878 fand die Blütezeit der damaligen Landwirtschaft allerdings ein ziemlich jähes Ende. Durch den Bau neuer Eisenbahnlinien waren nämlich auch die riesigen Kornfelder in der Ukraine und im Herzen Amerikas erschlossen worden, und plötzlich wurde der europäische Markt mit billigem russischem und amerikanischem Getreide überschwemmt. Der Weizenpreis stürzte in den Keller. Die Ackerbauern wichen auf andere Produkte aus, doch auch diese Märkte brachen zusammen.

Auch die Viehhalter gerieten in Schwierigkeiten. Der Viehexport nach England ging zurück. Durch die Einführung der Margarine, der sogenannten Kunstbutter, kollabierte der ausgesprochen einträgliche Butterhandel. Während dieser Krise, die ungefähr bis 1895 anhielt, verließen unzählige Landarbeiter die Dörfer. Sie versuchten ihr Glück in den großen Städten, wo gerade zu dieser Zeit eine Fabrik nach der anderen aus dem Boden gestampft wurde.

Zwischen 1880 und 1900 zogen über hundertdreißigtausend Dorfbewohner in die Randstad, den Ballungsraum im Westen der Niederlande. Allein Friesland verließen gut fünfzigtausend Menschen, ein Viertel der damaligen Bevölkerung.

Der große Exodus hielt noch jahrelang an. In Folkerts Schulklasse, jener von 1925, saßen einige Bauernsöhne, eine Handvoll Arbeiterkinder und drei Kinder des Notars. Ein gewisser Johan ist Landstreicher geworden, und auch die meisten anderen sind fortgezogen. »Die haben wir hier nie wiedergesehen.«

Die große Krise vereitelte die Modernisierung auf dem Dorfe nicht, sie beschleunigte sie. In Jorwerd ließ sich eine landwirtschaftliche Kreditgenossenschaft nieder, die es möglich machte, trotz der Krise größere Investitionen zu tätigen – anfangs hatte sie ihr Büro auf dem Bauernhof eines Gründungsmitglieds. Zwischen 1883 und 1885 wurde hinter dem Dorf die Eisenbahnlinie Leeuwarden-Stavoren gebaut. Der Zug hielt auch in Jorwerd, und mit einemmal konnte jeder in einer halben Stunde auf dem Markt von Leeuwarden sein oder binnen eines halben Tages auf dem Dam in Amsterdam. Durch die Erfindung des Kunstdüngers ließ sich viel mehr Vieh auf derselben Fläche halten. Erstmals war die Größe eines Bauernhofs von der Fläche des Grundstücks mehr oder weniger unabhängig. Kleinbauern wie Fedde und Minne konnten sich jetzt dank des Kunstdüngers einige Kühe halten, obwohl sie nur wenig Land hatten.

Anfang des neuen Jahrhunderts ragten überall auf dem Lande die Schornsteine der Molkereien zwischen den Bäumen hervor. Auch in Weidum wurde eine gebaut, im Jahre 1894, und seitdem konnten die Jorwerder Bauern ihre Butter- und Käseproduktion dorthin verlagern. Das führte innerhalb der Bauernhöfe zu einer völlig anderen Arbeitsteilung zwischen Männern und Frauen. Tjerk Castelein kaufte den ersten Trecker des Dorfes: ein umgerüstetes T-Modell von Ford.

Die Geschichten, die der Notar, die Archive und die Akten erzählten, näherten sich allmählich dem heutigen Dorf. Im Gemeindearchiv stieß ich auf etwa zwanzig Fotos von Jorwerdern, die Anfang dieses Jahrhunderts gemacht worden waren, vermutlich Duplikate, die sie für einen Paß hatten einreichen müssen, ein kleiner Querschnitt der damaligen Bevölkerung. Die meisten standen steif und feierlich vor der Kamera, in ihrer Sonntagskleidung, denn so oft wird das nicht vorgekommen sein, so ein Foto und so eine Reise.

Die Gesichter, die mich aus den vergilbten Mappen anschauten, waren von Wind und Wetter gegerbt, echte Arbeitsgesichter: Atse Leistra, 1895 geboren, Landarbeiter; Auke Romkema, 1918, Melker; Jan Veenbaas, 1909, Knecht; Auke Sierdsma, 1876, Viehhalter; Hiltje Idema, 1918, ohne Beruf; Petrus de Groot, 1918, Knecht; Albert Heslinga, 1867, Rentner; Anne van der Hoek, 1890, Landarbeiter; Albert Hoeksma, 1914, Knecht.

Es waren Männer wie Fedde und Minne dabei, Kleinbauern, die bewußt im Dorf blieben. Für sie bedeutete das kleine Stück Land, das sie besaßen, die einzige Sicherheit im Leben, und je größer die Probleme wurden, desto stärker klammerten sie sich daran. Dadurch häufte sich das Elend oft noch: Armut, und um ihr zu entrinnen: Schwerstarbeit, dann körperlicher Verfall, schließlich Krankheit und noch größere Armut. Manche entzogen sich dem Kampf, verfielen, wie man das nannte, in »Stumpfsinn« und lebten von der Hand in den Mund. Andere verlegten sich neben ihrem Bauernhof auf Gelegenheitsarbeiten oder ein bißchen Handel. »Ach, wie arm waren die Menschen doch, als ich ein kleiner Junge war«, sagte der Notar. »Es gab keine Sozialhilfe, und man sah jeden kleine Geschäfte beginnen. Ein Kleinbauer mit sechs Kühen fing an, nebenher mit Kaffee und Tee zu handeln. Ich weiß noch, daß die Leute meinem Vater ein Schwein abgekauft haben und daß das Schwein später gestorben ist. Das war eine Katastrophe. Das haben die Leute damals mit Teeportionen von hundert Gramm abbezahlt, jahrelang. So arm waren sie.« – »Unsere Eltern hatten keinen Pfennig, also konnten wir auch nichts machen«, sagte Folkert. »Es war schrecklich.«

Viele junge Leute, die das alles vor Augen hatten, versuchten diesem Los zu entgehen. »Ich war ein prima Schüler«, sagte Folkert, »aber weiterlernen war nicht drin. Das ging nur, wenn man ein bißchen Geld hatte, aber meine Eltern verdienten nur etwa zwölf Gulden pro Woche.« So wurden die Kinder der Landarbeiter in seiner Klasse ihrerseits Landarbeiter.

Viele Leute blieben also notgedrungen in Jorwerd hängen. Zudem hörte die Abwanderung in die Randstad während der Krise der dreißiger Jahre auf, weil die Aufnahmekapazität der Städte fast auf Null gesunken war. Es gab eine so hohe Arbeitslosigkeit, daß für Zuwanderer kein Platz war.

So entstand im Dorf eine Generation von Seßhaften wider Willen. Folkert war so einer, und auch Peet wäre vielleicht in die Stadt gezogen, und Riemer de Groot, der Lebensmittelhändler, hätte auch lieber etwas mehr von der Welt gesehen. Dabei lassen wir noch Dutzende von Allerweltsbastlern außer Betracht, die Besitzer der kleinen Läden und die Kleinhändler, von denen das Dorf in jenen Jahren voll war, die verzweifelten Versuche kleiner Leute, sich durchzuschlagen, da sie jetzt noch keine Chance sahen, den Sprung in die Stadt zu schaffen. Für sie war der Verbleib im Dorf keine freie Entscheidung, sondern eine ständig hinausgeschobene Abreise.

*

»Als ich 1951 hier anfing«, sagte der alte Notar, »war Jorwerd eine der größten Dorfkanzleien Frieslands. Wir machten ausschließlich Kaufverträge, Hypotheken, Testamente und Eheverträge. Jetzt haben wir viel mit GmbHs und Partnerschaftsverträgen zu tun. Davon hatten wir früher nie etwas gehört. Die Menschheit ist gemein geworden, und die Notare haben es schwer heutzutage.«

Als der Notar 1951 seine Arbeit aufnahm, gehörte ihm das große Notarshaus noch nicht, er besaß nur ein Solex-Mofa, mit dem er jeden Morgen aufs neue durch das Dorf fuhr, den Blick auf den Turm und die Zeiger der Uhr gerichtet. Der Notar war einer der letzten, die es lernten, nach dem Rhythmus des Dorfes und den Schlägen der Turmuhr zu leben – einem völlig anderen Zeitbegriff als dem unsrigen.

Jahrhundertelang wurde das Leben im Dorf davon bestimmt – in alten Akten gab es dafür sogar einen Ausdruck: »wohnend unter dem Glockenschlag von Jorwerd«. Man ging bei Sonnenaufgang zur Arbeit – die Handwerker und die Ladenbesitzer etwas später –, um zwölf läutete die Glocke zum Zeichen, daß es »warmes Essen« gab, und danach arbeitete man weiter, bis es sechs Uhr schlug. Während der Erntezeit wurde weitergearbeitet, bis der Tau fiel. So verliefen die Tage im Dorf, sogar noch in der Anfangszeit des Notars.

Natürlich hingen überall schon seit Jahrhunderten Uhren in den Häusern, aber dem Umgang mit der Zeit fehlte die Genauigkeit, die wir jetzt gewohnt sind. Es war eher ein fließendes System ohne genaue Zahlen, das nur Angaben kannte wie »gleich«, »morgen früh«, »gegen Abend«, »vor dem Essen«. Es ist fraglich, ob die Landbewohner früher tatsächlich über so viel mehr Zeit und Ruhe verfügten. Wahrscheinlich hatten sie genausoviel Geduld wie wir, und der einzige Unterschied liegt darin, daß sie Ereignisse, Transportmittel und die Gegebenheiten der Natur nun einmal so nehmen mußten, wie sie kamen. Oder wie Auke van der Woud in diesem Zusammenhang schreibt: »Man verliert nur Zeit, wenn man weiß, daß die Handlung schneller oder besser hätte ausgeführt werden können oder daß man eine Handlung produktiver hätte verrichten können.«

Bis 1885 nahm eine Reise von Jorwerd nach Amsterdam leicht zwei Tage in Anspruch, und wenn Wind und Wetter ungünstig waren, konnte es noch länger dauern. Diese Langsamkeit wurde allerdings erst dann unerträglich, als die Eisenbahnlinie bis nach Stavoren ausgebaut worden war und jeder wußte, daß man eine Reise mit der Bahn nach Stavoren und weiter mit dem Schiff über Enkhuizen nach Amsterdam auch in gut einem halben Tag bewältigen konnte. Als dann das Fahrrad aufkam und später der Bus und das Auto, verstärkte sich dieses Bewußtsein. Zeit wurde knapp, auch in Jorwerd, weil es nun schnellere und einfachere Alternativen gab, und dieses Bewußtsein sorgte zugleich für eine ständige Unzufriedenheit.

Ebenso veränderte sich die Wahrnehmung des Raumes. Früher war dieser beschränkt und abgeschlossen, und aus dieser Beschränktheit ergab sich eine klare soziale Struktur. Aber jetzt erwiesen sich Entfernungen plötzlich als flexibel, Grenzen zählten nicht mehr, die abgeschlossene Innenwelt ging fließend in die leere, düstere Außenwelt über, alles war möglich, alles war erlaubt, und alles wurde erreichbar.

So wurden die Jorwerder nach und nach von einem Zwang befreit, der ihr Leben jahrhundertelang bestimmt hatte. Der Bann der Natur wurde durchbrochen, zugleich aber auch eine bestimmte mentale Ordnung.

Bauern beim Hindernislauf

Wenn tiefgreifende Veränderungen ins Haus stehen, dann gibt es manchmal jemanden, der dies vorausahnt, von einer heiligen Pflicht ergriffen wird und wie ein Besessener das Vorhandene festzuhalten versucht, bevor es ein für allemal verlorengeht. Der Maler Ids Wiersma war so jemand, ein Arbeiterjunge aus dem kleinen Dorf Brantgum, der seit der Jahrhundertwende mit großer Genauigkeit das friesische Dorfleben für die Nachwelt in Bilder faßte.

Er malte die letzten Plaggenhütten – die gleichen Bauten, die im Mittelalter auf den Warften standen –, die Werkzeuge des Dorfzimmermanns und des Schmieds, den letzten Tieflaufstall aus dem siebzehnten Jahrhundert, die deutschen »Hollandgänger«, die Sensen, die Sicheln, die Heugabeln, die Eimer, das Geschirr. Auf den Bauernhöfen malte er die Ställe, die Butter- und Käseherstellung, die Milchkeller, das Schrubben und das Putzen auf dem Lande.

Er erfaßte alle Handgriffe bei der Flachsernte und beim »Tippen«, er zeichnete das Aufstellen der Getreidegarben, das Dreschen mit der Handdreschmaschine, aber auch den Silberschmied, wie er gerade dabei war, Trachtenhauben anzufertigen – ein Handwerk, das allmählich ausstarb und daher dokumentiert werden mußte.

Die meisten von Wiersmas Zeichnungen stammen aus den zwanziger Jahren. Bei allen Jorwerder Bauern fand die Butter- und Käseherstellung bereits außer Haus statt, das Mähen wurde größtenteils mit Mähmaschinen erledigt, aber im übrigen sahen die Bauernhöfe, auf denen Sake Castelein, Bonne Hijlkema, Oebele van Zuiden und Gais Meinsma aufwuchsen, genauso aus, wie er sie gezeichnet hatte. Und doch war es ihre Generation, die eine Revolution sondergleichen erleben sollte.

Gais Meinsma, die Frau des Jorwerder Anstreichers, war eines der Kinder von Kees Greijdanus und Trijntje Kundersma, einer Tochter der Kundersmas von Groot Hesens. Mit fünf Jahren fing

sie an, im Stall zu helfen, als Siebenjährige lief sie mit einem
Stecken hinter den Kühen her, wenn diese eine Straße überqueren
mußten, mit etwa neun Jahren lernte sie melken; sie wollte alles
tun, was ihr Vater tat.

Ihr Großvater brachte ihr die ersten Grundregeln bei. Daß es
verschiedene Arten von Kühen gab: solche, die sich leicht melken
ließen, und solche, die sich schwer melken ließen. Und dann waren
da noch die sogenannten Luder. Luder schlugen aus oder ergriffen
beim Melken die Flucht. Sie lernte, daß man erst einen Strick um
die Hinterbeine der Kuh legen mußte, bevor man sich mit einem
Eimer zwischen den Beinen auf den kleinen Schemel hockte – die
Sache mit dem Strick durfte sie erst einmal an den Beinen ihres
Großvaters ausprobieren. Dann lernte sie, beim Melken Schaum
zu machen: erst mit rechts ziehen und kneifen, dann mit der linken
Hand das gleiche, und dabei mußte man darauf achten, daß die
Milch an derselben Stelle im Eimer aufkam. Wenn man gut zu melken verstand, dann reichte der Strahl bis zum Boden. Und dann
bildete sich Schaum. Der erste Erfolg, wenn man Melkunterricht
bekam, war ein Dezimeter Schaum. Ohne Schaum nannte man es
nicht Milch, sondern Spülwasser. Sie lernte, daß Kühe in einer
festen Reihenfolge gemolken werden mußten, sonst kam man aus
dem Konzept. Sie lernte, wie man Kühe auf der Weide wiederfinden konnte, früh am Morgen, im Herbst, wenn alles im dichten
Nebel lag und man erst eine Viertelstunde lauschen mußte – denn
es gab immer eine, die im Schlaf schnaubte oder kaute. Dann
schob man sich darunter und drückte sich gegen diesen warmen
Kuhleib, und dann begann die Sinnlichkeit des Melkens, jene acht
Minuten Ruhe zwischen Mensch und Tier, diese seltsame Vertrautheit. »Man sah zu, daß man ein bißchen Schaum hinbekam,
und dann melkte man immer weiter, dann melkte man immer weiter«, sagte Gais. »Und dann ließ man seinen Gedanken freien
Lauf. Über den neuen Tag, über das Wetter, die Vögel – sie
schwirrten einfach ein bißchen durch die Gegend, deine Gedanken: Was hält die Welt eigentlich zusammen? Warum ist alles so
oder so gelaufen?«

Die erste Melkmaschine begann 1912 in Jorwerd zu tuckern.
Ihr Besitzer, Wiepke Algera, war vernarrt in das Gerät, auch wenn
das Ding ständig fettige Zündkerzen hatte. »Ich hatte nur einen
einzigen Knecht, der besser war«, sagte er immer.

Für Sake Castelein kam der Schock der Mechanisierung erst Anfang der fünfziger Jahre, als Algeras Melkmaschine endlich zu einem ausgereiften Apparat weiterentwickelt worden war. Die Abschaffung des Handmelkens war für ihn der größte Umbruch, den er je erlebt hatte, denn damals verschwanden die Menschen. »Früher herrschte rings um den Stall Hochbetrieb, wenn gemolken wurde. Die Gemütlichkeit auf dem Hof ging innerhalb von ein paar Jahren verloren.«

Für Bonne Hijlkema, einen der Bauern auf der benachbarten Warft Funs, war es der Trecker, der alles ins Rollen brachte: »Unser erster Traktor wurde 1960 angeschafft, und das machte den größten Unterschied, den man sich nur vorstellen kann. Als ich die erste Zeit mit dem Ding beim Mähen war und etwas haperte, trat ich nicht auf die Kupplung, sondern rief ›Hü!‹, so war ich noch an die Pferde gewöhnt.«

Und für Cor Wiedijk, seinen Nachbarn, war es der erste Liegeboxenstall, den er sah, 1972, er ging damals noch zur Schule. »Das gab's einfach nicht, davon hielten wir nichts, das war Blödsinn. Aber zehn Jahre später standen sie schon überall hier in der Gegend.«

Die fünfziger Jahre waren die Jahre des Wiederaufbaus und die Jahre des »Nie wieder!« Nie wieder Wirtschaftskrise, nie wieder Krieg, nie wieder Hungerwinter. In Leeuwarden stellte man ein großes Denkmal für eine Kuh auf, die die Friesen »Unsere Mutter« nannten, »Us Mem«. Die Kuh war der Stolz der niederländischen Landwirtschaft, schwarzbunt, hatte Idealmaße und jedes Jahr mehr Milch im Euter – das Ergebnis einer Zuchttradition, die auf die mausgrauen Kälber von Rienck Hemmema zurückging. Der Schah von Persien kam, als er auf Staatsbesuch in den Niederlanden war, mit Königin Juliana bei dem Viehzüchter Jan Wassenaar in Jelsum vorbei, um einen Blick auf so ein traumhaft schönes Vieh zu werfen. Der Besuch wurde legendär – »Majestät, treten Sie nicht in die Scheiße!« soll Wassenaar geschrien haben –, und man erlebte, rückblickend betrachtet, den Höhepunkt einer neuen Glanzzeit.

Die Landwirtschaft war zu einer politischen Angelegenheit geworden. Die Preise wurden mit Hilfe europäischer Subventionen künstlich hoch gehalten. Zugleich schützte man die eigenen Bauern durch Abgaben und Zollmauern gegen die weltweite Konkurrenz aus Billigländern. Für die Bauern selbst bedeutete dies nur eines: Sie mußten bei niedrigsten Kosten soviel wie möglich produzieren.

Auf den Jorwerder Bauernhöfen wurden die ersten Maschinen als Anfang einer neuen Zeit freudig begrüßt. Auch wenn man dem Gesicht von Bonne Hijlkema später die Landarbeit ansah, hatte er doch als Junge die Auswirkungen des ewigen Schuftens hundertmal stärker erlebt. Zum Beispiel bei den deutschen »Hollandgängern«, die früher während jeder Heuernte auf Funs gearbeitet hatten. Sie waren Meister ihres Faches, und manche schafften an einem einzigen Tag ganz allein einen vollen Hektar. Aber jedes Jahr, wenn sie bei Familie Hijlkema am Tisch saßen, sahen sie mitgenommener aus, und die meisten von ihnen waren im Alter von nur fünfzig Jahren am Ende. »Die Mähmaschine war eine Wohltat, schon allein in menschlicher Hinsicht«, sagte Bonne öfters.

Seiner Ansicht nach sollten wir daher nicht zu sentimental sein: Der Trecker war ein enormer Fortschritt. »Es wird immer erzählt, wie schön es früher mit all den Pferden war, aber ich versichere dir, es war überhaupt nicht so schön, schon gar nicht für die Pferde. Wenn das Gras sich nicht gut mähen ließ, dann rief man den Pferden den ganzen Tag zu: ›Hü, und zurück!‹. Jetzt sitzt man warm und trocken auf seinem Trecker und hat das Radio an; es lebe der Fortschritt!«

Im Betrieb der Hijlkemas hielt die Melkmaschine 1954 Einzug, und für Bonne hieß das in erster Linie, daß er länger im Bett bleiben konnte. Sein Großvater war noch regelmäßig um halb vier aufgestanden, aber als die Melkmaschine aufkam, verschob sich das bald auf fünf Uhr.

Auch in anderer Hinsicht kamen die Maschinen wie gerufen. Denn während die Mechanisierung immer mehr Arbeiter vom Bauernhof verbannte, waren auch die Arbeiter selbst nicht mehr bereit, dem Bauern Tag und Nacht zur Verfügung zu stehen.

Erst verschwanden die Jorwerder Arbeiter vom Hof der Hijlkemas. Sie hatten keine Lust mehr auf die harte Bauernarbeit, vor allem als sie merkten, daß sich in der Stadt mehr und leichter Geld verdienen ließ.

Später, Mitte der fünfziger Jahre, warben die Jorwerder Bauern noch eine Zeitlang Arbeiter aus den friesischen Wäldern an, wo größere Armut herrschte. Das waren Männer zwischen vierzig und fünfzig, die sich bereits krummgearbeitet hatten. Den Übergang zum Traktor und zur Melkmaschine konnten die meisten dieser Arbeiter wohl nicht mehr mitvollziehen. »Das waren echte Viehmenschen, keine Treckermenschen«, sagte Bonne Hijlkema. »Sie konnten gut mit Kühen und Pferden umgehen, und sie konnten prima melken. Aber für Maschinen hatten sie überhaupt kein Gefühl.« 1961 verließ der letzte festangestellte Arbeiter die Hijlkemas.

Dann begann eine Zeit, in der die Bauern größtenteils allein arbeiten mußten. Und dann kamen der Betriebshelfer – eine Art Vermittlungsbüro für Bauern – und das Lohnunternehmen. Es war schon ein bißchen ruhig geworden in den Ställen und auf dem Hof.

Die Gesamtzahl der Landarbeiter in den Niederlanden sank zwischen 1947 und 1960 um gut ein Drittel, von über zweihunderttausend auf hundertvierundzwanzigtausend. Von den Frauen, die 1947 auf einem Bauernhof gearbeitet hatten, war 1960 nur noch ein Viertel übrig. Milchmädchen brauchte man nicht mehr. Noch auffälliger war die Abwanderung der Kinder, die in den Betrieben mithalfen. Ihre Zahl hatte sich seit 1947 fast auf die Hälfte reduziert. In weniger als einem Drittel der bäuerlichen Betriebe arbeitete noch ein potentieller Nachfolger mit. Die Jugend hatte ihre Konsequenzen schon gezogen.

*

In jenen Jahren setzte bei den Jorwerder Bauern eine Entwicklung ein, die wir jetzt als »den großen Niedergang« bezeichnen können, die aber, wie das so häufig geschieht, anfangs von niemandem ernst genommen wurde. Für diejenigen, die ihn miterlebten, waren es zunächst nur einzelne Zwischenfälle, von denen sie erst Jahre später sagten: »Ach, damals hat es also schon angefangen.« Der Vorgang hatte etwas von einem Hindernislauf, bei dem immer mehr Läufer ausschieden. Nur lag die erste Hürde so niedrig, daß fast niemand sie bemerkte.

Zu Beginn der sechziger Jahre mußte der Notar auf einmal auffällig viele Geschäftsaufgaben abwickeln. Normalerweise waren es jedes Frühjahr etwa drei Stück, aber damals wurden es plötzlich zehn. Dies war, wie er später meinte, das Vorspiel. »Es liefen keine großen Dramen ab«, erinnerte er sich. »Das waren durchweg ältere Menschen, ›kleine Leute‹, sowohl buchstäblich als auch im übertragenen Sinne, die mit zähem Durchhaltevermögen ihre kleinen Betriebe durch die Zeiten gebracht hatten, denen dabei sogar noch genügend Energie geblieben war, um sich in Kirche und Politik zu engagieren, die aber, als ihnen der Nachfolger fehlte oder abhanden kam, in aller Stille das Geschäft aufgaben.«

Zu dieser Zeit sprachen viele Politiker vom »Kleinbauernproblem«. Eine Epoche unbekümmerter Maßstabsvergrößerung stand unmittelbar bevor. Überall wurden Grundstücke neu parzelliert, für die Landwirtschaft im großen Stil reorganisiert und nicht selten bis zur Unkenntlichkeit umgepflügt – allein in Friesland fanden zwischen 1955 und 1975 sechsundzwanzig Flurbereinigungen statt –, und in diesem Spiel war für die Kleinbauern kein Platz mehr.

Damals setzte auch die Inflation der Kuh ein. Als Gais Meinsma, Bonne Hijlkema und Sake Castelein mit dem Melken anfingen, arbeiteten sie in Ställen mit zwanzig, dreißig Milchkühen und ein bißchen Jungvieh, und wer mehr hatte, galt als Großbauer. Der Bauer half selbst mit, er hatte einen Arbeiter, einen Knecht, eine Magd, und oft packte auch noch ein Familienmitglied mit an. Anders wäre es gar nicht gegangen. Da selbst ein guter Melker nicht mehr als acht, neun Kühe pro Stunde melken konnte und das ganze Melken in ungefähr eineinviertel Stunden erledigt sein mußte, brauchte man in der Regel für neun Kühe eine Arbeitskraft. Das Mistausfahren, das Mähen und das Heuen verschlangen ebenfalls Zeit. Dennoch erwirtschaftete so ein Bauernhof mindestens vier Einkommen.

Wie sich die Normen veränderten, war daran abzulesen, was als »großer« und was als »kleiner« Betrieb galt. 1755 war etwa Tjeerd Jans von Groot Hesens mit zwanzig Kühen, fünf Färsen und fünf Pferden der größte Bauer von Jorwerd. Knapp zweihundert Jahre später, um 1945, wäre das noch ein anständiger Betrieb gewesen. Keine dreißig Jahre später war man mit zwanzig Kühen ein Kleinbauer. Schließlich galt jeder Betrieb, der weniger als fünfzig Kühe hatte, als »klein«.

Die Tendenz zur Vergrößerung hing eng mit der Veränderung der Arbeit zusammen. Tjeerd Jans von Groot Hesens war 1755 mit jeder Kuh vermutlich über dreihundert Stunden pro Jahr beschäftigt; nicht anders als die meisten Bauern kurz nach dem Krieg. Ein Bauer, der alleine war, konnte nicht mehr als acht bis zehn Kühe verkraften. Durch den Einsatz der Melkmaschine, des Traktors und der Heupresse sparte der Bauer aber schon etwa siebzig Stunden pro Kuh und Jahr. Ende der fünfziger Jahre konnte ein Bauer ohne fremde Hilfe daher etwa vierzehn Kühe halten.

In den sechziger Jahren wurden auch das Nachmelken und die Mistabfuhr mechanisiert. Die Zahl der Arbeitsstunden pro Kuh ging auf achtzig pro Jahr zurück; ein einziger Viehhalter konnte jetzt mit vierzig Kühen fertigwerden. Dann kamen die Kreiselmäher, die Milchtanks, die Liegeboxenställe mit Arbeitsgruben und die Computer. Vierzig Jahre nach dem Aufkommen der Melkmaschinen konnte ein einziger Bauer achtzig oder auch hundert Kühe melken, und das mußte er wohl auch, denn sonst hätte er seine Investitionen nie wieder herausgeholt.

In kaum einem anderen Bereich in den Niederlanden der Nachkriegszeit war die Verlagerung von Arbeitskraft zu finanzieller Potenz deutlicher erkennbar als in der Landwirtschaft.

Am 12. Mai 1975 wurde der letzte festangestellte Landarbeiter von Jorwerd entlassen. Hilbrand Medemblik war achtundfünfzig Jahre alt und hatte dreiunddreißig Jahre auf dem Lande gearbeitet, frühmorgens im Nebel nach den Kühen gesucht und nachts auf das Vieh aufgepaßt, auch dann, wenn gekalbt wurde, aber sein Chef sagte, er könne ihn nicht mehr bezahlen. »Ich werde schwer beschäftigt sein mit Nichtstun«, teilte er dem Journalisten des *Leeuwarder Courant* mit, der aus diesem Anlaß vorbeigekommen war. Er hatte zweiundzwanzig Jahre bei ein und demselben Bauern gearbeitet, zum Kaffee und Tee hatte er immer mit ins Haus kommen dürfen, nein, schlecht hatte er es dort nicht gehabt. Jetzt wollte er zu keinem Bauern mehr, so sagte er. »Es wird zu langweilig heutzutage, zu hastig, und sie haben zuviel Vieh. Sie ersticken fast darin.« Er wollte sich nach etwas anderem umsehen, beim Gartenbauamt oder so.

*

Die zweite Hürde – für die großen Betriebe kaum spürbar, aber für manche kleinen Bauern fatal – war die Einführung des Kühltanks.

Im Herbst des Jahres 1969 feierte man das fünfundsiebzigste Jubiläum der Weidumer Molkerei überschwenglich mit einer Revue. »Auf die nächsten fünfundsiebzig Jahre!« wurde zum Abschluß gesungen, und jeder klatschte mit. Kaum ein Jahr später war die Fabrik stillgelegt, und die gesamte Milch ging nach Dronrijp. Die Bauern mußten sich große Kühltanks zulegen. Vorbei war es mit den altmodischen Milchkannen, die morgens und abends von den Bauern an den Straßenrand gestellt wurden, vorbei mit dem Milchfahrer, der kam, um sie abzuholen, vorbei mit dem Lärm und dem Geklapper in den zahllosen kleinen Molkereien.

Oebele van Zuiden war der einzige Jorwerder Bauer, der wegen eines Kühltanks das Handtuch warf, aber anderswo in der Provinz gab es noch mehr solcher Fälle. Für Kleinbauern wie Fedde und Minne war die Belastung enorm. Neue Vakuumleitungen mußten gelegt werden, manchmal war sogar erst noch Elektrizität zu installieren, und man mußte Geld leihen für eine Investition, die man vielleicht niemals wieder herausholen würde.

Bei den größeren Bauern führten die Kühltanks und die sonstige Mechanisierung zu einer Flucht nach vorn. Die Preise blieben niedrig, und so bestand ihre einzige Überlebenschance in den Wörtern »mehr« und »effizienter«. Dies bedeutete ständig neue Investitionen – in Maschinen, in Vieh, in Grund und Boden, in Kunstdünger, in Pestizide, in neue Ställe. So hatten die Bauern eine neue Hürde zu bewältigen: das Kapital.

»Finanziell waren wir schon immer verwundbar«, sagte Bonne Hijlkema. »Wir waren immer vom Wetter abhängig. Die jeweilige Qualität des Heus konnte ungeheure finanzielle Folgen haben. Nach einem mittelmäßigen Sommer war die Scheune voll mit schlechtem Heu, und das bedeutete, daß man Zusatzfutter geben mußte; außerdem produzierten die Kühe dann weniger Milch. Manchmal hatten wir so gut wie kein Einkommen. Aber das Gegenteil kam auch vor. Man konnte in einer einzigen Saison plötzlich eine Rekordernte einfahren und einen phantastischen Gewinn erzielen. Man mußte also immer Rücklagen bilden und durfte auf keinen Fall Schulden machen.«

In einer Welt, die sich im Grunde selbst versorgte, war ein Kredit für viele Bauern das Signal schlechthin, daß man am Boden lag. Er verwies auf beginnende Armut, denn häufig zog er weitere Kredite und höhere Wucherzinsen nach sich, und davor hatte man Angst.

Grundbesitz war das Entscheidende, nicht Geld. »Land läuft nicht davon, Geld schon«, sagten die friesischen Bauern. »Wenn man etwas kaufen wollte, dann sparte man dafür, und wenn es wirklich dringend war, dann hatten deine Eltern sicher noch ein wenig Geld im Wäscheschrank liegen«, meinte Cor Wiedijk. »So regelte man das früher. Und wenn ein Bauer Land kaufte, dann hatte er das Geld meist auf der hohen Kante. Bei einer Bank einen Kredit aufzunehmen, das machte man einfach nicht.«

Bei den Jorwerder Bauern fand diesbezüglich irgendwann in den sechziger Jahren ein Mentalitätswandel statt. Wann genau das geschah, ist nicht eindeutig zu bestimmen. Für manche begannen die Gänge zur Bank schon mit der Anschaffung des ersten Treckers, Ende der fünfziger Jahre.

Aber man brauchte immer mehr Geld: für Maschinen, für Ställe, für immer neue Anschaffungen. Und als man seit etwa 1975 das Geld der Molkerei nicht mehr jede Woche vom Milchfahrer bar auf den Küchentisch bekam – der Mann war ständig mit Tausenden von Gulden in der Tasche unterwegs gewesen –, wurde die Bank zu einer festen Größe im Leben der Bauern.

»Ich weiß noch, wie mein Vater den ersten Traktor kaufte«, erzählte Cor Wiedijk. »Wovon er das bezahlt hat, darüber hat man sich als Junge keine Gedanken gemacht. Als ich nach seinem Tod seine Papiere ordnete, stieß ich auf eine alte Rechnung, aus der hervorging, daß er dafür tatsächlich Geld geliehen hatte. Psychologisch muß das einiges für ihn bedeutet haben.«

Auch im Hinblick auf die Grundstückspreise entwickelte sich allmählich eine Schräglage, vor allem in der Umgebung größerer Städte. Dort waren Wohnungsbaugesellschaften und Baulöwen mitunter bereit, für ein Stück Weideland das Zehnfache dessen zu bezahlen, was es für einen Bauern wert war. Aus wirtschaftlicher Sicht hatte das wohl seine Berechtigung, aber für die Bauern untereinander ging so jegliche Verhältnismäßigkeit verloren. Die Übernahme eines Bauernhofs war, aus der Perspektive der anderen Bauern gesehen, nicht selten reiner Wahnsinn.

All diese Entwicklungen wirkten sich von Bauer zu Bauer unterschiedlich aus. Die größeren Betriebe gerieten in eine Spirale von immer mehr Investitionen, mehr Produktion, mehr Subventionen, mehr Gewinn und wiederum neuen Investitionen – denn sonst wäre alles von der Steuer aufgefressen worden. Die Scheunen standen nun voll mit Traktoren, Mähdreschern, Rübenerntemaschinen, Beregnungsanlagen, Kippladern, Spritzgeräten, Miststreuern, Mähmaschinen, Ladewagen, hydraulischen Schüttlern, Strohballenpressen, Futterdosiercontainern, Grubbern, mehrscharigen Pflügen, Maishäckslern, Scheibeneggen und was es sonst noch an Maschinen gab.

Andere Bauern hatten sich bis über beide Ohren verschuldet, nur um weiter im Rennen zu bleiben, Schulden, an denen noch ihre Kindeskinder würden abbezahlen müssen. Der Staat förderte diesen Prozeß mit Subventionen und Heerscharen von Beratern. Später schlug eben dieser Staat einen anderen Ton an, einen Ton der Mäßigung und Ruhe, aber zu diesem Zeitpunkt saßen viele Bauern bereits in der Falle.

Den kleineren Bauern blieb nur der umgekehrte Weg. Das Ergebnis war jedoch das gleiche. Sie konnten nur wenig investieren, erhielten weniger Subventionen und verfügten über weniger Betriebskapital, mit der Folge, daß ihr Spielraum für Investitionen immer enger wurde, und schließlich endeten sie nicht selten im Bankrott. Die meisten ließen es jedoch erst gar nicht so weit kommen. Oebele von Zuiden erinnerte sich an ein Gespräch in der Kneipe. Sein Kollege Cor Jellema, der zwölf Kühe hatte, hatte ihm erzählt, daß er aufgeben würde. »Ich sagte zu Jellema: ›Jetzt bist also du an der Reihe, aber ich mit meinen dreißig Kühen und Algera mit seinen vierzig Kühen, wir gehen auch noch vor die Hunde.‹ Algera sah das völlig anders. Aber ich sagte: ›Nein, nein, wir können das nicht verhindern. Wir gehen alle vor die Hunde. Hier gibt es noch drei Arbeiter, und in ein paar Jahren wird kein einziger mehr übrig sein.‹ Er wollte es einfach nicht glauben.«

*

In den fünfziger Jahren ging die echte, tiefe Stille von Jorwerd verloren. Bis in die Nachkriegszeit hatte es auf dem flachen Land rings um das Dorf praktisch noch keine Motoren gegeben. Ein Pferd machte keinen Lärm. Fast alle älteren Leute, mit denen ich sprach, konnten noch von der Zeit erzählen, als man das Hämmern des Dorfschmieds kilometerweit über die Weiden hören konnte, den hellen Klang, den ein Schnitter erzeugte, einen Eimer, der irgendwo umgefallen war, eine Kuh, ein vereinzeltes Auto, isolierte Geräusche, die sich von der allgemeinen Stille abhoben.

»Wenn man frühmorgens ein Pferd einspannte, dann lag so eine ruhige Stimmung in der Luft, bei Tagesanbruch, und dann fuhr man auf die Weide, um melken zu gehen«, erzählte Bonne Hijlkema. »Mit einem Pferd hörte man alles, die Vögel, das Vieh, die Geräusche des Dorfes. Später hörte man nur noch das Dröhnen der Motoren.«

Ebenso subtil veränderten sich seit den sechziger Jahren die Farben des Dorfes. Die gelben Heuhaufen der kleinen Bauern verschwanden. Unbemerkt wurde die bunte Sommerszenerie der Heuwagen und der heuenden Familien zu einem Teil der Vergangenheit. Es kamen ungemein praktische Maschinen auf, mit denen man das Gras mähen, schütteln und transportieren konnte, rote und grüne Krachmacher. Überall neben den Bauernhöfen sah man nun Foliensilos aus schwarzem Plastik, denn mit Gras, das man vorgetrocknet, gehäckselt und eingemietet hat, ist man den Launen des Wetters viel weniger ausgeliefert.

»Heutzutage sieht man Feldsilos, wohin man schaut«, sagte Bonne Hijlkema. »Um das Heu einzufahren, brauchte man früher eine Woche lang gutes Wetter und ein Regiment junger Männer. Jetzt reicht oft ein einziger Tag. Und man schafft es ganz alleine.« Aber ich hörte alte Schnitter wie Folkert und Peet klagen, daß sie von der modernen Art des Mähens nichts hielten. »Beim Heuen mußte man hart arbeiten, aber man machte es gemeinsam«, erzählten sie. »Ungefähr um neun Uhr morgens setzte man sich in einen Heuschober, die Magd kam mit Kaffee und Tassen vorbei, die sie in ein Tuch gewickelt hatte, man saß eine halbe Stunde beisammen und unterhielt sich in aller Ruhe, und dann ging es wieder los. Jetzt steht für den Mann an der Strohballenpresse ein bißchen Bier oder Limonade bereit, Schluck, Schluck, und weiter geht's.«

Der Fortschritt spiegelte sich in den Zahlen wider. Wer in den fünfziger Jahren dreihundert Hühner hielt, hatte in den achtziger

Jahren bestimmt dreißigtausend. Durch bessere Fütter- und Zucht-verfahren wurden in der Milchproduktion nie gekannte Mengen erreicht. Butterberge und Milchseen entstanden, Obst und Gemüse wurden zu Schleuderpreisen verkauft oder vernichtet. Wenn eine durchschnittliche Kuh in den sechziger Jahren etwa dreitausend-fünfhundert Liter gegeben hatte, so waren Ende des Jahrhunderts acht- bis zehntausend Liter nichts Ungewöhnliches, und die pro-duktivste Kuh überhaupt, die elfjährige »Julia 16« aus Sint Nico-laasga, schaffte 1995 sogar sechzehntausend Liter.

In manchen Gegenden, insbesondere in Brabant und Geldern, nutzte man außerdem dankbar die Möglichkeit, Landwirtschaft auch ohne Land zu betreiben. Man stellte ein paar tausend Qua-dratmeter Beton hin, baute einige Schweinekoben und kaufte Fer-kel und Futter auf Kredit. Ab und zu kam ein Sattelschlepper vor-bei, um das Futtersilo aufzufüllen, ein Tankwagen, um die Gülle abzupumpen, und ein Laster, um die angewachsenen Schweine ab-zuholen, und das Geld floß in Strömen.

Diese Schweine und Hühner konnte man in raschen Zyklen großziehen, drei bis fünf pro Jahr, und so verdiente man schnelles und einfaches Geld. Neidisch blickten die Kinder der Milchbauern auf die der Schweinebauern: Die fuhren mit dem Mercedes zur Landwirtschaftsschule, sie nicht. Aber niemand mochte Schweine, und niemand mochte Hühner.

Ein befreundetes Bauernehepaar ließ mich einmal sein »Re-chenbuch« sehen, für die Zeit von 1965 bis 1975. Sein Vater hatte 1930 auf dem Pfingstmarkt in Oudeschoot seine erste Kuh ge-kauft, und an einem Strick hatte er sie nach Hause geführt, be-stimmt zwanzig Kilometer weit. 1950 hatte er ein Dutzend Kühe, und als sein Sohn und seine Schwiegertochter 1965 den Betrieb übernahmen, waren es achtzehn Kühe, fünf Pferde und ein paar Zuchtsauen.

Sie wohnten in einem Haus am Kreuzungspunkt von vier Kanälen, und die Zahlen ihres »Rechenbuchs« unterschieden sich im ersten Jahr nicht besonders von denen Rienck Hemmemas. Doch dann schnellten die Produktionszahlen im Büchlein in die Höhe. »Wenn man mehr füttert, dann kommt das auch wieder rein«, meinte er. »Meine Eltern wagten das nicht, und sie wagten es auch nicht, Kunstdünger zu streuen. Wenn eine Rechnung bezahlt werden mußte, dann gaben sie einfach eine Kuh weg. Aber ich war auf der Landwirtschaftsschule gewesen.«

1970 besaßen sie dreißig Kühe, und sie konnten sich einen Traktor kaufen. Sie: »Wir haben alles gemeinsam gemacht. Wir haben in diesen Jahren wie die Verrückten gearbeitet. Wir haben uns nichts gegönnt, aber trotzdem war es eine schöne Zeit. Wir waren jung, und wir wußten, daß es vorwärtsging.«

1974 wurde ein neuer Kanal ausgehoben, und ihr Gemüsegarten mußte einem Hafen weichen. Als sie in einen größeren Bauernhof umzogen, hatten sie achtunddreißig Kühe. 1978 hielten sie bereits achtundsechzig Kühe, und sie waren im Begriff, einen komplett neuen Bauernhof zu bauen, aber beim jährlichen Ausflug des Bauern- und Gärtnerverbands ruinierte er sich beim Tauziehen die Knie. Das Vieh mußte weg.

Sie ließen noch ein paar Fleischkühe grasen, er verlegte sich auf Tauben und Pferde – womit sie schon bald einen Preis nach dem anderen einheimsten, denn sie blieben Züchter mit Leib und Seele –, und sie antworteten auf Anzeigen im Bauernblatt, die einem alles mögliche versprachen, wenn man Regenwürmer in großen Plastikbehältern züchtete. Aber auch dieser Markt war bald verdorben.

*

Nach den Geräuschen und den Farben begannen sich schließlich auch die Gerüche rings um Jorwerd zu verändern. Früher hatte der Dung einen warmen Geruch – häufig gar nicht unangenehm. Aber die Jauche, die seit den siebziger Jahren aus den Liegeboxenställen kam, roch scharf nach dem Kraftfutter, mit dem die Produktion der Kühe gesteigert wurde, säuerlich nach dem Spülwasser, das hineingeraten war, ordinär nach den Nachgeburten, die durch die Betonbalken getreten worden waren, und manchmal konnte es rings um Jorwerd ganz schön stinken.

Die Kombination aus Subventionen, vergrößerten landwirtschaftlichen Betriebsflächen und fachmännischer Zucht hatte die Produktion so emporschnellen lassen, daß die Milchseen zu Milchozeanen ausgeufert waren. Jedermann sah ein, daß der Markt übermäßig expandiert hatte, aber dennoch waren die Politiker unter dem Druck der Bauernlobbys bereit, viel Geld auszugeben, um den Status quo möglichst lange zu erhalten. Anfang der achtziger Jahre stapelten sich in den europäischen Lagerhallen über eine Million Tonnen Milchpulver und sechshunderttausend Tonnen Butter. Die Subventionskosten gingen in die Milliarden. Irgendwie mußte die Milchproduktion gedrosselt werden.

So entstand das dritte Hindernis im Ausscheidungskampf der Bauern, bei dem die Latte plötzlich um einiges höher lag: die sogenannte Superabgabe. »Man mußte völlig umdenken«, erzählte Cor Wiedijk. »Daß man je zuviel melken könnte, daran hatte man als Bauer nie gedacht. Das war ein enormer Schock.«

Im Frühling 1984 beschlossen die europäischen Landwirtschaftsminister, der Überproduktion von Milch mit harter Hand ein Ende zu bereiten: Alle Bauern durften fortan nur noch nach bestimmten Quoten produzieren, die auf der Grundlage ihrer jeweiligen Vorjahresproduktion errechnet wurden. Für jeden Liter, den sie zuviel produzierten, bekamen sie statt Subventionen saftige Bußgelder. Wer also 1983 schon einen stattlichen Milchsee produziert hatte, der hatte seine Schäfchen im trockenen. Wer aber erst Pläne schmiedete, den Betrieb zu vergrößern, konnte die jetzt begraben. Das war die Superabgabe.

Bonne Hijlkema verkaufte jede Menge Milch. »Hier lief es immer gut. Deshalb waren wir sehr spät dran mit Flurbereinigungen und solchen Sachen. Wenn wir früher in die Modernisierung eingestiegen wären, dann hätten wir eine viel höhere Milchquote gehabt. Es ist immer so: Wenn man denkt, alles läuft ganz gut, dann wirtschaftet man seinen Hof in Wirklichkeit herunter. Dann geht man leer aus.«

»Die Quotierung hatte einen großen Vorteil«, meinte hingegen Cor Wiedijk. »Die Bauern wußten wieder, woran sie waren. Es trat Ruhe ein. Aber diese Maßnahme hat die Bauern auch auseinanderdividiert. Wer in den siebziger Jahren gebaut hatte, dem standen auch später alle Möglichkeiten offen. Aber die weniger großen Bauern konnten ihre Betriebe kaum mehr erweitern, und die kleinsten konnten sich nur mit Mühe über Wasser halten, wenn überhaupt. Ihr Land mitsamt ihrer Quote ging an die Großbauern, und ihre Höfe gingen an die Leute aus der Stadt; sie fielen um wie die Fliegen.«

100

Die Zahl der Kühe, die auf den friesischen Weiden grasten, verringerte sich zwischen 1984 und 1994 um gut ein Drittel. Seither sah man volle Ställe nur noch selten. Auch für die Wirtschaft der Provinz, die jahrhundertelang auf Milch, Butter und Viehzucht basiert hatte, war die Superabgabe ein schwerer Schlag. Hinzu kam der Schereneffekt: Die großen Bauern wurden immer größer und die kleinen immer kleiner, die reichen immer reicher, die armen immer ärmer. Bonne Hijlkema: »Das war die große Ungerechtigkeit der Superabgabe. Aber in den Niederlanden hat man es ja so gewollt. Das kommt wohl daher, daß man in den Niederlanden Bauern nicht mag.«

Und dann war da noch die große Versuchung. Die Bauern fingen an, mit Milchquoten zu handeln, und schon bald ging es dabei um viel Geld. Für das Recht, im Jahr einen Liter mehr Milch zu produzieren, wurden ohne weiteres vier Gulden bezahlt. Wer eine Milchkuh dazunehmen wollte, mußte etwa vierundzwanzigtausend Gulden hinlegen, das Zehnfache dessen, was das Tier selbst kostete.

Dank der Superabgabe hatten die verbliebenen niederländischen Milchbauern das große Los gezogen. Ein durchschnittlicher Betrieb mit einer Quote von zweihundertfünfzigtausend Litern war plötzlich eine Million Gulden mehr wert. In Stadtnähe kamen dazu noch die unglaublichen Summen, die jetzt für Land bezahlt wurden. Für kleine, ältere Bauern ohne Nachfolger bot sich auf diese Weise ein Ausweg: Man konnte problemlos aufhören, denn es gab ordentliche Beihilfen und eine beträchtliche Abfindung. Der einzige Unterschied war, daß morgens keine eigene Milch mehr auf dem Küchentisch stand, sondern eine Packung von der Molkerei.

Von seinem Fenster aus zeigte Bonne Hijlkema auf eine Handvoll stillgelegter Bauernhöfe. Sie waren bewohnt, sie befanden sich in tadellosem Zustand, mit dem Land und dem Zaun war alles in Ordnung, aber auf den Höfen sah es geradezu beängstigend aufgeräumt aus, und durch die Stallfenster kam frühmorgens kein Licht mehr. Er konnte die Namen mühelos aufzählen: Van Zuiden hatte 1978 aufgehört, Siderius 1981, Ringnalda 1991, de Vries 1989, Jellema 1977, Fopma 1986, Sipkes 1988. Beim Hegedyk standen 1980 vier Bauernhöfe. Als ich 1995 mit Hijlkema sprach, war noch einer übrig.

Mitte der neunziger Jahre stellten in den Niederlanden durchschnittlich sechs Viehhalter pro Tag den Betrieb ein. Allein zwischen 1990 und 1995 gaben zwanzig Prozent der kleineren Bauern auf. Die Besitzer waren nun Pensionäre, wohnten jedoch oft weiterhin auf ihrem alten Bauernhof und machten aus Liebhaberei noch ein bißchen weiter, mit ein paar Schafen und Ziegen und manchmal einem Pferd. So gaben sie ohne das Gefühl auf, kapituliert zu haben. Die Überlebenskünstler gingen nicht unter, sie gingen einfach in Rente.

Ein Problem allerdings blieb, auch wenn sie sich darum nicht mehr zu kümmern brauchten: Der Handel mit der Milchquote war ein Spekulationsgeschäft, ein Handel mit unbestimmten Zukunftsperspektiven, ein Handel mit einem Recht, das morgen zwar von Nutzen sein konnte, zunächst jedoch nichts Konkretes einbrachte. Durch die Abfindungen, die an die älteren Bauern gezahlt wurden, flossen alljährlich Millionen von Gulden aus der Landwirtschaft in andere Bereiche. Das Geld wurde nun für Autos, für Neubauvillen, für Seniorenreisen und im Baumarkt ausgegeben.

Jungen Bauern wurde es fast unmöglich gemacht, noch einen Milchviehbetrieb aufzubauen. Wegen der Quoten waren die Höfe so teuer geworden, daß die Zinsen für die Schuldenlast kaum mehr aufzubringen waren. Sogar um den Betrieb der Eltern übernehmen zu können, mußte man meist noch Unsummen auf den Tisch legen – um die Geschwister auszubezahlen. »Ohne eine Million auf der Bank zu haben, kann man nicht mehr Bauer werden«, sagte Sake Castelein. »Obwohl es noch immer welche gibt, die es versuchen. Aber das ist Berufung.«

So ging die Viehwirtschaft rings um Jorwerd größtenteils im Luxus zugrunde. Den Preis dafür zahlten die kommenden Generationen.

*

Und wieder türmte sich eine neue Hürde auf, ein Problem, das sich wie eine braune Apokalypse über das Land schob, langsam, von Süden nach Norden: die dreiundachtzig Millionen Tonnen Scheiße, die Jahr für Jahr von den fünfzehn Millionen Schweinen, viereinhalb Millionen Rindern und vierundachtzig Millionen Hühnern produziert wurden. Was für Rienck Hemmema und seine Zeitgenossen als kostbarer Rohstoff galt, hatte sich durch die enorme Überproduktion zu einer enormen Belastung entwickelt.

Beim Dungproblem fielen die Bauern der Allmacht zum Opfer, die ihre eigenen Interessengruppen einst gehabt hatten. Besonders in der intensiven Schweinezucht wurde weitaus mehr Gülle produziert, als die Umwelt verkraften konnte, und seit Anfang der siebziger Jahre war dies auch allgemein bekannt. Dennoch konnte die Lobby der Futterfabrikanten, der Ferkelzüchter, der Fleischindustrie und der bäuerlichen Interessenverbände, die sogenannte Grüne Front, noch jahrelang verhindern, daß die Überproduktion von Dung auf die politische Tagesordnung gesetzt wurde.

Erst Mitte der neunziger Jahre stieß die Macht der Grünen Front an ihre Grenzen. Der geschätzte Schaden für die Gesellschaft ging allmählich in die Milliarden, und schließlich wurden die Bauern, was die Gülle anbelangte, mehr oder weniger unter Vormundschaft gestellt. Sie durften den Dung nicht mehr auf die althergebrachte Weise lagern, sie durften ihn nur noch innerhalb eines begrenzten Zeitraums nach einer bestimmten Methode auf dem Land verteilen, und es wurde – genau wie bei der Milch – eine Güllequotierung eingeführt. Die Großverbraucher mußten jetzt einen »Nachweis über Nährstoffausbringung« führen, und wenn sie nicht mehr imstande waren, den überschüssigen Dung auf vertretbare Weise loszuwerden, drohte ihnen eine saftige Strafe.

Rings um Jorwerd waren die Auswirkungen dieser Vorschriften nicht so schlimm wie anderswo. Die überwiegende Mehrheit der Milchbauern konnte dank ständig erneuerter Zuchtverfahren mit immer weniger Kühen immer mehr Milch produzieren und lag daher meist noch weit unter den Normen des Landwirtschaftsministeriums. Aber immerhin mußte Sake Castelein sein Güllelager auf die doppelte Größe ausbauen, und auch für Cor Wiedijk fielen massive Investitionen an – von den Kosten für das Lohnunternehmen einmal ganz abgesehen, das die Gülle mit einer Schlitzdrille in die Krume beförderte. »Das kostet pro Betrieb mindestens hunderttausend, wenn nicht mehr«, sagte Sake. »Und was bekommt man dafür? Ein Güllesilo. Und was kommt da rein? Gülle. Und was bringt einem das? Nichts.«

»Wir haben immer so argumentiert: Wenn man Vieh halten

will, dann muß man auch Land haben«, sagte Bonne Hijlkema. »Die Schweinezüchter haben sich nicht daran gehalten. Und wir müssen dafür aufkommen!« Seiner Meinung nach passierte bei der Gülle dasselbe wie bei der Superabgabe: Wieder wurden genau diejenigen in die Mangel genommen, die an den Auswüchsen nicht beteiligt waren. »Die kleinen Bauern haben die Verschmutzung bestimmt nicht verursacht, nie und nimmer, die meisten nahmen es sogar sehr genau. Trotzdem waren es nachher gerade diese Leute, die schlaflose Nächte verbrachten.«

Für die wirklich großen Bauern waren die nötigen Investitionen kein unüberwindliches Problem, aber einem Mittelbauern wie Cor Wiedijk lagen sie schwer im Magen. Er hätte vierhunderttausend Gulden investieren müssen und fragte sich, ob das überhaupt noch einen Sinn hatte, denn die Perspektiven waren nicht gerade gut. »Dann muß man selbst entscheiden: Inwiefern ist man eigentlich noch Bauer?«

Eines Abends hatte er sich den Minister angehört, bei einer Versammlung in Oranjewoud. Da hatte sich ein Bauer gemeldet und gesagt: »Ich muß weggehen, wegen der Armut.« »Das ist gut«, hatte der Minister entgegnet. »Dann bekommen wir mehr Platz. Nächste Frage.«

*

Jede Repression fordert dazu heraus, sie auf spezifische Weise zu unterlaufen. Wer auf dem Dorf wohnt, kennt alle nächtlichen Geräusche, denn sie sind unterscheidbar und einfach: das Mofa des Nachbarsjungen, der von seiner Freundin nach Hause kommt, der Nachbar von gegenüber, der Besuch hatte, der Postbote, der Milchfahrer am frühen Morgen. Aber im Frühling und im Herbst gab es manchmal Geräusche, die man nicht einordnen konnte, die im Halbschlaf zu einem durchdrangen, weil sie das Gewohnte durchbrachen, die einen unruhig machten, wenn man auch nicht wußte, warum. Das war das Weiße Pferd.

Das Weiße Pferd, so offenbarten mir Freunde eines Abends, war ein Auto mit einem Anhänger für zwei Pferde. In Wahrheit stand in diesem Wagen ein Kühltank. Mit ihm fuhren manche Bauern ihren Milchüberschuß zu Kollegen, die aus irgendeinem Grund beim Melken unter der Quote geblieben waren. Tausende Liter von Milch rollten so Nacht für Nacht von Bauernhof zu Bauernhof, illegal, über die dunklen Straßen der Provinz, von einem umfassenden und beispiellosen Netzwerk gesteuert. Das war die Unterwanderung der Milchquote.

Die Mistquote brachte ihre eigenen Verführungen mit sich. Schweinezüchter aus dem Süden fuhren ihren Dung in den Norden und waren nur allzugern bereit, prompt zu zahlen, wenn sie ihre Scheiße auf dem Boden eines Castelein, Hijlkema oder Wiedijk abladen durften. »Ich könnte mir das Geld auf einem silbernen Tablett servieren lassen«, sagte Bonne Hijlkema. »Wenn ich mein Land mit Mist überhäufen lasse und auch noch meine Milchquote vermiete, dann bekomme ich sofort hunderttausend im Jahr, ohne daß ich auch nur irgend etwas dafür tun müßte. Das ist alles legal, aber es ist natürlich schon ein Witz. Ich mache das nicht, ich will das Zeug um keinen Preis auf meinem Land haben, und wenn man's mir mit Gold aufwiegt. Aber der Staat hat keine Moral.«

Manche Bauern sahen das anders. Das waren die Geräusche, die man im Halbschlaf hörte.

*

Der Niedergang des Bauernstandes rings um Jorwerd löste keine Dramen aus wie im Süden, wo manche Schweinezüchter einfach die Stalltüren von außen dichtmachten und ihre Tiere zu Hunderten buchstäblich verrotten ließen, sofern diese einander nicht auffraßen. Es gab keine Selbstmorde, keine Scheidungen, keine Brandstiftungen, um die Feuerversicherung zu kassieren, keine Krawalle, keine Pleiten. Aber die sozialen und wirtschaftlichen Folgen waren dieselben wie überall.

Ende des zwanzigsten Jahrhunderts lebten, erstmals seit Menschengedenken, rings um den Jorwerder Turm mehr Menschen als Kühe. Die Bedeutung der Landwirtschaft für die Dorfökonomie schwand. Damit sank auch das Prestige der Bauern. Castelein, Kundersma, Hijlkema – der alte Bauernadel des Dorfes hieß jetzt nur noch Sake, Hendrik und Bonne. Als Personen schätzte man sie nach wie vor, aber hohe Herren waren sie nicht mehr.

Noch immer konnte die niederländische Landwirtschaft ihre

Produktionszahlen stolz präsentieren. Die Milchbauern erzeugten Mitte der neunziger Jahre weiterhin etwa zehn Milliarden Liter Milch pro Jahr, genug, um eine Flotte von zehntausend Tankern zu füllen. Obwohl nur ein paar Prozent der Bevölkerung in der Landwirtschaft arbeiteten, erwirtschafteten die Bauern ein Viertel der niederländischen Devisen. Von den zehn Spitzenreitern unter den niederländischen Exportartikeln stammten acht aus dem Agrarsektor. In der Rinderzucht, der Milchwirtschaft und der Rindfleischindustrie sowie in verwandten Wirtschaftszweigen wurden pro Jahr sechzehn Milliarden Gulden umgesetzt, und fast zweihunderttausend Menschen fanden dort eine Beschäftigung. Bei den Schweinezüchtern, den Geflügelzüchtern und bei der Kälbermast waren insgesamt zehn Milliarden im Spiel, zudem Arbeitsplätze für rund hunderttausend Menschen. Und doch warteten zu der Zeit, als ich im Dorf wohnte, die landwirtschaftlichen Fachblätter und die Lokalzeitungen ständig mit Hiobsbotschaften auf.

Nach dem Jahresbericht des Instituts für Agrarökonomie – im Grunde der jährliche Geschäftsbericht zum niederländischen Bauernstand – war 1995 das durchschnittliche Familieneinkommen der Milchbauern auf das Niveau von 1983 gesunken. Hundert Gulden an Kosten standen jeweils achtzig Gulden an Einnahmen gegenüber. Bei zwei von drei Schweinezüchtern waren im selben Jahr die Einkünfte niedriger als die Ausgaben. Vierzig Prozent der Unternehmen kämpften mit Liquiditätsengpässen. Den Ackerbaubetrieben ging es nach einer Reihe von Notjahren wieder besser, und vielleicht würde sich die Situation der Viehzüchter und der Gärtner ähnlich entwickeln. Nur hatten die meisten von ihnen kaum mehr Reserven, um neue Schläge abzufangen.

Pro Jahr verloren zwölf- bis fünfzehntausend Arbeitnehmer in der Landwirtschaft ihre Stelle, und dabei sind die Entlassungen in den Zulieferbetrieben nicht einmal mitgerechnet. Die Zahl der Bauern, die sich an den Schaltern der Sozialämter meldeten – ein Schritt, den ein Bauer früher selten oder nie getan hätte –, verdoppelte sich fast jährlich. Nach Ansicht des zuständigen Ministers gehörten »die schwachen Brüder« wohl auch dorthin. »Die Bauern haben marktorientiert zu arbeiten. Geschieht das nicht, dann bleibt ihnen das soziale Netz«, sagte er wörtlich.

Beim Kanal, an der Straße nach Weidum, hatte jemand einen Campingplatz eröffnet mit einer Teestube und warmem Essen. Ein paar Ziegen und Hühner liefen herum, es gab einige Kanus und einen Traktor aus Plastik; die Stadtkinder konnten sich gar nicht davon losreißen. Mitte der neunziger Jahre hatte die Hälfte der niederländischen Bauernhöfe ein zweites Einkommen aus einer Nebentätigkeit, die von einer Teilzeitbeschäftigung als Lehrer bis zur Fischzucht oder zur Stromerzeugung mit einem Windrad reichte. »Sollen wir nicht einfach alle Parkwächter werden?« fragte man einander im Lokal.

Von den 91 560 Milchviehbetrieben, die am 1. Januar 1975 in den Niederlanden existiert hatten, waren am 1. Januar 1995 laut Statistik noch 38 938 übrig. Der Überlebenskampf auf dem Lande wurde immer ruppiger.

1995 trat das weltweite Freihandelsabkommen in Kraft, und dies bedeutete eine neuerliche Hürde für die Bauern. Der Schutz der Subventions- und Zollmauern würde allmählich verschwinden, und genau wie ihre Großväter im vorigen Jahrhundert waren Bonne Hijlkema und Sake Castelein dann dem Konkurrenzkampf gegen amerikanische Rinder und gegen Schafe aus Neuseeland ausgesetzt.

Viele Milchbauern fürchteten um ihr Einkommen. Sie erhielten 1995 fünfundsiebzig Cent für jeden Liter Milch, aber darin steckte ein beträchtlicher Anteil an Subventionen. Ohne diese staatliche Unterstützung konnten sie gegen Billigproduzenten wie die Vereinigten Staaten (Selbstkostenpreis: fünfzig Cent pro Liter), Australien (vierzig Cent) und Neuseeland (fünfundzwanzig Cent) nicht ankommen. Und nirgends in Europa waren die wichtigsten Produktionsfaktoren, Grundbesitz und Milchquote, so teuer wie in den Niederlanden. Der Boden kostete 1995 durchschnittlich sechsundvierzigtausend Gulden pro Hektar gegenüber fünfunddreißigtausend in Deutschland und elftausend in England. Die Milchquote lag bei drei Gulden fünfzig pro Liter gegenüber beispielsweise zwei Gulden in Belgien und neunzig Cent in Deutschland. Das konnte nicht gutgehen.

Dazu kam, daß die hohen Agrarsubventionen den Staatshaushalt immer stärker belasteten. Die Buchhalter begannen zu murren. »Der durchschnittliche Milchbauer in den Niederlanden verfügt über ein Einkommen von neunzigtausend Gulden, und von diesem Betrag setzen sich siebenundvierzigtausend Gulden aus Subventionen zusammen«, schrieb ein bekannter Wirtschaftswissenschaftler Ende 1995 in einer großen Zeitung der Randstad. »Ein Konzertmusiker verdient in den Niederlanden etwa achtzigtausend Gulden, wozu die Steuerzahler einen Beitrag von ungefähr sechzigtausend Gulden leisten. Größere Extreme sind also immer noch möglich, aber wir haben doch sehr viel mehr Milchbauern als Orchestermusiker, und außerdem riechen Kühe nicht gerade angenehm.«

Das sogenannte Gesetz des »bremsenden Vorsprungs« sorgte dafür, daß die Probleme der niederländischen Bauern sich noch verschärften. Durch höhere Effizienz Kosten zu sparen war in der niederländischen Landwirtschaft kaum mehr möglich. Während in anderen europäischen Ländern die Agrarproduktion mit Hilfe verschiedener neuer Techniken noch um einiges gesteigert werden konnte, hatten die niederländischen Bauern längst das Maximum erreicht. Der einzige Ausweg bestand also darin, noch größer zu bauen und zu wirtschaften. Das war der Nachteil der supermodernen Landwirtschaft: Sie hatte im Grunde alle ihre Möglichkeiten ausgereizt.

So nahmen die Probleme im Agrarbereich skurrile Züge an. Erstmals brach eine Krise aus, die keine Folge von Rückständigkeit war, sondern aus den enormen Betriebsgrößen und der ständig fortschreitenden Innovation resultierte. Viele Bauern wagten daher kaum weiter zu blicken als bis zur magischen Grenze des nächsten Jahrhunderts. Die Experten hatten da weniger Skrupel. Laut einer Prognose des Landwirtschaftsministeriums würden von den siebenundvierzigtausend Milchbauern, die es 1990 gab, im Jahre 2005 nur noch fünfundzwanzigtausend übrig sein, während sich die Produktion pro Betrieb fast verdoppeln würde. Einige Experten gingen davon aus, daß die Bauern diesen Konzentrationsprozeß nur überstehen könnten, wenn sie sich auf den Freizeitbereich und auf Landschaftspflege konzentrierten. Andere sahen zunehmend Möglichkeiten für kleinere Spezialbetriebe, etwa von Bio-Bauern.

Wachstum allein jedenfalls bot nach Meinung der Experten keinen Ausweg mehr. Aller Voraussicht nach werde 2005 in den nördlichen Niederlanden ein Gebiet von fünfhundert Quadratkilometern der landwirtschaftlichen Nutzung entzogen sein. Fast die Hälfte der Rinder werde ebenfalls verschwinden – ausgeglichen dadurch, daß die durchschnittliche Milchproduktion pro Kuh noch weiter zunehme. Die Fachleute prophezeiten einen anderen Bauerntypus: »Kein Trecker-, sondern ein Computerbauer«, schrieben sie, »jemand, der den ganzen Tag mit der Feinabstimmung seines Betriebs und der Gesundheit seiner Kühe beschäftigt ist. Ein echter Manager also.«

Aber Bonne Hijlkema sah das anders. »Der einzige Bauer, der durchkommt, ist der alte Allerweltsbastler. Das ist der Mann, der seine Maschinen selbst reparieren kann, der kaum Schulden hat, weil sein Betrieb nicht soviel kostet, der flexibel ist und mit einer Kuh umgehen kann. Der Mann kommt durch.«

Bei der Freilichtaufführung bat ihn der Notar Teun Siderius, sich zu ihm auf die Bank zu setzen, denn »du bist einer der letzten echten Bauern hier in der Gegend«.

*

Manchmal sah ich noch, wie sich Feddes Schatten mit seinem Lastenfahrrad, behängt mit einer klappernden Milchkanne, durch den Meibos kämpfte. Seltsame Zeiten waren angebrochen. Das Klima begann sich zu verändern, im übertragenen, aber auch im buchstäblichen Sinne, und daran mußte sich die Landwirtschaft anpassen.

Eine Umfrage des Bauernblattes vom Frühjahr 1994 ergab, daß der weitaus größte Teil der Bauern das Ende des Jahrhunderts als eine tiefgreifende Krise erlebte – wenn auch als Krise im Luxus, denn mehr als die Hälfte konnte über das Einkommen nicht klagen. Lediglich zwei Drittel der Befragten rechneten damit, daß der eigene Betrieb in zehn Jahren noch existieren würde. Vierzig Prozent waren der Ansicht, daß man eigentlich emigrieren müßte, wenn man noch in der Landwirtschaft arbeiten wolle. Weniger als einer von fünf sah in den Großbetrieben eine Zukunft. »Wir werden alle furchtbar empfindlich«, meinte Cor Wiedijk.

Die Zahl der Betriebe, die von einem der Kinder übernommen wurde, nahm dramatisch ab. Die Aussichten waren einfach zu schlecht, die Kosten für die Übernahme zu hoch, die Belastungen zu groß. So eroberte die moderne Zeit schließlich auch das letzte Bollwerk der Bauern: die Familie, das Weitergeben von Generation zu Generation, die Kontinuität des Betriebs, die früher das Wichtigste gewesen war.

Bonne Hijlkema hatte einen Nachfolger, aber keines von Sake Casteleins Kindern verspürte eine ähnliche Berufung. Die Kinder von Cor und Lies Wiedijk waren noch zu klein – als wir uns über diese Frage unterhielten, wurden sie gerade ins Bett geschickt. Während die Kleinen im Pyjama herumsprangen, sagte Cor: »Dafür setzt man doch seine ganze Energie ein. Wenn ich die Kinder nicht hätte, dann würde ich doch eher sagen, ich höre auf.« Aber Lies verbot ihm weiterzureden. »Nein«, sagte sie, »so darfst du nicht denken. Das ist ein Kreislauf.«

Von Freunden hörte ich die Geschichte ihrer Großtante und ihres Großonkels, Tante Teatske und Onkel Romke. Teatske und Romke wohnten zusammen auf einem Bauernhof. Beiden fehlte ein Finger, der wegen des »Fingerwurms«, einer scheußlichen Nagelkrankheit, hatte amputiert werden müssen.

Teatske war früher mit einem Bruder von Romke verheiratet gewesen, aber der war schon bald an der Schwindsucht gestorben. Um den Bauernhof zu retten, machten beide Familien den Vorschlag, dann solle eben Teatske ihren Schwager heiraten. Sie wollte nicht, und er wollte nicht, und doch geschah es.

So waren sie ihr Leben lang zusammengeblieben, dem Betrieb zuliebe, wohl oder übel. Kinder hatten sie keine.

Als sie alt und gebrechlich waren, erbte ihr Neffe Freek den Hof. Auch er schuftete sich krumm und kaputt. In den neunziger Jahren übernahm Freeks Sohn Jelmer den Betrieb. Binnen eines Jahres hatte er den alten Bauernhof an einen Arzt aus der Stadt verkauft.

Die meisten Bauern, mit denen ich sprach, waren hin- und hergerissen zwischen Herz und Verstand.

Sake Castelein kämpfte weiter: »Man arbeitet zwölf Stunden am Tag. Das Einkommen ist eigentlich nicht schlecht, aber man kommt trotzdem nicht über die Runden.«

Oebele van Zuiden war froh, daß er aufgehört hatte. »Wir führten zwar ein glückliches Leben«, sagte er. »Wir hatten einen fabelhaften Betrieb, wir haben prima gearbeitet, schönes Vieh gezüchtet, hatten gute Versteigerungen und haben ordentlich Geld verdient, aber heute wäre ich nicht mehr gerne Bauer. Denn das Wasser steht ihnen bis zum Hals, den Bauern. Und sie kommen nicht mehr raus.«

Bonne Hijlkema hatte noch lange nicht vor zu kapitulieren: »Bauer zu sein, das ist ein Lebensstil. Man kann nicht reich werden damit, aber man macht doch so lange weiter, wie es geht. Wunde Finger, wunde Zehen, und doch schlägt man sich weiter durch. Aber wenn der Körper nicht mehr will, dann kann man gleich aufhören. Dann lohnt es sich nicht mehr.«

Cor Wiedijk war der Ansicht, daß ein guter Bauer nie Bankrott machte. »Er zehrt langsam von seinem Vermögen. Er nimmt Hypotheken auf. Er benutzt sein Land, seinen Hof und seine Quote als Schwimmweste. Heimliche Armut, damit kann man lange durchhalten.«

Es waren nicht die schlechtesten Bauern, die rechtzeitig ausstiegen, und fast jeder gab das auch ehrlich zu. Ein guter Bauer kennt seine Möglichkeiten, aber auch seine Grenzen. Dennoch hatte fast jeder Bauer, der aufhörte, das Gefühl, versagt zu haben. Seinen Eltern und Großeltern gegenüber, seinen Kindern und seinen Nachfolgern gegenüber, der Welt gegenüber. Das war auch der Grund, warum viele Bauern so unglaublich lange weitermachten.

Auch Cor und Lies Wiedijk hatten gemischte Gefühle in dieser Angelegenheit. Für sie war Aufhören eine Art Fahnenflucht. Bei den älteren Bauern sah die Sache anders aus, aber in ihrem Alter? »Tja, der wird wohl nie ein richtiger Bauer gewesen sein«, fand Cor. »Billig eingestiegen, schnellen Gewinn gemacht, eine Entschuldigung gesucht und einen Schlußpunkt gesetzt. Von der Sorte.«

Er erzählte von einem Nachbarn, der nach der Einführung der Superabgabe aufgehört hatte. »Jedem seiner Kinder wollte er einen gleich großen Anteil geben. Er hat ein riesiges Haus gebaut.«

»Aber er hatte doch einen Sohn, der weitermachen wollte«, sagte Lies. »Und dieser Junge hat, anders als der Vater, keine Chance bekommen. Ich finde aber, man ist verpflichtet, das weiterzugeben.«

Cor: »Aber das können nicht mehr alle. Als wir anfingen, gab es hunderttausend Bauern, jetzt sind es nur noch vierzigtausend. Das ist der Lauf der Dinge, der läßt sich nicht aufhalten.«

Sie: »Es kommt auch durch die Stadtmädchen. Bauernsöhne nehmen sich immer öfter ein Mädchen aus der Stadt, und die wollen frei sein. Darauf legen wir keinen Wert, wir sind eben so erzogen.«

Er: »Das ist überall so; die Leute breiten ihre Flügel aus.«

Sie: »Es hängt einfach davon ab, wann du aufgewachsen bist: in einer Zeit, in der es aufwärtsgeht, oder in einer Zeit, in der es bergabgeht.«

Er: »Aber die Jugend hält Ohren und Augen offen, die sieht, was die Welt sonst noch zu bieten hat.«

Sie: »Ich würde es am liebsten laut herausschreien: Gebt den jungen Bauern eine Chance. Mit der Natur umzugehen, mit dem Land, mit dem Vieh. Aber diese Chance wird ihnen genommen.«

Er: »Man ist kein Bauer mehr, man ist Produzent.«

Sie: »Es ist so schade ...«

Wie Gott verschwand aus Jorwerd…

Allmählich wurden die Tage kürzer, und manchmal wachte ich morgens von der Kälte auf. Meine Jorwerder Wohnung war zwanzig Schritt im Quadrat groß und bestand aus einem kleinen Flur, einem großen Zimmer, einer kleinen Küche, einer Treppe und einer Bodenkammer. Dort schlief ich, direkt unter den Dachziegeln, und um mein Bett pfiffen jede Nacht die Windböen, die ungebremst über die Ebene heranbrausten.

Morgens heizte ich den Ofen an, kochte Tee, rückte einen Stuhl in die Nähe des Feuers, schaute hinaus und fragte mich, worüber ich schreiben würde. Über diese Stille? Über die Leere? Über den Wind von heute nacht?

Ich schrieb: »Der Himmel steht wie eine Kuppel über diesem Dorf, bis in alle Ewigkeit. Und darüber wütet die Natur.« Dann strich ich alles wieder durch.

Die Blätter fielen inzwischen von selbst zu Boden, locker und langsam, es gab keinen Windhauch mehr, dem man dafür die Schuld hätte geben können. Im Wipfel der alten Buche vor dem Pfarrhaus – einer Buche, die Dichter und Pfarrerstöchter gesehen hatte – saßen steif und still die Saatkrähen. Die Straße blieb den Katzen überlassen. Sie patrouillierten über den Bürgersteig, überquerten im Zickzack das Kopfsteinpflaster, hielten Wache auf den Dächern der Autos.

Ich schaltete Radio Fryslân ein. Aus dem Museum von Heerenveen waren vier Trachtenhauben gestohlen worden. Eine Fabrik in Wolvega plante, ihre Heizdeckenproduktion nach Tschechien zu verlagern. Die Bauernkapelle »Die Sterngucker« gab auf, weil es immer schwieriger wurde, alle Spieler zusammenzubekommen. In Dokkum war eine Frau mit einem Rollstuhl in die Gracht gefallen. In Sint Annaparochie wurde ein Asylbewerber aus Somalia interviewt. Er wohnte seit vier Jahren in der Marschebene, und es gefiel ihm recht gut. »Am Wochenende gemütlich schreien in Kneipe«,

113

erzählte er dem Reporter. »Wenn sie haben getrunken, sie sehr herzlich sein, die Friesen.«

Ein weißer Lieferwagen bog in die Dorfstraße ein. Einmal pro Woche kam der Fischhändler vorbei. »Frischer Fisch, holländischer Matjeshering, echter holländischer Matjeshering!« Die Häuser schwiegen. Nur eine Gestalt in einem roten Pulli ging über die Straße zum Wagen, und das ganze Dorf wußte jetzt, daß es bei Sake heute abend gebratenen Kabeljau gab. Der Fischhändler startete sein Auto.

In das Dorf kehrte wieder Stille ein. Doch unter dieser schweigenden Kruste bewegten sich in langsamen Strömen die anderen Nachrichten, die Geschichten, die von Mund zu Mund gingen, die jahrhundertealte mündliche Zeitung von Jorwerd: Lamkje mußte gestern plötzlich ins Krankenhaus; Eef und Jan hatten ein neues Auto; es waren neue Leute in die Neubaustraße namens Pastorijfinne eingezogen; in der Gegend von Oosterwierum hatte es Schwierigkeiten bei einer Geburt gegeben, aber das Kind war am Leben; hier eine neue Anschaffung, dort noch eine Krankheit; ein Schaf im Wassergraben.

In jener ersten Zeit erging es mir wie jedem frischgebackenen Dorfbewohner: Ruhe wurde gleich in Unruhe, in Bewegung umgesetzt, Radio an und aus, jeder Impuls war spürbar, es mangelte an Abwechslung, aber Mantgum, Leeuwarden und Grouw waren in der Nähe. Zeitung holen, Kekse holen, Prospekte auf der Fußmatte, sitzen, schauen, dann doch wieder laufen, sich die städtische Unruhe aus dem Leib stapfen.

Ein Schwarm Gänse flog über das Haus. Im Sommer waren sie immer verschwunden, im Winter sah man sie jedoch den ganzen kurzen Tag. Ich hörte von einem Mann, der nachgeforscht hatte, wo sie herkamen. Wie sich herausstellte, von weither irgendwo in Sibirien. Er hatte mit den Leuten dort gesprochen. Hier fragte man sich: »Wo sind unsere Gänse bloß im Sommer?« In Sibirien fragte man sich: »Wo stecken unsere Gänse bloß im Winter?«

Ein wenig außerhalb des Dorfes wurde Vieh für die Fleischerei verladen. Der Bauer in einer braunen Jacke, der Händler und seine Frau auf einem Traktor, dahinter ein offener Wagen. Die Gatter wurden geöffnet, das Schlachtrind und drei Kälber in den Wagen getrieben, der Bauer und der Verkäufer schrien, bis zu den

Knöcheln im Schlamm; dann Klappe zu, Motor an, und der Blick der Tiere über den Rand des Wagens, wild und träge zugleich, träge und wild, noch zu erstaunt, um Angst zu haben.

Ich weiß es: An einem Sonntag wie diesem
Geweckt in Wehmut von Wind durch Regen
Weiß sie zum Glück keine Wege
Und liest an einem Fenster
Den frühen Morgen.

Um zehn Uhr läutet es zum Kirchgang.
Sie hüllt sich in ein Tuch, sie geht
Träge mit verschlossenem Antlitz
Den kurzen Weg, der zur Kirche führt:
Ihr Garten grenzt an den Kirchhof.

Ihr Vater spricht sein Amen.
Wieder läuft sie in den Garten
Die schmalen düsteren Pfade entlang,
Es fröstelt sie. Durch die dünnen Gewänder
Schändet sie der Wind. Ihre schmalen Füße waten
Im Meer verwelkter Blumen.

Mittags dann kein anderer Ausweg als ein Spaziergang
Durch das Weideland. Sie muß auf
Ausschwärmende Bauern treffen, die sie grüßen,
In geheiligter Handlung:
Die Tochter ihres Hirten.

So wurde es Mittag; ein schöner Mittag, um Jan Slauerhoff zu lesen.

Jorwerd hat es in all den Jahrhunderten nur zu einer Fußnote in der Geschichte gebracht: Ein berühmter Dichter, der zugleich Schiffsarzt war, bekam dort von der Pfarrerstochter einen Korb. Jene »pastorale Idylle« muß sich irgendwann um das Jahr 1916 abgespielt haben, der Dichter, Jan Slauerhoff, ging noch in Leeuwarden zur Schule, und das Mädchen war eine der Töchter von Pfarrer Hille Ris Lambers.

Eigentlich war es komplizierter: Zunächst verliebte sich der Dichter in Annie, die eine Pfarrerstochter, und später in die andere, Heleen, aber vermutlich war er vor allem in die Familie vernarrt, wo die Kinder Mahler sangen und der Vater Bücher über Brahmanismus, Spiritismus und chinesische Philosophie schrieb.

Über das Land hinter meinem Haus zog mittlerweile ein dünner, weißer Nebel, in dem gerade noch die verschwommenen Farben einer Handvoll Bauernhöfe und eines Turms zu erkennen waren. Wo der Schleier den Horizont berührte, war es blau und rot. Hin und wieder brach über dieser verzauberten Landschaft die Sonne durch.

Alles habe ich wiedergefunden,
Bezaubernd vernachlässigt, wie es einst war:
Den grünen Pfad überwachsen mit Spitzgras,
Die Sonnenblumen, die damals tiefer standen;

Das Ruhige des Gartens und das Graugelbe,
Von der Sonne spätglänzend durch angelaufenes Glas.
Hinten im Garten begann ein seichter Tümpel,
Wo wir einander abends unter Zweigen fanden.

Allein: Es fehlt die Geliebte, halb ländlich, halb mondän,
Unbeständiger Charme, der sich verliert
In England, ich glaub, als Gouvernante.

Ich stopfte eine Pfeife und grübelte und sagte: »Nun ja«...
Aber ich schwieg, als ich ihr Zimmer fand, trist
Wie eine soeben verlassene Leichenhalle.

*

In der folgenden Nacht gab es Frost. Den ersten Nachtfrost. Im frühen Morgenlicht lagen die Felder gleißend da, weiß vom Rauhreif. Der Nachbar lief mit einer Pudelmütze herum und fror entsetzlich, die ganze Nachbarschaft war dabei, die Autofenster freizukratzen. Die Buche vor dem Pfarrhaus hatte jetzt alle ihre Blätter verloren, die Zweige ragten kahl empor, anders als die Bäume rings um den Friedhof. Die Kinder hatten Herbstferien und liefen die Straße auf und ab.

Um neun begann die Kirchenglocke zu läuten. Es war also jemand gestorben. Am tiefen Ton des Klanges konnte ich erkennen, daß es ein Mann war – die große Glocke dominierte. Ich dachte an den alten Sije Hoogerhuis, der, fast hundert Jahre alt, irgendwo in einem kleinen Kämmerchen von einer Nachbarin gepflegt wurde. Aber am Bäckerwagen erfuhr ich, daß es jemand anders war: Tjitse Tijssen, der früher mit Pferd und Wagen den Botendienst nach Leeuwarden versehen hatte. Letzte Nacht war er im Krankenhaus gestorben, sagten die Leute, aber es war ohnehin nicht mehr viel mit ihm los gewesen, seine Frau war auch schon nicht mehr da, er war nur noch ein bißchen mit seinem Hündchen herumgelaufen.

Am Horizont fauchte ein Düsenjäger.

An diesem Nachmittag wollte ich den Pfarrer besuchen, den elften Nachfolger von Hille Ris Lambers und seinen hübschen Töchtern. Auf dem Bürgersteig hatten die Kinder die gelben Blätter der Pfarreibäume zu einem großen Berg aufgetürmt, zu einer Festung, und darin spielten sie den ganzen langen grauen Tag. Ich öffnete das Tor, lief durch den großen Garten, klingelte, ging durch die Haustür, durch einen Flur, durch hohe alte Räume mit großen Fenstern.

Der Pfarrer hegte sein Pfarrhaus wie ein kleines Museum. Er hatte noch ausgiebig Kontakt mit Heleen Hille Ris Lambers gehabt, dem »unbeständigen Charme«, und sie hatte ihm ihre gesamte friesische Fotosammlung geschenkt. Wir liefen durch das Haus, das sich seit 1917 kaum verändert hatte, mit Türen, Kaminsimsen und Hängeschränken, noch ganz die alte Welt der Dienstboten.

Wo würde sie hingehen?
Mitten auf dem Dachboden
Hat man einen kleinen Raum abgetrennt,
Ihr Zimmer genannt;
Verblaßte Tücher dienen als Zierde,
Die flatternde Tür läßt sich nicht schließen,
Und die Tapete hat ein grobes Blumenmuster.

Und tatsächlich war dort auf dem Speicher der Verschlag des Dienstmädchens, die Tapete hatte eine grobes Blumenmuster, und die Tür ließ sich immer noch nicht schließen. Der Pfarrer überredete mich, zu einer Stelle hinten im Garten zu gehen. Er hatte die Gedichtbände mitgenommen, und schlotternd vor Kälte lasen wir einen Vers nach dem anderen, und alles war klar und unverfälscht von der Zeit.

> *Hinten im Garten begann ein seichter Tümpel,*
> *Wo wir einander abends unter Zweigen fanden.*

Ich bekam die Fotoalben zu sehen, und im nachmittäglichen Halbdunkel des Pfarrhauses saßen wir und blätterten: die schöne Heleen Hille Ris Lambers als alte Frau – sie war erst 1991 gestorben, 92 Jahre alt war sie damals, aber immer noch ein bißchen vornehm. Ein Foto von allen Töchtern in einem kleinen Boot, das Dorf und das »Skûtsjc«[*] von Vater Siesling im Hintergrund. Annie und Heleen, Annie blond, munter und stämmig, Heleen etwas älter, mit straff hochgestecktem, dunklem Haar, »halb ländlich, halb mondän«, intelligente, nachdenkliche Augen.

»Mir war nie bewußt, daß er es so aufgefaßt hatte«, offenbarte sie sich dem Pfarrer in einem Brief über ihren ehemaligen Freund. »Der Jan, der ist doch nichts für dich«, hatte ihr Bruder Marius gesagt, und, so schrieb sie, »das stimmte natürlich auch. Mir wurde das auch bald klar, und daraufhin habe ich schnell Schluß gemacht.«

> *Sie lebt im entlegenen, nebligen Land,*
> *Das ich verließ, um die Welt zu befahren;*
> *Sie wohnt dort noch, ich weiß es sicher, denn*
> *Ein starker Friede war ihr eigen.*

Später ging sie nach Italien, wo sie neunzehn Jahre lang einen körperbehinderten Mann versorgte.

---

[*] Skûtsje: Historischer Segelschifftyp (Anm. d. Übers.).

Als ich nach Haus ging, überwältigte mich die Stille. Sogar in der Innenstadt von Leeuwarden, wo ich ein paar Tage zuvor gewesen war, hatte man das Regenwasser auf die Rinnsteine prasseln und meine Schritte von den imposanten Fassaden der Grote Kerkstraat widerhallen gehört. Aber hier begann die Stille vertraut zu werden, weil es eine Stille voller kleiner Geräusche war: die Stare rings um den Kirchturm, die Enten in der Landschaft, ein Schaf, die Gänse, die in V-Formation am Dorf vorbeiflogen. Es war eine Stille, wie es sie im neunzehnten Jahrhundert auch in Leeuwarden gegeben hatte. Hier war die Stille älter.

*

Der Pfarrer war ein etwas gebückter, nachdenklicher Mann mit Bart und Brille. Er war weder alt noch jung. Er hatte mir vom Glashaus erzählt, in dem man als Dorfpfarrer lebte, davon, daß man immer Vorbild sein mußte, daß man zwar im Dorf wohnte, aber nie wirklich dazugehörte. »Jeder darf sich auf der ›Merke‹ betrinken, nur der Notar, der Lehrer und der Pfarrer nicht«, sagte er, während wir nach draußen schauten, auf die ruhige Straße und die Kinder in dem Blätterhaufen.

Er sprach von den hundertfünfzig Gemeindemitgliedern seiner Jorwerder Kirche und davon, daß hier jeder Kirchturm schon immer seinem eigenen Glauben anhing. Hijlaard war streng altreformiert. Weidum, Beers und Jellum waren seit jeher rote Dörfer, Oosterwierum war katholisch.

Jorwerd gehörte der Großen Kirche an.* Das Dorf galt als evangelisch, aber dogmatisch war man nicht. Pfarrer Hille Ris Lambers durfte mit Spiritismus und Brahmanismus experimentieren, soviel er wollte, aber seine Gemeindemitglieder blieben bei der Beschäftigung mit dem Bibelwort und dessen Anwendung auf das alltägliche Leben.

---

* Als Große Kirche wird in den Niederlanden die größte Religionsgemeinschaft, die protestantische »Hervormde Kerk« (Reformierte Kirche), bezeichnet. Im Gegensatz dazu heißen die Altreformierten, die sich Ende des neunzehnten Jahrhunderts von ihr abgespalten haben, »gereformeerd« (deutsch ebenfalls: reformiert) (Anm. d. Übers.).

Bis in die Nachkriegszeit war die Kirche jeden Sonntag voll gewesen, berichtete er. Danach verschwand Gott allmählich aus dem Dorfleben.

Die älteren Kirchgänger waren gestorben, andere zogen fort, und die meisten Neuankömmlinge hatten nicht die geringste Affinität zum Gotteshaus. In den neunziger Jahren lauschten an einem gewöhnlichen Sonntag in Jorwerd noch höchstens vierzig Leute der Predigt. Zu seiner Pfarrgemeinde gehörten jetzt vier früher selbständige Kirchen: Jorwerd, Weidum, Beers und Jellum. Auch mit anderen Glaubensgemeinschaften arbeitete man immer enger zusammen, denn was blieb einem auch anderes übrig?

»Wir sind heutzutage allesamt kleine Kirchen in einer großen, unkirchlichen Gegend.«

Der Niedergang, den der Pfarrer schilderte, hatte in den Städten schon früher stattgefunden. Im modernen Sozialstaat schien es kein unabwendbares Schicksal mehr zu geben. Dank medizinischer Technik und sozialer Sicherung war es den Menschen gelungen, Tod, Katastrophen und Elend zu verbannen, unter Kontrolle zu bekommen oder zumindest an den Rand der Existenz zu drängen. Dies führte mit der Zeit zu einer veränderten Haltung gegenüber der Ungewißheit im allgemeinen und dem Schicksal eines jeden Menschen im besonderen. Das Wissen um Tragik, die Erkenntnis, daß sich in einem Leben unausweichliche Schicksalsschläge ereignen konnten – dies schien der Vorstellung gewichen zu sein, alles sei machbar oder reparabel oder lasse sich zumindest durch Geld kompensieren.

Damit wandelte sich auch die Haltung der Menschen zur Natur – wenn auch weit subtiler. In Jorwerd konnte man dies eigentlich nur an den ständig sinkenden Besucherzahlen bei den Bitt- und Dankgottesdiensten für die Ernte ablesen, die von alters her jeden Frühling und Herbst in der Kirche gehalten wurden. Dank der modernen Technik verfestigte sich bei den Bauern der Eindruck, sie hätten die Natur immer besser im Griff. Das ließ ihre Ängste schrumpfen, aber es verringerte auch ihren Respekt vor dem Höheren. In den Wochen der Heuernte brauchten sie nicht mehr angestrengt nach jedem Gewitterwölkchen Ausschau zu halten, denn sie hatten jetzt Grassilage, und die konnte einen kleinen Regenguß durchaus vertragen. Angst vor Mäuseplagen gehörte ebenfalls der Vergangenheit an. Schließlich gab es Vertilgungsmittel. Die alten Bitt- und Dankgesänge für die Ernte waren daher nicht mehr so dringend erforderlich. Immer öfter blieb das Vieh im Stall, und das Futter bezog man von außerhalb – ganz gleich, bei welchem Wetter.

*

Es machte sie nicht niedergeschlagen, daß die Weiden
Grün waren, im Frühjahr, Sommer, Herbst und Winter.
Sie arbeitete und wußte stets etwas zu finden,
Das dies graue Dasein zu einem reinen Wunder weihte.

Wenn es einen Städter aufs Land verschlägt, stößt er fast zwangsläufig auf die Rolle der Religion. In der Großstadt spielte Religion am Ende des zwanzigsten Jahrhunderts kaum mehr eine Rolle, in Jorwerd hingegen war der Prozentsatz der Bevölkerung, der jeden Sonntag zur Kirche ging, ungeachtet des enormen Rückgangs noch immer beachtlich. Und so war es in den meisten Dörfern.

Zum Teil hatte dieser auffällige Gegensatz zwischen Stadt und Land mit der Bevölkerungsstruktur zu tun: Familien mit einem traditionellen Lebensstil blieben lieber auf dem Dorf wohnen, Leute hingegen, die etwas anderes wollten, zogen meist in die Stadt. Folglich hatte sich die Bevölkerung im Lauf der Jahre mehr oder weniger nach religiöser Gesinnung aufgefächert.

Aber die Rolle der Religion ergab sich auch aus dem bäuerlichen Leben selbst, in dem man täglich mit Geburt, Leben und Tod konfrontiert war, mit den Mysterien der Natur, mit dem Zyklus der Existenz und damit, daß man die Arbeit von den Eltern übernahm und sie an seine Kinder weitergab. Dorfbewohner auf der ganzen Welt mochten sich in allen möglichen Details voneinander unterscheiden, für die meisten stand jedoch außer Zweifel, daß es eine universelle Ordnung gab, die ihr Leben rechtfertigte und in die sie eingebunden waren.

Zweifel an der Existenz solch einer göttlichen Ordnung kamen oft genug vor, aber wenigstens beschäftigte man sich zumindest damit, dachte darüber nach, redete oder philosophierte darüber. Echte, stramme Atheisten waren vor allem auf dem Dorf zu finden. Und das hing eng mit dem vernichtenden Einfluß der Natur zusammen, der das gesamte Dasein durchdrang, jeden Tag aufs neue, jede Jahreszeit von neuem, ein Rhythmus und eine Kraft, der sich niemand entziehen konnte.

Ein Bauer sah das Leben in gewisser Weise als ein Intermezzo. Seine Ideale lagen in der Vergangenheit, seine Aufgaben in der Zukunft, aber das Resultat würde er zeit seines Lebens niemals zu Gesicht bekommen. Er würde immer von Kräften abhängig sein, die sich der menschlichen Kontrolle entzogen und die er nur sehr begrenzt im Griff hatte. Ein Landwirt mochte pflügen, säen und rechnen, soviel er wollte, wenn im falschen Augenblick die Sonne brannte oder der Regen niederprasselte, konnte er alles wieder verlieren.

Wer täglich mit Wind und Wetter und mit Leben und Tod zu tun hat, der kennt seine eigene Relativität. Aber auch dies wandelte sich im Lauf der Jahre. Als man dem Wetter und dem Tod zunehmend aus eigener Kraft trotzen konnte, geriet auch Gott langsam aus dem Blickfeld.

*

Einige Male begleitete ich Jan Koopmans, den Tierarzt. Frühmorgens Sprechstunde, Kaffee, den Overall an, und dann los, in seinem Jeep mit Allradantrieb, hinten eine halbe Apotheke mit Flaschen, Infusionen und Injektionsnadeln.

Die Praxis hatte sich ziemlich stark verändert, seitdem er 1978 gekommen war. Zwei von drei Bauern hatten damals noch einen gewöhnlichen Anbindestall, wo die Kühe nebeneinander standen und hinten die Kotrinne verlief. Genau ein solcher Stall war in seinem Praxisbereich davon übriggeblieben, sonst gab es ausschließlich Liegeboxenställe, riesige Schuppen mit rasselnden Gittern, hinter denen das Vieh herumlief. Damals hatte er zwölftausend Rinder zu betreuen, jetzt noch neuntausend. Der Medizinverbrauch war parallel dazu allerdings um ein Drittel gestiegen. »Die Kontrolle ist viel strenger geworden«, sagte er. »Wenn man zu viele Krankheitserreger in der Milch hat, bekommt man Abzüge. Aber das Impfen erledigen die Bauern heute fast alle selbst. Wir sind dafür einfach zu teuer. Ein einziger Arztbesuch bei einer kranken Kuh, und du bist als Bauer deine ganze Gewinnspanne los.«

Das erste Mal, als ich mitkam, war es ein eisig kalter Morgen, so ein Tag, an dem sich der Nebel einfach nicht lichten will, und hin und wieder fiel ein wenig leichter Schnee. Wir fuhren auf einen Hof. Am Misthaufen lehnte ein totes Lamm, die steifgefrorenen Beine zeigten nach oben, die Zunge hing aus dem Maul, und statt Augen hatte der Kopf zwei große Löcher, denn die Krähen waren schon eifrig am Werk gewesen.

Wir betraten den Stall. Überall saßen Katzen, im Heu, auf den Balken, im Stroh. Die Gitter schepperten, etwa hundert Kühe standen schnaubend und kauend da, überall steckten sie ihre weichen Schnauzen durch das Metall. Zwei Patienten gab es zu versorgen: eine Kuh mit stark entzündetem Euter und eine mit Milchfieber. Das Euter der einen Kuh war heftig angeschwollen und entzündet. Ihr Rücken krümmte sich, die Rippen stachen hervor, und sie schlotterte vom Fieber – nur noch ein paar hundert Kilo Krankheit, sonst nichts.

»Die kriege ich schon wieder hin«, brummelte Jan Koopmans, »aber ich befürchte, daß das Tier dieses Jahr kaum Milch geben wird. Und ich weiß nicht, ob der Bauer dafür was übrig hat.« Der Bauer, ebenfalls in einem verschlissenen Overall, nickte.

In der benachbarten Scheune lag eine Kuh, die gerade gekalbt hatte. Auf einem kotverschmierten Balken stand ein Radio, dessen Frequenzwähler auf Radio Ten Gold festgerostet war. Die Kuh konnte nicht mehr aufstehen, das Kalb lag zitternd neben ihr. Eine der Katzen kaute in einer Ecke an der Nachgeburt. Der Bauer hatte die Tiere schon mit Jutesäcken zugedeckt und besorgt Strohbüschel unter das Euter gelegt. Er kannte die Namen all seiner hundert Kühe, erzählte er, und auch die ihrer Mütter und Väter, er kannte ihre Gewohnheiten, und wenn er in der Arbeitsgrube stand, dann sah er an der Form der Euter, wen er vor sich hatte.

»Kalkmangel und zuwenig Magnesium«, sagte Jan Koopmans hinter der Kuh mit Milchfieber, und er zauberte ein wenig mit seinen Pillen und Spritzen. Die Kuh wimmerte, ihre Augen wurden groß vor lauter Angst, als sie die Nadel spürte, sie riß das Maul weit auf, gab jedoch keinen Laut von sich.

Wir gingen wieder auf den Hof, am Lamm vorbei. »Ein Kümmerling«, sagte der Bauer. Mit dem wäre ohnehin nichts anzufangen gewesen. »Ich hätte da wohl noch etwas machen können, denke ich«, sagte Jan Koopmans, als wir im Auto saßen. »Aber wenn sie mich dafür gerufen hätten, wäre das doppelt so teuer gewesen wie das ganze Lamm. Kein Lamm wird jemals einen Tierarzt sehen.« Oder, wie mir ein Schweinezüchter einmal sagte (denn Schweine haben dasselbe Pech): »Es ist ja schließlich kein Hund, nicht wahr.«

Der nächste Bauer war ein Konferenzbauer, ein Bauer, der fast nie da war, weil er in Tausenden von Vorständen saß. Der Knecht führte uns in einen eiskalten Stall, wo eine spindeldürre Kuh vor Kälte zitterte, mit Blut an den Beinen und spitz herausragendem Widerrist.

Jan Koopmans maß die Temperatur, klopfte und horchte, zog einen langen Plastikhandschuh an, machte seine Hand naß, wischte den Hintern der Kuh ab und schob dann seinen ganzen Arm mit Wucht in den Mastdarm des Tieres. Die Kuh muhte leise.

»Ich taste jetzt, ob der Labmagen gut liegt und wie es um die Nieren steht.« Dann zog er seinen Arm langsam wieder zurück. In seiner Hand hielt er etwas Mist, und er schleuste auch etwas dünne Jauche mit nach draußen. »Da sind Klümpchen drin, das ist merkwürdig.«

Der Hintern der Kuh dampfte unterdessen wie ein Vulkan. Ein Wind nach dem anderen kam heraus, und dabei lief die Jauche einfach weiter. »Eine typische Durchfallkuh«, sagte Jan Koopmans.

Im Auto schimpfte er ein bißchen. »An dem Tier haben sie viel zu lange selbst herumgedoktert. Wahrscheinlich hat die Kuh erst eine Magenblutung gehabt. Dann hat sie sich davon wieder ein bißchen erholt, und jetzt hat sie Durchfall. Ich bekomme sie schon wieder auf die Beine, aber sie hat gerade erst gekalbt, ich befürchte also, daß von diesem Tier im nächsten Jahr keine Milch zu erwarten ist.« Eine normale Kuh gebe heutzutage nur etwa drei, vier Jahre lang Milch. Eine so lange Krankheitsperiode mache also ein Viertel der Produktion aus. »Und ob sie dann noch soviel Mühe und Geld in so ein Tier stecken wollen? Bauern sorgen meistens gut für ihre Tiere, aber die Gewinnspannen sind zu knapp für Sentimentalität.«

Inzwischen waren wir bei einem Bauern mit einem gepflegten, sauberen Stall angelangt. Einer Kuh mit einem alten Kaiserschnitt mußten die Fäden gezogen werden. Heutzutage gibt es viele Feld-,

Wald- und Wiesenkühe mit Kaiserschnitt. Man pflanzt ihnen einen Embryo von einem Superfleischrind ein, einer Blonde Aquitaine zum Beispiel, weil das wirtschaftlich interessanter ist. Sie nehmen das wie tapfere Leihmütter auf sich, aber wenn es soweit ist, dann hat das fremde Kalb oft eine solche Größe erreicht, daß es nur mit einem Kaiserschnitt herausgeholt werden kann.

»Us Mem« sah etwas klein aus zwischen den Aquitaine-Kühen, die einzige schwarzbunte Friesin zwischen diesen kolossalen roten französischen Tieren. Die Flanke war kahlgeschoren, und über den Bauch verlief eine dicke Naht. Neben der Kuh standen zwei Aquitaine-Kälber, das eine nicht ihres, das andere auch nicht – und irgendwie doch.

Der letzte Bauer auf unserer Route hatte einen bildschönen, grauen Patriarchenkopf. Im Liegeboxenstall wurden die neun Kühe gejagt, die für den Export nach Tschechien zu begutachten waren. Und dann machten wir uns daran, ein paar Kälber zu »kennzeichnen«. Vier Kälber wurden betäubt, um sie mit einer gelben Ohrmarke zu versehen und zugleich die Hörner auszuhöhlen. Das macht man mit einer Art großem elektrischem Apfelentkerner, der sich in den Schädel bohrt.

Hörner sind in einem Liegeboxenstall tabu, erklärte mir der Bauer. Kühe, vor allem Kühe, die sich langweilen, wollen ständig klären, wer das Sagen hat. Weil es in den Ställen zu eng ist, können sie diese Konflikte jedoch nie richtig austragen. »Liegeboxenställe sind absolut kuhfreundlich, aber man muß ziemlich robustes Vieh haben«, sagte der Bauer. »Besonders die Beine müssen kräftig sein, schon wegen der vielen Gitter. Dürre Ziegen haben es schwer.«

Mit dem Siegeszug der Liegeboxenställe kam es unbeabsichtigt zu einer neuen Auslese unter dem Vieh, und zwar nach der Fähigkeit, selbst zurechtzukommen. Ein stattlicher Prozentsatz der Kühe, die den Übergang vom Anbinde- zum Liegeboxenstall mitmachen mußten, ist ausgeschieden. Genauso wie die Bauern selbst.

Die Kälber lagen inzwischen völlig benommen im Stroh, die Augen offen und matt, die Ohren jung und arglos. Die Lochzange ging hindurch wie durch ein dünnes Stück Leder. Danach der Gestank von Horn und Brand. Über der vereisten Landschaft läutete eine Kirchenglocke. Es war zwölf Uhr.

*

Ich sah und hörte in jenen Monaten viel über die Natur. Die Älteren erzählten vom Melken, wie sie dabei ruhig an einen Kuhleib geschmiegt gesessen hatten, von der Wärme, der Fühlung mit dem Tier, von den Gedanken, die einfach ein wenig umherschweiften, und von den weißen Milchblitzen dabei, von der Musik im Eimer. Die Jüngeren sprachen von Embryo-Implantationen, von Kunstmilch und milchstimulierenden Hormonen, und wenn ein Fohlen zur Welt kommen sollte, brauchten sie nicht einmal mehr aufzubleiben: Stand eine Stute kurz vor der Niederkunft, dann befestigte man einen kleinen Sender zwischen den Schamlippen, und wenn es soweit war, schlug zu Hause neben der Couch ein Piepser Alarm.

Bezeichnend für den neuen Geist der Unnatur war der Wandel im Verhältnis zwischen Bauer und Kuh. Oder wie es ein Freund mir gegenüber ausdrückte: »Früher hatte eine Kuh immer recht.« Eine Kuh machte nie Fehler. Überhaupt machte eine Kuh nicht besonders viel. Grasen, ein bißchen daliegen und wiederkäuen, manchmal ein Kalb. Eine Kuh lief morgens um halb sechs und nachmittags um halb fünf zum Gatter, denn sie wußte, daß sie ungefähr um diese Zeit gemolken wurde. Das war das wichtigste, was sie wußte, und das war ausreichend. Die modernen Laufställe brachten ein neues Phänomen mit sich: die rebellierende Kuh. Oder, wenn man es anders ausdrücken will: die Kuh, die nichts taugen will. Oder, von mir aus, die dumme Kuh.

Je mehr Regeln eine Gesellschaft kennt, desto mehr Verhaltensauffälligkeiten produziert sie, und so ist es auch bei Kühen. Die Fischgrätenmelkstände und die Melkkarussells der modernen Ställe erforderten ein bestimmtes Laufmuster, und manche Kühe konnten sich offenbar auch nach wochenlangem Training nicht daran gewöhnen.

Die Kuh, die nichts taugen will, war dieselbe Kuh, die sich früher an den Zäunen gerieben oder die Hosenbeine des Bauern abgeleckt hatte. Der Bauer hatte so ein Tier dann mit einem Klaps auf die Hörner weggestoßen, halb liebevoll, halb strafend. Die Bauern, die ich jetzt reden hörte, sprachen von unbrauchbarem Vieh, und sie machten damit kurzen Prozeß. Für die meisten Jorwerder stand auch im Jahre 1995 noch das Vieh an vorderster Stelle. Wenn eine Kuh in einen Graben fiel, waren für kurze Zeit alle Streitigkeiten zwischen Nachbarn vergessen, und alle liefen in Scharen herbei, um zu helfen. Ein Tier in Not ging über alles.

Etwas anderes war es, wenn eine Kuh nur mit drei Zitzen Milch gab – so etwas kommt nach einer Entzündung oder einem kleinen Unfall manchmal vor. Früher war das eine Kuh, die einfach dazugehörte. Jetzt wurde sie unwiderruflich aussortiert. Die Bauern waren zu Unternehmern geworden, und eine Kuh war in erster Linie ein Produktionsfaktor.

»Man brauchte im Stall früher nur kurz um die Ecke zu schauen, und man wußte, welche Kuh da stand und wie es ihr ging«, sagte Gais Meinsma. »Jetzt haben sie alle eine Nummer, und man kennt kein einziges Tier mehr.«

Cor Wiedijk konnte, wenn er am Stall vorbeilief, am Seufzen oder Muhen einer Kuh sofort hören, ob etwas nicht stimmte, ob eine Kuh »schrie«, wie er das nannte. Er hörte sogar, wenn im Stall der Nachbarn etwas los war. Aber er kannte seine eigenen Kühe nicht mehr beim Namen.

Ich ging auf die Landwirtschaftsausstellung. In einer Pyramide blauer und gelber Neonlampen rotierte das neueste Wunder der Technik, der Melkroboter. Ich stand neben einem Mann aus Odijk mit einem großen runden Kopf, zwei Jungs von einer Landwirtschaftsschule aus Hazerswoude und einem gequält dreinblickenden Bauernehepaar aus Raalte mit einem trägen, schlaksigen Sohn, der schon mit achtzehn einen krummen Rücken hatte.

Wir alle richteten unsere Blicke auf die große Revolution, die da vor uns hing und sich langsam um die eigene Achse drehte. »Der ›Astronaut‹ gibt der Kuh den Freiraum, selbst den Zeitpunkt zu bestimmen, wann sie gemolken werden will«, verkündete das Videoband. Die Stimme sprach von einem umfassenden System, »durchdacht und tierfreundlich«. »Und last but not least: Ruhe im Stall, mehr Freizeit für Sie!« Auf dem Video sahen wir, wie die Kuh das Gitter des Roboters öffnete und sich über einen Chip beim Computer »meldete«. »Man muß doch jeden Tag das Euter und den Hintern seiner Kühe sehen«, sagte der Bauer aus Raalte. »Sonst weiß man doch nicht, ob ein Tier krank ist oder nicht.« Auf dem Video bekam das Tier die seinen Bedürfnissen entsprechende Futtermenge, und gleichzeitig tastete ein Laserstrahl das Euter ab. Anschließend saugten sich die Nippel automatisch an den Zitzen fest.

»Das wird das Geschehen rund um die Kuh total verändern«,

sagte der Mann aus Odijk. Seiner Meinung nach organisierte sich durch solch einen Apparat der gesamte Arbeitsrhythmus neu, weil ununterbrochen weitergemolken werden konnte und sich der Arbeitsschwerpunkt auf Kontrolle und Technik verlagern würde. Aber die Jungs aus Hazerswoude fanden das alles viel zu fern von der Natur und obendrein zu teuer. »Was würde die Kuh wohl dazu sagen? Man läßt seine Frau doch auch nicht mechanisch behandeln. Wenn man nicht gern melkt, darf man nicht Bauer werden!«

»Man arbeitet heutzutage immer weniger mit dem Körper und immer mehr mit dem Kopf, aber das muß man eben können«, fing der Mann mit dem roten Kopf wieder an. Daß man sich von Tieren trennen mußte, deren Euter nicht zum Standardmodell der Maschine paßten, davon waren alle Umstehenden überzeugt. Wilde Kühe paßten nicht in die Welt des »Astronauten«. Und die Tiere im Sommer draußen herumlaufen zu lassen käme nach der Einführung dieses Systems auch nicht mehr in Frage, wenn das Weideland nicht in unmittelbarer Nähe des Bauernhofs lag. Und das war oft nicht mehr der Fall.

»Bald gibt es genauso einen Umbruch im Futtersektor«, prophezeiten die Jungs von der Landwirtschaftsschule. »Jetzt mähen wir und mieten noch ein, aber unsere Arbeit wird sich bald auf die Pflege konzentrieren. Die Futterversorgung wird immer mehr zu einer Sache der Ackerbauern werden. Und die Kuh wird in Zukunft im Winter und im Sommer drinnen bleiben müssen, genauso wie jetzt schon das Schwein.«

Neben dem Roboter standen lauter außer Kontrolle geratene Spielzeuge, Mähdrescher von ungeheuren Ausmaßen und Schlitzdrillen, die an Drachen erinnerten. In einer anderen Ecke wurden Computersysteme für Zugluftdetektion und Aktivitätsmessung angeboten, es gab ein neues Managementsystem für Schafzüchter, und das Ehepaar aus Raalte blieb lange vor einer Mähmaschine mit hydropneumatischer Bodendruckregulierung und integrierten Häckslern stehen.

»Nur die Großen und die ganz Großen können mich kaufen und so überleben«, dies war die Botschaft, die der Melkroboter mit unsichtbaren Buchstaben an die Wand schrieb, und all die Kleinbauern, die in ihren Sonntagsanzügen ein wenig steif durch die Messehallen liefen, begriffen das nur allzugut. »Man hat keine

Wahl mehr, man ist dem ausgeliefert«, sagten die Jungs aus Hazerswoude. Ihre Nachbarn nickten.

*

Cor Wiedijk zeigte mir eines Abends den Papierkram, den er täglich bewältigen mußte:
- das Logbuch für den Milchtank und das Kühlsystem;
- das Logbuch für den Tierarzt mit den Medikamenten, die jedem Tier täglich verabreicht wurden;
- die Eintragungen in das landesweite Identifikationssystem für Kühe und Schafe, wodurch sich die Tätigkeit des Bauern langfristig genau verfolgen läßt – für das niederländische Rindvieh ist Orwells *1984* schon lange Realität;
- die Aktualisierung des Nachweises über Nährstoffausbringung: Was und wieviel nimmt die Kuh in sich auf, wieviel Nitrate und Phosphate hat sie wieder ausgeschieden, wieviel davon ist auf wieviel Hektar verteilt worden und so weiter;
- schließlich die gewöhnliche Buchhaltung: Früher hatte man sich mit der Angabe begnügt, wieviel Land und wie viele Kühe und Schafe man hatte, jetzt waren detaillierte Formulare auszufüllen.

»Man wird furchtbar verletzlich«, sagte Cor. In unmittelbarer Nähe zu seinem Bauernhof war ein stattliches Stück Weideland zum »Naturschutzgebiet« erklärt worden, beziehungsweise zum Reich der Vögel oder auch zu einem neuen Stück Kunstnatur, insgesamt knapp dreihundert Hektar. Das Ganze sollte wieder halb unter Wasser gesetzt werden, genauso wie früher, den Sumpfpflanzen und anderem Grünzeug zuliebe, und wenn man die Pläne realisierte, würden sich sicher neun Jorwerder Bauernbetriebe nach einem neuen Auskommen umsehen müssen.

Früher hatten die Bauern die Natur in ihrer direkten Umgebung bezwungen – und sie dabei mitunter zerstört. Aber in den letzten Jahren wurden die Betriebe zunehmend von ihrer näheren Umgebung entkoppelt. Die Natur, das Land und auch die örtliche Wirtschaft waren keine ausschlaggebenden Faktoren mehr. Viehfutter, Mist, Kapital und Technik wurden aus der gesamten Welt eingeführt.

Diese Entkopplung hatte zur Folge, daß die alte Bauernumgebung als selbständige Größe wieder ihre Aufwartung auf dem Markt von Kapital und Politik machte. Aufs neue war für die Lobbyisten, die Baugesellschaften, die im Grunde arbeitslosen Bauern und die Umweltaktivisten alles zu haben: das Land, das Dorf, die Landschaft, das bißchen Natur, das Holland geblieben war.

Die niederländische Regierung wollte bis zum Jahr 2020 gut hundertfünfzigtausend Hektar landwirtschaftlich genutzten Boden in »strategische Begrünungsprojekte« verwandeln. In Flußregionen mußten Sommerdeiche durchstochen werden, um Auenwäldern und sumpfigem Morast mehr Entfaltungsmöglichkeiten zu geben. Im Norden sollten Polder wieder zu kleinen Seen werden, und anderswo sollte Weideland wieder dem Wald, der Heide oder dem kahlen Sand zurückgegeben werden.

Abermals folgte die Natur der Landwirtschaft – jetzt allerdings in entgegengesetzter Richtung. Der Grund war klar: Es mußte weiterhin Arbeit geben, damit das Land am Leben erhalten werden konnte, und wenn dies mit Hilfe der Landwirtschaft nicht mehr möglich war, dann sollte eben die Freizeitgestaltung dafür sorgen. Aber die meisten Bauern, die ich kannte, sahen darin eine Kapitulation, einen völligen Niedergang, sogar Wahnsinn. Hervorragender Boden, den ihre Väter und Großväter und manchmal noch sie selbst mit Mühe und Fleiß dem Wasser und dem Sand abgerungen hatten, sollte in den Urzustand zurückversetzt werden – wie immer dieser auch ausgesehen haben mochte.

»Das ist keine Natur mehr, das ist Verwahrlosung«, sagten sie. Manche Bauern fürchteten um ihre Nachfolge, denn wenn sich ein Bauernhof erst in der Umgebung eines Naturplans befand, dann lag ein ewiger Fluch über seinem Fortbestand. Auch in vielen Dörfern kam Unruhe auf, denn von Gänsen und Sumpfpflanzen konnten Kneipe, Kirche und Verein nicht leben. Auch der Tourismus blüht nur ein paar Monate im Jahr. Und doch wimmelte es von Naturplänen, überall. Ein breiter Streifen in der alten Kulturlandschaft des Gaasterland sollte wieder zu einem ökologischen Ganzen verwildern, im kahlen Marschland entstanden Pläne für einen Baggersee mit Strand und Wellenschlag, und jeder sprach von Ottern.

Nie habe ich mehr über Otter gehört und gelesen als während

jener Monate in Jorwerd. Wie »Us Mem«, das Denkmal für die Kuh, in den fünfziger Jahren den Ton angab, so rückte der Otter zum Trendsetter der neunziger Jahre auf. Der Otter war zum Kuscheltier der Provinz geworden. Im Sumpfland hinter der Hauptstadt Leeuwarden gründete man einen speziellen Otterpark, für Otter wurden Verstecke gegraben, Seen gesäubert, Überwege geschaffen, es verging keine Woche, in der nicht irgend etwas über Otter in der Zeitung stand. Wenn es den Ottern gutging, dann schien es wohl auch der Natur und den übrigen Lebewesen gutzugehen.

Auch die Bauern begannen sich mit dem neuen Hang zur Natur zu arrangieren. Manche Grundstücke wurden zu Biosphärenreservaten erklärt: Der Bauer erhielt eine Kompensation, wenn er das Land behutsam nutzte, keinen Kunstdünger streute, nicht drainierte und nur zu bestimmten Zeiten mähte.

Aber es gab Leute, die noch viel weiter gehen wollten. Das Institut für Agrarökonomie legte zum Beispiel 1994 einen Plan vor, der vorsah, die Bauern – neben ihrer anderen Arbeit – Natur »produzieren« zu lassen. Blumen am Straßenrand sollte man in Zukunft bezahlen müssen, Buschwälder sollten subventioniert werden, und Brachland könnte man für Vögel attraktiv gestalten, wenn man eine gewisse Summe hineinsteckte. »Das Produkt Natur muß auf den Markt gebracht werden, neben Waren wie Autos, Fahrrädern oder Urlaub«, schrieb das Institut.

Bestimmte Bauern begannen sich auf die sogenannte »nachhaltige Landwirtschaft« umzustellen. Sie waren bemüht, auf umweltfreundliche Weise Kartoffeln, Mohrrüben, Chicorée und Äpfel zu produzieren, aber auch Milch, Fleisch und Eier. Sie schworen Kunstdünger und Pestiziden ab und machten sich daran, biologische Landwirtschaft zu betreiben. Sie ließen ihre Schweine wieder frei herumlaufen und propagierten die Rinderhaltung alten Stils.

Solche Bauern verdienten oft gutes Geld, weil einige Leute in der Stadt mittlerweile gern bereit waren, für echte Natur zu bezahlen. Außerdem hatten sie von den Umweltmaßnahmen, die der Staat noch planen könnte, nur wenig zu befürchten: Sie entsprachen den Anforderungen schon längst. Für den Verkauf ihrer Produkte blieben die Öko-Bauern allerdings von einem Netzwerk von Bioläden in den größeren Städten abhängig. Und diese Naturkostläden verlangten ein Bio-Gütezeichen, ein heißbegehrtes Emblem, das die Bauern nur mit viel Geld und Mühe erwerben konnten. Aber es blieb ihnen wohl nichts anderes übrig, wenn sie Zugang zum alternativen Markt der Naturfreunde bekommen wollten. Auf diese Weise entkamen die Bauern der regulären Bürokratie von Brüssel und Den Haag, nur um von den alternativen Bürokraten aus Harderwijk und Marum wieder vereinnahmt zu werden.

Gegen Ende des zwanzigsten Jahrhunderts schien also eine seltsame Pendelbewegung angestoßen worden zu sein, vom einen Extrem – der Technik – zum anderen – der Natur –, vom Melkroboter zum Grünstreifen mit Blumen, vom Otter zur Embryo-Implantation, hin und her.

Als große Regler und Ordner verstanden es die Niederländer schon immer meisterhaft, sich ihre eigene Natur zu schaffen. Ende des sechzehnten Jahrhunderts fand das niederländische Wort »landschap« als »landscape« in die englische Sprache Eingang, und das war kein Zufall. In einem von Menschenhand trockengehaltenen Land mußte unausweichlich sehr früh die Vorstellung von einer »Landschaft« entstehen, von einem Stück Natur, das man schön oder häßlich finden konnte, das geschaffen und immer wieder neu erschaffen wurde. Aber jetzt schien etwas aus dem Gleichgewicht geraten zu sein. So wie der Umgang mit der Natur im vorigen Jahrhundert noch von Angst und Abschreckung bestimmt worden war, so gab es 1995 nur zwei Extreme: Nüchternheit und Träumerei.

Sogar in den säuberlich geharkten Niederlanden betrachtete man vor etwa hundert Jahren die natürliche Landschaft im allgemeinen noch als häßlich, öde und leer, als etwas, das auf Gottes ordnende Hand und auf die Seines Verwalters, des Menschen, wartete. »Die religiöse Gesellschaft des neunzehnten Jahrhunderts hielt blühende Äcker für Beweise der göttlichen Existenz«, schreibt Auke van der Woud. »Das Ödland hingegen war, wie dies zahllose alte Volksmärchen unablässig wiederholten, das Reich der Finsternis, ›Unland‹, der einsame Ort, wo Sumpfgase, Nebelschwaden, Feuerfliegen und andere Phänomene sich nur allzu leicht als ruhelose, nach Ruhe suchende Tote entpuppen konnten.«

Im Jahr 1995 hatte die Natur alles Bedrohliche verloren, sie hatte sich aus dem Umkreis der meisten Niederländer zurückgezogen, sie war eine Funktion geworden, ein nützliches Etwas neben Stadt und Land, mehr nicht. Planer sprachen von »Illusionslandschaften«, »Fassadenlandschaften« und »Abenteuerlandschaften«, und als das Ministerium für Landwirtschaft und Fischerei 1994 ein Preisausschreiben über die Landschaft im Jahr 2010 veranstaltete, schlug einer der Einsender vor, einen Teil der Landschaft zum Vergnügungspark umzugestalten – »Gerüche nach freier Wahl« und »Schmusen im Heu« inklusive. Natur wurde, wie Koos van Zomeren schreibt, etwas, das sich in der Ferne abspielte, »ein Ort, wo man, wenn man über ein Auto verfügt, zu *Besuch* hinfahren kann«.

Das Erscheinungsbild ländlicher Regionen in den Niederlanden begann sich damals stark zu wandeln, häufig übrigens keineswegs zu seinem Nachteil. In die Landschaft kehrte wieder Abwechslung ein, es tauchten mehr Bäume und Vögel auf, das Vieh wurde bunter und vielfältiger, es gab nun mehr Wasser, alles wurde weniger kahl und gerade, und vereinzelt sah man sogar einfach wieder Kühe mit ihren Kälbern über die Weiden laufen – ein Anblick, der jahrzehntelang verschwunden gewesen war.

Rings um Jorwerd erstreckten sich noch immer die großen Grünflächen. Diese alte Landschaft hatte, bei genauerer Betrachtung, ebensowenig etwas Natürliches. Sie war das Resultat von jahrhundertelanger menschlicher Arbeit und Ordnung; nach Spontaneität suchte man dort vergebens. Aber sie hatte eine eigene Schönheit, eine steife Künstlichkeit, und die konnten wir lieben wie alles, woran wir gewöhnt sind.

*

Eines Tages beschloß ich, mir die neue Natur einmal näher anzusehen. Ich fuhr in ein Gebiet im Osten von Heerenveen, hinter dem Tjonger, einem alten Fluß, dessen Strömungsrichtung schon seit Jahrzehnten wie ein Jojo hin und her geht, weil sein Wasserbett – halb Fluß, halb Kanal – in Dürreperioden genauso intensiv genutzt wird, um Wasser zuzuleiten, wie in nassen Zeiten, um Wasser abzulassen.

Ich bekam eine Führung vom Direktor des Naturschutzverbandes, der das Gebiet zur Nutzung übernommen hatte. Über unseren

Köpfen jagten die Regenwolken wie Galeeren über die Ebene, und vor uns schlängelten sich die früheren Mäander des Tjonger: vor hundert Jahren zugeschüttet, jetzt wieder fein säuberlich freigelegt. Die lehmigen Ufer waren noch kantig und kahl, aber in ein paar Jahren würde es dort im Sommer genauso aussehen wie auf dem übrigen Gelände: voller Gräser, Kräuter und Blumen, wie eine Weide, die man sonst nur zu Füßen einer mittelalterlichen Madonna sieht.

»Es gibt die verschiedensten Baggerfahrer«, sagte der Direktor, während wir über die Weiden liefen. »Es gibt solche, die das alles für dummes Zeug halten, die ein Flußbett ausheben, als ob es ein rechteckiger Graben wäre. Aber es gibt auch solche, die einen alten Moortümpel exakt ausheben können, die am Boden genau sehen, wo sie aufhören oder weitermachen müssen.« Vor gut einem Jahrhundert hatte sich der Tjonger in großen Schleifen durch die südfriesische Landschaft gewunden. Die benachbarte Heide war erst vor sechzig Jahren urbar gemacht worden, vor zwanzig Jahren war noch eine Flurbereinigung über das Gebiet gewalzt, und jetzt wurde mühsam versucht, den ursprünglichen Zustand wiederherzustellen. Planierraupen waren dabei, den fruchtbaren Ackerboden zu entfernen und das Terrain wieder künstlich karg zu machen. Im benachbarten Wald, einem hundert Jahre alten Anwesen, wurden die Entwässerungskanäle zugeschüttet, so daß sich wieder ein natürlicher Wasserhaushalt entwickelte: trocken im Sommer, naß bis sehr naß im Winter.

»Bestimmte exotische Baumsorten gehen ein, im Wald entstehen regelrechte Löcher«, sagte der Direktor, aber das kümmerte ihn wenig. »Es wird wieder ein Wald und kein ›Baumbestand‹ wie bisher. Es kommt Variation hinein. In der Umgebung brüten jetzt wieder Weihen, Schilfrohrsänger, manchmal sogar Braunkehlchen, lauter Vogelarten, die man sonst überhaupt nicht mehr zu sehen bekam.«

Er erzählte mir mit Begeisterung von den Pflanzen, die hinzugekommen waren, einfach so, durch den Wind. »Normalerweise findet man auf so einem alten Weideland etwa fünf verschiedene Pflanzensorten pro Quadratmeter. Hier stehen zwanzig bis dreißig.« Und so konnte man jetzt im Frühling wieder durch tausend Blumen laufen: Da war das Gelb vom Scharbockskraut, vom

Löwenzahn und von den Butterblumen, dann das Rot vom Sauerampfer, außerdem wieder die bunten Farben der Sumpfdotterblumen, Klappertöpfe, Kuckuckslichtnelken und des Sumpfvergißmeinnichts.

So wurde hier Natur wiederhergestellt, genauso umstandslos, wie wir jahrhundertelang das Gegenteil getan haben. Und so machten sich die Bagger wieder an die Arbeit, jetzt allerdings mit der Aufgabe, all das rückgängig zu machen, was sie einst für so viel Geld und mit so großer Mühe angelegt hatten.

Der Direktor brachte mir derweil den Unterschied zwischen natürlichen, fast natürlichen, betreut natürlichen, halb natürlichen Gebieten und Kulturgebieten bei, und mir wurde klar, daß es natürliche Gebiete in den Niederlanden schon lange nicht mehr gab. Selbst das Wattenmeer brachte es auf dieser Skala der Natürlichkeit nicht weiter als bis zur Kategorie »fast natürlich«.

Im Wald mit den Wassertümpeln und den vereinzelten, halb verrotteten Bäumen kamen wir auf die Frage zu sprechen, was Natur nun eigentlich sei. »Vor zehn Jahren fegte man hier im Herbst noch alle Blätter von den Wegen«, erklärte der Direktor. »Und die ersten Vorstandsmitglieder unseres Vereins gruben noch Orchideen aus, um sie auf ihren eigenen Grundstücken wieder einzupflanzen. Kühe im Wald, das war in den dreißiger und vierziger Jahren für Umweltschützer eine Todsünde. Jetzt lassen wir dort schottische Hochlandrinder grasen.«

So sinnierten wir beim Spazierengehen weiter. Früher waren die geraden Alleen, durch die wir nun hindurchliefen, große Mode gewesen, auch geordnete Landschaften. Jetzt idealisieren wir die Wildnis, und wir glauben fest daran, daß die Natur von selbst für das nötige Gleichgewicht sorgen wird. Morgen legen wir vielleicht wieder besonderen Wert auf die Vielfalt der Kulturlandschaften in diesem Land und beklagen uns über die Monotonie der Urwälder, die inzwischen in die Höhe gewachsen sind. So projizieren wir alles, was wir uns von unseren Gesellschaften erhoffen und an ihnen fürchten, ständig auf das Wunder, das wir »Natur« nennen – obwohl wir doch schon lange wissen, daß auch dieses letzte Mysterium nur noch nach unserem eigenen Bild erschaffen wird.

*

Wir fuhren wieder durch das Land, Jan Koopmans und ich. In der Nacht hatte es tüchtig gefroren, und fast alle Bauern, zu denen wir kamen, bastelten an zugefrorenen Wasserleitungen herum. Die alten Ställe waren vom Vieh einigermaßen warm gehalten worden, in den großen Liegeboxenställen jedoch war es ziemlich kalt. Ein Bauer schleppte die ganze Zeit Eimer voller Wasser heran, um das Vieh zu tränken, ein anderer war mit einer Heißluftkanone beschäftigt, und bei einem dritten funktionierte die Melkanlage nicht, so daß die Kühe dicke Euter hatten und brüllten.

Wir fuhren an Douwes früherem Bauernhof vorbei, den es ein paar Jahre zuvor in einer Novembernacht umgeweht hatte – ein richtiges Wunder, sagte der Tierarzt, der als einer der ersten an Ort und Stelle gewesen war. Vom Hof war nicht mehr als ein einziger großer Trümmerhaufen übriggeblieben, aber Douwe hatte aufrecht mittendrin gesessen, und all seine Kühe und Kälber hatten muhend ringsherum gestanden. Jetzt war dort statt dessen eine Art Liliputbauernhof zu sehen, mit allem Drum und Dran, nur hatten sich die Proportionen verkehrt: Das Haus war riesig, der Schuppen winzig.

Wir machten viele Kaffeebesuche an jenem Morgen. Die Männer hatten von der Kälte ganz weiße Gesichter, wenn sie in die Küche kamen. »Die ganze Welt ist in den letzten fünfundzwanzig Jahren durcheinandergeraten«, sagte ein Bauer. Er hatte eine ausgefranste Baseballmütze auf, und jedes seiner Worte wog schwer. »Früher mußte man einfach hart arbeiten, dann kam man schon durch. Jetzt ist es viel wichtiger, gut zu überlegen und zu rechnen.« »Und etwas zu wagen«, ergänzte seine Frau. »Man muß etwas unternehmen«, seufzte der Bauer. »Aber was bei alledem herauskommt, weiß ich nicht.«

Am späten Morgen landeten wir bei Bonne Hijlkema. Die Nachgeburt einer Kuh wollte nicht herauskommen, und danach gab es wieder Kaffee, denn es war zu kalt, um draußen viel zu tun. Bonne Hijlkema war in düsterer Stimmung. »Ich kann nichts mehr daran finden«, sagte er. »Wäre ich zehn Jahre jünger, hätte ich den ganzen Krempel längst hingeschmissen.«

In der Küche lief das Radio, hinter dem Fenster erstreckte sich das endlose graue Land. Der Viehhändler kam herein, wir genehmigten uns noch einen Kaffee und unterhielten uns über Zufriedenheit.

Bonne hatte viel Energie in die Bauernverbände gesteckt, aber von denen versprach er sich nichts mehr: »Die Politik holt nur für sich das Beste raus, wir haben überhaupt nichts mehr davon. Die Bauern sind nicht mehr geachtet.«

Der Viehhändler, Van der Zweep hieß er, kramte alte Erinnerungen hervor. Er war früher selbst Bauer gewesen. »Wir waren zufrieden«, sagte er. »Um halb zehn fielen wir todmüde ins Bett, ich, ihr, wir alle, und um halb vier legten wir wieder los. Wir arbeiteten zehn, zwölf Stunden am Tag, aber unsere Nachbarn arbeiteten genauso hart, das war eben so, und wir kannten es auch gar nicht anders.«

Die Bäuerin erzählte vom Mähen des Herbstgrases. Man schnitt es zunächst mit der Sense, dann mußte man es schütteln, in lange Streifen legen, zu Heuhaufen aufschichten, und dann kam das Heu auf den Karren mit dem Pferd davor. Das Zusammenspiel von Mensch und Tier. »Wenn man ›Hü‹ sagte, dann lief das Pferd von selbst zum nächsten Heuhaufen, und so weiter, und zum Schluß zur Scheune, das machte es alles von selbst.«

Bald schwärmte jeder von der winterlichen Gemütlichkeit der alten Ställe und davon, wie warm sie gewesen waren. »Ich habe vor sieben Jahren aufgehört«, sagte Van der Zweep. »Ich hatte vierzig Stück Vieh, das ist alles weg, und ich habe es noch keine Sekunde bereut.« Die Bäuerin erzählte von der Verwaltungsarbeit. »Immer wieder liegt etwas im Briefkasten. Man kann überhaupt nicht mehr in Ruhe arbeiten.«

Wir kamen auf das »Kennzeichnen«, auf die gelben Ohrmarken, die jede Kuh tragen mußte, die verhaßteste aller Vorschriften, Richtlinien und Erfassungsmaßnahmen, weil sie eine der grundlegendsten Freiheiten des Bauern beschnitt: die Freiheit, mit dem Vieh umzugehen, wie er es wollte.

Ich hatte ältere Bauern anfangs mit diesen Dingern kämpfen sehen. Wie sollten sie eingezogen werden? Mit einer Zange, aber wo genau? Und später sah ich die Kühe, wie sie sich kratzten, sich im Gras wälzten, ständig damit beschäftigt, diese stechenden Plastikdinger von den Ohren zu bekommen, die Augen vor Panik weit aufgerissen. Und ich sah, was die Kühe selbst nicht sahen: idiotische, knallgelbe Zipfel, die niemandem etwas nützten außer den Bürokraten. Die Ohrmarken sollten es offiziell ermöglichen, innerhalb der Europäischen Gemeinschaft sofort zu sehen, aus welchem Land und aus welchem Betrieb ein Tier stammte. Bei einer Infektionskrankheit konnte so unverzüglich eingeschritten werden. Die Sanktion war einfach, aber ungemein effektiv: Keine Kuh ohne Ohrmarke kam auf den Markt.

Bei drohenden Seuchen leistete das System wohl tatsächlich gute Dienste, aber diese merkwürdigen Ohrmarken, darüber waren sich alle am Küchentisch bei Bonne Hijlkema einig, diese häßlichen gelben Dinger waren völlig überflüssig. Der Zulassungsschein, den das Zuchtbuchvieh früher hatte, eine Karte, worauf der Name, die Abstammung, eine Skizze des Tiers und eventuell ein Polaroidfoto zu finden waren, genügte das nicht vollkommen? Moderne Viehzüchter kennzeichneten ihre Tiere zudem häufig mit einer kleinen Blechmarke – und in den letzten Jahren arbeiteten sie sogar mit diversen elektronischen Methoden, mit Chips, mit Hals- und Gelenkbändern, einfach und unscheinbar.

Dementsprechend war es auch vorwiegend die dumme Bürokratengewalt hinter der Maßnahme, die so ziemlich alle Bauern auf die Palme brachte. Der Viehhändler erzählte von der Fälschungsgefahr: »Auf dem Viehmarkt von Leeuwarden werden die gelben Ecken einzeln verkauft.« Der Tierarzt hatte schon regelrechte Blutbäder miterlebt: »Die Ohrmarken können hängenbleiben, wenn eine Kuh den Kopf durch das Gitter steckt. Manchmal sind sie beim halben Viehbestand herausgerissen.« In der Zeitung hatte gestanden, daß wöchentlich zehntausend Ohrmarken nachbestellt wurden.

Schafe und Ziegen sollten jetzt auch dran glauben. »Diese Beamten haben keine Ahnung vom Viehhandel«, empörte sich Bonne Hijlkema. »Ein Ziegenbock kostet zum Beispiel nur etwa vier Gulden. Aber diese zwei gelben Ecken kosten schon vierzig Gulden. Das Siegel ist teurer als der Brief!«

»Wer sich das hat einfallen lassen, hat noch nie einen zweijährigen Stier gesehen«, sagte Bonne Hijlkema. Van der Zweep nickte. »Zu mir kam neulich einmal ein Beamter auf den Hof, der wollte, daß ich auch dem letzten Stier eine Ohrmarke verpasse. Ich habe dem Mann gesagt: ›Da läuft er. Mach es doch selbst, wenn du dich traust.‹«

Wir philosophierten weiter, dort am Küchentisch, über die

Agrarindustrie und darüber, daß man mehr, immer mehr wollte. »Warum sind die Leute bloß immer so unzufrieden?« fragte sich die Bäuerin. »Man kann doch nicht noch mehr essen, wenn man schon satt ist? Aber ›mehr‹ ist nie genug.«

*

Ich mußte in jenem Winter manchmal an den Mehrteiler über die Zehn Gebote denken, den der polnische Filmemacher Krzysztof Kieslowski gedreht hatte. Besonders an seinen Film über das erste Gebot: »Du sollst keine anderen Götter haben neben mir.« Darin wird die Geschichte von einem Mann, seinem kleinen Sohn und ihrem Computer erzählt. Es friert, das Eis auf einem benachbarten Teich wird immer dicker, und mit seinem Computer berechnet der Mann jeden Tag die Dicke der Eisschicht, auf den Millimeter genau. Der Sohn hat ein blindes Vertrauen in seinen Vater und dessen Computer. Als der Computer »Freie Fahrt« signalisiert, wagt sich der Junge auf das Eis. Er fällt in ein Eisloch und ertrinkt. Der Kummer des Vaters.

In der Zeitung sah ich das Foto eines anderen Vaters. Er war gerade dabei, das IJsselmeer auf Schlittschuhen zu überqueren, eine ordentliche Strecke von mindestens fünfundzwanzig Kilometern. Niemand hatte das Eis zuvor kontrolliert. Neben ihm fuhr ein kleiner Junge von vielleicht neun Jahren, und er zog noch einen kleinen Schlitten hinter sich her, auf dem ein Kleinkind von etwa vier Jahren saß. Ich las, daß die Feuerwehr vergeblich versucht hatte, den Vater davon abzubringen.

Ich dachte: Der Mann ist verrückt. Aber er war auf eine besondere Art verrückt. Das war ein typischer Stadtverrückter, jemand, der trotz eines heftigen Sturms mit seinen Sprößlingen auf dem Pier von IJmuiden spazierengeht, sich aufs Geratewohl ein wenig im Watt die Beine vertritt oder über die Waal läuft, während die Eisoberfläche so zerbrechlich wie ein Trommelfell ist.

Das war ein Mensch, der vergessen hatte, daß sogar in diesem Land noch so etwas wie Natur existiert, daß es Kräfte gibt, die sich nicht mit einem Knopfdruck, einem guten Image oder einem Polyesterfutter bändigen, daß es Elemente gibt, die sich nicht mit Training und Technik beherrschen lassen, daß Wasser, Luft und der menschliche Geist ihre eigenen Stärken und Schwächen haben.

Während ich im Dorf wohnte, baute man auf einer nahegelegenen Schiffswerft für einen körperbehinderten Amerikaner eine maßgeschneiderte Segeljacht. Das Schiff war so konzipiert, daß der Mann ohne Hilfe damit unterwegs sein konnte. Es war möglich, mit einem Rollstuhl auf dem ganzen Deck herumzufahren, die Segel ließen sich im Sitzen hissen, es gab einen Lift ins Unterdeck, und sogar den Motor konnte der Amerikaner von seinem Rollstuhl aus reparieren. »Da steckt ein Vermögen drin«, munkelten die Jungs in der Kneipe.

Der Amerikaner betrachtete das Schiff begreiflicherweise als den endgültigen Sieg über sein Handikap und wollte damit ganz allein eine Weltreise machen. Keine Werft fühlte sich diesem Auftrag gewachsen, außer dieser hier. Die Jungs, die daran arbeiteten, waren ein bißchen stolz darauf, auch wenn sie die Idee für verrückt hielten, denn sie kannten die Gewalt des Meeres. Der Fahrstuhl konnte kaputtgehen, Taue konnten reißen; die Wellen nahmen keine Rücksicht. Die Natur ging ihren eigenen Weg, auch wenn man alle Technik der Welt gegen sie aufbot, das wußten die Jungs hier am Tresen nur allzugut.

Für viele Stadtbewohner schien es die Natur allerdings nicht mehr zu geben. Als eine Reihe von Vergnügungsjachten an einem Frühlingstag durch einen unerwartet schweren Sturm in Schwierigkeiten geriet, reckten die Niederländer die Faust gegen die Meteorologen. Als durch heftigen Regenfall Flußdeiche zu brechen drohten und das Deichvorland überschwemmt wurde, machten sie wie selbstverständlich den Staat dafür haftbar. Außer ihrer eigenen Welt gab es für solche Leute bestenfalls noch so etwas wie »Umwelt«, etwas, wovor man eine undefinierbare Angst hatte, eine Art Jüngstes Gericht, das irgendwann über die Enkel hereinbrechen würde, wovor man selbst jedoch noch durch »Maßnahmen« des Staates bewahrt wurde. So ließ sich alles auf Geld, Technik oder staatliche Beschlüsse reduzieren, und daß sich manche Dinge außerhalb dieser Ordnung bewegten, schien diesen Menschen nicht mehr bewußt zu sein.

Der fehlende tägliche Umgang mit Wind, Wetter, Erde, Pflanzen und Tieren führte in der modernen Gesellschaft zu einer Mythologisierung der Natur. Besser gesagt: Die Natur wurde aufgespalten in einen »guten« Teil, der beschützt werden mußte, und einen

»schlechten« Teil – Umwelt genannt –, den man beherrschen mußte. Carl Gustav Jung hat beschrieben, wie die westlichen Religionen allmählich ihre Teufel und bösen Götter verloren. Gott wurde für »gut« erklärt, und das Böse wurde dem Menschen zugeschrieben. Böse Götter, wie sie zum Beispiel im Hinduismus noch weit verbreitet sind, kannte der Westen nicht mehr.

So erging es auch unserer Vorstellung von der Natur. »Natur« war göttlich und gut – wie hart, grausam und stumpfsinnig die Realität auch sein mochte. »Umwelt« dagegen war menschlich und anfällig für das Böse. Wenn es sich um »Natur« handelte, akzeptierten wir – wenn auch mit Mühe – Freiheit und Chaos. Auf die »Umwelt« jedoch ließen wir alle Kontrolltechniken los, die uns zur Verfügung standen. In der »Natur« akzeptierten wir noch einen Teil des Ungreifbaren – zumindest solange es auf bestimmte Reservate beschränkt blieb. Die »Umwelt« durchforschten wir mit aller Rationalität unseres menschlichen Verstandes. Bauern beteiligten sich daran ebenso wie Städter, wenn sich die Geister unter einer Oberfläche scheinbarer Gemeinsamkeiten auch schieden.

Denn Bauern, sogar die fortschrittlichsten, wußten besser als Stadtmenschen, daß sie nicht alles wußten. Sie kannten weder Zukunft noch Gegenwart, sie begegneten dem Mysterium mit größerer Ehrfurcht. Sie machten dankbar von aller Computertechnik Gebrauch, die Gott ihnen schenkte, aber ihnen war klar, daß der Fortschritt des Wissens niemals den Umfang des Unbekannten verringern würde.

Auf dem Land war der Gegensatz zwischen dem Bekannten und dem Unbekannten daher auch weniger kraß als in der Stadt. Das Nicht-Wissen wurde dort als Bestandteil der Existenz anerkannt, manchmal in Form von Magie und Aberglauben, öfter in Form von Kirchen, Türmen und von Gottes Wort. Aber das Wesentliche war das Nicht-Wissen.

Warum verhielten sich die Bauern so und nicht anders? Warum »ackerten sie einfach weiter«, oft gegen alle Gesetze des gesunden Menschenverstandes und des Geldverdienens?

Der alte Tiennon, der französische Bauer aus dem neunzehnten Jahrhundert, den ich weiter oben bereits zitiert habe, beschrieb ein Gefühl unbestimmten Stolzes und Glücks: »Wenn ich sah, wie meine Weiden wieder grün wurden; wenn ich gebannt das Wachstum meines Getreides und meiner Kartoffeln verfolgte; wenn ich sah, daß meine Schweine gediehen, meine Schafe rund wurden und meine Kühe gesunde Kälber bekamen; wenn ich sah, daß meine Färsen sich prächtig entwickelten und schön wurden, daß sich meine Ochsen trotz ihrer harten Arbeit gut hielten, daß sie sauber waren, gut geschoren, daß sie einen gekämmten Schwanz hatten und ich also stolz auf sie sein konnte, wenn ich mit den anderen Pächtern Fuhren auf das Schloß brachte; wenn ich sah, daß die Tiere, die ich verkaufen wollte, gut im Futter standen: dann war ich glücklich.«

Interessanterweise erzählten die Jorwerder Bauern Ende des zwanzigsten Jahrhunderts noch immer genauso von ihrer Beziehung zum Land, zum Regen und zum Vieh. Es ging um Empfindungen, die sich nicht in Kategorien von »Überleben« und »Geld« erklären ließen, und fast alle Bauern, mit denen ich sprach, wunderten sich selbst darüber. Sie redeten davon, als handelte es sich um eine Art von Verliebtheit, um ein Gefühl, das der nüchternen Haltung, die sie allzuoft vor sich hertrugen, widersprach, das sie aber dennoch nicht leugneten.

»Die Natur, das ist alles«, sagte Bonne Hijlkema. »Die Maienzeit, die Vögel. Man ist eins mit der Natur, das spürt man in seinem Leib.«

»Mit Tieren umgehen, auf der Weide laufen, das Gras, die Wolken, es ist so herrlich«, sagte Lies Wiedijk.

Sakes Vater, Tjerk Castelein, schrieb in den Erinnerungen über die Einheit von Bauer und Kuh: »Die Ruhe des Stalls mitten im Winter, das eifrige Melken des friedlichen Milchviehs, das sind Bilder, die man nie wieder vergißt.«

Seine Kinder sprachen von Berufung. »Man arbeitet zwölf Stunden pro Tag, das Einkommen ist nicht schlecht, aber letzten Endes kommt man trotzdem nicht über die Runden«, meinte Sake. Sein Gesicht hatte sich etwas Junges bewahrt, aber sein Körper sah müde aus. Seine Yke war noch immer eine hübsche Frau mit freundlichen Augen. »Früher fragte man sich so etwas überhaupt nicht«, sagte sie. »Wir sind damit aufgewachsen, es mußte einfach sein.«

Sake: »Als ich sechzehn war, haben wir einmal eine Exkursion in die Kondensmilch-Fabrik gemacht, und da sah ich die Leute am

Fließband stehen. Damals wußte ich: Hier will ich niemals hingeraten, ich werde total verrückt, wenn ich hier lande.«

Aber Tjerks Enkel wollten lieber im Bildungssektor oder in einem sozialen Beruf arbeiten. Bei fast allen Bauern, mit denen ich sprach, war es ähnlich: Wir unterhielten uns über Milchquoten, Roboter, Embryo-Implantationen und Hormonpräparate. Wenn der Abend jedoch zur Neige ging, redeten wir doch wieder vom Land, vom Vieh und von der Luft. Und in den Ställen hing noch immer der uralte Geruch von Milch, vermengt mit Heu und einem Hauch von Dung, das süße Gemisch, vorsintflutlich und ewig zugleich, das einen Menschen verrückt machen kann vor Sehnsucht nach etwas, das er nie gekannt hat.

*

Es war ein strahlender Herbsttag, als wir den alten Frachtführer Tjitse Tijssen beerdigten. Er lag mitten in der Kirche, blaß und still in seinem braunen Sonntagsanzug, und neben ihm standen seine zwei Enkel und sein Sohn, mit dem er nie hatte reden können.

Das Sonnenlicht fiel in großen gelben Strahlen auf die Bänke. Die fünfzig Dorfbewohner, die Tjitse das letzte Geleit gaben, saßen da und flüsterten leise, während die Orgel süßliche Beerdigungsklänge zu Gehör brachte. Ansprachen gab es nicht. Die einzigen, die etwas sagten, waren Cor Wiedijk, der seit kurzem den Beerdigungsverein leitete, und der Pfarrer. Der Pfarrer nahm kein Blatt vor den Mund. Tjitse war einsam gewesen zuletzt. Er hatte sich manchmal beklagt, daß die Leute ihn schon nicht mehr grüßten: »Sie sehen mich nicht einmal mehr.« Tjitses Existenz war für das Dorf langsam verloschen.

Während der Pfarrer sprach, mußte ich an die Geschichte von Heleen und Annie und dem Dichter denken und an das romantische Plätzchen hinten im Garten, neben dem Friedhof, und an die Fotos, die da im Pfarrhaus in einer Schublade lagen, mit einem kleinen Loch darin, da der endlos reisende Slauerhoff sie an die Wand seiner Kajüte geheftet hatte, und daran, was auf der Rückseite stand: »Von Heleen für Jan, 1926.«

Jahre später hatte Heleen sie von Jan zurückbekommen, und so waren sie schließlich wieder nach Jorwerd und in diese Schublade geraten. Er war damals schon todkrank und hatte sie eigens in Italien besucht, um sie zu bitten, mit ihm nach Holland zurückzukehren, für diese letzten paar Wochen.

Sie hatte sich geweigert. Sie konnte ihren invaliden Patienten nicht so ohne weiteres im Stich lassen, fand sie, und so gab er ihr diese zwei Fotos zurück, zusammen mit ein paar wütenden Versen:

Von Feinden umringt,
Von Freunden in der Not
Gescheut wie Aas, das stinkt,
Halte ich mich lachend aufrecht.

In der Schublade im Pfarrhaus lag auch das Foto von Jan auf seinem Totenbett, von holländischen Freunden an Heleen geschickt, noch immer in demselben Umschlag aus Chinapapier, den sie geöffnet haben muß, als sie das Bild bekam, und vielleicht später noch öfter.

Sie wohnt dort noch, ich weiß es sicher, denn
Ein starker Friede war ihr eigen.

All dies ging mir während der Predigt durch den Kopf. Tjitse Tijssen hatte nie viel für den Glauben übrig gehabt, aber gegen Ende seines Lebens hatte er den Pfarrer gefragt, ob dieser vielleicht doch etwas für ihn tun könnte. Also lasen wir den ersten Brief an die Korinther: »Denn unser Wissen ist Stückwerk, und unser Weissagen ist Stückwerk. Wenn aber kommen wird das Vollkommene, so wird das Stückwerk aufhören.« Und dann begannen die Glocken noch einmal zu läuten.

So wurde der alte Frachtführer hinausgetragen. Der Friedhof lag voller Blätter, aber die Bäume rauschten noch. Wir liefen am Grab des kleinen Mädchens vorbei, das im letzten Jahr gestorben war und dessen Familie einen kleinen Weihnachtsbaum auf das Grab gestellt hatte; vorbei am Grab des Fleischers und am Grab der Frau von Durk Siesling, das immer mit Blumen geschmückt war. Wir liefen um die Kirche herum und gelangten zur offenen Grube.

Weil Cor es zum ersten Mal machte, waren wir falsch aus der

Kirche hinausgelaufen, so daß der Sarg erst wieder gedreht werden mußte. Tjitse mußte doch liegen, wie es sich gehörte, mit dem Kopf in die richtige Richtung, wie jeder im Dorf schon seit Hunderten von Jahren.

Ohne Gebet wurde er dann der Erde übergeben. Wir hörten die Vögel, die Kinder auf dem Schulhof, die Reifen eines Autos und den Zwei-Uhr-Zug. Dann war es vorbei.

Der Winter von 1979

In einer klaren Nacht fuhr ich spät nach Hause. Ein tiefer Schlummer lag über dem Land, und das einzige, was sich in den Dörfern bewegte, waren Dutzende von Katzenaugen, die wie kleine grüne Lichter über die Wege huschten.

In Jorwerd lag die Dorfstraße verlassen da, mehr als still im Licht der spärlichen Straßenbeleuchtung; nicht einmal die Bäume rings um den Friedhof regten sich. Die Häuser waren dunkel, und ich konnte ihre Bewohner fast im Schlaf atmen hören: Sake, Yke, Folkert, Bonne, Gais Meinsma, Oebele van Zuiden, Eef, den Pfarrer, den alten Notar.

Wovon träumten sie in dieser Nacht? Von manchen wußte ich es, und von anderen konnte ich es mir denken. Ich wußte, daß Oebele van Zuiden in seinen Träumen immer mähte, obwohl er seine Pferde schon vor Jahren weggegeben hatte: »Ho, en tebek!« – »Hü, und zurück!« Durk Siesling, der alte Torfschiffer, hatte mir erzählt, daß er nachts noch oft bei Mondschein ein Segelschiff mit einer Ladung Torf steuerte, einen seiner eigenen Kähne, den »Jungen Durk« oder die »Hoffnung auf Wohlstand«, wie sie in voller Pracht auf alten Fotos prangten. Und als Tjitse Tijssen noch lebte, fuhr er – so erzählte der Pfarrer – in seinen Träumen immer wieder die alte Frachtroute: Jorwerd, Mantgum, Weidum, Leeuwarden, hin und zurück, hin und zurück.

Die Leute, die zwischen 1900 und 1930 geboren sind, hatten oft ein einsames Leben. Sie können einem noch von den verschwundenen Geräuschen auf dem Lande erzählen – daß man, wenn man in Oosterwierum stand, überall Mühlen rauschen hörte, den hellen Klang der Schnitter, die ihre Sense dengelten, und noch ein Stückchen weiter, in allen Dörfern um einen herum, den Amboß des Schmieds. Sie können es einem noch erzählen. Aber sie können diese Erfahrung kaum mehr mit jemandem teilen.

Gais Meinsma zeigte mir ihre alten Fotoalben. »Schau mal«,

sagte sie, während sie die Bilder auf dem Tisch ausbreitete, »das war die Dorfstraße in der Zeit, als ich zur Schule ging. Und das war der Theaterklub. Und das war das Dorf, mit dem Hafen und dem Schiff von Durk Siesling. Und das war in der Zeit der großen Umzüge, 1939.«

Auf einem Foto sieht man einen Prunkwagen mit einer Frau in friesischer Tracht, mit einem Schornstein, einem Storch und einem Rad, auf dem ein paar fein angezogene Kinder sitzen. Unter dem Bild steht ein friesischer Vers von Gysbert Japicx: »Die Kinderwelt, so zart und fein, da liegt die ganze Zukunft drein.« »Das hatte sich Pfarrer van Gelder ausgedacht. Der wollte uns bilden, der ließ uns immer Gedichte vorlesen. ›Der Gärtner und der Tod‹, da verstand man nur Bahnhof.«

Ein Foto von einer Schulklasse. »Das war meine Schule, von 1933 bis 1939. Das war Anneke Pot, eine Bauerntochter, umgezogen. Dort steht Grietje van Hoek, ihr Vater verkaufte Petroleum, furchtbar arm waren sie, die ganze Familie ist 1943 zum Arbeiten nach Deutschland gegangen. Tjebbe de Vries, ein Bauernsohn, ist Ingenieur geworden, in die Randstad umgezogen. Henk Oostra, auch in den Westen verschwunden. Zwaantje de Jong, Bäckerstochter, mit dem Briefträger verheiratet. Detsje Ikema, Tochter eines Arbeiters, mit einem Bauern verheiratet. Ihr Bruder Jan ist nach Frankreich gezogen. Anne Dijkstra, Tochter des Zimmermanns, mit einem Lehrer verheiratet, wohnt jetzt in Geldern. Hendrik van der Veer, Sohn des Schmieds, selbst auch wieder Schmied geworden, bis der Betrieb kaputtsaniert wurde.«

Ein Foto von einer bildhübschen jungen Frau. »Ja, und das war ich, als ich noch zu Hause auf dem Bauernhof arbeitete.« Sie ging in den Widerstand, bekam alleinstehend ein Kind, heiratete Hendrik Meinsma, den Anstreicher, und studierte – viel, viel später – Theologie.

In diesem Dorf gibt es keinen Menschen oberhalb einer gewissen Altersgrenze, der nicht unablässig Verödung und Niedergang erlebt hätte – zumindest, was das Dorfleben betrifft. Von den gut fünfhundert Einwohnern, die Jorwerd Anfang des Jahrhunderts aufzuweisen hatte, waren 1995 nur noch dreihundertdreißig übrig. In der Bevölkerungsstatistik des Dorfes ist nur einmal ein minimaler Aufschwung zu erkennen, in den siebziger Jahren, als am Rande des Dorfes sechzehn Neubauwohnungen errichtet wurden.

So erging es fast allen kleinen Dörfern. Rückblickend betrachtet, standen die meisten etwa 1870 auf dem Höhepunkt ihrer Entwicklung. Wenn die kleinen Dörfer danach auch Zuwachs zu verzeichnen hatten, verlief dieses Wachstum langsamer als in den übrigen Niederlanden. Die natürliche Bevölkerungszunahme – die Differenz zwischen Geburten- und Sterbeziffer – wurde ständig dadurch zunichte gemacht, daß so viele Leute fortzogen.

Diese Talfahrt ist zweimal unterbrochen worden. In den dreißiger und vierziger Jahren verhinderten Wirtschaftskrise und Krieg eine Fortsetzung der Landflucht, und in den siebziger Jahren eröffnete der Wohlstand vielen Städtern erstmals eine Möglichkeit, die zuvor nur den Reichen vorbehalten gewesen war: zwischen der Lebendigkeit der Stadt und der schönen Wohnlage des Dorfes wählen zu können. In Massen zogen die Naturliebhaber aufs Land, und ihre Zahl kompensierte die Abwanderung der Dorfbewohner in die Stadt bei weitem. Vor allem die größeren Dörfer profitierten von diesen Neuankömmlingen. Als sich die wirtschaftliche Situation Anfang der achtziger Jahre verschlechterte und der Wohnungsmarkt zusammenbrach, versiegte der Strom wieder. Nach 1983 war die Bevölkerung in der Hälfte der friesischen Landgemeinden sogar in absoluten Zahlen rückläufig.

Diese Angaben beschönigen die Lage übrigens noch. Bis nach dem Zweiten Weltkrieg lebte ein erheblicher Teil der Landbevölkerung nämlich nicht in den Dörfern selbst, sondern in deren Umgebung. In Funs und anderen Weilern »wimmelte es von Kindern«, wie die Älteren sagten. Früher schliefen die ledigen Knechte und Mägde meist auf dem Bauernhof – manchmal in einem Verschlag über den Ställen –, und die Arbeiter mit Familie wohnten in einem kleinen Häuschen ganz in der Nähe. Dieses patriarchalische System behielten vor allem die Viehhalter noch lange bei. Wer Getreide, Rüben oder Kartoffeln anbaute, konnte eine Riege von Tagelöhnern anheuern, wenn es ans Ernten ging, aber beim Vieh, da mußte man ständig in der Nähe bleiben.

Mitte der fünfziger Jahre verschwanden die Scharen von Landarbeiterkindern, die sich jeden Morgen aus dem Umland in die Jorwerder Dorfschule aufgemacht hatten. Maschinen kamen auf, das

Verhältnis zwischen Bauern und Landarbeitern wurde distanzierter, die Arbeiter kauften Fahrräder, die Kinder mußten immer länger zur Schule gehen, und mit der Zeit wurde es sehr verlockend, vom flachen Land in den Dorfkern zu ziehen. Von dort aus war der Schritt in die Stadt nicht mehr so groß.

Die Landflucht erfaßte nicht alle Dörfer. Als ein Forscher einmal die Einwohnerzahlen der Dorfkerne im friesischen Südwesten mit denen vor hundertfünfzig Jahren verglich, stieß er auf eine bemerkenswerte Tatsache: In der Rangordnung der Dörfer hatte sich in dieser Zeit kaum etwas verändert. Dörfer, die einen bestimmten Status erworben hatten, gaben diesen offenbar kaum mehr preis. Dagegen hatten die Unterschiede zwischen den Dörfern sich sehr wohl gewandelt. Wie zwischen Groß- und Kleinbauern, so hatte sich auch zwischen den diversen Dörfern eine Schere geöffnet; die großen waren größer geworden, die kleinen immer kleiner.

Vor allem nach 1950 begann sich die Landbevölkerung in den größeren Orten zu konzentrieren. Das war ganz im Sinne der staatlichen Politik, denn dort gab es eine hinreichende Basis für Schulen, Läden und Betriebe, und dort sollten auch fast alle Wohnungen gebaut werden.

Diese Politik hatte spektakuläre Folgen. Eine Untersuchung der Provinz Friesland ergab 1964, daß seit 1950 in fast allen kleineren friesischen Dörfern die Bevölkerungszahl zurückgegangen war, und zwar nach dem einfachen Prinzip: je kleiner das Dorf, desto größer der Prozentsatz an Leuten, die fortzogen.

In dem ausgedehnten Weidegebiet rings um Jorwerd lagen gut hundert kleine Dörfer. Bei fünf von sechs war die Einwohnerzahl in den vierzehn Jahren um zehn bis fünfzehn Prozent gesunken, bei den kleinen Dörfern mit weniger als zweihundert Einwohnern sogar um fast zwanzig Prozent.

»Will das Dorf als solches seine Funktion weiterhin in angemessener Weise erfüllen und sich zugleich von dem Gefühl befreien, benachteiligt zu werden, dann sollte man den Schwund der kleineren Kerne nicht mit Sorge beobachten, sondern hierin gerade ein positives Symptom sehen«, schrieben zwei Gutachter der Landwirtschaftlichen Hochschule Wageningen im Jahre 1957, und sie brachten damit die Ansichten des durchschnittlichen Gemeinderats der damaligen Zeit treffend zum Ausdruck. Zwar wiesen nicht alle Dörfer mit weniger als fünfhundert Einwohnern Zeichen von Verfall auf, aber kaum einem Politiker schien es mehr ratsam, dort noch viele Investitionen zu riskieren.

Die Aufmerksamkeit konzentrierte sich daher auf die größeren Orte. In den kleinen Dörfern kam es, wie in den heruntergekommenen Stadtvierteln, zu einem fatalen Niedergang: Es gab nicht genügend Arbeit, immer mehr wanderten ab, und es waren häufig nicht die Unwichtigsten, die fortzogen. Post, öffentliche Verkehrsmittel und andere Dienstleistungen wurden reduziert, wodurch das Dorf zunehmend an Attraktivität für Neuankömmlinge verlor, nach und nach schlossen die Geschäfte, und nun wurden auch die Älteren allmählich unruhig. Kurzum: Es kam zu einer Art Ghettobildung, nur im kleinen und braven und in völliger Stille. Kein Hahn krähte danach.

*

Riemer de Groot kam Ende der vierziger Jahre als Soldat aus Indien zurück. Kaum hatte er Jorwerd betreten, so erzählte er, legte sich das Dorf wie eine schwere Last auf seine Schultern. Er hatte es früher nie so empfunden. Seine ersten Erinnerungen waren vollständig von Geborgenheit geprägt: daß sein Vater die Bestellungen für die Kunden fertig machte, daß ein Stück geräuchertes Pferdefleisch am Balken hing, daß er hinten zwischen den Käselaiben herumstöberte. Seine Eltern hatten ihn in die evangelische Konfessionsschule nach Hijlaard geschickt, aber ansonsten hatte er nie etwas anderes gekannt als das Dorf, und an Sommertagen war er wie alle anderen Jungs im Kanal geschwommen, rings um die »Hoffnung auf Wohlstand« von Durk Siesling.

Aber dann brach der Krieg aus. Riemer mußte untertauchen, es verschlug ihn nach Indien, und als er fünf Jahre später in das Dorf zurückkehrte, fiel er nach eigenem Bekunden in ein tiefes Loch. »Ich dachte damals oft: Was mache ich eigentlich hier? Aber man war nichts anderes gewöhnt. Man half im Laden, man brachte mit dem Transportfahrrad Käse zu anderen Krämern, man hatte seinen Alltag zu bewältigen, man mußte wohl.« Er heiratete seine Lieske, und 1953 übernahm er von seinem Vater den Lebensmittelladen mit Käselager, um ihn nie wieder zu verlassen.

Die ersten Jahre ging alles gut. Das Lastenfahrrad mit den großen ledernen Handschützern wurde durch ein Auto ersetzt, und der Umsatz stieg ununterbrochen. »Die Konkurrenz war damals nicht so hart«, sagte Riemer. »Es gab früher die vertikale Preisbindung, und das bedeutete, daß eine Packung Douwe-Egberts-Kaffee in einem Stadtladen genausoviel kostete wie bei uns. Man hatte also immer ein festes Einkommen, denn es gab eine feste Gewinnspanne.«

Über den Umsatz konnte er auch nicht klagen, denn die Haushalte waren noch groß. »Man hatte im Dorf nicht so viel Geld, aber es gab ja viele Münder, und der größte Teil des Familieneinkommens wurde damals für Lebensmittel ausgegeben. Zudem kaufte jeder im Dorf fast alles bei einem der Lebensmittelhändler vor Ort. Wir hatten zwar einmal einen Schullehrer, der in die Stadt zum De-Gruyter-Supermarkt ging, denn der gab zehn Prozent Rabatt, aber das war doch eine Ausnahme.«

Bäcker, Fleischer und Lebensmittelläden bildeten im damaligen Jorwerd die sozialen Zentren des Alltags. Auch im Krämerladen von Riemer und Lieske wurde eine Menge geplaudert. Als Lieske heiratete, schwor sie sich, daß man niemals von ihr würde sagen können: »Die tratscht wie ein Waschweib.« Sie hatte ihre eigenen Grundsätze: »Es gab Kunden, die bei einem tief in der Kreide standen, die ihre Schulden Gulden für Gulden abbezahlen mußten, aber darüber durfte man nie reden.« Die soziale Kontrolle war streng, und das brachte für einen Einzelhändler auf dem Dorf seine spezifischen Probleme mit sich.

In erster Linie führte der Dorfklatsch zu hohen Qualitätsanforderungen: Jeder Kunde zählte, und wenn man ihm Schund andrehte, dann war man nicht nur den Kunden los, sondern einen halben Tag später auch seinen guten Ruf bei den anderen.

Zweitens gab es den Kredit, auch »das Buch« genannt. Die meisten Kunden in einem Dorfladen bezahlten einmal pro Woche. Das war eine heilige Tradition, auch in Jorwerd. Allerdings bescherte diese Form des Kundendienstes den kleinen Ladenbesitzern regelmäßig schlaflose Nächte. »Ich weiß immer noch, wer mir Geld schuldet«, sagte Lieske. »Da waren schnell hundert Gulden weg, wenn jemand ein paarmal nicht bezahlte«, sagte Riemer.

Manchmal tauchte Riemer gerade noch in letzter Sekunde vor

der Tür eines Kunden auf, der umziehen wollte. »Ich sagte: Ich habe hier noch eine offene Rechnung. Er fragte, wieviel, und er legte das Geld sofort auf den Tisch. Ich dachte: Das hätte ich. Aber manchmal klappte es auch nicht, und dann war man schnell ein paar hundert Gulden los. Und das war schon was, bei einem Wochenumsatz von nicht einmal tausend Gulden.«

Der Absatz stieg langsam, aber sicher. Riemer und Lieske schlossen sich der Freiwilligen Ein- und Verkaufsorganisation an. Zwar wurde an der vertikalen Preisbindung gerüttelt, die Gewinnspannen verringerten sich, und die großen Familien verschwanden, aber der Wohlstand nahm zu, die Leute gaben mehr aus. »Wir bekamen alles mögliche Reklamezeug. Wir verteilten Prospekte, das kurbelte den Verkauf ordentlich an. Das Sortiment wurde immer größer, und weil wir so viele Bestände hatten, mußten wir sogar ein Stück vom Lagerraum für den Laden abzweigen.«

Obwohl sich allmählich der Wandel in den Dörfern abzeichnete, verdoppelte Riemer seinen Umsatz.

*

Mit dem Dorf schien es immer weiter aufwärtszugehen. In den ersten Jahren ihrer Ehe sicherte der Malerbetrieb Gais und Hendrik Meinsma kaum mehr als eine kärgliche Existenz. Im Sommer lief das Geschäft gut, aber im Winter war es schwierig, genügend Innenarbeiten zu finden. Hendrik hangelte sich dann von einer Gelegenheitsarbeit zur anderen. Er fing schon einmal mit den Fensterläden der Bauernhöfe an, die er sich im Sommer vornehmen würde, oder er strich die Maschinen der Bauern zum Freundschaftspreis. Gais mußte sich an das sparsame Leben im Winter erst gewöhnen. Es war allerdings eher Hendrik, der sich den Kopf zerbrach. Allmählich kam die Sache freilich in Schwung, und so ging es auch den anderen Mittelständlern.

Der Bäcker Klaas de Jong, der gern Sport trieb, war Anfang der fünfziger Jahre der erste Jorwerder, der sich eine Dusche leistete. »Spannend war das alles«, erinnerte sich Gais. »Neue Sachen im Dorf. Wenn jemand so übermütig war, dafür extra ein Zimmer einzurichten, dann ging man da hin. Ein Hahn, wo einfach so warmes Wasser rauskam.« Gais besuchte den Bäcker eigens, um die Dusche auszuprobieren, und sie war nicht die einzige.

Durk Hofstra, ein Tagelöhner, mußte unbedingt auch so ein Ding haben, aber das Geld dafür hatte er beim besten Willen nicht. Also nahm er einen Eimer, bohrte hundert Löcher in den Boden und füllte lauwarmes Wasser ein; so ging es auch.

In den Jahren des Wiederaufbaus herrschte in den Dörfern dieselbe Art von Aufregung wie Ende des vorigen Jahrhunderts. Überall wurden Gas- und Wasserleitungen gelegt. Mit Erstaunen sahen die Älteren, wie die hölzernen »Klohäuschen« von »elektrischen« WCs abgelöst wurden. Der »Fäßchenkarren« verschwand, obwohl dieses Sinnbild der Rückständigkeit noch bis in die siebziger Jahre durch manche kleinen Dörfer fuhr, für die Einwohner eine allwöchentliche Demütigung.

Bäcker De Jong war auch der erste Jorwerder, der sich einen Fernseher anschaffte. Wieder wurde jedermann eingeladen, um die Neuheit zu bewundern. Wenn am Mittwoch- und Samstagnachmittag Kindersendungen liefen, standen bestimmt dreißig Paar Holzschuhe vor der Tür. Bei Fußballspielen und anderen Großereignissen wurde das Gerät ins Fenster gestellt. Auf Klaas de Jong folgte bald der Notar, danach das ganze Dorf.

Das Auto begann ebenfalls seinen Vormarsch. 1919 gab es, laut Unterlagen der Gemeinde, einen einzigen Personenwagen im Dorf, den von Notar Kingma Boltjes. 1954 waren es drei, ein Jahr später standen fünfundzwanzig da. Sogar Hendrik Meinsma machte den Führerschein – Gais hatte mit dem Wissen des halben Dorfes den Prüfungsbescheid unter seinem Kissen versteckt und verkündete ihm, um seine Nerven zu schonen, erst am fraglichen Morgen, daß er zur Prüfung mußte.

Schließlich fanden die Jorwerder Geschmack an einem Phänomen, das bisher ein Privileg des Pfarrers, des Notars und des Schulpersonals gewesen war: Urlaub.

Riemer de Groot wagte es als einer der ersten. Seit Anfang der fünfziger Jahre ging er jeden Sommer eine Woche Segeln. »Das kostete mich zwar eine Woche Umsatz, aber am Jahresende merkte man nichts mehr davon.« 1958 reiste die Familie zum ersten Mal auf den Veluwe*. Dann nach Südlimburg, bestimmt zwanzig Jahre

---

* Hügellandschaft in der niederländischen Provinz Geldern. Dort befinden sich zwei große Nationalparks (Anm. d. Übers.).

hintereinander. Erst dann entdeckten sie das Ausland: Israel, die Schweiz, Südtirol, Spanien. Die Mehrzahl des Dorfes zog in den sechziger Jahren nach. »Etwas von der Welt sehen, das ist das Schönste«, sagte Riemer.

Im Sommer 1978 machten acht ältere Jorwerder, Durk Siesling, Oebele van Zuiden, Tjitse Tijssen und Kees Jellema mit ihren Frauen, die erste Urlaubsreise ihres Lebens. Eine zehntägige Kreuzfahrt auf dem Rhein. Sie wurde zu einem Erlebnis. »Man kann sich gar nicht vorstellen, wie schön das war«, erzählte Oebele van Zuiden später. »Ich habe die ganze Zeit nur dagestanden und geschaut, nach den Bergen, nach allem. Es war traumhaft. Und für alles war gesorgt. Kaffee und Tee, soviel wir wollten.« Folkert ging nie fort. »Urlaub, daran wagte man nicht einmal zu denken. Die Arbeit mußte doch weitergehen.«

*

In jenen Jahren ergab sich eine weitere Veränderung, die man in keiner Statistik wiederfindet, die aber mindestens so einschneidend war wie der Einzug des Autos und des Fernsehens. Fast überall veränderte sich das Dorfbild.

In Jorwerd wurde der stinkende Hafen zugeschüttet, man legte ein paar Parkplätze an, und es gab sogar wilde Pläne, ein Stück des Pfarrhausgartens in einen kleinen Platz für das Kettenkarussell auf der jährlichen »Merke« zu verwandeln, aber dem wußte Gais einen Riegel vorzuschieben.

In vielen Nachbardörfern schlug die moderne Zeit unbarmherzig zu. Es wurde gesägt und gehackt, verwilderte kleine Ecken verschwanden, Pflastersteine wurden mit Asphalt zugedeckt, verfallene Arbeiterhäuschen durch geradlinige Bauten aus gelbem Backstein ersetzt. Viele Bauernhöfe verloren in jenen Jahren ihre strenge Kopf-Hals-Rumpf-Silhouette: Silos, Scheunen und Liegeboxenställe wurden neben das Haupthaus gebaut, und überall schimmerte das schwarze Plastik der Feldsilos. Man legte neue Straßen an, uralte Kanäle wurden zugeschüttet, verschmälert oder durch den Bau von niedrigen, festen Brücken unbefahrbar gemacht. Auf diese Weise verblaßte die Vielfalt der Dörfer und Landschaften allmählich. Es entstand eine Art Standarddorf, ein Konfektionsmodell, das »modern« und folglich gut war und dem jeder andere Dorftyp untergeordnet war.

Der Baumbestand ging auffällig zurück. Anfang der fünfziger Jahre konnten viele Dörfer noch als lauschig gelten. Sie standen voller Eichen, Buchen und Linden – groß und hoch, nicht selten hundert oder hundertfünfzig Jahre alt. Zwanzig Jahre später waren davon oft nur noch wenige übrig. Wenn die Bäume nicht schon dem Verkehr hatten weichen müssen, dann mit ziemlicher Sicherheit den umfassenden Flurbereinigungen, die wie Stürme über das Land gefegt waren. In den meisten Dörfern wurden sie durch eine Bepflanzung ersetzt, die auch in den städtischen Grünanlagen Furore machte: Sträucher, Koniferen, der Typ von Gewächsen, die sich bequem mit elektrischen Heckenscheren in Schach halten ließen.

Ein Ort wie De Knipe, im Osten von Heerenveen, geprägt von einem länglichen Grundriß, von hohen Bäumen und einem verträumten Kanal in der Mitte, wurde zur Hälfte einer kahlen Durchgangsstraße geopfert. Damit war nicht nur das Aussehen des Dorfes ernsthaft in Mitleidenschaft gezogen. Auch das Bild, das eine Dorfgemeinschaft von sich selbst hatte, das Dorf als Dorf wandelte sich durch einen solchen Eingriff auf subtile Weise – so, wie sich das Selbstbild eines Menschen verändert, wenn ihm ein Bein amputiert oder das Gesicht entstellt wird.

Einer der ersten, die den Wandel der Zeiten am eigenen Leib zu spüren bekamen, war der Mann, der für die ursprüngliche Schlagader des Dorfes zuständig war: der Binnenschiffer Durk Siesling, der mit seiner »Hoffnung auf Wohlstand« (fünfzig Registertonnen) auf und ab fuhr, vom Dorf in die Welt. Wegen all der neuen Dämme konnte er ab Mitte der fünfziger Jahre nur noch über einen enormen Umweg nach Sneek gelangen, und auch nach Leeuwarden wurde es immer schwieriger.

Durk hatte seit seiner Geburt im Jahre 1916 das Wasser befahren. Aufgewachsen war er auf einem Bojer* aus Eichenholz, den

---

* Der Bojer ist ein Segelschiff für Küsten- und Binnengewässer, das im fünfzehnten und sechzehnten Jahrhundert entwickelt wurde. Heute benutzt man diesen Einmaster mit Seitenschwertern und einem runden Steven nur noch als Freizeitjacht (Anm. d. Übers.).

sein Großvater hatte bauen lassen. Die Familie beförderte Dung, Rüben, Sand, Warfterde und Torf.

»Mit fünfzehn war ich schon der Ernährer«, erzählte er. »Mein Vater starb früh, meine Mutter stand alleine da. Als Junge brachte ich mit einem zusätzlichen Prahm* Torfballen zu einem Kunden weit hinter Sneek. Um zwölf Uhr nachts aufstehen, den ganzen Tag staken und entladen, um zwölf Uhr nachts wieder heimwärts, in vierundzwanzig Stunden hin und zurück. Und immer nur schuften, ganz allein. Da fehlt einem schon was, so ohne Vater.«

Durk Siesling war 1957 einer der letzten Schiffer, der auf Motorbetrieb umstellte. Jahrelang blieb er ein Segler wider Willen, weil die Familie zu arm war für Treidelpferde oder Schubboote. »Wenn ich so mit dem Schiff aus dem Dorf hinausfuhr, sah man die Leute denken: Wie schön, so geruhsam auf einem Schiff, so still unter dem Segel. Aber wenn ich mein Leben lang im Dorf Kohlen geschleppt hätte, wäre es einfacher gewesen.«

Die Arbeit wurde nicht leichter, als sich auch in den ländlichen Regionen ein Großteil des Verkehrs vom Wasser auf die Straße verlagerte. Bei festen Brücken, und davon gab es immer mehr, mußte immer der ganze Mast herunter. »Wenn wir Torf verschifften, fuhren wir morgens um halb vier weg und machten dann bis abends spät weiter. Bei Rüben fuhren wir manchmal auch nachts, bei Mondlicht.«

An Sturm und Unwetter war er gewöhnt. Einmal hatte er einen Zusammenstoß, bei Birdaard, ein anderer Kahn raste über sein kostbares Schubschiff hinweg, der laufende Motor landete im Wasser und war völlig kaputt, einen ganzen Herbst hatte ihn das gekostet. Ein Anwalt in Rotterdam verlangte zweihundert Gulden von ihm, bevor er irgend etwas unternahm; er hat nie einen Pfennig davon wiedergesehen.

Um 1950 verabschiedete man sich in Jorwerd von der Braunkohle, und nach 1970 war auch mit der Steinkohle nur noch wenig zu verdienen. »In den Ferien gingen Frau und Kinder mit. Später kam die Frau manchmal abends mit dem Bus zu mir, um Essen vorbeizubringen und mir ein Weilchen Gesellschaft zu leisten.

---

*   Kastenförmiger, großer Lastkahn (Anm. d. Übers.).

Dann gab es eine Zeit, da holte mich der Sohn samstags mit dem Auto vom Schiff ab, übers Wochenende. Aber es gab auch viele Nächte, wo man abends vor einer geschlossenen Brücke landete. Dann setzte man das Essen auf und machte inzwischen klar Schiff, schrubbte das Deck, aß und dann ab in die Koje. Und dann lag man da und wartete bis zum nächsten Morgen. Nein, das hat nicht viel, so alleine.«

1974 beförderte die »Hoffnung auf Wohlstand« ihre letzte Fracht. »Man ist ein bißchen wehmütig an so einem Tag. Na ja, und dann ist es vorbei.«

*

Dies alles spielte sich zu einer Zeit ab, als das Wort »modern« auf manche Dorfbewohner wie überall in Europa eine große Anziehungskraft ausübte. 1975 beschrieb Peter O. Chotjewitz im *Kursbuch*, wie sich das osthessische Dorf wandelte, in dem er seit zwei Jahren wohnte, ein Weiler mit einhundertsechsunddreißig Einwohnern in der Gegend von Fulda, direkt an der damaligen Grenze zur DDR. Vor allem wunderte er sich damals über die Aufräumwut, die von der Bevölkerung Besitz ergriffen hatte. Möbel, die nicht »modern« waren, wanderten ohne viel Aufhebens auf den Müll. Ältere Gegenstände durften nur bleiben, wenn sie dem Geschmack der Zeit entsprachen: ein Spinnrad, eine Schubkarre im Garten, ein hölzernes Wagenrad an der Wand.

Genau dasselbe geschah in Jorwerd. Eine Welle der Kauf-, Abreiß-, Wegwerf- und Baulust überflutete das Dorf. Es waren die Jahre der durchbrochenen Zwischenwände, der mit Holzfaserplatten weggezimmerten alten Decken, der künstlich angebrachten Balken aus rustikalem Eichenholz, der verschwundenen Bauernkittel und der neuen amerikanischen Overalls, der Gas- und Warmluftheizung, der pseudo-antiken Bauernöfen und Kamine.

»Die ältere Generation hat ihr Leben lang in einer Einrichtung gelebt«, schrieb Chotjewitz. »Leute, die in den zwanziger und dreißiger Jahren geheiratet haben, nutzen noch heute einen Großteil der damals erworbenen Möbel, haben nur wenig an Bett- und Tischwäsche hinzugekauft.«

In Jorwerd war es nicht anders. Frauen wie Lamkje hatten

Socken gestopft, bis sie auseinanderfielen, und es würde mich nicht wundern, wenn sie Unterwäsche trugen, die noch aus der Aussteuer stammte, die sie in den dreißiger Jahren von ihren Müttern mitbekommen hatten. Obwohl der Wohlstand ununterbrochen zunahm, haben sie offenbar auch weiterhin eisern zwischen Haushaltsgeld und Geschäftskapital getrennt.

Das frisch verdiente Geld steckten viele Haushalte zu einem Großteil in den idealen Kompromiß: die Heimwerkerausrüstung mit Rasenmähern, Schlagbohrmaschinen, Werkbänken, Schleifmaschinen, Schweißbrennern, Hochdruckspritzpistolen, elektrischen Schraubenziehern, Betonmischmaschinen, Motorsägen und was man sonst noch so alles brauchte für Nachbarschaftshilfe, Schwarzarbeit und die ständige Verschönerung des eigenen Nests.

Auch für Autos wurde viel Geld ausgegeben. Für einige Dorfbewohner gehörte es zum idealen Leben, daß jeder Bursche über achtzehn seinen eigenen Wagen fuhr – für Mädchen galten andere Regeln. Auf Kleidung achtete man weniger. Die meisten älteren Leute waren wenig modebewußt – obwohl sie alle einen guten Anzug oder ein Sonntagskleid für besondere Anlässe im Schrank hängen hatten. Essen zu gehen war für diese Generation höchst ungewöhnlich. Auch bei Festen beschränkte man sich meist auf Kuchen, Kaffee, Pils und Knabbergebäck. Ausgedehnte Gelage, wie anderswo auf dem Lande üblich, waren in Friesland eher die Ausnahme. Bei den jüngeren Leuten änderte sich dies in den siebziger Jahren allmählich. Sie hatten nun mehr Zeit, eine bessere Ausbildung, arbeiteten in der Stadt, und meistens verfügten sie auch über mehr Geld. Sie gingen jedes Wochenende tanzen, gaben viel mehr für Kleidung aus, gingen manchmal sogar auswärts essen, und auch ihr sonstiges Konsumverhalten war stärker von Moden und Trends beeinflußt.

Für den Jorwerder Mittelstand war es ausgesprochen schwer, wenn nicht sogar unmöglich, sich auf diese neue Situation einzustellen. Die Arbeit des Zimmermanns und des Klempners konnten die meisten Heimwerker vorerst nicht übernehmen, aber das Streichen und Tünchen bereitete ihnen offenbar keine Probleme. Anfangs weigerte sich Maler Meinsma, Heimwerkern Farbe zu verkaufen. »Man hilft den Leuten nur, einen um Lohn und Brot zu bringen«, sagte er immer. Allerdings veränderten sich auch andere

Traditionen – beispielsweise das ungeschriebene Gesetz, nur im eigenen Dorf zu kaufen –, und so mußte Hendrik Meinsma schließlich doch nachgeben.

Außerdem stiegen die Stundenlöhne, so daß schneller gearbeitet werden mußte, mit großen Walzen und anderen Neuheiten. Hendrik, einem peinlich genauen Mann, war das ein Greuel – die Farbroller bezeichnete er als »einen Fluch für das Handwerk«. Aber er verdiente dabei nicht schlecht.

Riemer de Groot erweiterte sein Sortiment um neue Waschmittel, neue Kaffee- und Teesorten, neue Plätzchen und Kekse. Anfangs stieg sein Umsatz mit der Wohlstandswelle. Aber mit der Zeit wurde es auch für ihn immer schwieriger, gegen die Auswahl der Geschäfte in Leeuwarden anzukommen: fünf Sorten Kaffee anstatt einer, acht Sorten Seife anstatt drei, fünfzehn Sorten Kekse anstatt fünf, und dann wollte jeder auch noch alles besser und frischer haben.

Die Verpackungen wurden nun mit einem Verfallsdatum versehen. »Selbst wenn das ganze Dorf bei uns gekauft hätte, wären es immer noch nicht genügend Leute gewesen«, sagte Riemer. »Bei nicht einmal vierhundert Einwohnern ist der Umsatz einfach nicht schnell genug für einen modernen Laden. In Mantgum ging es gerade noch. Hier in Jorwerd nicht.« Ein Kühlregal für Milch und frische Ware anzuschaffen, wagten sie nicht mehr.

Für Riemer und Lieske begann der Abstieg mit der Aufhebung der vertikalen Preisbindung für Markenartikel. »Damals verschwand unsere feste Gewinnspanne, und die in der Stadt konnten jetzt zu Schleuderpreisen verkaufen.«

Dann kam das Auto. »Wenn die Leute nicht so einfach in die Stadt gekonnt hätten, wäre es nie so schnell gegangen.«

Und dann erschien der Miro auf der Bildfläche.

Der Miro war Anfang der siebziger Jahre etwas, wo jeder hinmußte, eine Halle in Stadtnähe, in die der Laden von Riemer und Lieske bestimmt hundertmal hineingepaßt hätte und wo man alles bekam, was ein Mensch sich nur vorstellen konnte. »Man merkte es gleich, wenn Leute beim Miro gewesen waren. Dann kauften sie nicht mehr so viel.«

Aber Riemer fand sich nicht damit ab und rief seine Kunden im Rahmen seiner Möglichkeiten zur Ordnung. Er erzählte von einer

Kundin, einer Bäuerin, die plötzlich nicht mehr kam. »Ich sah, daß sie in der Stadt gewesen war. Sie stand bei uns tüchtig in der Kreide, aber ich verlor kein Wort darüber. Bis es einem ihrer Jungs herausrutschte: ›Ja, unsere Mama ist zum Miro.‹ Da habe ich sie angerufen. Ich sagte: ›Ich habe Sie ein paar Wochen nicht gesehen.‹ ›Ja, ja‹, sagte sie, ›dies und das.‹ ›Und der Kleine hat schon gesagt: Mama ist zum Miro.‹ Sie wieder: ›Ja, ja, dies und das.‹ Ich sagte: ›Frau Soundso, jetzt hören Sie mir einmal gut zu. Sie können selbst bestimmen, wo Sie einkaufen gehen. Aber nicht mit meinem Geld.‹ Am nächsten Tag stand sie wieder bei mir im Laden.«

Als Riemer und Lieske merkten, daß immer weniger Handelsvertreter in den Laden kamen, wurde ihnen klar, daß der Niedergang nicht aufzuhalten war. In den fünfziger Jahren war fast täglich einer vorbeigekommen, in den siebziger Jahren sah man sie nur noch selten. Auch diese Gattung starb aus.

*

Verfall ist selten die Folge einer offenen Konfrontation, sondern verläuft meist in Form einer komplexen und trügerischen Entwicklung, als Prozeß, der unterschwellig einsetzt, während an der Oberfläche noch nichts davon zu merken ist. Genauso wie Städte auf dem Höhepunkt ihrer Existenz schon häufig alle Elemente ihres Niedergangs in sich tragen, so wie Handelsgesellschaften, Banken und Großbetriebe oft noch eine letzte Blütezeit erleben, üppiger als jemals zuvor, obwohl die Signale, die ihren Untergang ankündigen, schon unübersehbar sind, so erging es auch dem Schmied, dem Zimmermann und den anderen Mittelständlern des kleinen Dorfes.

Die Wohlstandswelle der sechziger und siebziger Jahre hatte der alten Dorfwirtschaft anfangs neue Impulse gegeben. Zimmermann Emke Dijkstra machte Überstunden während des Booms der Liegeboxenställe und beim Bau der Neubauprojekte in Mantgum, Oosterlittens, Weidum und Jorwerd, und irgendwann beschäftigte er sogar etwa fünfzehn Leute.

Gais und Hendrik kauften eine Waschmaschine und ein besseres Radio. Anstreicher aus verschiedenen Dörfern begannen zusammenzuarbeiten. Als die Jorwerder Kirche restauriert wurde, erledigte Hendrik das zusammen mit einem Neffen, und dieser Neffe besorgte Hendrik wiederum Arbeit in anderen Dörfern. Die Schulen strich er gemeinsam mit dem Dorfmaler von Weidum an. Im Sommer konnte man beide morgens durch die Gegend radeln sehen: vorneweg Hendrik, dann fünf Meter Leiter und dann der Maler von Weidum, Farbeimer am Lenker, die Leiter auf der Schulter. Ihr Lachen hörte man schon von weitem.

Der Transportunternehmer bekam viel mit dem Herbeischaffen von Kühlschränken, Waschmaschinen, Fernsehgeräten und Bügeleisen zu tun. Auch die Dorfschmiede von Hendrik van der Veer machte ein gutes Geschäft mit diesen neuen Elektro-Haushaltsgeräten. Obwohl er wenig vorrätig hatte, kauften die meisten Jorwerder ihre Öfen und Kühlschränke am liebsten bei ihrem eigenen Schmied, teils aus Gewohnheit, teils aus Loyalität, teils auch, weil es einfach praktisch ist, wenn derjenige, der die Geräte installieren und reparieren kann, direkt um die Ecke wohnt. Die Dorfbewohner pflegten ihre Wahl in einem Ausstellungsraum des Großhändlers in Leeuwarden zu treffen – manchmal kam der Schmied mit, um gute Ratschläge zu geben –, und ein paar Tage später wurde der betreffende Artikel vom Frachtführer nach Hause geliefert, zur Zufriedenheit aller Beteiligten. Der Schmied bekam seine Provision, der Spediteur seine Fahrt und der Kunde einen Service, den er nirgends besser hätte finden können.

Was anfangs wie eine neue Blütezeit aussah, war allerdings nur eine Übergangsphase, eine aufgeschobene Hinrichtung. Ende der siebziger Jahre war das gesamte Dorf mit allen Haushaltsgeräten und jeglicher Unterhaltungselektronik versorgt, die man sich nur vorstellen kann. Und weil der Schmied nichts von billigem Plunder hielt, waren in Kürze kaum Neuanschaffungen zu erwarten. Außerdem erschien ein anderes Problem am Horizont: die Technik selbst.

Der Schmied von Jorwerd war, wie zahlreiche Dorfschmiede, ein echter Generalist. Er beschlug Pferde, reparierte Regenrinnen, setzte Öfen, und auch die Generalüberholung eines Traktors bereitete ihm keine Schwierigkeiten. Auf manchen friesischen Eisbahnen fuhren noch jahrelang ausgemusterte Renaults 4 herum, die er trickreich zu Kehrmaschinen umfunktioniert hatte. Auch seine zum Eisbahnfeger umgebaute Harley-Davidson war ein beispielloser Erfolg. Er liebte die Technik um ihrer selbst willen, und doch hängte ihn die Technik letztlich ab.

Das Ende der Dorfschmiede hatte im Gegensatz zur Fleischerei von Lamkje und zum Laden von Riemer de Groot wenig mit Umsatz, Import und Mobilität zu tun, sondern vielmehr mit technischem Fortschritt, zunehmender Komplexität und der daraus hervorgehenden Spezialisierung.

Das Problem des Schmieds läßt sich mit Hilfe eines Beispiels verdeutlichen. Entfernen Sie einmal die Abdeckung von einem Ölofen aus dem Jahre 1970 und die Verkleidung von einem kompakten Zentralheizungskessel aus dem Jahre 1995. Was sehen wir? Beim Ölofen entdecken wir ein paar Hähne, eine Abzugsklappe und einen simplen, aber wirksamen Schwimmermechanismus. Wenn etwas kaputtgeht – was übrigens selten der Fall ist, weil es kaum etwas gibt, was kaputtgehen könnte –, reichen meist ein paar vorsichtige Klapse und ein wenig Bastelei am Schwimmer aus. Ganz anders der Zentralheizungskessel, der ein Vierteljahrhundert später gebaut wurde: Wir starren auf ein Wirrwarr von Kabeln, Relais, Thermostaten, automatischen Ventilen, elektronischen Steuerungssystemen, Membranen, Verbindungsstücken, Pumpen und doppelten Sicherungen, eine mit Rohren und Elektronik vollgepfropfte Mini-Industrieanlage. Hier lag das Problem des Dorfschmieds.

Die Masseninvasion der Gasheizungen läutete Van der Veers Niedergang ein. Bis Anfang der siebziger Jahre installierte er praktisch sämtliche Öfen im Dorf. Die Kohleöfen waren für ihn ohnehin kein Problem, und für einen Ölofen brauchte man nicht viel mehr als eine Zange, ein Röllchen mit dünner Ölleitung, dazu eine gute Portion Geschicklichkeit und gesunden Menschenverstand. Ansonsten hatte er mit niemandem etwas zu tun.

Als die Gasheizungen aufkamen, stellte der Gasversorger der Provinz plötzlich alle möglichen Anforderungen im Hinblick auf Technik und Sicherheit. Der Schmied hätte Fortbildungskurse besuchen müssen, um den Status eines staatlich anerkannten Gasinstallateurs zu erwerben, und dazu hatte er absolut keine Lust.

Kurz darauf stellten sich nicht nur formale, sondern auch praktische Schwierigkeiten ein. Die sparsamen und komfortablen Zentralheizungen erfreuten sich zunehmender Beliebtheit, sie wurden immer häufiger auch in den kleineren Dorfhäusern installiert, und allmählich verdrängten sie die Öl- und Gasöfen. Die modernen Brenner waren jedoch so kompliziert, daß sie nur von Monteuren gewartet und repariert werden konnten, die eine Ausbildung von zum Teil einigen Jahren hinter sich hatten und die den ganzen Tag nichts anderes machten, als Heizkessel anzuschließen und zu reparieren.

Ähnlich verhielt es sich mit den Landmaschinen. Als es Anfang der fünfziger Jahre mit dem Beschlagen der zahllosen Pferde vorbei war, hatte der Schmied einen wichtigen Arbeitsbereich verloren. Die Maschinen füllten diese Lücke. Jeder Dorfschmied konnte die wichtigsten Geräte auf einem Bauernhof des Jahres 1970 problemlos richten: Traktor, Mähmaschine, Melkanlage, Dungstreuer und so manches andere.

Für die Trecker und Melkmaschinen, die nach den siebziger Jahren auf den Markt kamen, galt das nicht mehr. Sie waren so mit Technik und Elektronik vollgestopft, daß nur noch gut ausgebildete junge Leute mit ihnen fertig wurden. Ein gewöhnlicher Schmied vom alten Schlag kam damit kaum mehr zurecht. Auch in dieser Hinsicht gerieten die Bauern in immer stärkere Abhängigkeit von den abstrakten ökonomischen Kräften der Außenwelt. Für Melkroboter und andere technische Finessen waren sogar fabrikeigene Experten erforderlich. So wurde auch in Jorwerd der Generalist vom Spezialisten beiseite geschoben. Immer weniger Leute im Dorf waren mit der Herstellung konkreter Gegenstände oder mit der Lieferung von Produkten beschäftigt. Immer mehr Menschen erwarben sich ihren Reichtum durch Worte, durch Papier und abstrakte Geschäfte. Und von defekten Regenrinnen allein konnte die Schmiede nicht weiterleben.

*

So verloschen die meisten Läden in Jorwerd wie eine Kerze. Von den Kunden wurde nicht einmal Abschied genommen. Es gab einfach einen Räumungsverkauf, und am Montag hatte wieder ein Laden geschlossen. »Man sah es schon kommen, wenn man im Lebensmittelladen schimmelige Kekse bekam«, sagte der Lehrer.

Als die ersten Dorfläden aufgaben, nahm man dies noch als den natürlichen Gang der Dinge hin. Viele von diesen kleinen Geschäften waren aus der Not geboren – ein letztes Relikt der Krise der dreißiger Jahre. Außerdem gaben die Dörfer schon seit Jahren allerhand Betriebsamkeit an die größeren Orte ab, daran hatte man sich bereits gewöhnt. Auch die einschneidenderen Geschäftsaufgaben verliefen so lautlos und allmählich, daß den meisten Dorfbewohnern erst klar wurde, daß sie ihren gesamten gewerblichen Mittelstand verloren hatten, als es zu spät war. Dramen spielten sich da nicht ab, ebensowenig wie bei den Kleinbauern. Es waren keine jungen Menschen, die in der Blüte ihres Lebens Konkurs anmeldeten, sondern ältere, schon fast pensionsreife Leute, die – wie der Notar es ausdrückte – »still und leise vor dem Lauf der Zeit kapitulierten«. Einige Dorfbewohner versuchten, den örtlichen Ladenbesitzern und Bäckern treu zu bleiben, und trugen innerhalb der Familie kleine Kämpfe zwischen sozialen Normen und dem eigenen Geldbeutel aus. »Wir müssen vom Dorf leben, also muß das Dorf auch von uns leben«, sagte Zimmermann Dijkstra immer seinen Kindern, und die meisten alten Jorwerder teilten diese Meinung. »Aber dann müssen sie hier schon frische Sachen haben«, murrten die Jüngeren leise. »Und, ehrlich gesagt, ist es in Leeuwarden doch viel, viel billiger!«

»Woanders zu kaufen, das gehört sich nicht«, bemühte sich auch Gais Meinsma ihren Kindern zu vermitteln. Als es noch zwei Bäcker gab, holte sie das Brot im täglichen Wechsel beim einen und dann wieder beim anderen. »Man schmeckte am Brot, welcher Tag es war. Diesen Duft der Bäckereien im Dorf, den werde ich nie vergessen.« Aber manche erlebten die letzten Geschäftsaufgaben auch als Befreiung von einem sozialen Druck, der im Lauf der Jahre zur Beklemmung geworden war.

So verschwand in Jorwerd etwas, was jahrhundertelang entscheidend zum Bauerndasein gehört hatte: die eigene Wirtschaft innerhalb der großen. Die Grenzen zwischen beiden verwischten sich, der Deich aus Treue und Tradition bekam immer mehr Löcher, und auf einmal wurde die Dorfwirtschaft weggespült, als ob es sie nie gegeben hätte.

Riemer de Groot machte seinen Laden 1988 zu. Ein kleiner Schlußverkauf, und dann war es vorbei. Das Merkwürdigste daran war, daß plötzlich auch die Kontakte zu den anderen Dorfbewohnern mehr oder weniger abbrachen. »Man trifft sie schon noch«, sagte er, »aber die Leute haben keine Zeit mehr für einen. Man kann ihnen ja nichts mehr bieten.«

Einen Teil seines Ladens hatte er im Originalzustand belassen, direkt hinter der Eingangstür, als eine Art privates Lebensmuseum. Dahinter schien die Sonne auf die braune Couchgarnitur, die Uhr tickte die Zeit weg, und die Katze lag schnurrend unter dem Wandteller: »Doch Euer Vater weiß, daß ihr dieser Dinge bedürft.«

Der Frachtführer hörte 1974 auf. Der Maler 1978. Die Zimmerwerkstatt 1979. Der Schmied 1986.

Viele kleine Bauunternehmer in den Dörfern der Umgebung gerieten in Schwierigkeiten, als die Importwelle der siebziger Jahre und die Bauwelle der Liegeboxenställe abgeklungen waren. Zimmermann Emke Dijkstra stand vor dem umgekehrten Problem: Er hatte nicht zuwenig, sondern zuviel Arbeit. Emke Dijkstra war nämlich ein echter Handwerker. Am liebsten arbeitete er zusammen mit ein paar Gesellen, stand wie sie auf dem Baugerüst, mauerte selbst und erledigte dann die Verwaltungsarbeit am Wochenende. Als die anderen Baufirmen expandierten und die Konkurrenz immer härter wurde, weigerte er sich, diesen Wettlauf mitzumachen. Er baute sein Unternehmen nach und nach zu einem Einmannbetrieb ab, erledigte noch eine Weile Sonderaufträge für einen Zimmermann in Weidum – Restaurierungen, Wendeltreppen, Kirchenbänke, Fensterfugen – und hörte mit sechzig endgültig auf.

Dem Anstreicher erging es anders. Hendrik Meinsma spielte in seiner Freizeit Akkordeon, er war ein lebhafter und geselliger Mensch und die treibende Kraft hinter zahlreichen Aktivitäten im Dorf. Aber er war auch ein Grübler. Als es im Dorf immer weniger Arbeit für ihn gab, drängte man ihn von allen Seiten, sein Geschäft an den Nagel zu hängen. Lohnarbeit, Sanierungsfonds, das fand er alles gleichermaßen furchtbar, und ständig schob er die endgültige Entscheidung vor sich her. »Ich möchte es nicht, und ich will auch nichts davon hören«, sagte er oft.

Er war kaum sechzig und fühlte sich viel zu jung für irgendwelche Übergangsregelungen. Und sich als Selbständiger bei einem Arbeitgeber zu verdingen, das hätte – wie er es sah – nur sein Scheitern besiegelt. »Der Betrieb zerfiel immer mehr, und für ihn war das die Ursache seines Trübsinns«, sagte Gais. »Aber ich denke, daß er sich in dieser Zeit immer mehr von der ganzen Gesellschaft entfernte.«

Der Theaterverein machte einen schönen Ausflug, festlich ging es zu. In dieser Nacht überkam ihn wieder eine Panikwelle. Gais versuchte ihn zu beruhigen. Um halb acht stand er auf. Gais, müde, blieb noch kurz liegen.

Als sie ihn eine Stunde später zum Kaffee holen wollte, hatte er es getan, in seiner Werkstatt, ausgerechnet an dem Ort, wo er immer so glücklich gewesen war.

*

Vor allem für die kleinen Dörfer begann eine Talfahrt, die sich selbst beschleunigte und kaum mehr aufzuhalten war. Weil Bewohner, Betriebe und Geschäfte verschwanden, steckte auch der Staat weniger Energie in diese Regionen.

Die gemütliche Polizeiwache in Mantgum, von der aus Wachtmeister Riekele Bekkema und seine zwölf Kollegen in den achtziger Jahren noch mit dem Fahrrad durch die Dörfer fuhren, war in immer größeren Einheiten aufgegangen, bis die Polizisten sich sogar untereinander kaum mehr kannten. Früher kamen sie bestimmt zweimal täglich nach Jorwerd, sie kannten noch jedes Sträßchen, und jedes Auto mit einem seltsamen Nummernschild wurde notiert. Fünfzehn Jahre später fuhren sie höchstens noch einmal pro Woche kurz durch.

Auch die anderen öffentlichen Einrichtungen schmolzen dahin. Die Schule konnte als der vielleicht wichtigste Indikator in diesem Prozeß gelten. Sie war in vielen Fällen das Symbol der Dorfgemeinschaft, ein Brennpunkt von Aktivitäten und Begegnungen und häufig auch die letzte Bastion im Kampf um den Fortbestand des Dorfes.

Die Bevölkerung der meisten Dörfer wurde ohnehin immer älter – diejenigen, die fortzogen, waren in der Regel jung –, aber dieser Prozeß beschleunigte sich, wenn es der Schule an Schülern fehlte und ihr die Schließung drohte. Dann mieden große, junge Familien das Dorf, der letzte Schwung kam abhanden, und das Ende der Grundschule wurde von den meisten als das Ende des

Dorfes als Gemeinschaft betrachtet. Um das Fortleben der Schule wurde daher oft mit Zähnen und Klauen gekämpft. Jeder Dorfverein, der einen Wunschzettel bei der Gemeinde einreichen durfte, bat stets in erster Linie um neue Häuser – »für die Schule«.

Später kamen immer mehr kleine Dörfer dahinter, daß »Neubau« längst nicht automatisch »große Familien« bedeutete. Eigentumswohnungen wurden oft von gutsituierten Senioren gekauft, die sich nach einer ruhigen Wohnlage sehnten und deren Kinder längst aus dem Haus waren. In der Straße mit den Mietwohnungen standen Häuser manchmal lange Zeit leer, wodurch eine Insel mit preiswerten Angeboten entstand, die vor allem Alleinstehende, Dauerumzügler und andere »billige« Mieter anzog. Von manchen Dorfverbänden hörte ich sogar, daß sie keine weiteren Neubauten mehr wollten. Der Kampf um eine gute Infrastruktur hatte ihnen nur Ärger und Frustrationen eingebracht. Es gab keine Kneipe und keinen Laden mehr, aber immerhin hatten sie ein selbstgebautes Gemeinschaftshaus, und wenn es nach ihnen ging, dann genügte das schon.

So entwickelte sich ein Abwärtstrend, der – ich erwähnte es bereits – entfernt an den Prozeß der Ghettoisierung in den Großstädten erinnerte, obgleich hier alles stiller, bedächtiger und netter ablief. Aus dem *Atlas der Unterprivilegierung*, den das Niederländische Institut für Pflege und Sozialwesen 1994 vorlegte, ging hervor, daß nicht nur bestimmte Stadtgebiete ernsthaft von Armut und Arbeitslosigkeit bedroht waren, sondern auch manche Gegenden auf dem Lande. Wer die Karten durchblätterte, sah an den verschiedenen Farbtönen auf einen Blick, wo in den Niederlanden die meisten Arbeitslosen, die meisten Senioren, die meisten Erwerbsunfähigen und die meisten Leute mit niedrigem Einkommen wohnten und wo sich all diese Entwicklungen negativ verstärkten.

Die großen Städte waren auf allen Karten deutlich zu erkennen: Als kleine Krater von Problemen lagen sie da, umgeben von einem Ring höchst wohlhabender Vororte und Pendlergemeinden. Aber Bild für Bild wurde ebenfalls deutlich, wie vor allem die ländlichen Regionen im Norden in die Gefahrenzone geraten waren: Dort hatten die Einkommen abgenommen, während sie anderswo stiegen, die ursprünglich blaßlila getönte Arbeitslosigkeit war innerhalb eines Jahrzehnts dunkelblau geworden, und die Abwanderung hatte sich von Grün in Gelb verfärbt – was bedeutete, daß immer mehr Leute fortströmten. Die Gemeinde, zu der Jorwerd gehörte, hatte sich im Hinblick auf die Einkommen innerhalb eines Jahrzehnts vom dunkelgrünen in den hellgelben Bereich bewegt – von der höchsten Kategorie in die vorletzte. Diese Verarmung fiel allerdings kaum auf, weil die Sozialhilfeempfänger auf dem Lande, anders als in den Städten, überall verstreut wohnten. Die Armut war hier verborgen und wenig aufsehenerregend.

*

All diese Veränderungen folgten ziemlich schnell aufeinander, und bei vielen Jorwerdern lösten sie eher ein leichtes Mißbehagen als wirkliche Beunruhigung aus. Diese Unzufriedenheit entlud sich gegen Ende der siebziger Jahre in einem handfesten Streit innerhalb der Dorfgemeinschaft, der später als der »Konflikt um ›Unser Haus‹« in die Geschichte eingehen sollte. Dabei ging es nur vordergründig um die Nutzung des neuen Gemeinschaftshauses. Eigentlich wurde die Tragfläche der neuen Dorfwirtschaft verhandelt, die jetzt so dünn war wie das Eis von zwei Nächten.

Bei der Auseinandersetzung drehte sich alles um den alten Kindergarten, den einige Dorfvereine seit Jahr und Tag als Treffpunkt nutzten. Das kleine Gebäude gehörte der Kirche, aber weil die Unterhaltskosten explodierten, hatte der Kirchenrat vorgeschlagen, es für den symbolischen Preis von einem Gulden an den Verein »Dorfnutzen« zu verkaufen. Viele Jorwerder konnten dem durchaus etwas abgewinnen. Das Gebäude ließ sich instand setzen und danach als Gemeinschaftshaus verwenden, als Versammlungsort für alle Vereine.

Eef und Jan vom Lokal sahen das natürlich anders. Sie befürchteten, nicht ohne Grund, daß zwei öffentliche Gebäude zuviel des Guten wären. Für die Bedürfnisse der Befürworter des Gemeinschaftshauses sei die Kneipe doch ausreichend, die schließlich auch einen kleinen Versammlungsraum und einen riesigen Saal im obersten Stockwerk zu bieten hatte. »Es ist schon schwer genug, einen einzigen Betrieb am Leben zu erhalten, und dort sollte das Dorf dann auch alle Zusammenkünfte, Feste und Parties bündeln. Mehr als ein Lokal kann das Dorf einfach nicht verkraften«, argumentierten sie.

Die Befürworter des Gemeinschaftshauses betonten, es werde sich nichts ändern: Der Theaterklub und andere Vereine versprachen, sich auch künftig in der Kneipe zu treffen, und nur die Klubs, die ohnehin ihren Sitz in »Unserem Haus« hatten, sollten dort bleiben. Trotzdem witterten Eef und Jan auf lange Sicht einen Konkurrenten im sich unablässig leerenden Dorf, und sie wehrten sich dagegen.

Die Angelegenheit eskalierte und spaltete die Dorfgemeinschaft wie eine Jorwerder Dreyfus-Affäre. Der Riß verlief quer durch alle Gruppierungen. Eef und Jan, mehr oder weniger in Panik geraten, mobilisierten ihre Familien, die progressiveren Jorwerder scharten sich um das Gemeinschaftshaus. Es kam zu Plänkeleien. Der Theaterklub, dem viele Befürworter des Gemeinschaftshauses angehörten, durfte plötzlich nicht mehr im oberen Saal des Lokals auftreten. Es gab Wirbel um den »Kaats«-Klub, wo Jan schnöde aus dem Vorstand abgewählt wurde. In der Kneipe entstand eine vergiftete Atmosphäre. Alte Gegensätze, die früher nie gestört hatten, kamen hoch, jeder – ob alt oder jung, ob zugezogen oder alteingesessen – wurde auf einmal gezwungen, öffentlich Position zu beziehen.

Eef und Jan gerieten schließlich in die Isolation. Das Gemeinschaftshaus wurde realisiert. Man traf komplizierte Abmachungen darüber, was im Gemeinschaftshaus stattfinden durfte und was nicht, und Eef kontrollierte die Einhaltung dieser Protokolle genau. Der Frauenverein war erlaubt, Kaffee und Tee waren erlaubt, ein Leichenschmaus galt als Grenzfall.

Letztlich bezahlten Eef und Jan einen hohen Preis. Sie hatten viele Kunden gegen sich aufgebracht, und so etwas renkt sich in einem Dorf nie wieder ganz ein.

*

Als ich schließlich den letzten Ladenbesitzer von Jorwerd, Sikke Kooistra, ausfindig machte – er war inzwischen fortgezogen –, traf ich auf jemanden, der mit nüchterner Bitterkeit auf die fünfunddreißig Jahre zurückblickte, die er sich im Dorf abgerackert hatte. Er sei froh, das Geschäft vom Hals zu haben, sagte er.

»Jorwerd war ein nettes, lebendiges Dorf, als wir dorthin kamen. Als wir weggingen, war da nichts mehr zu machen. Es ging dem Ende zu. Man mußte am Schluß alles mögliche dazunehmen. Und das haben wir unserer Regierung zu verdanken. Alles, was klein war, mußte weg.«

Nur notgedrungen war er Einzelhändler geworden. Gern hatte er das nie gemacht. »Immer dieselbe Route abklappern. Dienstags war der Bürgermeister dran, mittwochs der Notar, und man durfte seine Kunden keinen einzigen Tag auslassen, sonst war man sie los. Aber, na ja, man hatte eine Familie zu versorgen.«

1953 hatte er in Jorwerd einen Gemüseladen eröffnet. »Mein Vater war Einkäufer, meine Brüder machten Straßenhandel mit dem Auto, und ich war im wilden Handel, wie man das damals nannte. Ich baute irgendwo einen Kundenkreis auf, den meine Brüder übernahmen, und ich zog dann wieder weiter. Aber ein paar Jahre später wurde mein einer Bruder Krankenpfleger und der andere Busfahrer, und mein Vater machte eine Nerzfarm auf. Da blieb ich allein übrig.«

Die Kooistras waren dem Gelegenheitshandel immer treu geblieben. Sie hatten neben der Nerzfarm vorübergehend auch eine kleine Pommes-frites-Fabrik und einen Hundezwinger, sie mischten ein bißchen im Autohandel mit, reparierten hin und wieder ein altes Boot und spekulierten sogar manchmal mit Häusern. »Ende der fünfziger Jahre zahlte man für ein großes Haus um die sechstausend Gulden, und für die kleinen bot ich manchmal nicht mehr als zwölfhundert. Die verkaufte ich dann wieder für achtzehnhundert, na, das war ein ganz schöner Gewinn.«

Auch er sah die Probleme in den siebziger Jahren heraufziehen. »Ich setzte in der Woche durchschnittlich einen Sack Zucker von zehn Kilo um; der Supermarkt verkaufte um die dreißig, vierzig Säcke.« Aber auch bei ihm schien es in jenen Jahren noch hervorragend zu laufen.

Zum Beispiel handelte er nach Weihnachten immer recht erfolgreich mit Restbeständen von Weihnachtskränzen und Weihnachtsgebäck. »Die gingen weg wie warme Semmeln. Ich kaufte einen Posten für fünfundzwanzig Cent pro Stück und verkaufte die Sachen für einen Gulden weiter. Damit machte ich mehr Gewinn als mit meinem ganzen übrigen Weihnachtsgeschäft.«

Jedes Jahr, wenn Sikke Kooistra zum Buchhalter ging, sah er, daß der Umsatz abgenommen hatte. Aber jedesmal gab es auch wieder einen anderen, der aufgab. »Dann blieb dein Umsatz doch ungefähr gleich, vielleicht für ein Jahr. Dann hörte der Abstieg kurz auf.«

Seine Krämerkollegen, Riemer und Lieske de Groot, hingen an den sozialen Bindungen und litten sichtlich unter der Untreue »ihrer« Jorwerder. Kooistra machte seinen Dorfgenossen keine Vorwürfe. Dafür war er ein viel zu nüchterner Kaufmann. »Leute, ihr seid mir zu nichts verpflichtet«, sagte er immer. »Ich selbst würde vielleicht auch woanders hingehen.« Zudem hielten ihm besonders die alten Jorwerder anfangs noch die Treue.

Die Neuankömmlinge hingegen bereiteten ihm große Schwierigkeiten. »Die haben mir das Geschäft ruiniert. Zu denen hatte ich keinen Draht. Und bei jedem Kaffeebesuch erklärten sie auch noch den anderen Jorwerdern, wie billig der Miro ist.«

Und die jungen Städterinnen, die Männer aus Jorwerd geheiratet hatten, »die wollten Sachen, von denen man wußte, daß die im Dorf nicht laufen würden. Dann hatten sie wieder was im Fernsehen gesehen, ich sollte das dann bestellen, im Dutzend, sie kauften eins davon, und auf dem Rest blieb man sitzen.«

Es waren jedoch vor allem die Gelegenheitskäufer, die ihn zur Weißglut brachten. »Da stand eines Sonntagmorgens so ein Lümmel von vielleicht sechs Jahren an der Hintertür: ›Ja, Mama hat vergessen, beim Miro eine Schachtel Streichhölzer mitzunehmen.‹ Ich habe dem Jungen die Packung Streichhölzer in die Hand gedrückt, aber ein paar Monate später hatte die Frau immer noch nicht gezahlt. ›Hatte ich ganz vergessen, aber na ja, ich komme auch so selten hierher.‹ Ich mußte mich ganz schön zusammenreißen. So jemanden würde man doch am liebsten umdrehen und ins Kreuz treten, daß er aus der Tür fliegt!«

1985 gab es in einem Drittel der niederländischen Dörfer keinen Lebensmittelladen mehr. In der Gegend von Jorwerd konnte man sogar nur noch in jedem fünften Dorf die üblichen Alltagseinkäufe erledigen, ohne den Ort verlassen zu müssen. Eine Arztpraxis war lediglich in jedem dritten Dorf zu finden. Um die Schulen stand es mittlerweile nicht viel besser. Das Schicksal von bestimmt fünfzig Prozent der Dorfschulen – der in Jorwerd inklusive – hing ständig am seidenen Faden.

Das öffentliche Verkehrsnetz hatte sich insgesamt zwar verbessert, nicht aber für die kleinen Dörfer – was stutzig machte, weil gerade dort die Einwohner für die meisten Besorgungen auf den Bus angewiesen waren. Ein Viertel der Dörfer in den Niederlanden hatte keine Busverbindung mehr. Auch Jorwerd war 1973 die Bushaltestelle genommen worden, und obwohl ein paar jüngere Jorwerder eines Abends noch demonstrativ den Bus entführt hatten, war sie nie wieder zurückgekehrt.

Vor allem Senioren, Frauen und Schüler waren infolgedessen in ihrer Mobilität erheblich eingeschränkt. Jugendliche fuhren meist mit dem Rad zur Schule, aber Hausfrauen und ältere Leute waren gezwungen, jedesmal aufs neue jemanden aus der Familie, von den Nachbarn oder Bekannten um eine Mitfahrgelegenheit zu bitten. Der Schwund der öffentlichen Verkehrsmittel machte sie noch abhängiger, als sie es ohnehin schon waren.

Drei Viertel der Dorfbewohner bezeichneten sich in Meinungsumfragen dennoch als zufrieden bis sehr zufrieden. Man war offensichtlich bereit, für das angenehme Leben auf dem Lande einiges in Kauf zu nehmen.

Die kleinen Dörfer unterschieden sich also erheblich von den Problemvierteln der Stadt. Auf dem Papier mochte die Lage noch so schlecht aussehen, anscheinend nahmen die Dorfbewohner sie anders wahr als die städtischen Bewohner. Die Häuser verfielen nicht, Verwahrlosung blieb aus, und alle Studien zeigten, daß die überwältigende Mehrheit der Dorfbewohner um nichts in der Welt umziehen wollte. Offensichtlich konnte die Sozialstruktur der Dörfer weit mehr auffangen als vermutet. Es zeigte sich, daß Dörfer auch in der modernen Zeit mehr waren als nur wirtschaftliche Zweckgemeinschaften. Die Einwohner fühlten sich ihrem Dorf verbunden, wollten sich dafür einsetzen, sahen ihr Dorf als Bestandteil einer Existenz, für die sie sich entschieden hatten und die verteidigt werden mußte. Es spielten also noch andere Werte eine Rolle.

Mitte der neunziger Jahre nahm die Betriebsamkeit in den kleinen Dörfern sogar wieder ein wenig zu. Der Unterschied zwischen großen und kleinen Dörfern verringerte sich leicht. Die Bevölkerungsverschiebung auf dem flachen Land war offenbar nicht mit dem einfachen Modell der ewigen Abwanderung aus dem kleinen Dorf in den größeren Ort zu erfassen.

Die Lage des jeweiligen Dorfes wurde beispielsweise zu einem wichtigen Faktor: In den abgeschiedenen Winkeln des Landes, wie im äußersten Norden von Friesland und Groningen, hatte man in den kleinen Dörfern weiterhin Schwierigkeiten, aber je näher sie bei der Randstad lagen, desto besser erging es ihnen. Überall wurden Gemeinschaftshäuser gebaut und Sportplätze angelegt. Verkaufswagen durchkreuzten einen Großteil des flachen Landes und ersetzten so zumindest teilweise den fehlenden Dorfkrämer. Dorfgeschäfte, denen es irgendwie gelungen war, die Sanierungen zu überleben, schlossen sich zu Kooperativen zusammen.

Auch viele Dorfschulen überstanden die Kürzungswellen trotz allem erstaunlich gut. Schließungen kamen zwar vor, aber letztlich wurden in den Städten viel mehr Schulen aufgelöst als auf dem Lande. Das Transportproblem wurde, zumindest teilweise, durch Kleinbusse gelöst, die nach Bedarf fuhren, und in manchen Dörfern plante man sogar die Anschaffung eines gemeinsamen »Dorfautos«. Selbst in den allerkleinsten Dörfern war manchmal wieder eine Bevölkerungszunahme zu verzeichnen.

Auch die Regierungspolitik änderte sich. In den sechziger Jahren hatte die Zwei-Prozent-Norm den Ton angegeben: Kleine Dörfer durften nicht mehr als zwei Prozent zulegen, wenn die Raumplanung nicht durcheinandergeraten sollte. Mitte der siebziger Jahre begann sich das Blatt zu wenden. Die Dörfer probten allmählich den Aufstand gegen die systematische Benachteiligung all dessen, was klein war und aus den grandiosen Plänen herausfiel.

In manchen Provinzen lag der Schwerpunkt weiterhin auf den sogenannten Kerndörfern. Aber anderswo verschob sich der Akzent klar auf die Unterstützung aller Dörfer, ob groß oder klein.

In Jorwerd war von dieser neuen Dynamik noch wenig zu spüren – auch wenn von einer schlechten Lage keine Rede sein konnte. Seit dem Herbst 1993 steuerte nicht einmal mehr der Verkaufswagen aus Mantgum das Dorf an, und nur die Kneipe und der fahrende Gemüsehändler wünschten dem Dorf im *Leeuwarder Courant* noch alles Gute für das neue Jahr.

Aber die meisten Jorwerder schienen sich tatkräftig mit der Situation abgefunden zu haben. Man klagte darüber, daß das Dorf stiller und weniger gemütlich geworden sei, nachdem die Geschäfte verschwunden waren, aber die praktischen Probleme, die sich daraus ergaben, löste man unter sich. Die Einkäufe für die Älteren wurden von den Kindern erledigt, der Lebensmittelhändler aus Mantgum brachte wöchentliche Lieferungen ins Haus, die pendelnde Nachbarin nahm ihre Freundinnen mit in die Stadt, ein anderer Nachbar holte sie auf dem Rückweg wieder vom Bahnhof ab, kurzum, was in der Theorie katastrophal aussah, hatte man in der Praxis durch ein anpassungsfähiges Netzwerk aus Nachbarschaftshilfe und informellen Dienstleistungen hervorragend geregelt.

Die Dorfgemeinschaft war offensichtlich zäher, als viele Gutachter jemals vermutet hatten, und der soziale Zusammenhalt wurde durch all diese großen und kleinen Probleme eher gestärkt als geschwächt. Die Verluste lagen vorwiegend in anderen Bereichen: bei der Vertrautheit, Gemütlichkeit, Geborgenheit.

*

1979 führte die Natur die Jorwerder noch einmal zur verschworenen Dorfgemeinschaft früherer Tage zusammen.

Dienstagabend, den 13. Februar, setzte klirrender Frost ein, und zugleich brach von Osten ein Sturm los. Ein eiskalter Polarwind pfiff über die friesischen Ebenen. Der Eisregen drosch auf die Straßen, die Dächer und die Bäume des Dorfes ein, und dann kam der Schnee, immer mehr und immer dichter. »Das gibt was«, sagten die Männer, die im »Wappen von Baarderadeel« um den Ofen herum saßen, während die Schneeflocken gegen die Fenster wirbelten.

Hin und wieder ging jemand kurz nach draußen, um zu sehen, was los war – obwohl man sich im Wind kaum auf den Beinen halten konnte. Der junge Notar und der Lehrer blieben mit dem Wagen stecken, als sie sich mit eigenen Augen überzeugen wollten, wie hoch die Schneeverwehungen in der Umgebung waren. Mit vereinten Kräften gelang es um halb drei Uhr nachts, das Auto freizubekommen. Wer sich danach festfuhr, hatte nicht die geringste Chance.

Am nächsten Morgen meldete Radio Hilversum, daß »es im Norden vereinzelt kleine Schneefälle gegeben« habe. In Wirklichkeit stand der Schnee bis zu den Dachrinnen. Niemand konnte das

Dorf betreten oder verlassen. Der gesamte Norden der Niederlande war eine einzige große, verwehte weiße Fläche. An jenem Tag wütete der Schneesturm weiter, zwischendurch gab es orkanartige Böen, und es wurde immer kälter.

Am nächsten Tag schien sich die Lage kurzfristig zu beruhigen. Die Kneipe fungierte als Krisenzentrum. Jeder, der eine Schaufel halten konnte, fand sich dort ein. Eingeschneite Häuser und Bauernhöfe wurden entsetzt, man hob Wege zu den Eingangstüren aus, und ein spezieller »Starke-Männer-Trupp« versuchte, sich einen Weg in die Außenwelt zu bahnen, weil der Brotvorrat im Dorf zur Neige ging. Gegen Abend nahm der Wind wieder zu, und auf den freigeschaufelten Pfaden bildeten sich neue Schneeberge.

Im Dorf wurden alle Kräfte gebündelt. Der Sohn von Riemer und Lieske de Groot, frisch operiert, bekam mit einemmal hohes Fieber, aber weder ein Arzt noch ein Krankenwagen konnten das Dorf erreichen. Im Lokal wurde gemeinsam gekocht. Sikke Kooistra versuchte mit allen Mitteln, das Dorf mit Brot zu versorgen. Mit dem Traktor von Sake Castelein machte man sich auf den Weg zur Eisenbahnlinie nach Mantgum, und per Zug konnte dann das Nötige herbeigeschafft werden. »Und wer stand in vorderster Reihe beim Laden, um nach Brot zu schreien?« erinnerte sich Kooistra mit grimmiger Genugtuung. »Natürlich diejenigen, die ich sonst nie zu Gesicht bekam. Na, sagte ich, jetzt haut aber bloß ab!«

Sikke Kooistra hatte sein Geschäft mittlerweile in einen kleinen Selbstbedienungsladen verwandelt. Dort war einfach alles zu bekommen: von Lebensmitteln bis hin zu Bindfaden, Spaten und Holzschuhen. »Sogar Bücher hatten wir, Poesiealben, Spielzeugautos, Handtücher, Geschirrtücher, Gasflaschen, was weiß ich, was ich alles hatte. Ein großer Mischmasch war es zum Schluß.«

Sein Geschäft hatte sich im Laufe der Zeit zu einer Art Besenwagen des lokalen Einzelhandels entwickelt. Durk Siesling hörte auf. Kooistra übernahm das Heizmaterial und die Gasflaschen. Das kleine Textilgeschäft des Dorfes wurde aufgelöst. Kooistra nahm den Kleinkram mit. Der Gastwirt und Kaufmann Tijssen machte zu. Die Holzschuhe und die Bauerngerätschaften landeten bei Kooistra. Lamkje gab ihre Fleischerei auf. Kooistra kaufte eine Tiefkühltruhe und machte »danach noch einen guten Umsatz mit den Fleisch- und Wurstwaren«.

Sikke Kooistra war von allen Einzelhändlern der gewiefteste und sein Kampf gegen die neuen Zeiten lang und heftig. Er kam ständig auf neue Ideen und hatte außerdem noch eine Stelle als Qualitätsprüfer in der Molkerei angenommen. Aber auch er wurde einsam. Sogar die Preise für die Dorffeste, die er all die Jahre geliefert hatte, bezogen die Jorwerder nun von außerhalb.

1986 bekam er Magenkrebs. Gekrümmt vor Schmerzen stand er hinter dem Ladentisch, und das machte ihn nicht gerade freundlicher. »Ich freute mich über jeden Kunden, aber ich freute mich jedesmal noch mehr, wenn er wieder ging. Und immer die Anrufe wegen der Gasflaschen: Gerade wenn man beim Essen war, mußte man welche ausliefern. Und immer die Preise mit denen in der Stadt vergleichen. Irgendwann dachte ich: Leute, ihr könnt selber sehen, wo ihr bleibt!«

Wenig später hörte er auf. Sein Sohn hat es noch eine Zeitlang versucht, aber gut ein Jahr später war es auch mit Kooistras allumfassendem Super-Minimarkt endgültig aus und vorbei. Die einzigen Bewohner, die jetzt noch im Dorf selbst arbeiteten, waren der Notar, der Bankdirektor, die Volksschullehrerinnen, Sake Castelein, der Gemüsemann, der Gastwirt und der Pfarrer.

Sikke Kooistra zog fort. Sein Sohn eröffnete ein Milchgeschäft in Drachten.

Der eine Sohn von Riemer und Lieske de Groot verließ das Nest, der andere wohnt nach wie vor zu Hause, immer die Nase in den Büchern, immer in seinem Zimmer.

Der Sohn von Durk Siesling suchte sich eine Arbeit als Wachmann beim Elektrizitätswerk der Provinz. Ich sah ihn auf einem Foto in einem Farbprospekt, hinter einem enormen Schaltpult voller Knöpfe und Monitore. »Täglich kontrollieren wir im Schnitt tausend Verkehrsbewegungen«, ließ der Texter ihn sagen.

Gais Meinsma wurde kleiner, ihr Gesicht zerfurchter, sie wand sich das Haar in einem straffen Zopf um den Kopf, aber ihre Augen blieben dieselben. Mit fünfundsechzig fing sie an zu studieren. »Glaube bloß nicht, daß ich jetzt, nach siebzehn Jahren, kein Glück mehr finde in meinem Leben«, schrieb sie mir letztens. »Dazu ist das Leben zu schön.«

Intermezzo:
Der Turm und die hölzernen Gesichter

Am Samstagmorgen, dem 25. August 1951, um sieben Minuten nach fünf, stürzte der Turm von Jorwerd mit donnerndem Getöse ein. Einfach so, von selbst, nach neunhundert Jahren Schnee, Sonne, Regen und Wind, einfach aus purer Turmmüdigkeit. Das war ein Vorzeichen oder ein Wendepunkt oder einfach nur schlechter Unterhalt – wie man es eben sehen will.

Der Notar fuhr an diesem Morgen mit seinem Solex-Mofa zur Arbeit – er hatte gerade erst in Jorwerd angefangen. »Als ich in die Nähe des Dorfes kam, beschlich mich ein seltsames Gefühl. Erst nach vielleicht einer Minute wurde mir bewußt, daß da etwas nicht mehr an seinem Platz stand, daß etwas Unglaubliches passiert war.«

Peet war schon auf der Weide und arbeitete. »Es gab dichten Nebel an diesem Morgen. Als er sich verzog, sahen wir es plötzlich: ›Wo zum Teufel ist unser Turm?‹ Folkert hatte am Abend vorher noch den Dachfirst verfugt. ›Mir war schon aufgefallen, daß sich neue Risse im Mauerwerk bildeten.‹ Der Küster hatte erzählt, daß die Gewichte der Uhr nicht ganz richtig hingen. ›Die sind wie Senklote. Alles Anzeichen, daß der Turm schon arbeitete.‹«

Der Moment selbst kam den Dorfbewohnern wie ein Flugzeugabsturz vor. Gais und Hendrik lagen noch im Bett, und Hendrik dachte, sein ganzes Farbengeschäft sei im Kanal gelandet. Der Fleischer pinkelte gerade draußen, als der Schlag ihn überraschte, die Gerüste knallend zusammenkrachten und sich die dicken Steinbrocken in die Gräber auf dem Friedhof bohrten. Lebende kamen nicht zu Schaden.

»Zum Glück gingen unsere Ladenfenster nicht kaputt«, sagte Lamkje. »Denn die waren teuer!« Um halb acht war, laut Zeitungsbericht, der Küster schon wieder damit beschäftigt, in aller Gemütsruhe die Hecke rings um den Friedhof zu schneiden.

Auf den Fotos ist vor allem ein großer Haufen aus Steinen und

Latten zu sehen, als hätte eine Bombe eingeschlagen, und ringsum stehen etwa dreißig Männer, Frauen und Kinder, die Blicke stumm auf die Trümmer gerichtet. Das Zifferblatt der Uhr ragt noch schief aus den Trümmern, die Zeiger auf dem fatalen Zeitpunkt, wie das auch bei Erdbeben und anderen Katastrophen manchmal zu sein pflegt.

Von dieser Minute, in der der Turm einstürzte, bleiben uns mehr als nur ein Zeitungsbericht und ein Schutthaufen. Sie hat sich jedem, der dabei war, ins Gedächtnis gegraben. Wir haben, dank dieser kleinen Katastrophe, plötzlich einen bestimmten Augenblick aus der jüngeren Dorfgeschichte, auf den unzählige Geschichten verweisen; wir halten gleichsam eine eingefrorene Minute aus dem Monat August 1951 in Händen, die – in Zeitlupe abgespielt – alles mögliche über das Dorfleben von damals erzählt.

Zunächst ist da der Zeitpunkt selbst. An den Erzählungen fällt auf, daß 1951 um fünf Uhr morgens schon ziemlich viele Leute bei der Arbeit waren. Die Einzelhändler schliefen noch oder wachten gerade auf, aber von allen Weiden strömten, so die Berichte, Melker herbei, die den Schlag gehört hatten.

Die Tageseinteilung der Jorwerder war 1951 eindeutig eine andere als 1995. 1951 begann das Tagwerk der Bauern ungefähr um vier Uhr, und der Rest des Dorfes folgte, wenn auch mit gewissen Verzögerungen, den Arbeitszeiten der Bauern. Gegen sechs war das ganze Dorf auf den Beinen, abends wurde der *Leeuwarder Courant* gelesen, man ging zur Skatrunde oder zum Theaterverein, und ungefähr um halb zehn lagen die meisten Jorwerder im Bett.

Vierzig Jahre später wäre der Turm auf ein ganz und gar schlafendes Dorf gefallen. Der Tagesablauf der Jorwerder war 1995 größtenteils dem städtischen Leben angepaßt. Sake Castelein begann, wie die meisten anderen Bauern, erst um halb sieben mit dem Melken, Gais Meinsma stand nicht vor sieben Uhr auf. Gegen halb acht fand »der Auszug der Gladiatoren« statt: Dann starteten die Pendler ihre Autos und fuhren zur Arbeit. Abends schimmerte aus fast allen Wohnzimmern ungefähr bis elf Uhr blau der Fernseher. Zeitung wurde weniger gelesen.

Der zweite auffällige Aspekt an allen Geschichten über den Einsturz des Turms ist die glückliche Tatsache, daß niemand getroffen wurde, weil alles so früh geschah; denn normalerweise herrschte auf der Straße Hochbetrieb. Um 1951 standen die Männer noch häufig bei der Brücke oder am schiefen Zaun des Notars herum. Die Frauen hatten eine eigene Bank, wo sie den ganzen Sommer über häkelten und strickten.

Es gab das »jûnpraten«, das »Klönen am Abend«, den Nachbarn, der scheinbar ziellos noch kurz vorbeikam, um über das Wetter, das Vieh und die Welt zu reden, Gespräche, die manchmal eher rituellen Formeln glichen: eine Aneinanderreihung von meteorologischen Beobachtungen, von Informationen über das Land, die Tiere und die Menschheit im allgemeinen, von Redensarten und schon häufig erzählten Geschichten, die gerade durch ihren fehlenden Neuigkeitswert das Vorhandene bekräftigten und sicherten. Die Bäcker, die Lebensmittelhändler und die anderen Ladenbesitzer und Handwerker sorgten für ein ständiges Kommen und Gehen. Vierzig Jahre später hätte der Turm fast zu jeder Tageszeit einstürzen können, ohne eine Menschenseele zu verletzen.

Der dritte Aspekt schließlich ist die Geschichte vom Wiederaufbau des Turms, von der Eintracht, mit der die wenigen hundert Jorwerder nach der Katastrophe wie besessen Geld sammelten, Theaterstücke, Shows und andere Spendenaktionen auf die Beine stellten, die alten Steine sauberklopften und es schafften, das Symbol ihres Dorfes innerhalb von nur drei Jahren wieder in voller Pracht erstehen zu lassen. In dieser Hinsicht hatte sich das Dorfleben vierzig Jahre später weniger verändert. In den Dörfern waren die Solidarität und die Verbundenheit unter den Leuten noch immer stärker als in der Stadt. Nachbarschaftshilfe war, so stellte ich in Jorwerd fest, mehr als eine bloße Nettigkeit, sie war ein ehernes Gesetz. Alle behielten gemeinsam die Kinder im Auge, Senioren wurden ganz selbstverständlich von den Nachbarn zum Arzt und ins Krankenhaus gefahren. Es war nichts Ungewöhnliches, daß Familien ältere Leute in ihren letzten Jahren zu sich nahmen. Die ganze Nachbarschaft half mit, einen schwierigen Jungen aufzufangen. Wenn eine Familie plötzlich auf Sozialhilfe angewiesen war, stand das ganze Dorf mit tausend Kleinigkeiten bereit. Tote wurden hier noch von den Dorfgenossen hergerichtet. Gais erzählte, daß sie gerade ihre Fenster putzte, als sie zum ersten Mal darum gebeten wurde. »Der Bote vom Begräbnisverein lief vorbei. Er drehte sich um und sagte: ›Du hilfst ihr doch kurz, ja?‹ Na, dann sucht man eben eine weiße Schürze und geht hin.«

Ich hörte die Geschichte von einem Bauern, der für längere Zeit mit Rückenbeschwerden ins Krankenhaus mußte – Frau und Kinder blieben ebenso stolz wie verzweifelt zurück. Ihr Nachbar ließ sich nichts anmerken, behielt aber alles genau im Blick. Er sah nach dem Vieh und nach dem Land, und hin und wieder gab er einen Hinweis, mehr nicht. »Die Kuh muß raus, mit der muß man weiterzüchten, hier muß ein Zaun hin, dieses Stück Land braucht mehr Kunstdünger.« So wurde unter ein beginnendes Drama schon vorbeugend ein soziales Sicherheitsnetz gezogen. Und nie verlor man darüber ein überflüssiges Wort.

Diese starke Verbundenheit miteinander, die man in Dörfern überall auf der Welt findet, ist in einer kleinen Gemeinschaft, wo jeder jeden kennt, nur folgerichtig. Anonymität gibt es nicht, jeder hat einen Namen, und weil viele Dörfer ziemlich entlegen sind, ist man immer aufeinander angewiesen, in guten wie in schlechten Zeiten. Nachbarschaftshilfe fungiert dabei häufig als eine Art gegenseitiger Versicherung, als eine Form der Risikostreuung, als ein praktischer Weg, Geräte, Dienstleistungen und Arbeitskräfte auszutauschen, im Grunde also als eine Wirtschaft ohne Geld.

Aber vor allem ist diese Tradition der Solidarität – wie übrigens früher auch in den Arbeiterbezirken der Großstädte – für Dörfer stets eine bewährte Methode gewesen, kollektiv zu überleben. In vielen Ortschaften gab es früher gemeinschaftlich genutzte Grundstücke, zu wichtigen Anlässen wurden im großen Stil Geschenke ausgetauscht, bei Ernten und ähnlichen Ereignissen bildete man gemeinsame Arbeitskolonnen, Saisonarbeiter gingen meist zusammen mit anderen aus ihrem Dorf auf Wanderschaft, und es kam sogar vor, daß man kollektiv vom Dorf in die Stadt emigrierte. Kurzum, das Dorf war oft eine direkte Fortsetzung der Familie.

Gestärkt wurden diese traditionellen Bande noch durch das »Wir«-Gefühl: »wir« im Gegensatz zu »ihnen«; »wir«, die Jorwerder, im Gegensatz zu »denen« aus Weidum und »denen« aus Mantgum. Und wenn es in Jorwerd etwas gab, das dies alles symbolisierte, dann war es mit Sicherheit der Turm.

*

Es gibt große Traditionen – die Traditionen eines Landes, die im Bewußtsein verankerten Traditionen, die Traditionen von Denkern und Historikern. Und es gibt kleine Traditionen – die fast namenlosen Traditionen, die unzähligen Handlungen, die zur Gewohnheit geworden sind wie ein Trampelpfad durch das Gras. Wer davon eine Kostprobe haben wollte, für den war der Viehmarkt von Leeuwarden genau das richtige.

Dieser Freitagsmarkt fand seit den sechziger Jahren in einer Halle statt, die so groß war wie ein Hangar, und die Lokale, wo die meisten Geschäfte abgeschlossen wurden, bildeten selbst wiederum kleine Hallen. Die Räume waren größtenteils kahl, von den Tresen mit Kaffee, alkoholischen Getränken und Brötchen abgesehen, aber schon morgens um halb acht hing dort dicker Zigarrenqualm. An den Tischen saßen die Händler, den Beerenburg mit Zucker in Reichweite, das Pils tranken sie aus der Flasche. Die eigentliche Viehhalle war erfüllt von Muhen, von Gebrüll, von erbärmlichen, langgezogenen Klagelauten, von schrecklichem Leid.

Bauern ließen sich hier nicht mehr oft blicken – dafür fehlte ihnen die Zeit, sie hatten keine Knechte mehr, denen sie den Hof überlassen konnten. Auch die Qualität der Tiere, die dort verkauft wurden, war nicht gerade berauschend – gutes Nutzvieh fand seine Abnehmer unmittelbar beim Bauern, unter der Hand, und der Rest ging meist am Markt vorbei in den Export und in die Fleischereien. »Wenn man alle Rentner und Sozialhilfeempfänger rauswerfen würde, dann wäre es hier ganz schön still«, spotteten die Kaufleute an meinem Tisch. Und doch war hier immer noch ein Spiel mit tausend alten Regeln im Gange, das kein Außenstehender durchschaute.

Da war zunächst die Kleidung des durchschnittlichen Viehhändlers. Holzschuhe und einen Spazierstock oder einen Rohrstock hatten sie fast alle. Ansonsten trugen sie alle erdenklichen Arten von Mänteln und Hüten und darunter einen Kittel oder einen Blaumann; manche waren auch in einem adretten blauen Anzug voller Mistspritzer unterwegs, mit Krawatte und weißem Oberhemd, und an den Füßen ein Paar Holzschuhe. Wieder ein anderer lief mit T-Shirt und Strohhut herum. Ein dicker Mann mit schwarzer Arbeitsjacke und Schiffermütze kam vorbei. Etwas weiter entfernt stand ein Junge in Holzschuhen, einer Jeanshose, einer alten Mütze, grauer Weste und einer Lederjacke. Er schwenkte seinen Rohrstock und hielt dabei Ausschau nach einem möglichen Kunden. Dabei trällerte er ein Liedchen vor sich hin. Manchmal gab es kurz etwas Lärm, einen kleinen Auflauf, eine rätselhafte, abwehrende Geste mit den Händen, ein wenig Geschrei. Jeder spielte hier sein eigenes Theater, jeder gab ein eigenes Bild ab: die Rinderhändler gediegen, die Schafhändler klein und schachernd, die Pferdehändler trinkend, allesamt teuflisch schnell.

Ich landete bei Van der Zweep und seinen Freunden am Tisch, in einer Runde älterer Händler. »Hast du ein paar Jährlinge für mich?« »Nix.« »Aber auf der Weide stehen sie massenhaft rum.« »Mal sehen.« Mir wurde klar: Es war ein flauer Tag. Die Fleischer, die hier Großabnehmer sind, weil sie jede Woche tausend Stück Vieh brauchen, hatten untereinander eine Preisabsprache getroffen. Viele Kaufleute liefen Gefahr, weniger für ihr Vieh zu bekommen, als sie selbst bezahlt hatten. »Sie rücken das Geld schon noch raus, wetten?« sagte Van der Zweep gelassen. »Sie müssen die tausend Kühe doch irgendwo herkriegen.«

Ein alter Bauer mit rotem, pockennarbigem Gesicht kam vorbei, um abzurechnen. Zwanzig junge Rinder, sechsundzwanzigtausend Gulden in einem weißen Umschlag. Van der Zweep nahm den Umschlag und steckte ihn blind in seine Innentasche. »Der Mann kommt lieber um, als mir fünfundzwanzig Cent zu wenig zu geben«, sagte er, als der Bauer wieder in der Menge verschwunden war.

»Hast du noch halbe Jährlinge, Sietse?« – »Ja, aber die brauche ich selber.« – »Hast du gar nichts übrig?«

Eine Sekretärin einer großen Exportfirma schaute an unserem Tisch vorbei. Sie brachte die Schecks und die Computerausdrucke der letzten Transaktionen. Sie kannte jeden, denn sie alle kamen immer auf den Freitagsmarkt, und so ging es schneller als mit der Post.

Van der Zweep paßte das überhaupt nicht: Früher hatte man direkt zu den Bankfilialen im ersten Stock des Marktes gehen können, um die Schecks in Bargeld einzulösen. »Jetzt bekommt man da keine fünfundzwanzig Cent mehr«, knurrte er. »Schecks, Papiere, es ist alles nur langsamer und komplizierter geworden.« Es verstieß gegen seine Prinzipien: Wenn die Tiere den Hof verlassen, dann müssen sie bezahlt sein.

Als an einem frühen Freitagmorgen im Jahr 1993 ein Überfall auf eine der Bankfilialen nur knapp gescheitert war – die Bankräuber hatten sich durch das Dach nach unten gesägt, aber der Geldtransport war noch nicht da gewesen –, hatten die Banken diesen Service eingestellt.

Nur untereinander bezahlten die Händler noch in bar. Und Van der Zweep kannte irgendwo eine Bankfiliale, wo er noch immer seine Tausender holen konnte. Denn Vertrauen blieb unabdingbar in dieser Welt. »Wenn ein Kaufmann ein einziges Mal nicht bezahlen kann, dann weiß es nächste Woche der ganze Markt.«

In der Halle stand das letzte Vieh, grobknochig, kotverschmiert – mit rotem Filzstift waren die Nummern der Metzgereien ihm schon auf die Flanken geschrieben. Gejammer füllte den gesamten Raum. Hinten wurden die Herden zu den Viehwagen getrieben. Einige Schweine gingen auf eine Todesfahrt nach Italien, um dort geschlachtet zu werden und als fein säuberlich verpackter Parma-Schinken wieder zurückzukehren.

Eine Kuh lag da und schnaubte, seltsam in sich zusammengesackt und mit Schaum vor dem Maul. Eine andere lief frei herum, machte ein paar letzte Sprünge, schlitterte über den glitschigen Mist auf dem Beton. Niemand kümmerte sich um das Tier, und später sah ich, wie es sich eng an eine Gruppe von Schicksalsgenossen schmiegte.

»Klaske, kriegen wir noch eine Runde?« Klaske verschönerte meinen Tag. Sie sah aus wie Doris Day 1953.

*

Ein echtes Dorf hat etwas Zeitloses. Die Sitzungen des Frauenvereins von Jorwerd laufen noch immer nach dem ewig gleichen Muster ab: ein Lied, ein Ausschnitt aus der Bibel, jemand liest etwas aus einem friesischen Erzählband vor, dann eine Tasse Tee, Denksport oder ein anderes Spiel, noch ein wenig Gesang, und dann wieder ab nach Hause.

Auch Festabende auf dem Dorf haben ihr festes Schema: Ein paar Sketche gehören dazu, ein Theaterstück und ein Lotteriespiel. Die Theaterstücke hätte man auch 1955 aufführen können oder 1935; es geht dabei stets um einen jungen Knecht, einen Bauern, einen Dorftrottel, einen Laffen aus der Stadt und ein Mädchen, aber jeder hat immer wieder Spaß daran. Die Tage der »Merke« folgen ebenfalls einem eisernen Programm: am Freitagnachmittag Spiele, am Freitagabend Reise nach Jerusalem auf dem »Kaats«-Platz, danach Theateraufführung und Fest, und am Samstagmorgen um acht Uhr Glockenläuten, damit jeder für das »Tippen« aus dem Bett kommt.

Bestimmte Spiele, bestimmte Feste, bei einer Beerdigung dreimal um die Kirche herum, das alles gehört zu den festen Ritualen, die gerade in ihrer Unabänderlichkeit bewirken, daß die Gemeinschaft sich weiterhin als Einheit empfindet. Wie starr diese Regeln sind, merkt man erst, wenn eine Abweichung von ihnen droht: wenn Cor Wiedijk bei einem Begräbnis aus Versehen falsch um die Kirche herumgeht, wenn es auf der »Merke« einmal in Strömen gießt und vorgeschlagen wird, die Reise nach Jerusalem zu überspringen, und die Älteren deshalb fast einen Aufstand machen, wenn die Jüngeren anregen, das »Tippen« zu einem anderen Zeitpunkt stattfinden zu lassen, und damit auf Granit beißen.

Es ist also keineswegs erstaunlich, daß sich Jorwerd nach besagtem 25. August 1951 mit so viel Energie für den Wiederaufbau des Turms einsetzte. Die Ordnung mußte bald wiederhergestellt werden. Der Zimmermann baute eine Sparbüchse in Form eines Miniaturturms. Der Bussumer Radiogesangsverein Pro Musica unter der Leitung von Lex Karsemeijer sang für Jorwerd. Folkert sammelte, wie bereits erwähnt, durch sein Akkordeonspiel eine Stange Geld. Piet Douma, der Uhrmacher und Fahrradhändler des Dorfes, klaubte die Bestandteile der Turmuhr wieder aus dem Schutt – er holte sie sogar aus dem Pflaster der neuen Straße, die aus Überresten des Turms gebaut worden war. Im Notarsgarten führte das gesamte Dorf ein Theaterstück auf und begründete so eine neue Tradition, die des Iepenloftspul.

Kurzum, der Wiederaufbau des Turms von Jorwerd war eine einzige große Aufwallung der dörflichen Solidarität, vermischt mit einem kräftigen Schuß Chauvinismus – es ging ja schließlich um das zentrale Einheitssymbol der Jorwerder. Und 1995 wäre dies vermutlich nicht anders gewesen. Trotz der Urbanisierung, der Individualisierung und des Fernsehens hatte sich Jorwerd in dieser Hinsicht nicht sehr verändert – noch nicht.

Eine genauso verbindende Funktion erfüllte die eigene, die friesische Sprache. In Jorwerd wohnte ein junger Mann, der sich weigerte, seinen Wehrdienst abzuleisten, weil ihm – so hatte er dem Verteidigungsminister auf friesisch geschrieben – das Risiko zu groß war, daß die niederländische Armee irgendwann einmal gegen Friesland in den Kampf ziehen könnte. Hin und wieder wurde auch jemand, der Holländisch sprach, verspottet, als ob er zu feine Kleider angezogen hätte. Aber die meisten Dorfbewohner wußten elegant mit der Zweisprachigkeit umzugehen.

Die Dorfzeitung blieb – wenn auch nach einiger Diskussion – in friesischer Sprache gehalten. »Man schreibt eine holländische Zeitung doch auch nicht auf englisch, weil ein paar Engländer in den Niederlanden wohnen.« Immerhin wurden auf niederländisch eingereichte Manuskripte in niederländischer Sprache abgedruckt, und wichtige Mitteilungen erfolgten auch auf holländisch.

Dennoch war die Bereitschaft, die Sprache des Dorfes zu erlernen, der Prüfstein für jeden Neuling. Eine der zugezogenen Frauen erzählte mir, daß sie sich stets als Außenstehende gefühlt hatte, bis sie nach etwa zehn Jahren perfekt Friesisch sprechen konnte. »Die Leute redeten zwar Niederländisch mit mir, aber man merkte, daß sie sich nicht wohl dabei fühlten«, sagte sie. »Wenn man Friesisch lernt, ist das ein Signal, daß man hier auf Dauer leben und wohnen will.« Aber noch immer wurde sie manchmal bei einem Wort ertappt, das man ihr im Kurs beigebracht hatte und das heute kein Mensch mehr gebrauchte.

In der Sprache, in der Wiederholung und im Wiedererleben liegt ein Zusammengehörigkeitsgefühl, das durch die Zeiten hindurch weitergegeben wird. In Jorwerd aßen noch fast alle meine Nachbarn warm zu Mittag – auch diejenigen, die mit der Landwirtschaft nichts mehr zu tun hatten. Viele alte Bauern standen noch immer gegen fünf Uhr auf, als ob ein geheimnisvolles Wecksignal sie erbarmungslos aus dem Bett jagte. Obwohl es schon unmittelbar nach der Einführung des Kühltanks möglich war, sich erst um halb sieben an die Arbeit zu machen statt um fünf – die Milchkannen brauchten ja nicht mehr um sieben Uhr an der Straße zu stehen –, dauerte es bestimmt ein bis zwei Jahrzehnte, bis die Bauern begannen, diese Freiheit tatsächlich zu nutzen.

In den Dörfern von einst hatte sich der gemeinsame Lebensrhythmus häufig zu einem System detaillierter Protokollvorschriften entwickelt, auf deren Grundlage die Gemeinschaft funktionierte wie der Mechanismus einer Uhr. Nichts wurde dem Zufall überlassen. Für alles gab es Regeln. Zum Beispiel dafür, wen man besuchte und wann, wer zu Hochzeiten und Beerdigungen eingeladen wurde, wer einen Besuch am Wochenbett machte, was man in solch einem Fall essen und trinken mußte, wie neue Nachbarn zu empfangen waren, wer zu bestimmten Gelegenheiten für Pferde zu sorgen hatte – alles gehorchte einem eingespielten Muster permanenter Wiederkehr. Wie die Zeiten für das Aufstehen, so waren auch die Zeiten für die Aussaat, für das Einpflanzen und die Ernte festgelegt, ebenso die Arbeitsmethoden; alles richtete sich nach einer großen ungeschriebenen Norm.

Dieser mechanische Charakter zeichnete fast alle Bauerndörfer auf der Welt aus. Bei polnischen Hirten waren das Weiden, Melken und das Verarbeiten der Milch in allerhand magische Formeln und Zeremonien gefaßt, deren Einhaltung von einem Oberhirten, einem *baca*, überwacht wurde, und jegliche Abweichung davon kam dem Beschwören von Unheil gleich. Entsprechendes galt für den Gebrauch neuer Techniken. Zündhölzer zu verwenden war in den Milchkammern nicht erlaubt, Feuer durfte man dort nur aus den traditionellen Feuersteinen schlagen, sonst wurde nichts aus der Milch.

In Rußland beklagte sich der Gutsbesitzer Stepan Lewin in Tolstois *Anna Karenina* über den typischen Bauern aus seinem Dorf; dieser sei nur zu einer Sache fähig: jeglichen Fortschritt zu hintertreiben – »die mit neuen Reifen versehenen Wagenräder verkauft er, ersetzt sie durch alte und versäuft den Gewinn, und in die Dreschmaschine schiebt er einen Bolzen, um sie unbrauchbar zu machen. Er kann nicht sehen, was nicht so ist, wie er's von jeher gewohnt war.«

Zur selben Zeit streuten in den Niederlanden die fortschrittlichsten Bauern den ersten Kunstdünger bei Nacht – aus Angst vor dem Klatsch der anderen. Sogar die Tatsache, daß wir noch immer Bauernkäse aus Südholland essen, hat mit der Schlagkraft alter Dorfregeln zu tun. Während die Bauern überall im Lande ihre Milch um 1900 bei den Molkereien abzuliefern begannen, produzierten die Bäuerinnen südlich des IJ* stur weiter ihren hausgemachten Käse. Wirtschaftlich gesehen gab es dafür keinerlei Erklärung. Bei einer soziologischen Studie in den fünfziger Jahren stellte sich allerdings heraus, daß diese bäuerliche Käseherstellung in Südholland – die den Bäuerinnen eine Menge Arbeit bereitete – eng mit den örtlichen Ansichten darüber zusammenhing, was sich »gehört« und was sich »nicht gehört«. Für eine Frau war es rings um Woerden, Leiden und Gouda eine große Ehre, als »gute Käserin« bekannt zu sein. Und auf diese Würde wollte man nicht verzichten.

*

Starr war der Dorfmechanismus auch, was den Umgang mit Geld betraf. Als Tolstois Gutsherr die Stadt besuchte, hatte er das Gefühl, daß ihm die Geldscheine »wie kleine Vögelchen« aus der Hand »flatterten«. Jedesmal mußte er daran denken, daß ein Diner den Gegenwert »von neun Quart Hafer« hatte, den schwitzende und stöhnende Arbeiter gemäht und in Garben gebunden, gedroschen und gesiebt, sortiert und in Säcke abgewogen hatten.

So ging es auch den Jorwerdern. Auch bei ihnen hielt sich eine gewisse Scheu, Geld auszugeben. Viele ältere Dorfbewohner blieben sparsam. Eef von der Kneipe zum Beispiel, und darauf war sie ausgesprochen stolz. Sie mochte schöne, gute und solide Sachen. »Wir haben immer noch die Möbel, die wir uns vor dreißig Jahren zur Hochzeit geleistet haben«, erzählte sie mir. »Andere haben sich schon viermal neue Möbel zugelegt.« Sie hielt das für Verschwendung. »Man kauft etwas Neues, wenn das Alte kaputt ist und sich nicht mehr reparieren läßt, und wenn man etwas richtig Schönes haben will, dann spart man dafür, so habe ich das gelernt. Ich kann auch nichts wegwerfen, kein Essen, nichts.«

Wie gesagt, Eef wuchs als Tochter eines armen Bauern auf, der auch mit Vieh handelte, und viel Geld hatten sie nicht. Oder, besser gesagt, es gab bei ihr zu Hause zwei streng getrennte Geldströme. Für den Markt und den Viehhandel mußte natürlich immer Geld da sein, aber das wurde vom Familienbudget separat gehalten. Und wenn etwas übrigblieb, dann wurde es gehortet.

---

* Meeresarm bei bzw. in Amsterdam (Anm. d. Übers.).

»Geld war fürs Geschäft da, und es diente dazu, Verluste aufzufangen. Geld auszugeben, das gehörte sich nicht.« Die Mutter hatte noch Jahre nach dem Tod des Vaters die Viehwirtschaft weitergeführt, und als sie sich nach dieser ewigen Schufterei schließlich zur Ruhe setzte, merkte sie, daß sie eigentlich ziemlich reich war. »Kauf dir doch mal was Hübsches, ein paar Sachen, die du dir immer gewünscht hast, jetzt geht es«, hatten ihre Töchter gesagt und sie in das Einkaufszentrum von Leeuwarden mitgeschleppt. Aber auch ihr kam es so vor, als flatterten ihr die Vögelchen aus der Hand. Sie hatte über die teuren Preise gejammert und darüber, was für eine Verschwendung das sei, und nur, weil die Töchter ihre Vorliebe für schöne Dinge kannten, saß sie jetzt äußerst zufrieden da, umringt von ihren neuen Sachen.

Ein Bauer bevorzugt Kreisläufe in Naturalien; nicht das Geld, sondern die Produkte müssen von Hand zu Hand gehen. Geld ist nicht dazu da, im Umlauf zu sein, sondern als Versicherung für schlechte Zeiten, gegen Katastrophen, Krankheiten und Mißernten. So kommt es, daß sogar reiche Bauern selten spendabel sind. Viele ältere Bauern, die ihren Betrieb aufgegeben hatten, konnten sich auf die Tatsache, daß sie mit einemmal steinreich waren, nicht mehr einstellen. Der neue Umgang mit Geld brachte nie gekannte Probleme mit sich.

In Jorwerd erzählte man von einem alten Bauern aus der Umgebung, der seinen Hof verkauft hatte. Wenn die Berechnungen der Männer in der Kneipe stimmten, mußte er bei dieser Transaktion mehrfacher Millionär geworden sein, schon allein wegen seiner stattlichen Milchquote und wegen des ansehnlichen Grundstücks, das er zu Geld gemacht hatte. Jedermann wartete also gespannt ab, was er tun würde.

Er tat gar nichts. Er wohnte einfach weiter in seinem riesigen Kopf-Hals-Rumpf-Bauernhaus. Er hatte nie ein Auto besessen, und auch jetzt kaufte er keines. Er machte wie immer alles mit dem Fahrrad.

Bekannte überzeugten ihn davon, daß er doch einmal mit seiner Frau in Urlaub fahren müsse. Urlaub, einfach nichts tun und Geld ausgeben, das war etwas, was sie noch nie gemacht hatten. Sie entschieden sich für eine Woche Appelscha*, und das brachte sie ganz aus dem Häuschen. Essengehen mit den Kindern in der Stadt war eine Sensation, über die sie tagelang redeten. »Diese alten Bauern wissen absolut nicht, wie sie ihr Geld ausgeben sollen«, hieß es in der Kneipe. »Das könnten sie besser uns überlassen!«

Lamkje erzählte mir tausendundeine Geschichte. Von der Krankheit ihres Mannes, vom Studium ihrer Kinder, vom Ende des Ladens und von ihren eigenen Gebrechen. Erst später wurde mir klar, daß sie die ganze Zeit von Geld gesprochen hatte. Von Studienkosten, von Krankenhauskosten, von der Beerdigung. »Ich habe bestimmt fünf Schachteln mit Pillen, das macht fünfmal einen Gulden!« Alle wichtigen Begebenheiten, aller Kummer, alle Freude wurden in Geld umgesetzt, weil für all das andere kaum Platz war.

*

Und dann gab es da noch die Bilder, die überall in den Wohnzimmern hingen. Die hölzernen Gesichter, arm an Ausdruck, voller Angst, Gefühle zu zeigen. Die Ehepaare – verwachsen und geschlechtslos. Die Hände schwer im Schoß, wie Werkzeuge und Geräte. Die Kleidung schwarz. Sie hatten meist zu den klassischen Bedingungen geheiratet: Der Mann mußte hart arbeiten können und genügsam sein, die Frau sollte am besten etwas Land oder Vermögen mitbringen, und wenn sie außerdem ein tüchtiges Paar Hände hatte und gut mit Geld umgehen konnte, dann war sie eine sehr verlockende Partie. Und wenn sie schließlich noch im Ruf stand, »hübsch und willig« zu sein, dann galt sie als ideale Kandidatin.

Zu ihren Bildern gehörten Sprichwörter wie: »Das beste Stück im Hausrat ist ein gutes Weib.« Und: »Der Bauer beim Pferd, die Frau am Herd.« Ihre Aufgaben blieben all die Jahre hindurch streng getrennt, dafür sorgte das schon erwähnte Gefüge unabänderlicher Regeln. Dabei hatte die produktive Arbeit außer Haus stets Vorrang vor der eher konsumtiven Arbeit – kochen, Kleidung schneidern – im Hause selbst. »Wenn es bloß im Stall bleibt!« riefen Bäuerinnen früher, wenn eine Kuh starb oder ein anderer fi-

---

* Beliebtes Erholungsgebiet in Friesland, das für seine reizvolle Landschaft mit Wäldern und Sandwehen bekannt ist (Anm. d. Übers.).

nanzieller Tiefschlag zu verkraften war. Sie meinten damit: Solange ein Problem den Lebensstandard im Vorderhaus nicht beeinträchtigt, können wir nicht klagen.

Wir wissen kaum, was sich hinter diesen »hölzernen« Gesichtern an Emotionen abgespielt hat, denn es waren in der Regel Leute, die sich nur über ihre Arbeit ausdrückten, über ihre Ernten und ihr Vieh. Aus der Sicht vieler Städter waren sie grob und unzivilisiert. Dabei wurde leicht übersehen, daß sich hinter der nüchternen Vernunftehe vieler Bauernpaare durchaus Gefühle von Respekt, Zuneigung und Kameradschaft verbergen konnten.

Die klassische Bauernehe repräsentierte einfach einen anderen Typ Ehe als diejenige, die sich seit dem neunzehnten Jahrhundert in der Stadt entwickelt hatte, nicht besser, aber auch nicht schlechter. Wenn sie weniger romantisch war, so war sie auch weniger flüchtig. Sie ging nicht, wie dies häufig in der Stadt der Fall war, von einer strikten Trennung zwischen Haus und Betrieb aus, zwischen der Privatexistenz und dem Rest der Welt.

Die Ehe auf den Bildern gehörte zu einem viel umfassenderen Lebensumfeld aus Familie, Hof, Vieh, Ernte und Dorf, und die Empfindungen, die die Eheleute füreinander hegten, waren damit untrennbar verbunden. Ihre Zuneigung erwuchs aus der Arbeit und dem fachmännischen Können des jeweils anderen, aus geteilter Freude und dem Stolz auf Ernte, Vieh, Pferde und Bauernhof, aus dem gemeinsamen Durchstehen schwieriger Jahre, aus denselben Hoffnungen und Erwartungen. Und Liebe und Zärtlichkeit drückte man in Bildern aus, die mit diesem Leben verknüpft waren: »Du bist so wunderbar, mein großer lieber Schatz«, schrieb einst ein bäuerlicher Liebhaber aus Frankreich auf einer Postkarte, »und Du bist so frisch, daß ich Dich mit nichts anderem vergleichen kann als mit einem großen Feld Kohl.«

Robert Redfield zählte in einem seiner Bücher die Merkmale eines »guten Lebens« und eines »guten Menschen« auf, wie sie sich aus der Sicht einer Bauernkultur darstellten: »Eine große Anhänglichkeit an die Scholle; eine respektvolle Haltung gegenüber alten Gepflogenheiten; eine Beschränkung individueller Bestrebungen zugunsten von Familie und Gemeinschaft; ein gewisses Mißtrauen gegenüber dem städtischen Leben, mit Wertschätzung vermischt; eine schlichte und bodenständige Ethik.«

Diese Charakteristika waren in allen Dorfkulturen zu beobachten, die er untersucht hatte, ob sie nun in Südamerika oder in Surrey lagen. Er leitete dieses Wertesystem aus dem fortwährenden Umgang mit der Natur ab. »Für die Bauern hat das Leben ein Ziel, weil die Vielzahl ihrer Erfahrungen mit der Natur – auch das Leiden, die Freude, der Tod – diesem einen Sinn verleiht. Und den findet ein Bauer jeden Tag in seiner Arbeit und seinem sonstigen Leben wieder. In einem solchen Dasein läuft eine Art Lernprozeß ab: Warum kommen Kinder zur Welt, warum wachsen sie auf, heiraten sie, arbeiten sie, leiden sie und sterben sie. Und es gibt gleichsam eine Gewißheit, daß die ganze Arbeit nicht umsonst ist; daß die Natur – oder Gott – irgendwie an ihr teilhat.«

Es war dieses universale System unausgesprochener Gebote, das wie eine zweite Dimension unter der bäuerlichen Existenz lag. Es war eine alte Ordnung, die sich häufig in kirchlichen und religiösen Regeln ausdrückte – die aber im Grunde auf den Normen der bäuerlichen Tradition beruhte. Es war eine Ordnung, in der die Zeit keine ständig fortlaufende Linie bildete, sondern einen Kreislauf wie die Natur selbst. Es war eine Ordnung, in der das Leben an sich kein Ziel darstellte wie in der Stadt, sondern ein Intermezzo, mit Idealen aus der Vergangenheit und Verpflichtungen für die Zukunft.

Und vor allem war es eine Ordnung, die unbestechlich war – und dementsprechend kreist der Plot eines jeden Buches, das im ländlichen Milieu spielt, von der *Odyssee* bis zu den Heimatromanen der Neuzeit, immer um ein und dasselbe Thema: die Wiederherstellung der göttlichen Ordnung. Nur so konnte man Katastrophen, Krankheiten, Mißernten und anderes Unheil bannen – vom ewig gegenwärtigen Tod abgesehen, dem Schicksal eines jeden Menschen. Doch sogar dieser ließ sich überwinden, weil man in seinen Töchtern und Söhnen weiterleben konnte.

*

Heute ist die alte Kluft zwischen Stadt und Land größtenteils geschlossen; beide Lebenskulturen ergänzen einander eher, als daß sie Gegenpole wären.

Mit den Jahren hat das Dorf nicht nur ein gewisses Maß an

Ruhe und Tradition verloren, sondern auch viel von seiner Isolation, seiner beklemmenden Enge, seiner Repression, seiner Grausamkeit, Armut und Not. Und wenn jemand sich dessen bewußt ist, dann sind das die Dorfbewohner selbst. Niemand will mehr zurück zum Melken im kalten Novemberregen oder zur Schinderei auf der heißen Heuwiese oder zu den Ängsten vor Überflutungen, Krankheiten und Seuchen. Niemand will dahin zurück, und wer als Bauer etwas auf sich hält, umgibt sich heutzutage mit der neuesten Technologie.

Und doch ist augenfällig, wie hartnäckig Stadt und Land sich in mancher Hinsicht noch immer voneinander unterscheiden. Warum hat man in der Stadt den Hang, unablässig das Neue zu suchen, während man auf dem Lande nach wie vor lieber an alten Gewohnheiten festhält? Warum entscheidet sich die Stadt für die Geschwindigkeit und das Land für die Langsamkeit?

Während meiner Monate in Jorwerd landete ich eines Mittags bei Thom de Groot. Thom war einer der letzten Bauern, die sich aus prinzipiellen Erwägungen weigerten, ihre Kühe und Schafe mit den berüchtigten knallgelben Ohrzipfeln aus Plastik zu versehen. Seine »Bürgerinitiative Moralische Vorbehalte gegen Ohrmarken« zählte anfangs über zweitausend Anhänger, aber zum Schluß waren es höchstens noch zweihundertfünfzig. Fast alle niederländischen Bauern hatten vor dem Erfassungssystem kapituliert.

Wir saßen am Küchentisch im jahrhundertealten Bauernhof der Familie, mitten im weiten friesischen Land hinter Grouw. Thom kochte vor Wut. Er kam gerade von einer Anhörung bei der Landwirtschaftskammer in Den Haag zurück. »Es war wie ein Tribunal«, fand er. »Die Herren hatten genau eine halbe Stunde Zeit für uns, danach gingen sie speisen. Ein Kollege hörte sie noch hinter der Tür lachen, wahrscheinlich über uns dumme kleine Bauern.«

Während die Herren also zu Tisch saßen, war Thom zu seinen vor Jungvieh überquellenden Ställen zurückgefahren, zu seinem Misthaufen, zu seinem rasch schwindenden Heuvorrat, seinen Hühnern, Katzen, Schafen und Lämmern, die überall durcheinanderliefen, zu seinem Fünfzehnstundentag, zu seinen schlaflosen Nächten, seinen Prinzipien und seinem Bauernhof, der so voll war wie die Arche Noah.

Wenige Leute bekamen die Macht der Agrardiktatur so massiv

am eigenen Leib zu spüren wie Thom. Langsam, aber sicher wurde sein Betrieb abgewürgt. Die Kälber – schon zwei Jahre unverkäuflich, weil sie keine Ohrzipfel hatten – waren mittlerweile erwachsen geworden. Sein Betrieb, ausgelegt für etwa fünfundzwanzig Kühe, hatte sich auf das Doppelte vergrößert. Offiziell durfte er Vieh ohne Ohrmarke nur direkt beim Schlachthof abliefern, aber die Kosten eines solchen Spezialtransports zuzüglich Fleischbeschau waren fast genauso hoch wie der Ertrag, den die Kühe einbrachten. Außerdem hatte er Milchvieh, keine Fleischrinder.

Alles, was einen Bauernhof ausmachte, wurde bei Thom de Groot langsam zugrunde gerichtet: Stallraum, Land, Mist, Milchquote, Futter, Arbeit, Kapital, sogar seine Anerkennung als Bio-Bauer war gefährdet. »Ich mußte erst vor kurzem für zweitausend Gulden Heu dazukaufen«, erzählte er, »sonst reicht es nicht bis zum Frühjahr.«

Eine seiner Kühe mußte zur Notschlachtung. Aber das Tier durfte den Hof nicht verlassen. Er rechnete mir die Verluste vor, fünfzehn- bis zwanzigtausend Gulden, von all der vergeblichen Arbeit einmal abgesehen. Er sagte: »Man kämpft gegen eine Macht, die man nicht in den Griff bekommt.«

Er wußte, daß das Ende nahte. Wegen all des Gedränges hatten im Herbst zuvor ein paar Jungbullen ausbrechen und einige Färsen – fast noch Kälber – bespringen können. Eines der Opfer dieser »Vergewaltigung« hatte gerade gekalbt – noch viel zu jung. Das kleine Kalb, kaum größer als ein Hund, lag auf einem Häuflein Stroh, mitten im Laufgang des Stalls. »Das kommt nicht durch«, meinte De Groot. Ringsum scharrten die Hühner, das Kalb zog zuckend die Beine nach, es gab kleine, bellende Laute von sich. »Ich weiß nicht, was mit mir los ist«, sagte Thom de Groot. »Man kriegt auf einmal so einen Haß. Und das Gefühl habe ich noch nie gehabt.«

»Bei dem Konservatismus der Bauern geht es nicht darum, Macht zu wahren, sondern Werte zu erhalten«, schrieb John Berger, nachdem er jahrelang mit seinen Nachbarn in den französischen Alpen Freud und Leid geteilt hatte. Wenn Thom de Groot von seinen moralischen Bedenken sprach, dann ging es um »etwas, das von innen kommt«. »Wir leben und arbeiten nach bestimmten Normen. Auch einem Tier muß man seine Würde lassen. Aber jetzt werden wir in die Ecke gedrängt, und wir können nichts mehr machen.«

Jedes Handwerk hat seine eigenen Regeln und seine eigene Ästhetik, ob es sich nun um Zimmerleute, Rechtsanwälte oder Viehzüchter handelt.

Die Dorfzimmerleute arbeiteten früher selten nach Plänen oder Blaupausen. Ihr gesamtes technisches Wissen basierte auf ihrem Gedächtnis und beschränkte sich auf die Wiederholung einiger Grundmodelle mit ein paar Variationen. Unter diesen Umständen waren Rituale, Routine und Tradition eine mindestens genauso effektive Methode, Kenntnisse weiterzugeben, wie gewöhnlicher Unterricht – zwar nicht für unsere dynamische urbane Gesellschaft, aber durchaus für die statische Welt des alten Dorfes, wo die Zukunft als eine unveränderte Fortsetzung der Gegenwart und die Gegenwart als eine naturgetreue Kopie der Vergangenheit betrachtet wurde. Die Vermittlung traditionellen Wissens war simpel, wirkungsvoll und immer und überall dieselbe: Sie erfolgte durch Erzählungen – oft in Form kurzer, markiger, rhythmischer Sprichworte und Redensarten – und durch klare, praktische Beispiele.

Entsprechendes galt auch für das Bauernhandwerk. Zudem konnte Tradition im bäuerlichen Milieu hervorragend dazu genutzt werden, das nicht-rationale Wissen weiterzugeben, das für die Arbeit mit Tieren und Natur unentbehrlich ist. Denn ein Jungbauer mußte nicht nur lernen, zügig zu melken, sachkundig seine Geräte zu reparieren, einen stabilen Lattenzaun zu bauen und tausend andere Fertigkeiten zu beherrschen, er mußte auch lernen, seiner Intuition zu vertrauen, er mußte lernen zu »sehen«, daß eine Kuh krank war, zu »spüren«, daß das Wetter umschlug, zu »wissen«, daß die Ernte eingefahren werden mußte. Und dabei war der angesammelte Erfahrungsschatz von Generationen unverzichtbar, trotz allen Unfugs und Aberglaubens, der sich im Lauf der Zeit eingeschlichen hatte.

Kehren wir noch einmal zur kleinen Tradition Van der Zweeps und seiner Händlerkollegen zurück, zu ihrer eingeschliffenen Zahlungsweise und ihrem auffälligen Hang zum Bargeld. Diese Tradition schien auf den ersten Blick sehr unzweckmäßig zu sein: Jeder Händler war gezwungen, immer mit einem enormen Packen Geld herumzulaufen, und setzte sich so dem Risiko aus, bestohlen zu werden.

Dennoch hatte dieses Zahlungsritual einen ausgesprochen praktischen Hintergrund. Es war natürlich günstig im Hinblick auf die Steuer. Außerdem verfügte man so über eine höchst wirksame Methode, das Risiko symbolisch vom Bauern auf seine Käufer abzuwälzen. Weil Vieh »lebender Handel« ist, kann ihm ständig alles mögliche zustoßen, auch während des Transports. Sobald das Geld übergeben war, hatte sich der Bauer solcher Risiken entledigt. Außerdem verschaffte die Barzahlung dem Kaufmann einen Grund, kurz beim Bauern vorbeizukommen, sich gegebenenfalls noch andere Geschäfte zu sichern, und der Bauer blieb automatisch mit den Händlern in Kontakt.

Vor allem jedoch war es eine Form stillen Protestes. »Schecks heißen bloß: noch mehr Kontrolle über den Kaufmann, noch mehr Kontrolle über den Bauern«, sagte Van der Zweep, und die meisten Kaufleute in diesem Leeuwarder Marktlokal stimmten ihm zu. Durch Barzahlung behauptete man sich als selbständiger Unternehmer, der auf die mächtigen Institutionen der Stadt und auf die Hast der heutigen Zeit pfiff.

Derselbe heimliche Widerstand veranlaßte Sikke Kooistra dazu, kein Ginger Ale in sein Sortiment aufzunehmen. »Das Zeug trinken wir in Jorwerd nicht«, sagte er, als der Lehrer wieder einmal danach fragte.

Dasselbe Selbstwertgefühl brachte Lamkje dazu, ihre leere Fleischerei noch immer so ordentlich zu halten wie früher: die Ladentheke fein sauber, darauf die rote Waage, dahinter die große Schneidemaschine und der Fleischwolf. Sie standen da wie eh und je, rot und gravitätisch im weiß gekachelten Raum, als ein Tribut an den verstorbenen Metzger, ein Protest gegen die Zeit.

Und es war derselbe stolze Eigensinn, der den Turm von Jorwerd für das Dorf unentbehrlich machte und sein Fehlen undenkbar und unvorstellbar.

Ein Bauer hielt an seinen Traditionen fest, schreibt John Berger, »nicht nur, weil diese Art zu arbeiten erfahrungsgemäß die größte Aussicht auf Erfolg bot, sondern auch, weil er sich, indem er dieselben routinemäßigen Handlungen wiederholte, indem er die gleichen Dinge tat wie sein Vater und der Vater seines Nachbarn, eine

Kontinuität des Überlebens schuf«. Wenn ein Bauer sich der Einführung einer neuen Technik widersetzte, dann bedeutete dies also nicht, daß er die möglichen Vorteile nicht sah – sein Konservatismus ergab sich nicht aus Dummheit oder Faulheit –, sondern daß ihm die Risiken zu groß erschienen. Denn wenn die Technik versagte, war ja nicht nur seine Investition dahin, sondern er war außerdem abgeschnitten von der Routine des Überlebens, von diesem ruhigen Strom der Tradition in einer unbeständigen Welt.

Der Konservatismus der Bauern hatte nach John Berger demnach nichts mit dem Konservatismus einer herrschenden Klasse oder eines braven Bürgertums zu tun. Er zielte nicht darauf, bestimmte Privilegien aufrechtzuerhalten oder zu ergattern. Der Konservatismus der Bauern, so schreibt Berger, »war kein Konservatismus der Macht, sondern der Bedeutungen«.

Mit seiner Hilfe versuchten sie, die Lebenserfahrungen früherer Bauerngenerationen in einer Zeit unablässiger und unwiderruflicher Veränderungen zu bewahren. Aus ihrer Sicht ging es um das Hüten eines alten Schatzes.

Akke van Zuiden,
der gute Mensch von Jorwerd

Der Krieg hatte das Dorf gestreift wie alle Großereignisse, die sich in der Ferne abspielten und von denen nur ein verirrter Splitter die Gemeinschaft traf.

Hendrik Meinsma, Klaas de Jong und einige andere Männer mußten nach Deutschland, zum Arbeiten. Die Vereine wurden aufgelöst, die Eisbahn machte zu, und der Turm schwieg – die Glocken hatte man abmontiert und mitgenommen.

Einige standen auf der richtigen Seite und einige auf der falschen, aber als der Pfarrer im Dachstuhl der Kirche untertauchen mußte, konnte er abends unbesorgt noch einen kleinen Spaziergang machen. Niemand würde ihn verraten.

Es kamen Holländer auf der Suche nach Kartoffeln, es kamen Hungerkinder aus Amsterdam, es kamen Untergetauchte, und wenn ab und zu ein deutsches Auto auftauchte, hatte jeder im Dorf plötzlich vergessen, wo Kees Greijdanus, der Vater von Gais, wohnte.

An einem Sonntagmorgen erschien der Pfarrer wieder auf der Kanzel. Kurz darauf – es war ein strahlender Sonntag, mitten im April – sagte er in seiner Predigt: »Die Befreiung ist nahe.« Mittags radelten ein paar Mädchen aus dem Dorf mit dem Fahrrad zur Hauptverkehrsstraße. Sie sahen Panzer und Soldaten, die Schokolade und Zigaretten verteilten. Auf dem Rückweg pflückten sie große Blumensträuße, so früh hatte der Frühling in jenem Jahr begonnen, und zu Hause erzählten sie, was sie gesehen hatten.

An jenem Sonntagabend war es sommerlich warm. Alle hatten sich auf dem »Kaats«-Platz versammelt, man spielte und man tanzte. Musik gab es nicht, aber alle trällerten »Rosa, Rosa, Blumen auf deinen Hut«, und so tanzte das ganze Dorf singend zu einer Mundharmonika, unter den Bäumen und unter dem Sternenhimmel.

Gais erzählte mir die Geschichte viele Jahre später, an einem kalten Nachmittag, während wir am Ofen Tee tranken und der Regen gegen die Fensterscheiben prasselte.

»Wir wußten auf unserem Bauernhof ziemlich gut, was in Deutschland los war, schon bevor der Krieg ausbrach. Es kamen ständig Leute mit allen möglichen Waren zu uns auf den Hof, und die hatten auch immer was zu erzählen. Und einmal war da ein Mann, der kam nach dem Essen, er war gerade in Deutschland gewesen. Und der erzählte und erzählte. Davon, was Hitler alles tat, daß er dabei war, die Straßen doppelt so breit zu machen, und daß alle Fabriken auf Hochtouren für die Rüstung arbeiteten, und was sich da sonst noch alles zusammenbraute. Mich hat das so gepackt, daß ich fast zu spät zur Schule gekommen wäre. Sie redeten und redeten, mein Vater und dieser Mann, und es hat mich so beeindruckt, daß ich es nie wieder vergessen habe – obwohl ich erst neun war.«

Sofort nach Kriegsausbruch hatten sie eine komplette jüdische Familie ins Haus aufgenommen, die Rozenbergs aus Leeuwarden. Einen Mann, eine Frau, eine ältere deutsche Dame, eine blonde Tochter und eine dunkelhaarige Tochter. Schon am 10. Mai 1940 kamen sie nach Jorwerd, weil sie Angst hatten, die Deutschen würden ihr Haus bombardieren. Zwei Monate blieben sie bei Familie Greijdanus, und Gais freundete sich eng mit der einen Tochter, Erna, an. Vater Greijdanus wurde schon bald nach der Besetzung verhaftet, und über Scheveningen und Amersfoort verschlug es ihn nach Vught. Sein Wahlspruch lautete: Nur wer gesteht, wird bestraft. Schließlich ließ man ihn wieder frei. »Es war November, als er wiederkam. Er wirkte sehr merkwürdig.« Greijdanus sprach niemals über diese Erfahrung.

Kurz darauf wurde Gais von der Schule genommen. Zu Hause brauchte man sie dringend. Ihre Mutter erwartete wieder ein Kind, und Gais mußte die Milchkannen säubern und abends beim Melken helfen, montags waschen, dienstags bleichen, donnerstags die Schlafzimmer richten und freitags und samstags den ganzen Rest erledigen.

Erna Rozenberg und ihre Familie waren inzwischen auf Wanderschaft gegangen, von einer Adresse zur anderen, und dann verschwanden sie in Buchenwald. »Wegen ihrer Angst, wegen der Art, wie sie bedroht wurden, habe ich angefangen, die Deutschen zu hassen«, sagte Gais.

Andere Untergetauchte kamen bei Familie Greijdanus unter, zwei Jungs. Sie schliefen im Speicher auf dem Dachboden. »44/45 war ein Winter, wo wir nicht viel zu essen hatten. Überall im Dorf wurden Bäume gefällt, denn es gab nirgends mehr Brennstoff, und Strom gab es auch nicht. Man ging früh ins Bett, ließ nur einen Docht in einem Schälchen mit Öl brennen. Eigentlich war es recht gemütlich, denn echten Hunger gab es nicht, Milch und Kartoffeln hatte man immer genug.«

Es war allgemein bekannt, wer Untergetauchte aufgenommen hatte, aber angezeigt wurde niemand. »Es gab einen einzigen bekennenden NSBler* im Dorf, einen Bauern, aber das war ein gutmütiger Mensch.« Niemand ging mehr nach acht aus dem Haus in diesem letzten Winter, und es war vor allem die schwüle Atmosphäre im Dorf, die mit der Zeit beklemmend auf Gais wirkte. »Verrat war nicht das Problem, sondern eher der Haß und Neid untereinander.«

Sie landete in der Illegalität. »Ich war damals sechzehn. Ich schaffte kleine Waffen weg, die in eine Satteltasche paßten, da kamen immer Holzschuhe und ein Blaumann drüber. Es sah ganz harmlos aus. So ein junges Bauernmädchen, das war nicht verdächtig. Ich war eben einfach so auf dem Fahrrad unterwegs, die anderen kannte ich auch nicht, ich machte das im Alleingang. Vor allem im letzten Jahr ging es um größere Ladungen. Wenn man im Radio hörte, daß die und die ›Besorgungen‹ abgeliefert worden waren, und man hatte selbst damit zu tun gehabt, dann war das natürlich wahnsinnig interessant. Aber das Gefühl, das mich damals hauptsächlich antrieb, war: Wir kommen hier schon raus, aber dazu muß man was unternehmen.«

Gais war eines der Mädchen, die an diesem legendären Aprilsonntag 1945 zur Hauptverkehrsstraße fuhren und sahen, wie die kanadischen Soldaten Schokolade verteilten. Sie machte mit beim Blumenpflücken, sie lachte an diesem Abend bei den Spielen, sie tanzte zur Mundharmonika unter dem Sternenhimmel, und niemand wußte, daß sie schwanger war.

---

* NSB: Nationaal-Socialistische Beweging (niederländische Nazi-Partei) (Anm. d. Übers.).

»Er war verheiratet, er hatte es schwer, man wohnte so eng bei-
einander, und dann passierten solche Sachen eben. Wir lebten in
den Tag hinein. Ich selbst hatte großes Vertrauen in diese Beziehung. Ich dachte: Das geht schon gut. Aber es ging nicht gut.«

Monatelang schlug sie sich allein damit herum. »Erst im Juli
habe ich es meinen Eltern erzählt, und im August bin ich für ein
Weilchen aus dem Dorf weggegangen. Ich konnte das Kind nicht
zu Hause bekommen, so weit waren wir damals noch nicht.
Schließlich ist es in einem Krankenhaus passiert, ich weiß noch,
daß ich zu Hause anrief, es war um halb sechs: ›Das Kind ist da, es
ist ein kleiner Junge, er heißt Cornelis, und es geht mir gut.‹ Erst
taten sich meine Eltern schwer damit, aber sie akzeptierten es voll
und ganz. Außerdem: Meine jüngste Schwester war anderthalb,
der kleine Cor konnte einfach dazu. Mein Vater sagte: ›Der kommt
schon damit zurecht‹, und dafür war ich ihm sehr dankbar.«

Im Dorf herrschte eigentlich durchweg ein Gefühl des Vertrauens. »Mit Klatsch und Tratsch hatte ich nie Probleme. Jeder
machte einfach weiter, man nahm es, wie es war. Ich nahm Cor
einfach mit auf die Straße, er ging mit auf Feste, fuhr Karussell, alles. Er war später auch immer der Cor von Hendrik und Gais, nie
der Cor von Gais.«

Hendrik lernte sie 1946 kennen, einen kleinen, dunkelblonden,
agilen Mann, der zwischen zwei Seiten seines Charakters hin und
her schwankte: seiner Grübelei und seiner Fröhlichkeit. Meistens
war er fröhlich. Er hatte die Kriegsjahre woanders verbracht, und
zudem waren sie acht Jahre auseinander. »Wir sollten bei einer Revue auftreten, und er konnte gut singen und Akkordeon spielen.
Wir probten im Stall. Das Großartige an Hendrik war, daß er alles
bestens fand. ›Wenn wir jemals heiraten, dann fangen wir zu dritt
an‹, sagten wir immer.«

Nach Cors Geburt hatte der betreffende Mann noch angeboten,
sich von seiner Frau scheiden zu lassen und Gais zu heiraten, aber
das wollte sie damals nicht mehr. »Zu Weihnachten wollte er noch
einmal mit mir reden, aber ich sagte: ›Ich habe dieses Kind, ich
sorge dafür, und mein Vater ist damit einverstanden.‹«

*

Gais erzählte mir dies alles am letzten Nachmittag im Herbst. An jenem Abend setzte starker Frost ein. Über dem Weideland war der Himmel dunkelviolett, hie und da sah man ein paar kleine gelbe Streifen vom letzten Licht.

Der Mond stand dünn und gestochen scharf über dem Horizont, so ein typischer Nikolaus-Mond, ein Mond, wie er zu einem langen, kalten Dezembermonat gehört. Im Dorf war es auf einmal geborgen und behaglich, und die Leute auf der Straße riefen einander fröhlich zu, es werde schon ganz schön kalt um die Nase, man müsse noch alles kontrollieren, am Wochenende könne es leicht sieben Grad minus geben, es sei an der Zeit, die Schlittschuhe hervorzuholen. Der Frosteinbruch war das Tagesgespräch; man wickelte sich einen Schal um den Hals, holte seine dicke Kleidung aus dem Schrank, und so wurde König Winter langsam in das Dorf eingelassen.

Am nächsten Morgen war die Landschaft erstarrt. Die Schafe standen still im kalten Sonnenlicht, fünfzig grauweiße Skulpturen auf einer Weide, wie festgefroren. Auf den Wassergräben lag eine hauchdünne Eisschicht. In einem Eisloch stand ein Reiher, ebenfalls regungslos. Nur die Gänse brachen den Bann: Schnatternd kamen sie plötzlich aus der Ferne angeflogen; sicher fünfzig Stück, drei große Schwärme, ineinander verwoben, streiften über das Dorf hinweg. Im Dorf krähten die Hähne in der frostkalten Luft.

In der Kneipe drehten sich die Gespräche abends nur noch um das Eislaufen. Gab es noch genügend Wasser, um die Schlittschuhbahn wirklich plan zu bekommen? Ob wir wohl wüßten, daß die Eisbahn etwas abfiel und daß deshalb an einigen Stellen gut und gern ein Meter Wasser stehen mußte, damit man an anderen Stellen zumindest zwanzig Zentimeter zustande brachte? Und daß, noch schlimmer, die Eisbahn eigentlich undicht war? Im Vorstand des Eisklubs hatte man diese Probleme schon endlos besprochen, aber gelöst waren sie noch nicht.

An der Bar redete man über einen Jungen aus einem Nachbardorf, der mit etwa dreizehn Jahren friesischer Jugendmeister geworden war. Liebevoll-besorgt wurden seine Leistungen reiflich erwogen, so als ginge es um einen jungen Zuchtbullen. Niemand hatte ihn zuvor so richtig wahrgenommen, geschweige denn je mit ihm geredet, aber alle Eislaufexperten taxierten ihn genau.

»Er läuft ganz gut«, sagte einer der Männer. »Nur wie er die Kurven nimmt, das ist ein Problem.« – »Das kommt daher, weil er Linkshänder ist«, meinte ein anderer. »Linkshänder haben es immer besonders schwer, das muß er hart trainieren.« – »Ja, das muß man überwinden.« – »Aber er kann schon was, der Bursche, wirklich wahr.«

Im Gemeinschaftshaus, einige Dutzend Meter weiter, tagte währenddessen der Frauenverein. Es versammelten sich überwiegend ältere Damen – für Lamkje war das eine ihrer wichtigsten Verabredungen –, und später erschien dann in der Dorfzeitung der folgende Artikel:

Nach der Eröffnung, dem Singen und dem Bericht konnten wir schon wieder unser erstes Täßchen Tee gebrauchen. Nach der Pause legten alle ihre Poesiealben auf den Tisch. Daraufhin schlug unser ältestes Mitglied vor, aus jedem ein paar Verse vorzulesen. Die eine las ein Gedicht von einer früheren Volksschullehrerin vor und die andere eines von einer Pfarrerstochter oder einer Evakuierten aus Jorwerd. Die ersten Seiten hatten meist die Eltern vollgeschrieben. Dies ist eines der Gedichte:

Rosen sollen Dich umgeben
Blumen, die so schön wie weich
Sie verbreiten Duft im Leben
Und lassen alle Sorgen schwinden gleich
Ohne Dornen keine Rosen
Heißt ein Sprichwort wahr und klein
Mögen es für Dich gar viele Rosen
Und nur wenig Dornen sein
28.03.1912

Danach wurde noch ein Weilchen geredet und dabei ein Täßchen Tee getrunken. Dann machten wir weiter mit dem Vorlesen aus unserem Buch und sangen dann noch ein Lied. So hatten wir an diesem Abend noch eine Kostprobe aus unserer Schulzeit. Denn am häufigsten kursierten die Poesiealben in der Schule. Wieder einmal hatten wir einen schönen Abend miteinander verbracht. Und alle gingen zufrieden nach Hause.

Am nächsten Morgen waren die Dächer des Dorfes weiß vom Pulverschnee. Die Häuser standen eng an die Kirche geschmiegt, die Zweige der Bäume waren kahl und schwarz, wie auf einer Winterlandschaft von Bruegel.

Und abends traf sich wieder ein anderer Klub: der Tanzverein oder die Skatrunde, die Laienspielgruppe oder der Gesangverein oder der Billardklub. Oder es gab eine Versammlung des Iepenloftspul, des Seniorenvereins oder von Amnesty International. Oder einen Vortrag beim »Gemeinnutz« über Spielzeug in vergangenen Zeiten, über Naturheilverfahren oder über eine Reise nach Südamerika. Oder der »Kaats«-Klub mit dem Namen »Beweist Mut« hielt seine Jahresversammlung ab: »Bericht des Kassenwarts, alles für gut befunden und zwei neue Mitglieder aufgenommen.«

Alles in allem lebten hier kaum mehr als dreihundert Menschen, aber Jorwerd wußte sich in solch einem Winter bestens zu beschäftigen.

Tagsüber war, solange der Frost anhielt, die Eisbahn voller Mütter und Kinder. Überall auf den Wassergräben und den Kanälen war das Schrappen von Schlittschuhen zu hören. Über das Land rannte ein einsamer Hase. Ab und zu stand er kurz aufrecht auf seinen Hinterläufen und sah sich um, dann rannte er wieder los, über die Felder, über die zugefrorenen Wassergräben, im Zickzack über den Kanal, richtete sich wieder kurz auf, spitzte die Ohren und raste im Eiltempo Richtung Dorf. Auf einem Bauernhof hing gerade die Wäsche draußen zum Trocknen: rot, braun, blau und weiß vor der grünweißen Landschaft. Hinter dem Hof dampfte der Misthaufen.

Die Turmuhr schlug drei Mal. Mit zögernden Pfötchen lief eine gesprenkelte Katze über den Kanal. Oebele van Zuiden kam mit den anderen Eismeistern zurück: Mit einer Art Spitzhacke hatten sie überall Löcher ins Eis geschlagen, um die Dicke der Eisschicht zu bestimmen. Gemeinsam mit mehreren hundert anderen gehörten sie – über alle Dörfer verstreut – zu der heimlichen Verschwörung alter Männer, die man als die Eisstraßenzentrale bezeichnet und die manchmal plötzlich zu einem Elfstädtespektakel aufblüht.[*]

»Ich habe in vierzig Jahren nicht erlebt, daß es so früh schon so schönes Eis gab«, sagte Oebele zufrieden. Mitten auf der Dorfstraße watschelte eine Schar Enten. Ich schloß mich den Männern an, und wir bogen nach links ab, zu den Neubauten. »Wenn es noch ein bißchen weiterfriert, dann ist es überall dicker als zehn Zentimeter, dann brauchen wir nicht mehr zu messen.« Oebele war ein stämmiger Mann mit einem freundlichen roten Gesicht, er hatte als Arbeiter angefangen und als Bauer aufgehört und lebte jetzt zufrieden als Rentner in einem Reihenhaus mit Blumenbeeten vorne und hinten. Wir polterten hinein, und gleich rief ein Enkelkind an: »Pake**, ich habe einen Preis gewonnen!«

Oebele und Akke, seine Frau, fingen an, ihr Leben vor mir auszubreiten. Sie erzählten, wie sie 1944 in die Nähe des Dorfes gezogen waren. Er kam als Arbeiter mit noch drei anderen auf Groot Battens unter, bei Meindert Algera, auf dem Bauernhof, wo 1912 die erste Melkmaschine Frieslands getuckert hatte. »Der Bauer war damals noch ein richtiger Bauer«, sagte Oebele. »Wir tranken den Kaffee im Stall.« Mit einigen Unterbrechungen blieb er bis 1952 dort. Dann war Schluß. »Das kam so«, erzählte Oebele. »Ich habe immer um vier Uhr morgens angefangen. Ich war immer der erste. Und an einem Morgen habe ich verschlafen und war erst um zehn nach vier im Stall. Der Bauer stand in der Stalltür und sagte: ›Verdammt, arbeiten wir heute morgen noch mal was?‹ Ich sagte: ›Ich bin hier schon so lange, so was habe ich nicht verdient. Ich gehe woanders hin.‹ Na, der Bauer hat es ganz schön bereut.«

Akke: »Er kam nach Hause und war noch ganz blaß um die Nase.«

Oebele: »Wir haben nie wieder darüber gesprochen. An diesem zwölften Mai haben der Bauer und ich abgerechnet, haben noch

---

* Mit dem Elfstädtespektakel ist die »Elfstädtetour« gemeint, ein Eisschnellauf für Profis und Amateure, der – soweit das Wetter es zuläßt – einmal pro Jahr (im Januar oder Februar) stattfindet und durch die elf friesischen Städte führt. Anfangs- und Endpunkt ist Leeuwarden. Die »Elfstädtetour«, an der Tausende von Menschen teilnehmen, ist für die gesamten Niederlande ein sportliches Großereignis (Anm. d. Übers.).

** Fries. für »Opa« (Anm. d. Übers.).

eine dicke Zigarre zusammen geraucht, und danach haben wir in schönster Harmonie Abschied genommen.«

Dann arbeitete er drei Jahre auf dem Tjirkenêst, bei Bauer Fopma, einem Nachbarn. »Fopma hatte einen einfachen kleinen Betrieb, er war kein Züchter oder so. Ich habe damals für ihn einen Stier gekauft. Er wollte erst nichts davon wissen, aber im nächsten Jahr hatten wir dann schon ein paar prächtige Kälber. ›Jetzt zur Körung mit ihnen‹, sagte ich. Er: ›Ich will nicht zur Körung, da begutachten sie nämlich nicht das Vieh, sondern die Bauern.‹ Aber seine Frau sagte: ›Mach nur, was Oebele sagt, der versteht was davon.‹ So bin ich doch hingegangen, nach Mantgum. Ich stand vor den ganzen Herren, und ich sah, daß meine Kälber einen guten Platz bekamen. In ein und derselben Körung holte Fopma gleich einen A-Preis und einen B-Preis. Na, ich bin so schnell geradelt wie noch nie, um das zu Hause zu erzählen. Aber Fopma wollte nicht hin, und die Medaillen wollte er auch nicht. ›Die sind für dich‹, sagte er.«

Die Fopmas hatten keine Kinder oder andere Erben. »An einem Morgen im März 1955 kam der Bauer in den Stall. ›Wir denken, daß wir jetzt einfach mal aufhören sollten‹, sagte er. ›Die Frau und ich, wir haben gestern darüber gesprochen.‹ Ich sagte: ›Dann weiß ich nicht, was ich tun soll, denn eine Chance auf den Bauernhof habe ich ja sowieso nicht.‹ Darauf sagte er: ›Warum soll den jemand anders kriegen und nicht du?‹ Und er sagte: ›Aber eins mußt du mir versprechen: daß du das hier übernimmst, wie es dasteht.‹ Danach mußte mit dem Verwalter geredet werden und mit der Besitzerin, einer Frau aus Wassenaar, und es wurden Erkundigungen über mich eingezogen. Vierzehn Tage später kam der Verwalter vorbei. Ich holte tief Luft und dachte: Jetzt ist es soweit. Er gab mir die Hand und sagte: ›Van Zuiden, die gnädige Frau ist auch einverstanden.‹ Na, ich bin heulend nach Hause gerannt vor Freude. Man ist auf einmal Bauer! Und mit dreißig Kühen! Und das wir, die wir nie mehr als sechs Kühe oder so im Stall hatten! Und der erste, der mir gratulierte, war mein früherer Bauer, Algera. Und er sagte auch: ›Wenn du mit irgend etwas Probleme hast oder Hilfe brauchst, komm einfach vorbei.‹ Das war schön von ihm, und danach haben wir uns immer gut vertragen. Jetzt versorgen wir ihn, mit Essen auf Rädern.«

Zwar waren in Jorwerd vor Gott alle gleich, unterschwellig gab es jedoch durchaus eine Gesellschaft mit Rängen und Ständen. Was Oebele und Akke van Zuiden gelang, kam in den fünfziger Jahren noch ziemlich selten vor: Sie durchquerten einfach die gesamte Dorfhierarchie.

Auch Jorwerd hatte seine Regenten, seine Manager, seine Alt- und Neureichen und seinen alten Adel. Die Kundersmas, die Casteleins und die Algeras waren die führenden Familienklans. Diese alten Bauerngeschlechter galten gleichsam als der Dorfadel, als die Träger der ureigenen Dorfmentalität, was noch dadurch gefördert wurde, daß die Knechte und Mägde häufig von jeher bei ihnen im Haus wohnten und die Arbeiter in unmittelbarer Nähe des Bauernhofs. Das tägliche Geschehen im Ort selbst war denen überlassen, die dort wohnten – den Handwerkern, den Einzelhändlern und den Arbeitern –, aber ringsherum herrschten, wie in vielen anderen Dörfern auch, ein paar miteinander verschwägerte Bauernfamilien. Und wenn es darauf ankam, gaben sie den Ton an.

Diese Exklusivität der Bauern gegenüber den Dorfbewohnern äußerte sich auf die verschiedenste Weise. Es gab Dörfer mit Tanzklubs, wo nur Bauernsöhne und -töchter zugelassen waren. Bestimmte Eislaufwettkämpfe – wie das »Speckfahren«* – waren wiederum nur Arbeitern zugänglich. Beim Jorwerder Verein »Gemeinnutz« wurde anfangs über die Aufnahme neuer Mitglieder abgestimmt – was darauf hinauslief, daß Arbeiter nicht willkommen waren. Wie in allen Gemeinschaften der Welt fand auch die Dorfhierarchie ihren Ausdruck darin, daß manche Gruppen von bestimmtem Wissen ausgeschlossen wurden, daß man bestimmte Gebrauchsgegenstände besaß, sich auf eine bestimmte Weise ernährte und bestimmte Häuser bewohnte.

Oebele hatte sich in seinen jungen Jahren einmal als Knecht in Abcoude verdingt, weil er dort doppelt soviel verdiente wie hier. »Der Bauer hatte achtzig Apfel- und Birnbäume. Aber glaubst du, wir Arbeiter hätten jemals einen Apfel davon abbekommen? Nur die Bäuerin steckte uns manchmal was zu. Eines Abends sagte sie

---

* Eislaufwettkampf, bei dem der Hauptpreis aus einem großen Stück Speck bestand (Anm. d. Übers.).

206

zu uns: ›Was ich gerade eben gesehen habe, das war ja noch nie da: eine Bauersfrau, die Arm in Arm mit einer Arbeiterfrau über die Straße geht!‹ Abcoude!«

Als Oebele und Akke Bauer und Bäuerin wurden, eröffnete ihnen das mit einemmal den Zugang zu einer anderen Schicht, als wären sie plötzlich vom Unteroffizier zum Hauptmann aufgestiegen.

Oebele: »Vor 1955 waren wir Oebele und Akke, mehr nicht. Nach 1955 wurde daraus plötzlich: Van Zuiden.«

Akke: »Ich kam in den Kurzwarenladen, da sagt die Frau: ›Akke – ach nein, ich muß ja jetzt Frau van Zuiden sagen.‹«

Oebele: »Und man wurde von den Bauern zum Kaffee eingeladen, was sonst nie vorgekommen war. Wir kamen dann, um ›bei den Nachbarn vorbeizuschauen‹, wir mußten eine Runde auf dem Hof drehen und uns ansehen, wie alles dastand, und wir bekamen lauter Bauerngespräche zu hören, sogar über Arbeiter, wer etwas taugte und wer nicht. Aber es gab auch einen Bauern, der sagte: ›Was will denn hier plötzlich ein Arbeiter als Bauer herumstümpern?‹«

Akke: »Wenn man zu einer Veranstaltung vom ›Gemeinnutz‹ kam, dann saßen da vorn die ganzen Bäuerinnen mit ihren Trachtenhauben, mit all dem Gold und Silber auf dem Kopf und auf der Brust, und es hieß die ganze Zeit: ›Ach, Frau van Zuiden, setzen Sie sich doch hierhin oder dorthin.‹ Aber ich sagte: ›Ich sitze bei Aaltsje, da sitze ich sonst auch immer.‹«

Oebele: »Die Arbeiter von der Mehlfabrik lieferten Futter. Die kriegten nie was von den Bauern. Ihr Brot mußten sie einfach in der kalten Scheune essen, und den ganzen Tag hatten sie nichts zu trinken. Wir holten sie immer rein, ich vergaß nicht, daß es mir auch so gegangen war. Später steckten sie uns immer das beste Stroh zu.«

Oebeles Vorgänger, Fopma, hatte von »neumodischem Zeug«, wie er das nannte, nichts gehalten, aber Oebele holte alles heraus, was nur möglich schien. »Der alte Sije Hogerhuis war Arbeiter bei uns. Wir hatten einen ordentlichen Kredit aufgenommen, und das mußte alles wieder reinkommen, und das klappte auch. Gemeinsam mit anderen Bauern haben wir angefangen, Stiere zu züchten. Der erste Stier hieß Erik, der ging für sechstausendfünfhundert

Gulden nach Polen. Der zweite hieß Carlos, der ging für neuntausend nach Frankreich. Das ließ sich ganz gut an.«

Letztlich war Oebeles Erfolg eine Retourkutsche. »Der Bauer, der gesagt hatte, was denn hier ein Arbeiter herumstümpern wollte, derselbe Bauer stand ein paar Jahre später doch tatsächlich mit einer Kuh vor meiner Tür – ob die einmal unter unseren Stier dürfte. Sie durfte nicht. Wir hatten seine Worte von damals nicht vergessen. Und schließlich kam ich in den Aufsichtsrat der Molkerei, dahin waren all die anderen Bauern nicht gekommen.«

1978, als die Milchkannen ausrangiert wurden, setzten Oebele und Akke sich zur Ruhe. »Wir hätten damals einen Milchtank kaufen und einen Melkstand bauen lassen müssen, und für das Milchauto hätte man eine ganz neue Straße gebraucht. Ich war zweiundsechzig. Wir haben uns damals mit den Jungs und den Mädchen zusammengesetzt. Man hätte über zweihunderttausend Gulden investieren müssen, und sollte es sich lohnen, dann hätte man auch mehr Land dazunehmen müssen. Mein ältester Sohn wollte den Betrieb schon gern übernehmen, aber er sagte: ›Wenn es nur so geht, mit so vielen zusätzlichen Schulden, dann habe ich weniger Interesse.‹ Er hatte auch schon anderswo eine gute Stellung. Die Kinder waren alle weg. Wenn gemolken werden mußte, dann machten wir zwei das zusammen. Ich sagte: ›Ich arbeite schon, seitdem ich dreizehn bin – laßt uns jetzt mal einen Plan machen.‹ Dann haben wir darauf hingelebt.«

Die Versteigerung fand am 26. April 1978 statt, und letztlich war es weniger schwierig als befürchtet.

Oebele: »Meine Tochter und die Enkel standen da und heulten. Die fanden es schlimm. Aber sonst war es eine schöne Versteigerung, nur nicht, als alles vorbei war und das Vieh verladen wurde. Da dachte ich schon: Meine schönen Kühe bin ich jetzt los!«

Akke: »Als wir hier in den Neubau einzogen, da saßen wir uns plötzlich gegenüber, und wir dachten: Was sollen wir jetzt hier? Wir hatten lauter neue Sachen.«

Oebele: »Wir waren daran gewöhnt, viel Platz zu haben. Auf dem Bauernhof sah man die Sonne aufgehen, das war so schön, und dann sagten wir zueinander: ›Kannst du dir vorstellen, daß es Leute gibt, die jetzt noch im Bett liegen?‹ Aber seitdem wir hier wohnen, kommen wir auch nicht mehr so früh aus den Federn.«

Die Büchse mit Medaillen wurde aus dem Schrank geholt. CAR-LOS, ERSTER PREIS DER FRIESISCHEN GESELLSCHAFT FÜR LAND-WIRTSCHAFT ABTEILUNG BAARDERADEEL 1964. TIETSJES PAUL, DRITTER PREIS, 1961. Und ganz unten in der Dose lag die eine goldfarbene Medaille, mit der alles angefangen hatte, mit zwei Kühen, einem Bauernhof und einer Botschaft darauf, die später niemand mehr verstehen wird: 1954, FR. GES. F.L. ABT. BAAR-DERADEEL, 1. PR. B. KLASSE 5 F.D. BH. G. FOPMA.

*

An einem jener dunklen Novembernachmittage nahm Gais mich mit auf den Dachboden der Schule, wo es nach Mottenkugeln roch und wo die Kostüme von vierzig Jahren Iepenloftspul hingen. Da waren meterlange Stangen mit Hunderten von Anzügen, Röcken, Mänteln, Jacken, schwarzen Capes, Ritterrüstungen, Mönchskut-ten und Festkleidern. Es gab Kartons voller Schuhe, Fächer mit lauter Handschuhen, ganze Regale mit Accessoires, alles, was man brauchte, um den alten Gesichtern aus dem Dorf zu beispielloser Größe zu verhelfen. Gais erzählte und erzählte. »Das waren die Kostüme der Tänzer aus *Eine wunderliche Herrschaft*. Diese Schürze mit Stacheln war für die Dienstmädchen in einem Stück gedacht, wo der Herr des Hauses von keiner Frau die Finger lassen konnte. Das hier haben wir extra für *Don Quichotte* gemacht. Diese Capes sind ein Geschenk vom Beerdigungsverein aus Baard, die gehörten den Totengräbern, die können wir sicher noch mal gebrauchen. Das war der Mantel von Ollie B. Bommel.«

Während ich auf diesem Schuldachboden herumstöberte, dachte ich über ein Phänomen nach, das meine Freunde in der Stadt nie unerwähnt ließen, wenn sie von Dörfern redeten, und das ich der Einfachheit halber als Dorfbeklemmung bezeichnen möchte.

Mir wurde klar, daß Theaterstücke, Maskeraden und Kostüm-bälle natürlich nicht ohne Grund auf Dorffesten so beliebt waren: Sie boten eine Möglichkeit, mit denselben Leuten kurz woanders zu sein, die festgelegten Rollen und Muster zu vertauschen, den Knecht Bauer sein zu lassen und das Milchmädchen Aschenputtel. Es war die Chance, für einen Moment die Dorfbeklemmung zu durchbrechen.

Es stand außer Frage, daß ein Städter in einem Dorf manchmal Zustände bekommen konnte. Die Vorhänge, die zur Seite geschoben wurden, wenn jemand vorbeilief, das schneidende Schweigen beim Betreten eines Lokals, die kleinen Gesten und Bemerkungen. Das war die Kehrseite der Medaille: All die Solidarität, Fürsorglichkeit und Nachbarschaftshilfe enthielt unvermeidlich ein hohes Maß an sozialer Kontrolle. Die Dorfbeklemmung konnte von Ort zu Ort sehr unterschiedliche Züge annehmen, aber über jedem Dorf schwebte fortwährend ein großes dreieckiges Auge: Wir, das Dorf, sehen alles. Wir sehen, wie der Pfarrer draußen im Garten ißt, was er ißt und mit wem. Wir sehen, wie es um unsere kranke Schustersfrau steht, die hinter dem Fenster liegt und dahinsiecht – wie auch sie selbst übrigens als allwissendes Auge fungiert, solange es geht. Wir sehen den Besuch. Wir sehen, wer bei wem im Laden steht, und wir zählen die Holzschuhe vor der Tür. Wir sehen, wer lange aufbleibt oder bei wem ein Freund oder eine Freundin übernachtet. Wir pochen an die Tür: »Ids, warum bist du nicht beim ›Tippen‹?« Wir wissen, wo jeder steckt. Und weil wir so dicht gedrängt aufeinandersitzen, hören wir alles.

Wenn Stadtmenschen über die aus ihrer Sicht »beklemmende« Atmosphäre in einem Dorf klagten, erfaßten sie unbewußt den fundamentalsten Unterschied zwischen Stadt und Land. Was sie als »Dorfbeklemmung« bezeichneten, war im Grunde nichts anderes als ein anderes Verhältnis zu Individualität und Kollektivität.

In Jorwerd standen die Türen tagsüber offen, und man konnte direkt zu den Leuten hineinspazieren. Und doch stieß das Auge hier an seine Grenzen. An einigen subtilen Signalen – der Art der Begrüßung, dem Stuhl, der herangerückt wurde – merkte der Eintretende sofort, ob er willkommen war und für wie lange. Die »Türschwelle« war also einfach in die Küche oder in das Wohnzimmer verlagert worden.

Auch im Dorf gab es durchaus eine Privatsphäre, nur unterschieden sich die Proportionen und die Zeichensysteme von denen der Stadt. Was Geldangelegenheiten betraf, wußte man bemerkenswert wenig voneinander – die wurden sogar oft vor den Kindern verheimlicht. Die Jorwerder waren, wenn man sich mit ihnen unterhielt, im allgemeinen offenherziger als der durchschnittliche Städter, und regelmäßig erfuhr ich sogar mehr, als mir lieb war.

Aber gleichzeitig konnte ich mit Sicherheit davon ausgehen, daß unzählige Geheimnisse dieses Dorfes hinter seinen Türen und Fenstern verborgen blieben. In einer Stadt waren die menschlichen Beziehungen geschäftsmäßiger und unkomplizierter als in einem Dorf, weil eine Stadt größtenteils auf Individualität basierte. In der Stadt war es der einzelne, der angesprochen wurde, der Konflikte verursachte und Frieden schloß, der sich herausputzte, weil er sonst in der Anonymität der Masse verschwunden wäre, und der sich nach der letzten Mode kleidete, weil er sonst als rückständiger Trottel gegolten hätte. In kleinen, übersichtlichen Gemeinschaften war man auf all dies nicht so angewiesen, weil man sich ohnehin kannte.

Die Menschen dieser Provinz lebten auch im Jahr 1995 noch in einer engen Gemeinschaft. Krankheit und Tod waren weniger fern und anonym als in der Stadt, und auch das Leben lag näher. Der *Leeuwarder Courant* berichtete noch ausführlich über fast alle tödlichen Unfälle: ein junger Mann, der mit seinem kleinen Bruder in einem Auto gegen einen Baum gerast war, ein Schüler, der vom Nahverkehrszug nach Sneek erfaßt worden war, eine Messerstecherei in der Disko. Und jedes Mal wogten in den darauffolgenden Tagen die Traueranzeigen über die Seiten, und wir lernten die Toten immer besser kennen: Eltern, Schwiegereltern, Onkel, Tanten, Großeltern, Freunde, Eltern von Freunden, Nachbarn, die Schule, die Kommilitonen, die Kollegen, die Ex-Kollegen, die Nachbarskinder, die Freunde aus der Kneipe, nicht selten ein oder zwei Dutzend Anzeigen für eine einzige Person, schwarz umrandete kleine Monumente der Solidarität.

Kleine Dörfer überlebten im zwanzigsten Jahrhundert überhaupt nur, weil die alte Raumstruktur – geprägt von Bauern, von kleinen Läden und von Entfernungen, die zu Fuß zurückzulegen waren – sich nicht so schnell an die moderne Zeit hatte anpassen können. Das war Glück im Unglück.

Unbemerkt hatte sich inmitten unserer hochentwickelten Gesellschaft eine neue Zweiteilung herausgebildet: die zwischen Schnellen und Langsamen. Die Langsamen waren nicht bedauernswert oder benachteiligt, sie waren einfach nur »ungeschickt«. Zu ihnen gehörten etwa diejenigen, die zu langsam waren für die heutigen sozialen Kontakte und Netzwerke – wodurch sie keine

Arbeitsplätze ergattern oder halten konnten. Dazu gehörten die Leute, denen moderne Beziehungsmuster Schwierigkeiten bereiteten – wodurch ihre Freundschaften zerbrachen. Dazu gehörten mitunter die Familien, denen es an der nötigen Disziplin fehlte, um sich in einer Konsumgesellschaft nach der Decke zu strecken – und die so in Kriminalität abrutschten oder sich Schulden aufluden, die praktisch nicht mehr abzutragen waren. Dazu gehörten auch Jungen und Mädchen, die mit dem komplizierten und oft wenig disziplinierten Unterricht nicht zurechtkamen – wodurch sie keinen Schulabschluß machten.

Diese Langsamen und Ungeschickten hatte es immer gegeben und würde es immer geben. Für sie fand sich früher meist eine Arbeit auf niedrigem Niveau – aber immerhin hatten sie Arbeit. Man kümmerte sich wenig um sie – aber auf eine Art, die sie verstanden. Sie waren in Beziehungen eingebunden, die in den Augen eines Städters wenig Abwechslung boten – zum Beispiel in den immer gleichen Umgang ausschließlich mit Familienmitgliedern –, aber zumindest konnte man auf diese Familie zurückgreifen.

Ländliche Gegenden waren eine Oase für Ungeschickte geblieben. Die Dörfer boten ihnen Halt. Mehr noch: Die Dörfer wußten sie gebührend zu schätzen, denn von Langsamen und Ungeschickten konnte man viel lernen – wenn auch nicht die üblichen Dinge.

Kurzum, die Kollektivität war auf dem Lande stärker entwickelt, die Individualität schwächer. In Jorwerd hörte ich Ältere regelmäßig von sich selbst in der dritten Person sprechen. Viele Bauern redeten von »der Frau«, während ihre Ehepartnerin neben ihnen saß, Frauen bezeichneten ihren Mann als »den Bauern« oder mit seinem Nachnamen, Kinder wurden in der dritten Person angesprochen – »Er soll sich jetzt schön hinsetzen!« –, und bei Lamkje hieß es: »Geert will bestimmt ein Butterbrot.«

Das Wörtchen »ich« stand auf dem Lande nicht hoch im Kurs. Dies zeigt auch eine Szene in dem Dokumentarfilm *Es war ein schöner Tag*, in dem der Filmemacher Jos de Putter das letzte Jahr seines Vaters als Bauer im seeländischen Flandern festhielt. Irgendwann sitzt der alte De Putter frühmorgens am Frühstückstisch, er kaut sein Brot, hört sich die Landwirtschafts- und Gartenbaumeldungen an, es ist einer seiner letzten Tage als Bauer, und sein Sohn fragt ihn: »Vater, was halten Sie persönlich davon?« Der Vater schweigt eine Minute und noch eine Minute, und noch eine Minute, die Kamera läuft weiter, und dann sagt er: »Wie meinst du das, persönlich?«

*

Einmal im Jahr ließen die Jorwerder ihre Gemeinschaftsgefühle in eine Eruption münden, die alles andere in den Schatten stellte: die »Merke«. Die »Merke« war – und ist – ein Fest, das die Dorfgemeinschaft für sich selbst veranstaltet; Außenstehende werden dort nur handverlesen zugelassen. Von ihr künden keine Zeitungsanzeigen, auch keine großen Plakate in der Umgebung, man weiß es, oder man weiß es nicht – und dieses Wissen zieht zugleich die Grenze zwischen Eingeweihten und Außenstehenden.

In jenen Tagen weht am Turm die friesische Flagge, die Schwalben fliegen kreischend um die Kirche, die Straßen sind geschmückt, beim »Kaats«-Feld stehen ein Karussell, ein Kuchenstand und eine Schießbude, und draußen ist die Weide übersät mit Gänseblümchen.

Vor der Kirche spielen die Kinder mit einem großen Springball. Beim Pfarrhaus ist ein Wettrennen im Gang, das an einer ausgeklügelten Konstruktion endet, wo der Sieger mit Hilfe einer Latte eine Rakete in die Luft schießen muß. Neben Casteleins Bauernhof machen sich die Kinder mit Balken und Eimern zu schaffen. Und bei den Nachbarn laufen sie alle auf ellenlangen Brettern, eine Art Skilanglauf, nur eben zu sechst.

Aus der Kneipe dringt die Musik der Matinee. Es ist halb eins mittags. Die hübschen Töchter von Sake Castelein sitzen schon am Tisch, mit phantastischen Masken aus Stanniolpapier. Die Band heißt »Cheers«, die Sängerin Jackie, und sie wird uns schon noch Mores lehren. Sie bewegt Arme, Beine und Oberkörper, als würde sie den Flur aufwischen, und ihrem Gesicht nach zu schließen steht ihr der Sinn nach Arbeit und sonst nichts. Sie nötigt uns das Fest auf wie eine Sportlehrerin. Erst als wir alle wie verrückt die erhobenen Arme zu »My Bonny is over the Ocean« und zu »Hollalu, Hollaho, Hehe« schwenken, kommt ein müdes Lächeln über ihre Lippen.

Man tanzt viel in Gruppen: in Polonaisen, im Kreis, alle in die

Hocke, ja, Sie auch – »Von der holla, holla, holla und der hopsa, hopsa, hopsa« –, und dann wieder hoch. Hoppla. Der Twist: Die Sängerin putzt wieder den Flur, der Fußboden wackelt, und die Dorfjugend geht zu einer Art Ententanz über. Gläser bersten, eine Perücke fällt zu Boden, es wird mit Wasserpistolen herumgespielt. Die zwei stärksten Jungs des Dorfes haben eine der Frauen in einen Kübel gesetzt und schwenken sie herum wie eine Feder. Währenddessen tanzt Folkert mit der wilden blonden Tochter der Casteleins, Wiepkje, als ob es die normalste Sache der Welt wäre, und das ist es natürlich auch.

Dann kommt eine Polonaise: »Einmal rein, einmal raus, einmal rein, einmal raus, so ist's fein, so soll es sein.« Wir gehen zur Tür hinaus, wir laufen um den Friedhof herum, tanzend und singend an den Gräbern von Hinz und Kunz entlang, und dann gibt es Essen für alle im Notarsgarten.

Am frühen Abend findet die traditionelle Reise nach Jerusalem statt. Es regnet, das Gras auf dem Sportplatz ist klatschnaß, und Lamkje sitzt fröstelnd in ihrem motorisierten Rollstuhl unter einem Regenschirm. Aber man kann die Reise nach Jerusalem nicht auslassen, denn das ist ein Ritual, an dem vor allem die Älteren hängen. Im Rhythmus der Musik laufen die Männer im Kreis, die Frauen stehen stocksteif in einer Gruppe auf dem Platz und dienen als lebende Stühle. Eine der Frauen bekommt ein Bällchen in die Hand geschmuggelt, und wer sie berührt, wenn die Musik aufhört, scheidet aus. So wird die Gruppe immer kleiner, und am Ende wartet auf den Sieger eine friesische Spezialität, ein Oranierkuchen. Dann sind die Frauen an der Reihe.

Ein anderes Spiel: das schnelle Durchreichen von Eimern voller Wasser. Danach etwas mit Schubkarren. Eine Lotterie, bei der man Handtücher, Topflappen, eine Tagesdecke, einen selbstgebackenen Kuchen, einen Obstkorb, eine Fahrradpumpe, ein Mäppchen mit gelben Servietten, einen Frisierstab, eine Flasche Wein, ein Radio, einen Käse oder einen Korb mit Trockenblumen gewinnen kann. Lamkje gewinnt ein paar Zehen Knoblauch.

An einer Straßenecke hat man ein Feuer angezündet. Alle Dorfkinder sollen das, wovor sie die größte Angst haben, auf einen Zettel schreiben und diesen anschließend in die Flammen werfen. Die Kinder sitzen mit ernster Miene auf der Bordsteinkante und schreiben. Sie notieren: »große Spinnen«, »Schwerter«, »Gespenster«, »Donner und Blitz«, »Rassismus«, »die Enthaupteten«, »UFOs«, »Schlangen«, »Vampire«, »Kinderverführer«, »Mörder«, »die Oberschule« und »zu sterben«.

Im oberen Saal des Lokals gibt es eine Theateraufführung: eine Pantomimenummer mit einem Auto, bei dem Lied »In Wald und weiter Flur« singen alle mit, Gosse Gûchel zaubert einem Bauern die Armbanduhr weg – zum echten Zorn von dessen Frau –, Ymke van der Heide läuft als Dolly Parton verkleidet herum, und ein Junge und ein Mädchen führen eine Schlagerparade auf, mit einer Klobürste als Mikrophon und echten Tauben, die an der Bühne festgeklebt sind. Im Saal sitzen links die Männer und rechts die Frauen, und nur der Tisch in der Mitte ist gemischt.

Und dann heißt es wieder tanzen, diesmal mit den »Jafros«: zwei Männer und eine Frau mittleren Alters, eine zwanzigjährige Punkerin und ein enormer Synthesizer. Sie spielen Polka und Valeta*. Die Älteren drehen ihre Runden auf dem Parkett, als hätten sie sich erst gestern kennengelernt.

So läuft die Jorwerder Dorfkirmes ab, immer wieder, egal, welches Jahr man schreibt: 1995, 1990, 1980 oder 2010 – wenn wir auch wissen, daß sich Menschen und Zeiten wandeln.

*

Der starke Gemeinschaftssinn der Jorwerder erschwerte von jeher so manches: Geschäfte zu machen, Rechnungen einzutreiben, aber auch zu heiraten und sich zu verlieben. All dies war auf dem Dorf oft eine verzwickte Angelegenheit. Bei einer Hochzeit ging es nicht nur um Liebe und Zuneigung, sie bedeutete auch einen Abschied von der Familie, einen Übergang aus einer großen Gemeinschaft in eine neu gestiftete, kleine Einheit, und daran nahmen alle teil. Oft wurde das Haus zusammen ausgesucht, gebaut und eingerichtet. Gemeinschaftlich sprang man ein, wenn der neue Betrieb aufgebaut werden mußte. Gemeinsam half man wiederum den Eltern bei der Ernte oder beim Großputz.

---

* Valeta: langsamer Tanz, Vorläufer des Tangos (Anm. d. Übers.).

Das vergleichbare Beziehungsnetzwerk der Stadt hatte etwas von einem Adreßbuch, das verschiedene Optionen offenließ: Für dies gehe ich zu dem, für jenes rufe ich den an. In einem Dorf verfügte man kaum über eine solche Wahlmöglichkeit. Wenn auf der Jorwerder »Merke« Folkert oder einer der anderen Senioren mit einem der jungen Mädchen zu tanzen anfing, wunderte sich niemand darüber, weil sie alle Teil desselben Ganzen waren. Bauern wie Fedde und Minne hätten einander in der Stadt vermutlich nicht einmal eines Blickes gewürdigt, aber der Umstand, daß das Schicksal sie beide an diesen entlegenen Ort verschlagen hatte, veränderte alles. Nachbarn waren eine unverrückbare Tatsache, es gab nur eine einzige Kneipe, und man mußte mit Folkert, Sake, Gais, Cor, Bonne, Riemer und all den anderen auskommen, ob einem das nun gefiel oder nicht.

Dies zwang einen Menschen zur Vielseitigkeit – und das Leben im Dorf war daher in vielerlei Hinsicht weniger in Schubladen eingeteilt als das Leben in der Stadt. Marieke Treep, eine der Zugezogenen von Jorwerd, meinte in diesem Zusammenhang, sie habe vom Dorf etwas gelernt: »Meine Freunde in Amsterdam bekommen vieles überhaupt nicht mit, weil sie sich immer in diesem kleinen, geschlossenen Kreis bewegen.« – »Im Dorf schleppen sie einen doch immer an den Haaren irgendwohin, und wenn es auch nur ein Theaterstück ist«, sagte Wiepkje Castelein. »Wann probt man in der Stadt Abende lang zusammen mit Siebzig- und Achtzigjährigen? Selten, oder?«

Man konnte in einer Stadt vor dem gewöhnlichen Leben davonlaufen, sich in der Masse, in der Anonymität oder in exklusiven Zirkeln verstecken. In einem Dorf ging das nie.

Manchmal zerfiel ein Dorf wiederum in kleinere »geistliche« Dörfer. Beispielsweise waren die ganzen Niederlande jahrzehntelang von der Einteilung in Katholiken und Protestanten dominiert. Weil rings um Jorwerd nur wenige Katholiken wohnten, unterschied man in dieser Gegend hauptsächlich zwischen den »Reformierten« und den »Öffentlichen« oder auch den »Feinen« und den »Allgemeinen«.[*]

Diese Kluft reichte ausgesprochen tief. »Feine« Kinder spielten gewöhnlich nicht mit »allgemeinen« Kindern. »Feine« und »Allgemeine« hatten eigene Schulen, eigene Korbballvereine, eigene Lebensmittelhändler, eigene Bäcker, eigene Gemeindepolitiker und eigene Zeitungen – das *Friesch Dagblad* und den *Leeuwarder Courant*.

Noch in den sechziger Jahren gab es in manchen Dörfern zwei Dorffeste, ein »Oranierfest« für die »Feinen« und eine Kirmes für die »Allgemeinen«. Kinder beschimpften einander: »Dein Vater ist vom falschen Fest.« Und noch während der siebziger Jahre scheiterte hier in der Gegend eine wichtige Fusion zwischen zwei landwirtschaftlichen Organisationen, weil die »Feinen« darauf bestanden, daß vor den Sitzungen gebetet werden müsse, während die »Allgemeinen« sich empörten: »Das ist doch kein Gottesdienst hier, verdammt noch mal!«

Diese Erstarrung in Klans und Glaubensgemeinschaften hatte einen großen Vorteil: Sie sorgte für Klarheit und Übersichtlichkeit inmitten sozialer Komplexität. Es ist kein Zufall, daß die Trennung in »Allgemeine« und »Feine« auf dem Land in der ersten Hälfte des Jahrhunderts am stärksten ausgeprägt war – zu einer Zeit, als bei Arbeitern, Kleinbauern und kleinen Mittelständlern ein jeweils spezifischer Emanzipationsprozeß eingesetzt hatte. Man verdiente jetzt etwas mehr, Kinder fingen an »weiterzulernen«, die Kontakte mit der Stadt intensivierten sich, und die Arbeiter und die »kleinen Leute« entwickelten politische Ambitionen. Kurzum, in den Dörfern geriet alles in Bewegung, und die alte Ordnung wurde gründlich durcheinandergewirbelt.

Die »feinen« und die »allgemeinen« »Säulen«[**] waren in dieser Situation nicht nur ein Vehikel der Emanzipation, sondern auch ein Versuch, die Dorfwelt neu zu ordnen – wenn auch nach jeweils anderen Normen, mit jeweils anderen Führungspersönlichkeiten und in äußerst engen Grenzen.

In Jorwerd selbst bemerkte ich von diesen Glaubensstreitigkei-

---

[*] Als »Feine« bzw. als »Öffentliche« oder »Allgemeine« bezeichneten sich die Gruppen nicht selbst, vielmehr handelt es sich um abwertend gemeinte Fremdbezeichnungen durch Andersgesinnte. »Fein« bedeutet also nicht »elegant« oder »feinsinnig«, sondern eher »übertrieben streng«. Die Begriffe »öffentlich« und »allgemein« spielen darauf an, daß liberalere Geister ihre Kinder auf öffentliche bzw. allgemeine, d.h. Staatsschulen schickten und auch sonst weniger auf Institutionen aus dem konfessionellen Milieu zurückgriffen (Anm. d. Übers.).

ten nur noch wenig, und nach Aussage der älteren Bewohner hatten solche Dinge hier auch nie eine große Rolle gespielt. Jorwerd war von jeher ein reformiertes Dorf mit einer »allgemeinen« Staatsschule, und nur echte »Feine« wie die Krämerfamilie De Groot hatten in Hijlaard eine christliche Schule besucht. Ansonsten hatte Riemer de Groot einfach mit den anderen Kindern zusammen gespielt.

Aber später erfuhr ich, daß er meist allein in die Stadt geradelt war, als er auf die christliche Schule in Leeuwarden ging. Und es gab auch Leute im Dorf, die nicht in seinem Laden einkauften, weil er »fein« war und nicht wirklich dazugehörte.

Auch Oebele van Zuiden hatte es als nichtgläubiger Mensch manchmal nicht leicht gehabt: »Wenn die kirchliche Finanzverwaltung Boden zum Kauf anbot und man war kein Kirchenmitglied, o nein, dann kriegte man nichts, das konnte man vergessen.«

*

Es gab einen weiteren Aspekt, der die Dorfbeklemmung steigern konnte: Eine Stadt ist auf Abweichungen angewiesen, das ländliche Milieu auf Gleichmaß.

Nicht umsonst legte man in Dörfern Wert darauf, daß alles still und ruhig blieb: War erst einmal ein handfester Streit entbrannt, dann jagte ein solcher Konflikt schon bald wie ein Knallfrosch durch Familien, Nachbarschaften und Freundeskreise, und das Ganze endete häufig in einem unentwirrbaren Durcheinander.

Die Auseinandersetzung um das Lokal und das Gemeinschaftshaus hielt sich in Jorwerd wie ein Brand im Torfmoor. Eef und Jan Dijkstra von der Kneipe stellten die eine Fraktion, die Befürworter des Gemeinschaftshauses die andere, aber all diese Leute begegne-

---

** Die niederländische Gesellschaft zerfällt je nach weltanschaulicher Orientierung in voneinander abgeschottete Milieus. Die größte Bedeutung kommt der protestantischen, katholischen, sozialistischen und liberalen »Säule« zu. Jede von ihnen verfügt über ein weitverzweigtes Institutionsnetz, das von Bildungseinrichtungen bis hin zu Parteien, Zeitungen und Fernsehsendern reicht. Obwohl sich die »Versäulung« inzwischen abgeschwächt hat, ist sie immer noch deutlich erkennbar (Anm. d. Übers.).

ten einander immer wieder in diversen Vorständen – beim Eislauf-klub, beim Theaterverein, beim »Gemeinnutz«.

Und so wurde der Streit in Gebiete getragen, die ursprünglich nichts damit zu tun hatten. Ein paar Befürworter des Gemein-schaftshauses, die in der Kneipe nicht mehr willkommen waren, gründeten sogar eine eigene Skatrunde. Noch fünfzehn Jahre nach dem Krach gab es Plänkeleien zwischen den Dijkstras und dem Vorstand des Iepenloftspul. Die Dijkstras beklagten sich über die Umstände, die mit den Vorbereitungen verbunden waren, der Vor-stand meckerte über die Qualität des Kaffees, der den Besuchern serviert wurde. Die eingeschenkten Tassen wurden sorgfältig nach-gezählt. Auch der Konflikt zwischen Cor Wiedijk, Bonne Hijlkema und den anderen Bewohnern von Funs schien unlösbar – angefan-gen hatte es, wie ich herausfand, mit einer Meinungsverschieden-heit über den Unterhalt der Zufahrtsstraße. Die Beteiligten kannte ich nur als liebenswerte, offene Leute, aber wenn wir auf dieses heikle Thema zu sprechen kamen, hüllte man sich in Schweigen, oder es fielen Sätze wie: »Sie behandeln mich wie Luft, ich weiß dann schon, was los ist.« – »Ich habe ihnen nichts Böses getan.« – »Es macht uns nichts aus.« – »Wir mischen uns da nicht ein.« – »Es ist schade, aber na ja.«

Ein Dorf legte also großen Wert darauf, solche Auseinanderset-zungen erst gar nicht aufkommen zu lassen. Daher hatte fast jede kleine Gemeinschaft einige unausgesprochene Grundregeln, die das Ganze zusammenhielten und zumeist streng befolgt wurden.

Fast überall auf der Welt galt zum Beispiel in kleinen Gemein-schaften das Prinzip der Gegenseitigkeit – wenn auch häufig über komplizierte Umwege und über einen langen Zeitraum. Häufig existierte daneben noch der Grundsatz, daß sich die Jüngeren den Älteren unterzuordnen hatten. Ferner gab es das Prinzip der Fami-lienbande. Und das der Nachbarschaftshilfe. Und vor allem das klassischste aller Dorfprinzipien: den Vorrang der Gemeinschaft vor dem Individuum.

Der letztgenannte Grundsatz hatte zur Folge, daß man in vielen traditionellen Dörfern nichts von individualistischem Benehmen hielt. Wenn jemand mehr als nötig auf sein Aussehen achtete oder sich ein wenig anders benahm, dann galt das schon bald als lächer-lich. »Wenn man in Jorwerd aus dem Haus ging, dann schaute man immer kurz in den Spiegel, wie man aussah«, sagte Wiepkje Castelein. »Man hatte immer Angst, daß ihnen was auffallen würde.«

So, wie eine Stadt Wandel und Erneuerung braucht, so haben sich viele ländliche Gemeinschaften jahrhundertelang dank Stabilität und Berechenbarkeit behaupten können. In der Stadt wurden Kinder ausgelacht, weil sie nicht mit der Mode gingen, auf dem Dorf, gerade weil sie das Neue mitmachten.

Gelegentlich hört man daher auch die These, daß die Dorfrepression vor allem mit dem Überleben zu tun hatte: Es war für kleine, isolierte Gemeinschaften sehr wichtig, jeden im Zaum zu halten. Übermäßige individuelle Freiheit brachte zu viel unberechenbares Verhalten mit sich und war dadurch eine Bedrohung für die soziale Sicherheit. Die Natur war schließlich schon launenhaft genug.

Nun muß ich sagen, daß ich den sozialen Druck in Jorwerd längst nicht so schlimm fand wie erwartet. Es war deutlich zu spüren, daß in dieser Gegend schon seit Jahrhunderten enge Kontakte zur Stadt existiert hatten, und so war dem System der tausend Gebote schon vor Generationen ein Großteil seiner Macht abhanden gekommen.

Zudem herrschte in Jorwerd – möglicherweise beeinflußt durch den relativen Wohlstand und eine Reihe aufgeklärter Pfarrer und Schullehrer – traditionell ein offener und in Maßen liberaler Geist. So, wie Trübsinn und Konservatismus sich im Lauf der Jahrhunderte zu einem schwarzen Strudel verstärken können, der frohe Menschen fortschleudert und freudlose Finsterlinge anzieht, so war in Jorwerd das Gegenteil geschehen: Denn auch Offenheit zieht weitere Offenheit an und Toleranz weitere Toleranz.

Aber nach wie vor gab es unzählige Dörfer, die von Tausenden von Schwiegermüttern mit schmalen, ewig tuschelnden Lippen bevölkert waren und die noch mit harter Hand vom dreieckigen Auge regiert wurden. Und zudem herrschte noch immer das »schlummernde Mißtrauen ländlicher Art«, wie es der Brabanter Arzt Barentsen achtzig Jahre zuvor genannt hatte. Sogar in Jorwerd legte man einander häufig unaufgefordert Rechenschaft ab über jede außergewöhnliche Handlung, über alles, was als abweichend erscheinen mochte. Man erzählte, warum man hinten am

Weideland des Nachbarn vorbeilief. »Da ist es ein bißchen wind-
geschützter.« Man erklärte, warum man den Arzt für ein krankes
Kind aus dem Bett geholt hatte. »Sie sah plötzlich so merkwürdig
blau aus.« Man erläuterte, warum man mit einem nagelneuen
Auto herumfahren konnte. »Mein Chef least jedes Jahr ein paar
andere Wagen.«

So gab es in den meisten Dörfern einen kleinen, informellen Si-
cherheitsdienst, und nicht zuletzt diesem inoffiziellen Rechen-
schaftssystem war es zu verdanken, daß man dort ohne Bedenken
sein Fahrrad stehenlassen konnte, ohne es abzuschließen. Aber das
Ganze hatte auch eine Schattenseite, nämlich daß sich jeder Dorfbewohner eher als ein Städter fragte: »Was werden die Leute dazu
sagen?«

Überall, wo Menschen zusammen wohnen und arbeiten, wird
diese Frage gestellt, aber in einem Dorf stellte man sie häufiger
und, weil die Spielräume hier viel enger waren, mit größerer Angst.

*

Würde es in Jorwerd so bleiben?

In den siebziger Jahren war das Jorwerder Straßenbild noch
von einer ganzen Reihe alter Männer und Frauen geprägt. Von Sije
Hogerhuis zum Beispiel, dem Knecht der Van Zuidens, Provinz-
meister im Damespiel. Vom alten Kees. Von Jan Siesling, der tag-
aus, tagein bei seinem Bruder Durk aß. Von der alten Ale und der
alten Mientje, einer deutschen Frau mit O-Beinen. Vom alten
Hans, einem Mann mit einem riesigen Kopf, Ohren wie aus einer
Erzählung von Roald Dahl und einem morgendlichen Röcheln,
das über die ganze Straße zu hören war: »gaooch, gaooch, verdammt, gaooch, gaooch«. – »Der alte Hans glüht auch schon wieder vor«, sagte man dann im Dorf. Manchmal liefen sie zu fünft
oder zu sechst nebeneinander, und später standen sie dann auf der
Brücke und redeten. Nebenbei paßte der alte Kees auf seine Enkelin auf: Er hatte dem Kind einen Strick um die Taille gebunden, um
es vom Wasser fernzuhalten. Fünf alte Männer, ein Seil und ein
Kind. Aber bis auf das Kind sind sie alle von der Straße verschwunden.

Als ich im Dorf wohnte, lebte Sije Hogerhuis noch. Er war

neunundneunzig Jahre alt. Er wohnte in einem kleinen Häuschen in der Nähe der Schule, und er zahlte die Miete, die er schon seit dreißig Jahren gezahlt hatte: sechs Gulden pro Woche.

Jeden Morgen ging Akke van Zuiden um halb zehn zu ihrem ehemaligen Arbeiter, half ihm aus dem Bett, zündete den Ofen an, räumte alles ein bißchen auf, erledigte ein paar Einkäufe, um zwölf Uhr kam sie mit dem Essen, um vier Uhr schaute sie noch einmal schnell vorbei und machte seine Wäsche, und abends um sieben half sie ihm wieder ins Bett. Das tat sie schon sechzehn Jahre lang.

Wenn sie im Urlaub war, dann sprang manchmal eine Nachbarin ein; andernfalls stopfte Akke Sijes Kühlschrank tüchtig mit genau eingeteilten Portionen voll, für acht Tage im Gefrierfach und für zwei Tage im Kühlschrank, kleine Plastikschüsseln mit Möhren, Frikadellen und als Nachtisch Pfannkuchen, damit mußte er dann eben selbst zurechtkommen.

»Wir kennen ihn schließlich schon seit vierzig Jahren«, sagte Akke. »Jeden Sonntag kam er hierher, bekam eine Zigarre und zwei Schlückchen zu trinken. Er hat früher die ganze Zeit bei seiner Mutter gewohnt, für die hat nun wiederum er ewig gesorgt.«

Unlängst bekam Sije neue Nachbarn. Zugezogene. Sie machten sich nicht einmal die Mühe, ihn zu besuchen. Hilfe war von denen bestimmt nicht zu erwarten. Auch die anderen Nachbarn rissen sich nicht mehr darum. »Ja, das ist heute anders, nicht wahr«, sagte Akke. »Aber ich bin es nicht anders gewöhnt.«

»Es gehört sich so«, meinte Oebele. Aber Akke gab zu, daß es ihr manchmal zuviel wurde, hauptsächlich, wenn Sije nachts Probleme hatte.

Allmählich lockerten sich die zähen Dorfbande.

1993 ergab eine Studie von zwei Amsterdamer Sozialgeographen in den Gemeinden Littenseradiel und Boarnsterhim – in der auch Jorwerd liegt –, daß sich auf dem Dorf allmählich eine scharfe Trennung zwischen den jüngeren und den älteren Frauen herausbildete. Während nur wenige ältere Frauen außer Haus arbeiteten, pflegten die jüngeren Frauen eindeutig einen anderen, moderneren Lebensstil. »Ihre Arbeitspartizipation ist relativ hoch«, so schreiben die Gutachter in ihrer eigenen Sprache, »sie haben ein vergleichsweise hohes Berufsniveau, arbeiten selten in Frauenberufen und haben überwiegend umfangreiche Teilzeitstellen in großer Entfernung vom Wohnort.«

Doch es gab auch eine Kehrseite. Nach den Beobachtungen der Forscher stellten diese jungen Landfrauen immer höhere Anforderungen an ihre Wohngegend, interessierten sich aber in sozialer Hinsicht weniger dafür. »Die friesischen Regionalkommunen mit Zentrumsfunktion werden dadurch ihre soziale Spannkraft verlieren«, so prophezeite ihr Bericht.

Oebele van Zuiden meinte, daß sich die Dorfgemeinschaft durch die Zugezogenen verändert habe. »Das ist meine Erfahrung. Sie sind anders, städtischer, grüßen weniger. Sie wohnen zwar hier, aber ihre Arbeit haben sie außerhalb des Dorfes, und das Dorf selbst kümmert sie nicht mehr.«

Ids Meinsma, Gais' jüngster Sohn, aufgewachsen in Jorwerd, machte die mangelnde ökonomische Verankerung dafür verantwortlich. »Neun von zehn Leuten hängen, was ihren Broterwerb angeht, nicht mehr vom Dorf ab. Die Kneipe würde keinen Cent mehr verdienen, wenn das alles von hier kommen müßte. Vor zwanzig Jahren wäre das noch kein Problem gewesen.«

Marieke Treep beobachtete, wie sich die Rolle der Frauen verändert hatte. »Eine gute Hausfrau, über die wurde früher mit großem Respekt gesprochen. Das war eine wichtige Funktion im Dorf, und dazu gehörte zum Beispiel auch die Nachbarschaftshilfe. Aber je mehr Frauen arbeiten, desto mehr verschwindet das alles. Ich schleppe mich auch nicht mehr mit meinen letzten Kräften zu dieser oder zu jener.«

Sikke Kooistra, der frühere Lebensmittelhändler, gab dem Auto die Schuld. »Als es kein Auto gab, mußte einfach alles im Dorf passieren. Die Kirmes, darauf lebte so ein ganzes Dorf hin. Im nächsten Jahr kommt dies, im Jahr danach kommt das, darüber redete man schon ein Jahr vorher. Jetzt geht das junge Volk sogar nach Groningen zum Tanzen.« Seine Frau: »Es ist die Zeit, ja, die Zeit.« Er: »Es läßt sich nicht aufhalten.«

Darauf, daß sich in den kleineren Dörfern etwas verändert hatte, wies nicht zuletzt die steigende Zahl von Zeitungsmeldungen über verwahrlostes Vieh hin. Wenn ein Bauernhof, aus welchen Gründen auch immer, so herunterkommt, daß Tierschutz und Justiz eingreifen müssen, dann sagt dies einiges über das soziale Sicherheitsnetz eines Dorfes aus – oder, besser gesagt, über die Löcher darin.

Ein befreundeter Journalist vom *Leeuwarder Courant* hatte mir erzählt, daß er, als er wieder so eine Meldung aufnehmen mußte, beunruhigt einen Bekannten im betreffenden Dorf angerufen hatte: »Was zum Teufel ist bloß bei euch im Dorf los, daß die Nachbarn sich so im Stich lassen?« In einem gesunden Dorf passierten solche Dinge seines Erachtens nicht.

In Jorwerd ließ sich der allmähliche Verlust der Gemeinschaft am gesunkenen Interesse für die »Merke« ablesen. Das Karussell war dort früher die zentrale Attraktion gewesen. Kurz nach dem Krieg wurde es noch mit einem Lastkahn hergebracht, und die Dorfjugend lief dem Karussellboot kilometerweit durch das Weideland entgegen. In den sechziger Jahren konnten sich Ids Meinsma und seine Freunde nicht davon losreißen, sobald der Lastwagen das Dorf berührt hatte. In den neunziger Jahren hingegen kamen die Kinder allenfalls kurz mit ihren Mountainbikes vorbei, um einen Blick darauf zu werfen, und im »Merke«-Ausschuß hatte man schon vorgeschlagen, das Karussell lieber durch etwas zu ersetzen, mit dem man »mehr machen kann«, eine Sprungmatratze oder ähnliches.

»Wir waren früher ein richtig gemütlicher Haufen«, erzählte Oebele. »Wir tanzten Polka, Valeta, all die alten Tänze. Jetzt kommen wir erst nachmittags, dann versammelt sich die ganze Horde im oberen Saal des Lokals, aber für uns Ältere ist da sonst nicht mehr viel dran.«

»Alle Damen gingen zum Friseur, um ein bißchen ordentlich auszusehen«, sagte Lamkje. »Und man kaufte was zum Anziehen, und es wurde getanzt, ich sag's dir!«

Folkert: »Und oben im Karussell waren Knutschecken.«

Ids: »Die ›Merke‹ ist immer noch beliebt, aber *das* Fest, wie früher, das ist sie nicht mehr. Das hat nicht nur mit der Stadt zu tun, die Jorwerder sind auch mehr auf sich selbst bezogen. Es ist ›schon‹ nett, ›schon‹ gemütlich, und man macht ›schon‹ mit, aber die Urlaubspläne darf es nicht durcheinanderbringen. Das war in den sechziger und selbst in den siebziger Jahren undenkbar. Das hat sich erst in den letzten zehn Jahren entwickelt.«

Ganz allmählich verwandelte sich die »Merke« aus einem selbstgemachten Fest in eine Konsumangelegenheit. Der Bunte Abend war nach Aussage der meisten Älteren nur noch ein schwacher Abglanz dessen, was er früher gewesen war. »Da brauchen wir auch nicht mehr hinzugehen«, fanden die Senioren, nachdem einer der Bauern von Funs im BH auf der Bühne herumgesprungen war. Die Freiwilligen, die sich schon seit Jahren für die »Merke« verausgabt hatten, waren nur zu bereit, dieses Amt abzugeben, aber es gab niemanden aus der jungen Generation, der bereit gewesen wäre, es zu übernehmen. Zum gemeinsamen Essen kamen inzwischen erheblich weniger Leute. Die drei Gouverneure des Dorfes – Gais, der Bankdirektor und der Notar – ließen sich dort nicht mehr blicken.

Während jener Wintermonate fielen mir in den Zeitungen auch andere Meldungen auf. Im *Leeuwarder Courant* tauchten mit großer Regelmäßigkeit Berichte über achtzig- und neunzigjährige Autofahrer auf, die wegen riskanten Fahrverhaltens aus dem Verkehr gezogen wurden. Manchmal hatten sie nicht einmal mehr einen Führerschein, aber sie fuhren trotzdem weiter. Ruhige Straßen, Bauernstarrsinn, man konnte sich allerhand Gründe vorstellen, die hinter diesem Phänomen steckten. Es gab einen weiteren: schlichte Notwendigkeit.

Oebele van Zuiden erklärte mir das: »Ich bin jetzt fast achtzig, ich fahre noch, aber wenn ich nicht mehr fahren kann, müssen wir wirklich woandershin ziehen. Die einzige Möglichkeit, noch ein paar Leute zu sehen, ist im Altersheim. Da haben wir alles, was man braucht, ganz in unserer Nähe, man bekommt sein Essen und Hilfe, wenn man sie braucht. Zudem: Wenn die Frau übrigbleibt, ist sie allein. Sie kann nicht mehr weg. Was soll sie dann tun?«

Akke: »Das hätten wir früher anders gemacht.«

Sogar die Van Zuidens wagten es nicht mehr, sich auf das Dorf zu verlassen.

*

Bei näherer Betrachtung war die Dorfsolidarität ein ziemlich komplizierter Mechanismus, und daher erwies sich auch ihr Zerfall als ein Prozeß, der nicht allein in Kategorien wie »Stadt«, »Zugezogene«, »Auto« und »Individualismus« zu erklären war.

Zum einen spielte dabei der Staat eine Rolle. Während die Zeitungen und die Politik von Geschichten über »Selbständigkeit«

und »Selbsthilfe« nicht genug bekommen konnten, nutzte die Gemeinde die Möglichkeiten, die der Dorfsinn noch immer bot, in der Praxis auffällig selten. Die meisten großen Veränderungen in Jorwerd – das Zuschütten des Hafens, der Neubau – gingen fast alle auf Anregungen der Bewohner selbst zurück. Später kamen solche Initiativen kaum mehr zum Zuge. So war etwa der Weg zum »Kaats«-Feld eine einzige große Schlammpfütze, aber als Willem Osinga vorschlug, ihn mit einer Handvoll Männern an ein paar Samstagnachmittagen in Ordnung zu bringen – es waren irgendwo noch einige Platten übrig, und die Gemeinde hätte nur eine Ladung Sand zu liefern brauchen –, wurde nichts daraus. Später hat die Gemeinde es selbst erledigt. Kostenpunkt: dreißigtausend Gulden. »Mit dem Geld hätten wir jede Menge andere Sachen im Dorf machen können«, murrte Osinga.

Zweitens trug auch das Fernsehen nicht unerheblich dazu bei, daß die Dorfsolidarität nachließ. Im neunzehnten Jahrhundert hatte die französische Obrigkeit – als Beitrag zum neu entstehenden Nationalstaat – den Versuch unternommen, von Paris aus das flache Land zu »zivilisieren«. Zu diesem Zweck wurde in jedem Dorf eine Gendarmerie gebaut, außerdem eine Jungen- und eine Mädchenschule, wo nach strengen Regeln Sprache, Rechnen und Geschichte unterrichtet wurden. Dieser Versuch, aus Bauern brave Bürger zu machen, hatte unermeßliche Auswirkungen.

Ende des zwanzigsten Jahrhunderts geschah etwas Ähnliches, aber nun war die Landbevölkerung in aller Welt davon betroffen. Diesmal fungierten nicht die Gendarmen und die Schulen als Vermittler einer neuen »Kultur«, sondern die Elektronik. Und dieser Übergriff erfolgte nicht mehr nach den Regeln des Staates, sondern nach denen des Marktes. Nach Jorwerd kam das Fernsehen schrittweise, eingebettet in unzählige andere Veränderungen. Der Triumphzug des neuen Mediums hatte zunächst vor allem sinkende Besucherzahlen bei den Vorträgen des »Gemeinnützigen Vereins« zur Folge. In gewissem Sinn funktionierten das Fernsehen und der »Gemeinnutz« wie kommunizierende Röhren. Der Saal des Lokals konnte spielend hundert Menschen fassen, und früher saßen die dort auch. Aber 1995 kamen oft nicht mehr als fünfundzwanzig, höchstens fünfzig Jorwerder.

Willem Dijkstra, der Sohn des Bauunternehmers, der gemeinsam mit Ids im Dorf aufgewachsen war, drückte es so aus: »Früher passierte alles Entscheidende innerhalb des Dorfes. Jetzt passiert alles außerhalb des Dorfes.« Marieke Treep: »Es ist keine in sich geschlossene Kultur mehr. Jeder schaut den ganzen Tag fern. Im Lokal blieben die Gesprächsthemen früher streng auf das Territorium des Dorfes begrenzt, und jetzt redet man über Ausländer und alles mögliche. Das Dorf scheint seine Neutralität zu verlieren.«

Der Journalist und Anthropologe Richard Critchfield erlebte, wie das Fernsehgerät in den achtziger Jahren alle von ihm erforschten Dörfer eroberte. Auf dem Land in Brasilien sah er das neue Medium ebenso vorrücken wie in Marokko und Polen, im Sudan, in Vietnam und Bangladesch, in Indien, Nepal und Ägypten, auf Java – überall, wo ihn seine Studien hinführten. Das Tempo war verblüffend. In den entlegensten ghanaischen Dörfern ließ sich Anfang der neunziger Jahre fast niemand finden, der nicht schon einmal ein Fußballspiel im Fernsehen gesehen hatte oder den zweiten Golfkrieg. Sogar in die entferntesten Flecken der Mongolei hatten Techniker und Entwicklungshelfer Satellitenschüsseln gebracht, eher noch als Wasser, größer als die Zelte, in denen die Dorfbewohner wohnten. Und die Welt von MTV und CNN drang in ihre Existenz ein, in eine Existenz, die von Kamelen und nackter Armut geprägt war.

Critchfield, der Dorfkenner par excellence, registrierte in denselben Jahren bei den Dorfbewohnern, die er über einen langen Zeitraum beobachtet hatte, einen bemerkenswerten Wandel – es tat sich etwas in ihrer Mentalität, wie er schrieb. »Sie spürten, daß die Zukunft keine Wiederholung der Vergangenheit mehr sein würde, wie das bisher immer gewesen war, sondern daß diese eine radikale Verbesserung des Lebens bringen könnte.«

Zugleich sah er, wie die globale Fernsehkultur in den Dörfern innerhalb kürzester Zeit alles andere verdrängte. Als Beispiel führte er Griechenland an: In nur zwei Jahrzehnten waren die Bindungen zwischen Dorf und Insel durch eine Mischung aus lokalen Eigenarten und einem Universum ersetzt worden, das vorwiegend auf Athen ausgerichtet war. Er zitierte einen schwarzen Dorfjungen aus den Vereinigten Staaten: »Es gab eine Zeit, da mußte ein Junge ein Mädchen heiraten, wenn es von ihm schwanger wurde. So sind wir aufgewachsen. Aber man sieht im Fernsehen, wie es anders läuft, und man denkt: Ach, so geht es also auch, das ist auch okay. Und man merkt, daß man sich verändert.«

»Die große Macht des Fernsehens liegt in der Art, wie dieses Medium Worte durch Bilder zu ersetzen versteht«, schreibt Critchfield. »Man glaubt, was man sieht, und dazu braucht man keinerlei Übersetzung.«

Welchen Einfluß das Aufkommen des Fernsehens auf die Jorwerder Gemeinschaft gehabt hat, wird nie genau zu ermitteln sein – die Stadt war schon immer in der Nähe, und die Leute veränderten sich ohnehin. Aber es ist offensichtlich, daß die Berieselung mit neuen Spielshows und Seifenopern tiefe Spuren hinterlassen hat. Auch was die Traditionen, die Starrheit und die Dorfbeklemmung betrifft. 1986 erschien Gais als erste Frau auf einer Sitzung des Beerdigungsvereins. Bislang war das reine Männersache gewesen – die Art von Sitzung, die um acht Uhr anfing und um Viertel vor neun mit einem Gläschen Beerenburg aufhörte. Aber jetzt hatten die Frauen jede Menge Fragen. Warum mußte ein verstorbener Mann immer von zwei Männern hergerichtet werden, warum nicht von den Frauen, die ihn gepflegt hatten? Als einmal ein Mann mitten in der Nacht starb, konnte der Bote keinen zweiten Mann finden, mit dem er ihn hätte waschen können; warum mußte das dann trotzdem so sein? Warum bestellte immer der Bote die Blumen? Warum gehörte sich alles so, wie es sich gehörte?

Während in den siebziger Jahren Jorwerder Jugendliche nur mit Jorwerder Jugendlichen Umgang pflegten – etwas anderes war undenkbar –, verkehrten die Kinder in den neunziger Jahren auch mit Altersgenossen aus Mantgum und Weidum und Leeuwarden.

Die Dorfbewohner, auch die älteren, gewöhnten sich an andere Moden, Lebensstile und Kulturen. Wo man früher dem einen Fremden, der sich »städtisch« benahm, überall nachgeschaut hatte, zogen nun Abend für Abend ganze Volksstämme vorüber, die genauso fremd waren.

Nicht nur das Fernsehen erweiterte den Horizont, auch die Tätigkeiten der Leute. Bäuerinnen und Bauern mußten sich nun neben ihrem Hof nach anderen Beschäftigungen umsehen, und das brachte sie mit neuen Menschen und neuen Welten in Berührung. Yke Castelein zum Beispiel war zu einem Begriff in der Welt der Quilts, der kunstvollen Flickendecken, geworden. Sie hatte die

Kunstakademie in Utrecht besucht, und ihre Arbeiten wurden sogar in einer japanischen Zeitschrift gezeigt.

Künstler zogen in die Gegend und Holländer, die sich in einen Bauernhof ein wenig außerhalb des Dorfes verliebt hatten, und Leute wie Willem Osinga, der enge Kontakte nach Texas hatte, der mitunter geschäftlich einen Abstecher nach Mailand machte, aber trotzdem am nächsten Abend wieder mit Willem Wonder im »Wappen von Baarderadeel« dastand und schwadronierte.

Und Gais, die als Kind sogar Angst hatte, in die Schule zu gehen – »solche hohen Türen, solche großen Räume, so etwas hatten wir bei uns auf dem Lande nie gesehen« –, Gais fing an, ehrenamtlich Familienpflegerinnen zu betreuen, besuchte Trainings und Lehrgänge, machte den Führerschein, bekam eine feste Stelle und wurde allmählich eine berufstätige Frau. »Es war natürlich toll, endlich mal etwas Besonderes kaufen zu können. Aber es gab mir auch ein gutes Gefühl, mich um andere kümmern zu können, vor allem, weil man damals so gut für mich gesorgt hatte, damals mit Cor.«

Aber Hendrik tat sich manchmal schon etwas schwer, wenn man in der Kneipe über seine Gais redete, die einfach immer unterwegs war.

*

An einem kalten Winterabend kam Ids Meinsma im Fernsehen. Er hatte sich nämlich für die Show der Staatslotterie angemeldet. Hauptgewinn: hunderttausend Gulden. Alle sprachen davon, von Ids und vor allem von den hunderttausend Gulden. Es war ein ruhiger Abend. Man erwartete Schnee. Mit einem Knall öffnete sich die Tür des »Wappen von Baarderadeel«, und einige Gesprächsfetzen schwappten nach draußen. Die Bauernhöfe standen wie dunkle Flecken in der Landschaft. Nur in den Ställen leuchteten hie und da ein paar gelbe Lampen. Auf der Eisbahn liefen fünf Kinder im letzten Licht Schlittschuh. Ihre Eislaufanzüge aus Nylon reflektierten blau und rosa im Schnee. Ihre Stimmen hallten über das zugefrorene Land, und wie ein riesiges Trommelfell warf die Eisoberfläche das Schrappen in den Kurven zehnfach zurück.

Folkert betrat das Lokal. In seiner Tasche hatte er eine Zeitlang die Telefonnummer eines der Kinder von Eef und Jan mit sich herumgetragen – eines Jungen, der jetzt weit weg in England wohnte. Folkert hatte es seltsam gefunden, daß man einfach so nach England durchwählen konnte, als ob es ein Anruf nach Leeuwarden wäre. Nun berichtete er beiläufig, aber stolz, daß er doch zur Tat geschritten sei. »Ich habe kurz in England angerufen« – damit war dieses Thema allerdings noch lange nicht abgeschlossen.

Da kam Willem Wonder an den Tresen, murrend und schimpfend. Man hatte ihm das Autoradio aus dem Wagen geklaut, es mußten Profis gewesen sein. Ein Fenster hatten sie eingeschlagen. Es war in der Stadt passiert, während seine Frau den Kurs für Tiersanitäter besuchte. »Da war ich sowieso dagegen. Wenn es wenigstens ein EDV-Kurs gewesen wäre.« – »Ja, die Stadt«, sagte Eef, »es ist immer die Stadt.«

Danach saß das ganze Lokal gebannt vor dem Fernsehapparat. Alle Meinsmas hatten sich in die Showhalle aufgemacht – sogar aus Deutschland waren Familienmitglieder angereist. Und ganz Jorwerd sah atemlos zu, wie Ids und seine Freundin flott auf dem Bildschirm hin und her liefen, mit einem gepanzerten Jeep einen zwanzig Meter hohen Turm aus Blechdosen umfuhren, einen Fehlschlag an den anderen reihten, wie die Gralsritter kletterten und rannten, um wenigstens noch etwas zu retten, wie sie mit Buchstabenwürfeln aus Plastik hantierten, ihr Glück mit teuren Autos und Zündschlüsseln versuchten, ein mysteriöses Losungswort zusammensetzten, kraxelten, Ringe über Zauberstäbe schoben und abstrusen Zielen nachjagten.

Die Stadt, das Schloß und das Dorf

Seit man dem unglücklichen Wattie van Hania 1569 auf Groot Hesens in seinem Schlafzimmer den Garaus gemacht hatte, schien es um die Staatsgewalt in Jorwerd nicht allzugut bestellt zu sein. Die Jorwerder regelten ihre Probleme am liebsten selbst. Ich weiß nicht, wie es zu Zeiten der »Grietmannen« und all der anderen Herrschaften war, aber am Ende des zwanzigsten Jahrhunderts sah man nur noch selten einen Vertreter der Obrigkeit im Dorf.

Früher radelte noch ab und zu der Direktor des städtischen Bauamts Sonntag nachmittags durch Jorwerd, um nach illegalen Gebäuden Ausschau zu halten. Man hatte auch einmal versucht, im »Wappen von Baarderadeel« die Sperrstunde zu kontrollieren – die Polizisten trafen auf den Notar, Folkert und einen alten Bauern und jagten sie aus der Kneipe. Und einmal gab es eine große Polizeirazzia bei Hendrik Meinsma, weil dieser vergessen hatte, den Waffenschein für die Startpistole des Eislaufvereins zu verlängern. »Da kommt die Baader-Meinsma-Gruppe«, brüllte das ganze Lokal, als er von der Polizeiwache zurückkehrte. Ansonsten wußte man sich selbst zu helfen.

Als die Dorfkinder zu Silvester immer wieder den Briefkasten anzündeten, trommelten Harry Kaspers und Wytse Blanke sie einfach zusammen und redeten eine Stunde auf sie ein. Wie die Dorfzeitung berichtete, kam bei der Vernehmung der Kinder folgendes heraus:

- *so etwas passiert, wenn man etwas getrunken hat*
- *uns ist in Jorwerd manchmal langweilig*
- *acht Leute haben am Briefkasten herumgemacht*
- *es ist unmöglich, was da passiert ist*
- *so etwas darf nie wieder vorkommen.*

Bis in die achtziger Jahre gehörte das Dorf zur Polizeiwache Mantgum, dann zu Grouw, wieder etwas später war Bolsward für die Jorwerder zuständig – genau wußte das die meisten ohnehin nicht mehr. Sie hatten zwar hin und wieder die Polizei gerufen, wenn ein verdächtiges Auto signalisiert wurde, aber die Polizisten, die aus Leeuwarden angerückt waren, hatten nicht einmal mehr den Weg gefunden.

Einer der Polizeibeamten, unter deren Obhut sich Jorwerd früher befand, hieß Riekele Bekkema. Ich hatte gefragt, ob ich einmal mit ihm auf Streife dürfe, und so waren wir eine Nacht lang gemeinsam die einzigen Repräsentanten der Staatsgewalt im flachen Dreieck, das in unmittelbarer Nähe von Leeuwarden anfing und irgendwo bei Stavoren endete, etwa achtzehnhundert Quadratkilometer mit Bauernhöfen, Landstraßen und Dörfern. Nur in Sneek und rings um Joure fuhr noch ein Streifenwagen, sonst hatten wir das Reich ganz für uns allein.

Es sollte ein ruhiger Abend werden. Wir waren nach Warns gebraust, vierzig Kilometer von unserer Route entfernt, wegen einer Angelegenheit, die sich als falscher Alarm erwies, wir hatten uns in Bolsward einen Streit über einen Fußball in einem Garten angehört und mußten eine Anzeige gegen einen Nachbarn aufnehmen, der mit seinem Auto mutwillig über das Fahrrad eines anderen gefahren war. Der Motor brummte, hin und wieder knackte die Sprechfunkanlage, die Taschenlampen lagen in Reichweite, und so fuhren wir einfach vor uns hin.

Riekele Bekkema kramte unterdessen Erinnerungen an Mantgum und Jorwerd hervor. »Damals hatte man wirklich noch einen Bezug zu der ganzen Sache«, sagte er. »Wenn etwas los war, dann bekam man einen Anruf, und man ging hin, ob man nun im Dienst war oder nicht. Jetzt macht man seine Arbeit von acht bis sechs, man macht, was einem gesagt wird, und geht wieder nach Hause. Die da oben finden, daß es so besser ist.«

Sein Revier umfaßte jetzt über fünfzig Dörfer und zwei kleine Städtchen. Weil es viel zu wenig Wasserpolizei gab, mußten sich die »Landratten« im Sommer auch um die meisten Probleme mit Wassertouristen kümmern. Kein Dorf hatte mehr einen eigenen Polizisten, von der Schaltzentrale in Leeuwarden aus hatte man alles zentralisiert und gebündelt. Nachts war nicht einmal mehr die Polizeiwache von Sneek besetzt.

»Ich kannte früher alle Jungs, die die Wartehäuschen an den Bushaltestellen demolierten«, sagte Bekkema. »Es gab Jahre, da war in einer Dorfschule plötzlich eine Mistklasse dabei, den Jungs begegnete man immer wieder. Auch wenn sie älter wurden und nicht mehr auf die Grundschule gingen. Man hatte weiterhin Ärger in so einem Dorf, ein paar Jahre lang. Und dann war es plötzlich vorbei. Dann passierte das gleiche in einem anderen Dorf. Aber jetzt ist alles regionalisiert und gestrafft. Ich kenne die Jungs nicht mehr.«

Während Riekele Bekkema später an jenem Abend in der leeren Polizeiwache von Bolsward die unvermeidliche Schreibarbeit erledigte, knöpfte ich mir die Tagesberichte vom Wochenende vor.

In Workum war ein Fahrrad gestohlen worden – *Habe eine Vermutung, wer der Täter sein könnte, wird überprüft.*

Ein gewisser Klaas K. war auf der Wache gewesen, um einen gewissen Rommert F. wegen Mißhandlung anzuzeigen. Ich las: *Rommert sagte dem Zeugen K., daß ihm seine Fresse nicht passe, und na ja, dann schlägt man so jemand eben zusammen.* Im Julianapark war ein Mann aufgegriffen worden, weil er zwei minderjährige Mädchen angefaßt und mit obszönen Bemerkungen belästigt hatte, *was dem Charakter des Tatverdächtigen vollkommen entspricht.* In Pingjum hatte ein Bauernhof in Flammen gestanden. Aus dem Poimar-Supermarkt in Bolsward war eine Packung Zigaretten für vier Gulden sechzig geklaut worden. Die später verhaftete Täterin *brach daraufhin in Tränen aus.*

Dann fuhren wir wieder durch den weiten, ausgedünnten Polizeibezirk. »Ich will nicht klagen«, murrte Bekkema. »Aber wenn ich in Weidum bin, und es kommt in Stavoren zu einer Messerstecherei, dann ist das vierundfünfzig Kilometer entfernt, also eine Dreiviertelstunde.«

Er erklärte, daß man nachts wirklich mit allem allein dastand: mit Karambolagen, Diebstählen, kleinen Streitigkeiten, aber auch mit tödlichen Unfällen, Selbstmorden und großen Schlägereien. »Meine Kollegen in Joure kommen bei so einer Meldung schon auch mal in diese Richtung, aber die sind meistens Dutzende von Kilometern entfernt. Und auf der anderen Seite ist das Meer, von dort braucht man erst gar keine Hilfe zu erwarten.«

Mitten in der Nacht, um eins, während die Dörfler schliefen, versammelten sich alle Polizisten, die noch wach waren, in der Kantine der Polizeiwache von Sneek. Die Besatzungen der drei Polizeiautos, die nachts die halbe Provinz durchkreuzten, legten ihre traditionelle Essenspause ein, mit Kroketten, Frikadellen und Salaten aus der Snackbar von nebenan. Die Männer aus Sneek und Joure lautstark, Bekkema und seine Kollegin etwas ruhiger. Man redete über Nebenjobs, Sex und Beförderungen. Eine der größten Katastrophen, die während eines solchen Nachtdienstes passieren konnten, war ein Selbstmord durch Erhängen oder ein tödlicher Unfall, wie mir meine Tischnachbarn klarmachten. »Erst muß man da hin, um die Sache in Ordnung zu bringen, dann muß man die Hinterbliebenen informieren, und dann ist man für den Rest der Nacht mit Papierkram beschäftigt.« – »Aber wenn man einen betrunkenen Sechsundzwanzigjährigen auf der Straße beim Slalomfahren erwischt, ist das auch nicht gerade das große Los«, murmelte Bekkema. »Blutproben, Führerschein einziehen, mitten in der Nacht irgendwo in der Provinz einen Staatsanwalt auftreiben, und dann muß man noch sehen, daß man so einen Arrestanten unterbringt, wenn doch alles zu ist.«

Auf den Monitorbildern aus den Zellen bewegte sich nichts mehr, im Fernsehen lief eine Sendung mit einem linken und einem liberalen Politiker, und ansonsten herrschte im Gebäude tiefe Stille.

Später fuhren wir wieder im Zickzack durch die Region: Weidum, Mantgum, Jorwerd, Oosterend, Spannum. »Tja, wonach soll man mit diesem einen Auto auf so einer Fläche um Himmels willen Ausschau halten?« In Scharnegoutum bemerkten wir in der Nähe eines Bauernhofes Brandgeruch. Wir schauten auf dem Gelände nach, leuchteten in die Scheune und in die Ställe, der Wachhund fing an zu bellen, aber sonst blieb das Haus ruhig. Wir konnten nichts finden. Hinten im Polizeiauto lagen große Präzisionskarten von der gesamten Umgebung, inklusive aller noch so kleinen Deiche und Landstraßen – nach all den Umgestaltungen waren die Bezirke jetzt so groß, daß ganze Abschnitte auch für den erfahrenen Polizisten zur »terra incognita« geworden waren.

Zwei Uhr. Wir fuhren durch den Südwesten. Der Mond stand hoch am Himmel, und aus den Wassergräben und Seen zogen dichte Nebelschwaden auf. »Nebel«, sagte Riekele. »Es kann hier nachts die reinste Waschküche sein. Dann kann man nur beten, daß keine Durchsage kommt.«

Der starke Arm der Stadt schien die Dörfer ihrem Schicksal zu überlassen. Erst in der Stunde des Wolfes kehrte das erste Leben wieder auf die Straße zurück: der Milchwagen, die Post, die Zeitungsautos des *Telegraaf*.

*

Bauern sind an ihr Land gebunden, und diese schlichte Tatsache hat sie die Jahrhunderte hindurch immer besonders verwundbar gemacht. Bauern galten in den Augen der Städter als einfältig oder naiv – doch war es etwa ihre Schuld, daß sie kaum wegkonnten, um selbst Informationen zu sammeln? Sie galten als allzu duldsam – doch wie soll man Widerstand organisieren, wenn man durch seine Arbeit gezwungen ist, in kleinen Einheiten über das Land verstreut zu wohnen? Sie galten als leichte Beute – doch wie soll man sein Vieh und seine Äcker vor Raubrittern, Finanzbeamten und Eurokraten verstecken?

Fast überall auf der Welt sah sich der Bauer, wie Robert Redfield schreibt, mehr oder weniger Teilen der Gesellschaft ausgeliefert, die ihm fremd und doch wieder vertraut waren. Er hielt seine Traditionen in Ehren, indem er Kompromisse schloß, indem er sein Getreide in der Stadt verkaufte, indem er seine Steuern bezahlte, indem er Priester und führende Politiker respektierte, indem er der politischen Linie seiner Standesorganisationen durch dick und dünn folgte, indem er sich um Öko-Gütezeichen bemühte, indem er akzeptierte, daß es außerhalb seines Blickfeldes Leute gab, die besser Bescheid wußten als die Menschen in seinem Dorf. Aber daneben blieben die anderen Dimensionen seiner Existenz bestehen: das Leben auf den schmalen Wegen und in der rauhen Heide, das ganz anders war als das Leben in der schreckenerregenden Stadt oder auf dem mächtigen Schloß.

Es gibt eine ungemein interessante Studie über die Einflüsse des Stadtlebens auf Bauernkulturen. Zwischen 1918 und 1920 veröffentlichte das amerikanisch-polnische Soziologenduo William Thomas und Florian Znaniecki eine Analyse von mehreren hundert Briefen polnischer Bauern, die nach Amerika ausgewandert waren. Sie stellten fest, daß sich in die Korrespondenz zwischen Auswanderern und Daheimgebliebenen im Laufe der Zeit Phänomene einschlichen, die typisch »städtisch« waren und zur Folge hatten, daß die traditionellen ländlichen Lebensregeln ausgehöhlt wurden. Erstens stellten sie in diesen Briefwechseln einen schrittweise zunehmenden Individualismus fest. So führten sie zum Beispiel den Fall von zwei Söhnen an, die trotz ihrer Emigration nach Amerika noch immer unter der Fuchtel ihres zu Hause gebliebenen Vaters standen. Der eine Bruder war der »brave« Sohn. Er ordnete sich unter, gab den Launen des Vaters nach, und damit hielt er an den alten Normen der Familiensolidarität fest, auch in der Stadt. Der andere Bruder »wollte nichts taugen«. Bei ihm führte die Tyrannei des Vaters zur Rebellion; er brach aus, wurde zu einem selbständigen Individuum.

Die zweite grundlegende Veränderung, die Thomas und Znaniecki in den Briefen der Emigranten beobachteten, war eine Zunahme des Hedonismus – der Vorstellung, daß es nichts Schlechtes ist, Geld zu seinem Vergnügen auszugeben. Zugleich registrierten sie ein auffälliges Erfolgsstreben, einen Ehrgeiz, der manchmal in Unterwürfigkeit oder Strebertum ausarten konnte.

Und der dritte Faktor, der ihrer Ansicht nach die ländlichen Normen rasch untergrub, war die ständige Umwandlung qualitativer Normen und Werte in quantitative: Nicht die Beschaffenheit eines Gegenstandes, sondern sein Preis rückte in den Vordergrund. Nicht der Wert einer Handlung zählte, nicht die Freude, die man an einer Tätigkeit hatte, sondern ihr Nutzen und Ertrag.

Nun muß, wie bereits erwähnt, das niederländische Dorf als Sonderfall gelten. Vor allem in den Küstenprovinzen waren die Unterschiede zwischen Bauern und Städtern vager als anderswo in Europa. Es gab zwar Mauern, Tore und Wälle, mit denen sich die Städte rechtlich vom umliegenden Land abschotteten, aber in sozialer Hinsicht handelte es sich eher um einen fließenden Übergang von Großstädten über Kleinstädte und mittelgroße Dörfer bis hin zu den kleinsten Weilern. Beide Welten verkehrten gleichsam miteinander, ohne allzuviel voneinander wissen zu wollen.

So hegten die meisten Jorwerder der Stadt gegenüber ambivalente Gefühle. Einerseits war die Stadt nahe, andererseits weit entfernt. Noch 1970 ergab eine Umfrage in einigen Nachbardörfern – Jorwerd selbst fiel knapp aus dem Untersuchungsgebiet heraus –, daß die Hälfte der Bewohner höchst selten Besuche außerhalb des eigenen Dorfes machte. Nur zehn Prozent besuchten manchmal Leute in der Stadt – in manchen Dörfern waren es sogar nur drei Prozent. Aber zugleich zeigte die Volkszählung vom darauffolgenden Jahr, daß über die Hälfte der Jorwerder berufstätigen Bevölkerung damals schon nicht mehr im Dorf arbeitete, und die überwältigende Mehrheit verdiente ihren Lebensunterhalt in der Stadt.

Bei den meisten Jorwerdern beobachtete ich in den neunziger Jahren noch immer dieselbe Zwiespältigkeit. Einerseits hatten sie praktisch täglich mit der Stadt zu tun, andererseits wimmelte es im Dorf regelrecht von stadtfeindlichen Gefühlen.

Manche konnten Städter schlichtweg nicht ausstehen. »Die Leute in der Stadt trinken nur Limonade«, sagte Cor Wiedijk. »Aber wenn ein Krieg ausbricht, dann brauchen sie uns plötzlich.« Andere hielten die Stadt vor allem für einen trostlosen Ort. Wiepkje Castelein, die nach Leeuwarden gezogen war, fand es schrecklich, sich derart von Mauern umgeben zu fühlen. »Wenn es friert, merkt man in der Stadt kaum etwas davon. Im Dorf gibt es dann für alle kein anderes Thema.«

Wiebe, mein Nachbar, erzählte, daß ihn das Brausen der Schnellstraße wahnsinnig gemacht habe. »Als ich beschloß, mich in Friesland niederzulassen, habe ich einfach auf der Karte nachgesehen, welches Dorf in der Gegend von Leeuwarden am weitesten von der Schnellstraße entfernt war.«

Marieke war es in der Stadt zu chaotisch und zu hektisch geworden. Oder besser gesagt: Sie selbst wurde zu chaotisch und zu hektisch. Hier fühlte sie sich geborgen. »Wenn man in den Wintermonaten in die Stadt muß, dann fährt man immer aus dem Dorf hinaus in die Dunkelheit.«

Lia, die Frau des Lehrers, sagte: »Man kann überall auf den Knopf drücken und Musik einschalten. Aber wo gibt es einen Knopf, den man drücken kann, damit es still wird?« Sie fand, daß es in der Stadt stinke, und als sie noch dort wohnte, versuchte sie, sooft wie möglich draußen zu essen, dann saß sie zumindest mitten im Wiesenkerbel. »In der Stadt hatte ich Angst, hier nicht.«

»Wenn ich in so einem Apartment leben müßte, ich würde aus dem Fenster springen«, ergänzte Folkert.

*

Ende der sechziger Jahre wurden die Niederlande neu kartiert – nicht nach Entfernungen, sondern nach Fahrtzeiten. Und auf dieser Karte war Jorwerd kaum weiter von Amsterdam entfernt als Leeuwarden oder Heerenveen. Dies ließ auch für manche Großstädter den Wechsel ins Dorfleben in den Bereich des Möglichen rücken.

Marieke war eine von ihnen. Sie sehnte sich nach Ruhe und nach einer etwas menschlicheren Gemeinschaft, und Ende der siebziger Jahre war sie aus Amsterdam nach Jorwerd gezogen. Als sie in den ersten Wochen morgens ihren kleinen Sohn zum Bus brachte, der zum Kindergarten nach Weidum fuhr, und auf die anderen Mütter traf, die im Kreis standen und sich unterhielten, erntete Marieke auf ihren Gruß hin nur Schweigen. Nach einigen Wochen fingen manche an zurückzugrüßen. Und schließlich nahmen die anderen sie in den Kreis auf, wenn sie kam – allerdings erst nach einem dreiviertel Jahr.

Die meisten Neuankömmlinge landeten anfangs im kleinen Neubauviertel, das 1970 und 1971 auf dem alten Grundstück der Kirche errichtet worden war. Das Ganze bestand aus einer einzigen Straße, der Pastorijfinne. Dort gab es kleine Blocks mit Reihenhäuschen, außerdem eine Handvoll freistehender Gebäude. Der gesamte Komplex war an das alte Dorf mehr oder weniger angeklebt.

Als ich zum ersten Mal durch dieses kleine Viertel lief, war gerade der Sperrmüll herausgestellt worden. Hier und da lagen Müllsäcke, kaputte Gartenstühle, Matratzen, alte Teppiche, Schränkchen, eine zerbrochene Gipsfigur aus dem Garten, und vor einem Haus standen zwei alte Fernsehgeräte.

Es war halb eins, die meisten saßen zu Tisch, und die Straße gehörte den Katzen. Jan Dijkstra sägte Brennholz, das war im ganzen Dorf zu hören. Der Arbeiter von der Gemeindeverwaltung machte sich mit der Harke zu schaffen. Eine Frau putzte Fenster. Ein paar Schafe drängelten sich blökend über die Dorfstraße.

Einige Tage zuvor hatte die Glocke zur Geburt eines Kindes geläutet, und bei einem der neuen Häuser stand jetzt ein Holzstorch im Garten, an der Tür hing ein Blumenkranz, und im Wohnzimmer war eine Girlande von Glückwunschkarten zu sehen.

Die Nachbarn von gegenüber hatten sich einen neuen, gußeisernen Briefkasten zugelegt – grau, mit einem roten Posthorn darauf. Rings um das Grundstück standen braune Duckdalben mit weiß gestrichenen Eisenpollern, auch der Parkplatz war davon umringt, wie ein kleiner Hafen auf dem Trockenen. Viele Häuser trugen große Namensschilder aus Keramik oder aus grob zurechtgesägten Baumscheiben, in die die Namen eingebrannt waren. An einer Fassade stand in großen Buchstaben »Peter und Riekie«.

Nun war man im Dorf an Zugezogene durchaus gewöhnt. Schon immer waren Arbeiterfamilien von Ort zu Ort gezogen, und Jorwerd hatte sich sogar großer Beliebtheit erfreut, weil man dort einen höheren Lohn bekam und leichter Arbeit finden konnte.

Aber die Zugezogenen, die in den siebziger Jahren wie eine Welle in das Dorf schwappten, waren anders. Zu ihnen gehörten Leute wie Armande, die nach ihrer Scheidung im Dorf ein zweites Zuhause fand, wie der Lehrer, der sich in die schneegeschwängerte Luft des Winters und die weite Landschaft vernarrt hatte, wie Marieke, die hier für zwei Jahre ein Haus gemietet hatte, dann den Zimmermannssohn heiratete und nie wieder fortging.

Sie handelten nicht aus ökonomischen Zwängen. Ihr Entschluß hatte eher damit zu tun, daß man in Jorwerd so schön und angenehm wohnte, daß die Kinder hier viel weniger gestreßt waren als in der Stadt, daß sie es so nett fanden, einen Garten zu haben, und daß das Pendeln doch gar nicht so mühsam war. Man hatte sich für eine von vielen Möglichkeiten entschieden, und die meisten Neuankömmlinge kamen zu Anfang nicht, weil ihnen Jorwerd etwas Besonderes hätte bieten können oder weil sie vom Dorf abhängig gewesen wären.

Das verlieh den Zugezogenen auch etwas Unverbindliches: Regelmäßig sahen die Jorwerder, wie die Neubauten ihre Bewohner wechselten – eine Umzugsfrequenz, die sie früher nur von den ärmsten Tagelöhnern gekannt hatten. Daher hing dem Neubauviertel das Odium der Flüchtigkeit an. Wenn jemand von außerhalb ein älteres Haus instand setzte und bezog, dann wurde dies ausführlich beredet. Aber ein frisch angekommenes Pärchen im Neubau, das war allen gleichgültig. So gab es nun im Grunde zwei Dörfer: das kleine, separate Neubau-Jorwerd und daneben das alte, große, etablierte Jorwerd.

Trotzdem überrollte die erste Welle von Zugezogenen kurz nach Fertigstellung des Neubauviertels das Dorf wie eine Invasion. Plötzlich lebten etwa fünfzig Seelen mehr rings um den Jorwerder Turm, wo bislang ohnehin nur höchstens dreihundert Menschen gewohnt hatten.

»Wir begegneten ständig fremden Gestalten«, erinnerte sich Ids Meinsma. »Wieder einer, den wir nicht kannten, wahrscheinlich auch wieder aus dem Neubauviertel. Schon allein die Menge, das war ein Schock.«

Gais dagegen erlebte die Zugezogenen als eine Bereicherung des Dorflebens, gerade weil sich die Motive und Vorlieben der Neulinge so von dem unterschieden, was sie gewohnt war. Früher saßen nur am Sonntagnachmittag Frauen in der Kneipe, die neuen Dorffrauen aber kamen auch Freitag abends her, um ein Bierchen zu trinken.

Auf Gais machte diese Freiheit großen Eindruck. »Ich werde nie vergessen, daß so ein Neuling sagte: ›Leute, ihr habt gar keine Ahnung, wie schön dieses Lokal ist. Daß man am Ende des Tages einen Ort hat, wo man sich treffen kann!‹ Es waren die Zugezogenen, die uns die Augen für die besondere Atmosphäre des Dorfes geöffnet haben. Ich bin damals auch öfter in die Kneipe gegangen. Da konnte man sich richtig nett unterhalten, da wurde nicht mehr nur gesoffen und geschrien.«

Marieke hatte versuchsweise in Jorwerd ein Häuschen gemietet. Danach wollte sie weitersehen. Ihr erster Eindruck vom Dorf war: klein. Als sie sich zum ersten Mal in die Kneipe wagte, wurde es still. »Ich habe damals einfach tief Luft geholt und diese Strecke zurückgelegt, zum Tresen. Später sagten die Leute, es hätte ihnen gefallen, wie ich das gemacht habe. Aber damals ließen sie sich das nicht anmerken.« Das Dorf erinnerte sie an eine Reihe geschlossener Verteidigungslinien, und sie hatte ganz entschieden das Gefühl, um einen Platz darin kämpfen zu müssen.

Willem war im Dorf aufgewachsen, in den sechziger Jahren, er gehörte zu Ids' Generation. Langweilig war es ihnen nie geworden. »Das Herumlungern, das man jetzt auf dem Schulhof sieht, das kannten wir überhaupt nicht. Wir waren immer beschäftigt, mit ›Kaatsen‹, Fußball, Hüttenbauen.« Als er etwa fünfzehn Jahre alt war, gingen sie manchmal in die Kneipe, um Billard zu spielen, oder veranstalteten in größeren Gruppen hin und wieder ein Spiel auf der Straße, auch mit den Mädchen. Später gingen sie aus, zum Treff in Beers, ins Gemeinschaftshaus nach Weidum oder in die Disko nach Grouw, immer mit derselben Clique, immer mit denselben Sprüchen. Ab und zu fuhren sie auch nachts nach Leeuwarden, um noch einen Döner zu essen, aber das machten sie heimlich, denn Leeuwarden war gefährlich. Stadtmädchen waren ihrer Ansicht nach aufgedonnert und stanken zehn Meter gegen den Wind. »Mit denen war auch nicht zu reden.«

Marieke war mit diversen Vorstellungen über das Zusammenleben in einer kleinen Gemeinschaft nach Jorwerd gezogen. Die Realität sah ausgesprochen einsam aus. »Man war ein Eingriff in die Dorfkultur, und das bekam man auch zu spüren. Als alleinerziehende Mutter mußte man sich so einiges anhören, und niemand fragte nach Gründen oder wie es mir ging. Das hatte mit einer gewissen Zurückhaltung zu tun, aber es heizte auch die Gerüchteküche mächtig an.«

Ein paar Leute im Dorf nahmen sie mehr oder weniger unter ihre Fittiche. »Bei Tanzabenden wollte erst niemand mit mir tanzen, aber Ids forderte mich immer auf.«

Und ansonsten war es eine Frage der Ausdauer gewesen. Marieke hatte sich ganz bewußt in den »Merke«-Ausschuß gesetzt, hatte geholfen, alle möglichen Kinderspiele zu organisieren. Und dann lernte sie Willem kennen.

Marieke paßte in keine Schublade. Darauf wurde ich aufmerksam, als ich versuchte, die Einteilung des Groninger Soziologen C.D. van Saal auf die neuen Jorwerder anzuwenden. Van Saal hatte sich 1972 als einer der ersten bemüht, die städtischen Zugezogenen auf dem Land zu kategorisieren, und er unterschied dabei vier Typen von Neulingen.

Den ersten Typ nannte er die »stillen Genießer und Ruhesuchenden« – erfolgreiche Geschäftsleute, Frührentner, Künstler und all die anderen, die einen alten Bauernhof gekauft und sich ins Grüne zurückgezogen hatten. Von ihnen merkte das Dorf wenig oder gar nichts, und so war es auch gedacht.

Die zweite Sorte bezeichnete er als die »pragmatischen Dualisten« – Leute, die zwar gern auf dem Lande wohnen wollten, aber zugleich bestimmte städtische Ansprüche stellten. Zum Beispiel, was Geschäfte, Schulen, Schwimmbäder und dergleichen betraf. Die pragmatischen Dualisten, so vermerkte Saal, kümmerten sich oft viel um das Dorf, machten sich für Schulen und gegen Schnellstraßen stark und waren auffälligerweise häufig die schärfsten Gegner weiterer Ausbaupläne im Dorf. Zugezogene dieser Art bezeichnete man in Friesland zuweilen als »Sudetenfriesen«, und wenn sie mit den autochthonen »Urfriesen«* eine Koalition eingingen, dann konnten sie der Gemeindeverwaltung das Leben ganz schön schwermachen.

Die dritte Kategorie bildeten laut Van Saal die »doppelten Nutznießer«, die Leute, die in vielerlei Hinsicht eng mit der Stadt verbunden blieben und nur auf dem Dorf wohnten, weil es dort schöner und billiger war. Ihr gesamtes Netz sozialer Beziehungen hatten sie weiterhin in der Stadt.

Und die vierte, mit ihnen eng verwandte Gruppe bezeichnete er als die »Notpendler« – diejenigen, die durch die städtische Wohnungsnot in ein Dorf abgedrängt worden waren. Man hätte sie auch »Dorfbewohner wider Willen« nennen können.

In Jorwerd gingen die Kategorien ein wenig durcheinander. Ich kannte dort einen einzigen stillen Genießer, ziemlich viele pragmatische Dualisten – obwohl die meisten sich längst nicht so wichtig machten, wie Saal suggerierte –, und im Neubauviertel kamen und gingen die doppelten Nutznießer und die Notpendler.

*

»Wenn sich ein Fremder aus der eigenen Gegend hier niederläßt, und er ist freundlich und entgegenkommend, dann darf er bald alles, was auch ein Dorfgenosse darf: ungehindert in die Häuser eintreten, die Kinder zur Ordnung rufen, er darf ihnen sogar kleine Strafen auferlegen«, schrieb P.A. Barentsen Anfang dieses Jahrhunderts über sein damaliges Dorf in Brabant. »Anders steht es mit ›bekannten Fremden‹, Honoratioren, die es in wohl jedem

---

* Das niederländische Wort »Diep-Fries«, das hier mit »Urfriese« wiedergegeben ist, enthält ein unübersetzbares Wortspiel: Einerseits kennzeichnet es eine »zutiefst friesische« Person, andererseits bedeutet es (als »diepvries«) »Tiefkühltruhe« (Anm. d. Übers.).

Dorf gibt, wie den Pastor, den Bürgermeister und den Notar. Mit ihnen verkehrt man nie, sie werden vielmehr aus der Ferne höchst kritisch begutachtet.«

Der Lehrer, den ich in dieser Geschichte schon mehrmals erwähnt habe, hieß eigentlich Douwe de Bildt. Er arbeitete in der Schule eines Nachbardorfes, war aber in Jorwerd die treibende Kraft hinter unzähligen Theaterstücken, Festen und anderen bemerkenswerten Ereignissen. Er war stämmig gebaut, hatte einen prächtig gekräuselten Bart und einen fröhlichen Charakter. Seine Frau war etwas schmaler und hieß Lia Duinker. Sie hatte sich in ihrem alten Jorwerder Haus ein Büro eingerichtet und gab von dort aus Ratschläge für die Gartengestaltung. Mit ihren beiden Kindern wohnten sie etwas außerhalb des Dorfes, zwischen ein paar Bäumen am Kanal.

Douwe war auf dem Lastwagen von Tjitse Tijssen ins Dorf gekommen. Er war zwanzig, ging noch zur Schule, hatte durch die Vermittlung eines Schulfreundes in den Ferien bei einem Jorwerder Bauern ausgeholfen, und eines Tages suchte er den Pfarrer auf: Ob er nicht ein Zimmer für ihn hätte? So fing es an.

Gleich am ersten Morgen wurde er um halb sieben von Hendrik Meinsma wachgetrommelt, der gerade dabei war, das Haus zu streichen: »Liegst du immer noch faul im Nest, du Stinktier?« Abends pichelten sie zusammen einen Beerenburg, und das war der Beginn einer unverbrüchlichen Freundschaft. Die übrigen Dorfbewohner wahrten anfangs Distanz zum jungen Neuling, aber Hendrik und Gais wurden für Douwe wie zweite Eltern. Und vor allem ebneten sie ihm den Weg für sein weiteres Leben im Dorf.

Zur gleichen Zeit begann auch die alte Dorfbeklemmung abzubröckeln, und Jorwerd erlebte auf seine eigene Art die Provo-, Hippie-, Frauen-, New Age- und die sexuelle Revolution, und zwar alles mehr oder weniger kunterbunt durcheinander. Während die Zugezogenen hereinströmten, fingen die Jugendlichen im Dorf an, sich zu rühren – gemeinsam mit denjenigen, die etwas weniger traditionell dachten. Das waren die Jorwerder, die sich bereits etwas vom altmodischen Dorf gelöst hatten oder die – wie Folkert – schon immer Außenseiter gewesen waren.

Diese beiden Strömungen trafen sich in der Kneipe. Jeden

Abend war es voll. Der Maler kam dorthin, der Zimmermann, der Notar bestellte sich hier um zwölf Uhr nachts noch ein letztes Gläschen, und Durk Siesling machte Tarzan nach. »Bist du Jane?« rief er der vorbeilaufenden Frau Boonstra zu. »Dann schleppe ich dich in den Wald!«

Douwe verbrachte dort anfangs seine ganze Freizeit. »Es war eine Art *Coronation Street*. Man bekam die unglaublichsten Geschichten zu hören.« Kein Mensch blieb zu Hause vor dem Fernseher sitzen. »Wir wußten alle, daß Folkert furchtbar lügen konnte. Wir kannten alle die Wahrheit. Aber was konnte der erzählen!«

Douwe kaufte sich ein kleines Häuschen bei der Brücke. Hendrik strich es in genau denselben Farben wie die Kneipe, »sonst hätte sich Douwe da nicht eingelebt«. Jan Dijkstra zimmerte den Fußboden. Jemand anders legte die elektrischen Anschlüsse und installierte in einem Alkoven ein WC. »Das einzige, was ich selbst zu tun brauchte, war, ab und zu einen Kasten Bier hier reinzustellen«, erzählte Douwe. So wurde er von seinen Freunden aus der Kneipe in das Dorf hineingetragen, um es nie wieder zu verlassen.

Später zog Lia bei Douwe ein. Auch sie hatte sich ganz bewußt für ein Leben auf dem Lande entschieden. »Kinder und Weite um mich herum zu spüren, das wünschte ich mir.« In den Wintermonaten gab sie im Lokal einen Nähkurs, alle Frauen brachten ihre Nähmaschinen mit, und auf dem Billardtisch wurden die Stoffe zugeschnitten.

Die Freiwillige Feuerwehr, ausgestattet mit einem roten Leiterwagen, einer Spritze und ein paar Feuerwehruniformen, entwickelte sich zu einem kleinen Festverein. Jedes Jahr machten Douwe, Hendrik und die anderen Feuerwehrleute einen Tagesausflug auf dem Schiff von Durk Siesling, mit einem Kasten Beerenburg an Bord. Als die Frittenfabrik von Sikke Kooistra Feuer fing, stand Hendrik Meinsma gerade woanders im Dorf auf einer Leiter und pinselte. »Brennt's gut?« rief er nach unten. »Na, dann brauche ich wohl nicht mehr zu kommen.« Das letzte Feuer, zu dem man sie rief, war ein Schwelbrand im Misthaufen von Sake Castelein. Da veranstalteten sie so ein Chaos, daß die Feuerwehr von Mantgum ihre Aufgaben endgültig übernahm.

Es waren Jahre, in denen es alle möglichen Aktivitäten gab. Für die Jorwerder Kinder wurde eine Spielwoche organisiert, eine Woche lang hieß es Hütten bauen und Pfannkuchen essen. Das Vormittagsprogramm der »Merke« verwandelte sich in eine einzige große Maskerade. In die Pastorijfinne zogen ein Schwuler, eine alleinerziehende Mutter, ein geschiedener Mann sowie eine geschiedene Frau, hie und da sah man verwilderte Gärten, und manche Bewohner hängten schwarze, weitmaschige Gardinen vor die Fenster. Ein Stückchen weiter die Straße runter ließ sich eine Splittergruppe der Heilsarmee nieder, die aus einer Familie und einem Untermieter bestand, alle in selbstgeschneiderte Uniformen gekleidet.

Am 24. Dezember 1971 wurde in der Kirche von Jorwerd das erste alternative Weihnachtsfest gefeiert, unter dem Motto: »Für das sterbende Kind«. Ich fand einen alten Zeitungsausschnitt mit dem Programm. Später zog ein Protestmarsch gegen Kriegsgewalt durch die Straßen des Dorfes, in der Kirche zeigte man den Film Z, die Popgruppe »Earth People« trat auf, es gab ein alternatives Weihnachtsessen, und für Liebhaber wurde »alternative Schokolade« verkauft.

Wiepkje Castelein hatte 1978 noch einen Strickkreis mit fünf Freundinnen, jede Woche ein anderes Muster, jede Woche zehn Zentimeter weiter. Sie spielte Cowboy und Indianer, baute Hütten; die Jungs bolzten und schipperten auf umgedrehten Autodächern durch die Wassergräben. Drei Jahre später machte sie in einem geheimen Heftchen die folgenden Notizen:

17. Juli 1981. Disko Jellum. »Ich glaube, damals habe ich mein erstes Bier getrunken.«

26. September 1981. Mit Sietse und Daan bei Fuck in Weidum. »Meine Eltern hatten keine Ahnung, was das bedeutete.«

10. Oktober 1981. Disko in Jorwerd. »Mit meinem Freund, aber wir haben kaum miteinander geredet, dazu waren wir viel zu verlegen.«

30. Oktober 1981. Disko in Weidum. »Nachts auf dem Fahrrad zurück.«

23. Januar 1982. Fuck in Weidum. »Die Monate davor hatte ich wohl ein Weilchen Hausarrest.«

30. Januar 1982. 't Holt in Deinum. »Das war was ganz Besonderes, dafür habe ich meine Eltern ganz schön bearbeiten müssen.«

27. Februar 1982. 't Holt, Auftritt BZN. »Ich hatte damals eine Freundin mit älteren Brüdern...«

27. März 1982. Disko in Jorwerd. »Allmählich schaffte ich den Durchbruch als Partyqueen. Nach der ›Merke‹ war das nicht mehr aufzuhalten. Ich ging auch immer weiter weg.«

25. Juli 1982. Treemter in Grouw. »Zu Hause waren sie sauer, ich durfte nämlich nicht, es war viel zu weit entfernt.«

Auf den nächsten Seiten des Heftchens sehen wir die Frequenz der Bands, Diskos und Parties rasch zunehmen, bis fast jedes Wochenende verplant ist, und zugleich erweitert die junge Wiepkje ununterbrochen ihren Aktionsradius. »Am Schluß kannte man jeden. Man mußte einfach hin, man konnte gar nicht ohne.«

Ihren Freund Pier lernte Wiepkje über die Band »Fuck« kennen. »Er kam aus Weidum. Die Jungs hatten ihre eigene Clique, meistens aus dem eigenen Dorf, und sie hatten ihren Stammplatz an der Bar. Sie redeten über Frauen, Fußball und die Welt, es ging um nichts, sie hopsten von einem Thema zum anderen, ohne Übergang, da kam ein Außenstehender gar nicht mit.«

Die Burschen tranken viel – und eine Zeitlang machten sie sich sogar einen Sport daraus, betrunken über die kleinen Straßen zu rasen und die Polizei abzuschütteln, das hörte erst auf, als sich ein paar Jungs zu Tode gefahren hatten. Wenn sie freilich an der Bar neben einem Mädchen standen, brachten sie kaum ein Wort heraus.

Nur: Pier hatte eine Band, und er tourte durch ganz Friesland. »Sie konnten damals vielleicht vier Nummern, aber das hielt sie nicht davon ab, den ganzen Abend im ›Wappen von Baarderadeel‹ zu spielen, immer dieselben vier Nummern. Klasse fanden wir das.«

Leeuwarden blieb noch lange gefährlich und riskant. »Sogar als wir dort zur Schule gingen, taten wir uns zu einer Dorfklasse innerhalb der Stadtklasse zusammen. Die Stadtkinder waren viel frecher als wir. Wir gingen dort nicht gern aus.«

*

Bereits um das Jahr 1600 warnte der Volksdichter Brederode die »Herren« und »Bürger«: »Meidet der Bauern Feste: sie sind selten artig.« Er schilderte die verschiedenen Phasen solch einer Kirmes: »Dort wird geschlemmt, getrunken, gesungen und getanzt, gewürfelt und gespielt. Man rief nach Wein, so mußt' es sein. Jeder Landmann war ein Herr gar groß.«

Vierhundert Jahre später hatte sich daran nur wenig geändert. Auf dem Pfingstmarkt in Oudeschoot fing man gegen sieben Uhr morgens an, sich einen hinter die Binde zu gießen, gegen zwölf begann das Geschrei, etwa um eins gab es die erste Schlägerei, und gegen zwei lehnten die Jungs sternhagelvoll an den Fassaden und Hauseingängen, torkelten über die Straße, zogen und schoben sich gegenseitig oder teilten Stöße und Schläge aus, ohne ihre Kräfte zu kennen. Danach konnte die Heimkehr beginnen.

Auf solchen Märkten und Festen trat außerdem etwas zutage, das nur noch wenig mit dem alten Bauernleben zu tun hatte, aber auch nichts mit den Modelaunen der Stadt.

Während die Städter von Den Haag bis Istanbul mehr oder weniger den Trends folgten, die von der Fernsehwelt diktiert wurden, gingen viele Dorfjugendliche recht eigenwillig damit um: Manches wurde übernommen, aber viele der herrschenden Moden ließen sie auch an sich vorbeiziehen. Sie hatten sich, genauso wie in der Stadt, in Grüppchen und Sekten aufgeteilt, je nach Geschmack, musikalischen Vorlieben und bevorzugten Marken. Nur bezeichneten sie sich hier nicht als »Diskos«, »Asos« und »Studs«, sondern als »Housers«, »Brave«, »Karrenvolk«, »Relaxte«, »Kritisch-Alternative«, »Computerfreaks« und »Bauern«.

Aus den Fernsehserien kopierten sie zwar ein ramboartiges Gehabe, aber die bekannten Marken, für die Stadtjugendliche empfänglich waren – Nike, Levis, Oilily –, ließen sie in der Regel kalt. Auch Rap und Graffiti fanden kaum Beachtung. Allerdings pickte man aus der Fernsehunterhaltung und -information zielsicher einige Elemente heraus, die ihre Wurzeln in der texanischen Bauernkultur hatten: Dutzende, wenn nicht Hunderte von Dorfbands spielten Countrymusik, große amerikanische Autos genossen enorme Popularität, und auf jedem Markt sah man einige Leute mit Cowboyhüten herumlaufen.

Zu einem erheblichen Teil hatte diese Art des Nonkonformismus schlicht mit der Tatsache zu tun, daß fast alle Moden und Trends aus der Stadt stammten und wiederum für Städter gedacht waren. Mit hohen Absätzen kam man auf dem Land nicht weit, von einem italienischen Anzug hatte man auf dem Traktor wenig, und mit einer großartigen Kneipenszene war man in der Marsch auch nicht gerade verwöhnt.

Wer auf dem Lande wohnte, betrachtete Werbung, Fernsehshows, Zeitungen, Prospekte und was sonst noch aus der Stadt kam, automatisch mit einer gewissen Distanz. Und doch war das Totschlagargument »Das ist doch nichts für unsereins« in den neunziger Jahren immer seltener zu hören. Ein neuer Schlachtruf setzte sich durch, ein Schrei der Rebellion: »Da machen wir nicht mit!« Dieser kleine Satz sagte einiges aus. Früher hatte man nicht mit der Stadt mitgehalten, weil man es nicht *konnte*, sei es aus finanziellen, sei es aus praktischen Gründen. Jetzt lag der Grund häufiger darin, daß man nicht *wollte*.

Jahrzehntelang war das ländliche Umfeld fast ausschließlich negativ betrachtet worden, nicht zuletzt von den Dorfbewohnern selbst: Es war vor allem nicht städtisch. Unter ländlicher Kultur verstand man schlichtweg eine Kultur, die (noch) nicht städtisch sein konnte, aufgrund von Geldmangel, Kommunikationsproblemen oder allgemeiner Rückständigkeit.

Je mehr die Städte jedoch in Schwierigkeiten gerieten, desto stärker wurde man sich auf dem Lande seiner eigenen Werte bewußt. Eine Bauernband aus der Achterhoek, »Normaal«, feierte unglaubliche Erfolge mit Liedern, in denen es darum ging, daß man »ausflippt«, »die Sau rausläßt«, »einen draufmacht«, »sich austobt«, »säuft«, »mit den Weibern rummacht und ihnen eins auf den Arsch gibt« und »randaliert«. Frei übersetzt lief das auf das gleiche hinaus wie das »Trinken« und »Spielen« bei Brederode. Durch Auftritte von »Normaal« wurde man auf eine Kultur von Dorfjugendlichen aufmerksam, von der sonst niemand sprach: die Sauf-, Bums- und Schuftkultur einer Jugend, die den Moden der Stadt weder folgen konnte noch wollte, die werktags ihr Letztes geben mußte, die nicht besonders wortgewandt war, dafür aber bärenstark, und die einmal pro Woche, am Samstagabend, völlig außer Rand und Band geriet. So bekam die querköpfige, eigenwillige Kultur der jungen Bauern wieder ein Gesicht und damit eine eigene Existenz und ein eigenes Selbstbewußtsein, unabhängig von der aufgesetzten Welt der Stadt und des Fernsehens.

248

Das Auffällige am Ausbruch von Dorfjugendlichen wie Wiepkje und Pier war, daß sie dabei zugleich zu ihren *roots* zurückkehrten.

Die Jungs gingen beispielsweise meist in »Cliquen« aus, in Grüppchen, die jahrelang zusammenblieben. Nicht selten bildete sich so eine Clique schon in der Dorfschule, ihre Mitglieder radelten gemeinsam in langen Kolonnen zur Oberschule in die Stadt, gingen zusammen auf Feste, und erst, wenn die ersten heirateten, zerfiel die Runde allmählich.

In den Cliquen selbst wurde fast immer Friesisch gesprochen, vorzugsweise sogar ein spezieller Dialekt innerhalb Frieslands, wie die Bildter oder Stellingwerfer Mundart. Auch Lieder und Balladen sang man auf friesisch. Piers Band regte andere zur Nachahmung an. Auf »Fuck« folgte »Storing«, und die begründete wiederum den sogenannten »Bildt-Rock«. Mit der Zeit hatte fast jedes Dorf seine eigene Band, und rings um die Scheunen und Klassenzimmer, in denen geprobt wurde, entstand eine ganz eigene Jugendkultur, mit einer eigenen Sprache und einer eigenen Atmosphäre, dörflich und doch von Welt.

Anstelle der traditionellen Bindungen begann sich so ein neues Bewußtsein herauszubilden, eine neue Verbundenheit mit dem Dorf und allem, was damit zusammenhing. In Jorwerd wurde man beispielsweise gemeinsam gegen die Aufhebung von Bushaltestellen und gegen die Schließung der Schule aktiv, man regte sich gemeinschaftlich über Beeinträchtigungen des dörflichen Panoramas auf, man setzte alles daran, um die alte Zugbrücke wieder zu Ehren zu bringen, das Iepenloftspul im Notarsgarten wurde jedes Jahr aufwendiger, auf der »Merke« war es – trotz des sinkenden Interesses – immer voll, und die Jugendlichen organisierten sogar ein eigenes jährliches Popfestival in der Nähe des Dorfes, MUKPOP. Man mußte sich gemeinsam gegen die Stadt behaupten, und das schweißte zusammen.

Diesen zunehmenden Dorfstolz konnte man überall auf dem Lande beobachten – manchmal wäre der Terminus »Dorfnationalismus« sogar eher angebracht gewesen. Allenthalben machte sich ein Bestreben bemerkbar, Dörfer mit etwas Eigenem auszustatten, mit etwas Besonderem, das dieses spezielle Dorf von anderen Dörfern unterschied. So wollte man in Beers ein fünfzehn Meter hohes

Stahlgebilde aufstellen, das eine »Luftspiegelung« des früheren Landhauses der Unia-Familie reproduzieren sollte. In Tjerkwerd wurde für ein Dorffest ein altes Schloß in Miniaturausgabe wiederaufgebaut. Bei Drachten legte man die Fundamente eines alten Klosters frei. In Jorwerd ließ der Pfarrer ein spezielles Kirchensiegel anfertigen, das aussah, als existierte es bereits seit Hunderten von Jahren. Grouw und Terhorne stritten sich darum, welches Dorf die beliebte Buchserie für Jungen, *Das Chamäleon,* inspiriert hatte. In Grouw wollte man ein Denkmal aufstellen, in Terhorne einen Märchenpark anlegen. Anderswo wurde geplant, zerstörte Burgtore wieder herzurichten und alte Dorfkanäle neu auszuheben. In wieder anderen Dörfern wurden baufällige Dorfkirchen restauriert – ein Dorf mit nicht einmal vierhundert Einwohnern machte siebzigtausend Gulden dafür locker. Und überall bekamen Dörfer ihre alten friesischen Namen zurück, Grouw wurde zu Grou, Terhorne zu Terherne, Jorwerd zu Jorwert, man tauschte Straßenschilder aus, druckte amtliche Papiere neu.

Diese ganzen Gefühle wurden verstärkt oder erst geweckt durch Rituale, Dorffeste, Jahrmärkte, Umzüge, Kleidung und Sprachgebrauch, durch Heftchen mit alten Ansichtskarten, Blaskapellen, den Eislaufverein oder den Dorftrottel – kurzum, durch Dinge, Personen und Ereignisse, in denen das Wiedererkennen und die Wiederholung einen zentralen Platz einnahmen. Und das Banner, unter dem all dies stattfand, war die friesische Sprache, die öfter als jemals zuvor in Gottesdiensten, in offiziellen Schriftstücken und bei anderen wichtigen Angelegenheiten zu Ehren kam.

In diesem Prozeß spielte das dörfliche Vereinsleben eine große Rolle. Ich fand im Gemeindearchiv eine Liste aus dem Jahre 1923 mit den damals elf Jorwerder Dorfvereinen. Anno 1995 standen, von zwei Ausnahmen abgesehen, alle in dieser Tabelle erwähnten Klubs noch in voller Blüte, und es waren sogar noch einige hinzugekommen.

Jorwerd befand sich, was dies betraf, in guter Gesellschaft. Trotz Auto und Fernsehen war es um das Vereinsleben vieler kleiner Dörfer im Vergleich mit der Situation fünfzig Jahre zuvor noch immer recht gut bestellt. Allerdings hatte sich die Zielsetzung verändert. Während die klassischen Vereine des neunzehnten Jahrhunderts – wie der Jorwerder »Gemeinnutz« – vor allem die Allgemeinbildung der Mitglieder fördern und die dörfliche Isolation hatten durchbrechen wollen, nahmen im zwanzigsten Jahrhundert die meisten Vereine das eigene kleine Dorf in den Blick: Fest- und Reisevereine florierten, aber auch die Eislauf-, Damespiel- und »Kaats«-Klubs, nicht zu vergessen die Seniorentreffs und Laienspielgruppen.

Der neue Stolz auf das eigene Dorf erinnerte stark an das Aufkommen von Stadtteilgefühlen in den Großstädten, an die Nachbarschaftsaktionen der siebziger Jahre, an die »Wir gegen den Rest der Welt«-Haltung der alten Wohnviertel in den achtziger Jahren. Bereits in den dreißiger Jahren war der Amsterdamer Jordaan* in einer Reihe von Filmen als Dorf in der Stadt verklärt worden, wo jeder jeden kannte und die Nachbarn füreinander durchs Feuer gingen. Mit dem tatsächlichen Jordaan hatten diese Streifen wenig zu tun. Amsterdam hatte bereits einige Jahrzehnte der Modernisierung durchlaufen, es war schon damals eine hektische und anonyme Stadt. Aber vielleicht wurden diese Filme auch gerade deshalb so enorm populär: Sie spiegelten eine Illusion vor, von der alle träumten, sie schilderten ein Viertel, das schon seit Jahren versunken war, nach dem sich aber Großeltern wie Enkel noch immer sehnten.

Ganz ähnlich verhielt es sich mit dem neuen Dorfstolz.

Dieser Stolz unterschied sich eindeutig von der früheren Dorfverbundenheit. Die Dorfverbundenheit war gekennzeichnet durch ein System von Traditionen, ein Teil der statischen Gesellschaft, die überall an Boden verlor. Der Dorfstolz dagegen repräsentierte etwas relativ Modernes. So ergaben Umfragen unter Dorfbewohnern, daß sich auch Personen mit einem progressiven Lebensstil in der Regel stark mit ihrem Dorf verbunden fühlten. Man hatte es mit einem Phänomen zu tun, das – wie das Jordaan-Gefühl der dreißiger Jahre – durch Veränderungen erst recht geschürt wurde. Es war Ausdruck des »Regionalismus« und »Kommunalismus«, der in ganz Europa wieder erwachte, des neuen Zusammengehörigkeitsgefühls auf dem Lande zwischen Menschen, die auf

---

* Der Jordaan war damals ein Arbeiterviertel, später zog er wegen seiner besonderen Atmosphäre auch zunehmend Künstler und Intellektuelle an (Anm. d. Übers.).

den ersten Blick wenig gemeinsam hatten, das sich unter anderem in einer neuen Einstellung zu regionalen Sprachen und Dialekten, in der Entstehung lokaler und regionaler Parteien und in einer allgemeinen Abkehr von der Zentralgewalt äußerte.

*

Und noch etwas fiel auf: Fast alle Neulinge, mit denen ich sprach, betrachteten Jorwerd in erster Linie als das Dorf derjenigen, die dort bereits wohnten. Es war das Dorf der anderen, und dem schlossen sie sich an. Es gab eine Art unausgesprochener Vereinbarung: Niemand brauchte sich anzupassen, aber man achtete darauf, die Würde des Dorfes nicht zu verletzen.

Dies bedeutete übrigens nicht, daß Jorwerd sofort zu der offenen Gemeinschaft geworden wäre, an die Städter gewöhnt sind. Wer unverheiratet zusammenwohnte, wurde anfangs nicht zum Tanzverein für Ehepaare zugelassen. Die »Merke« blieb – obwohl sie wörtlich »Markt« bedeutete – ein in sich gekehrtes Geschehen, wo ein Fremder schief angesehen wurde. Auch Cor Wiedijk stieß auf Widerstand, als man ihn zum Boten des Beerdigungsvereins ernennen wollte, denn wenn er auch schon sechzehn Jahre in Jorwerd wohnte, »er kam nicht von hier«.

Nun machten die »arroganten Holländer« in manchen Dörfern ihrem Namen wirklich alle Ehre. Einige von ihnen schienen ihre Vorstellung vom ländlichen Leben hauptsächlich der Fernsehwerbung entnommen zu haben und waren nicht bereit zu akzeptieren, daß eine Kuh schiß, daß es auf einem Bauernhof manchmal nach Mist stank und daß ein Dorfschmied ab und zu einen Schweißbrenner einschalten mußte. Andere waren kaum umgezogen, da begannen sie schon, ihre städtischen Wohnansprüche auf die neue Umgebung zu übertragen. Und mit dem Immissionsschutzgesetz[*] in der Hand kamen sie da unter Umständen ziemlich weit.

---

[*] Ältestes und umfassendstes niederländisches Umweltschutzgesetz, das Betriebe nicht nur verpflichtet, auf die Reinhaltung von Boden, Wasser und Luft zu achten, sondern auch Lärmbelästigung gegenüber den Nachbarn zu vermeiden. Bei Verstößen gegen diese Vorschrift können Unternehmen geschlossen werden (Anm. d. Übers.).

Im benachbarten Poppenwier zum Beispiel hatten die neuen Nachbarn der steinalten Dorfkneipe das Genick gebrochen, weil sie ländliche Ruhe einklagten und bereit waren, dafür notfalls vor den Staatsrat zu ziehen. In Britsum hatte ein Anwalt den traditionellen Pfad des Leichenzugs blockiert, weil dieser Zugangsweg, wie er sagte, von Rechts wegen ihm gehörte. In Birdaard wollte eine zugezogene Familie die Schmiede mit Fahrradladen loswerden, »wegen der Lärmbelästigung durch Schleifen und Schweißen«, obwohl der Schmied schon seit sechzig Jahren im Dorf seiner Arbeit nachging und bereits seit vierzig Jahren eine Lizenz hatte.

Jorwerd blieb von solchen Exzessen verschont, aber manchmal hatte man schon seine Mühe mit der leichten Entfremdung, die durch die Zugezogenen entstanden war. Die älteren Dorfbewohner kannten es nicht anders, als daß jeder einen konkreten Beruf hatte. Aber jetzt saßen sie plötzlich Abend für Abend mit Leuten in der Kneipe, von denen sie nicht die geringste Vorstellung hatten, was diese tagsüber machten.

Daß Keimpe Busfahrer war, das wußten sie alle, denn jeder sah ihn regelmäßig durch die Gegend fahren. Aber was Gijs van Woudenberg in Amsterdam mit all diesen Computern anstellte und warum Willem Osinga nach Mailand mußte und was Frans Langemeijer nun genau als Manager bei der Jugendhilfe tat, davon hatten sie keine Ahnung.

So führten viele Zugezogene ein Doppelleben – ein Jorwerder Leben und eines in der großen weiten Welt. Und für die Jorwerder trat auf diese Weise wieder die zweite Dimension der Existenz in Erscheinung: die Dimension der Stadt, des furchterregenden Schlosses gegenüber der Dimension des schützenden Dorfes, in dem niemand etwas von der Außenwelt wußte – und wissen wollte.

Wie in einer komplizierten Ehe ging das gut, solange sich all diese Welten nicht zu sehr in die Quere kamen. Einen Berührungspunkt gab es: die Kinder. Die Jorwerder Schule war jahrzehntelang eine echte Dorfschule. Die Kinder wurden dort auf die weiterführende Schule vorbereitet, auf die Landwirtschaftsschule oder auf eine bestimmte Fachausbildung, aber weniger auf die Stadt und das Schloß. Man stand also vor einem Problem.

Der Elternbeirat der Jorwerder Schule stammte aus dem alten Dorf. Dieser Beirat faßte den damaligen Rektor ziemlich hart an – und nicht zu Unrecht. Aber ebenso wie beim Konflikt um »Unser Haus« weitete sich der Streit zwischen dem Schulleiter und dem Beirat schon bald auf andere Bereiche aus, die eigentlich nichts damit zu tun hatten.

Als Douwe – der in einem Nachbardorf unterrichtete – sich um eine Stelle in Jorwerd bemühte, sagte man ihm: »Du kannst nichts dafür, aber weil der Direktor für dich ist, sind wir gegen dich.« Und als man diese Entscheidung vor den anderen Eltern rechtfertigen sollte, blieben deren Fragen unbeantwortet. »Das ist geheim«, hieß es. Oder: »Das besprechen wir unter uns.«

Die Gegensätze kamen 1985 offen zum Ausbruch. Ein neues Schulgesetz sah vor, daß von nun an jede Grundschule ein Mitbestimmungsorgan haben mußte. In den meisten Dörfern war das kein Problem: Der Elternbeirat wurde mehr oder weniger automatisch in solch ein neues Mitbestimmungsorgan umgewandelt.

In Jorwerd hingegen beschloß man, streng formal vorzugehen. Alle versammelten sich in der Schule. Bei der Abstimmung war es so still, daß man eine Stecknadel hätte fallen hören können, und als das Ergebnis bekanntgegeben wurde, stellte sich heraus, daß der frühere Elternbeirat regelrecht hinweggefegt worden war. Seine Mitglieder schlichen sich davon, man hatte sich nicht gerade mit Ruhm bekleckert, und es sollte Jahre dauern, bis die Wunden dieses Abends wieder verheilt waren.

Der Konflikt um die Dorfschule war in gewissem Sinn ein entscheidender Moment in der Jorwerder Geschichte, ähnlich wie Schlachten und Präsidentschaftswahlen im Leben großer Staaten.

In erster Linie wurde im Rahmen dieser Auseinandersetzung ein Konflikt zwischen den neuen und den alten Eliten des Dorfes ausgetragen, zwischen denen, die auf moderne Art bei wichtigen Fragen mitreden wollten, und denen, die es vorzogen, solche Angelegenheiten über die traditionellen Netzwerke abzuwickeln.

In zweiter Linie war der Konflikt eine fast unvermeidliche Phase in dem Veränderungsprozeß, den das Dorf durchmachte. Solch eine verwirrende Zeit kommt fast immer in Dorfstreitigkeiten zum Ausdruck: Was sollen wir mit den ganzen Neulingen; warum verschwinden plötzlich die Geschäfte; warum sehen wir einander nicht mehr; was wollen unsere Kinder in der Stadt? Meist pendelt sich nach einem solchen Konflikt ein neues Gleichgewicht ein, manchmal paßt sich das Dorf den Neuankömmlingen an, manchmal entscheidet es sich auch für eine erneute Zeit der Isolation.

Drittens machte der Schulkonflikt auf erbarmungslose Weise deutlich, wie sich das Zahlenverhältnis im Dorf seit Anfang der siebziger Jahre verschoben hatte. Äußerlich war Jorwerd um 1985 im Grunde noch dasselbe Dorf wie 1971, aber wer einen Blick auf die Statistik warf, der sah, daß nach und nach immer mehr Häuser von Neuankömmlingen bezogen worden waren. Viele alteingesessene Familien hatte es woandershin verschlagen, die Jüngeren in die Stadt, die Älteren in Seniorenheime.

Ids Meinsma machte sich auf meine Bitte hin die Mühe, einmal genau zu verfolgen, wer umgezogen war, seit er die Schule verlassen hatte. In Gedanken ging er die Straßen des Dorfes durch und zählte: dieses Haus, jenes Haus, der ist weg, jener ist weg, der wohnt neu hier, der und jener auch. In seiner Strichliste reihte sich ein Fünferblock an den nächsten. Das Ergebnis erstaunte uns beide. Es lief darauf hinaus, daß sich bestimmt die Hälfte der Dorfbewohner erst in den letzten zwanzig Jahren hier niedergelassen hatte, vielleicht sogar drei Viertel.

Wie sich nach einigen Jahren unbemerkt ein neuer Körper bildet, weil sich seine Zellen periodisch erneuern, so war hier in aller Stille ein völlig anderes Dorf entstanden.

*

Mittlerweile setzte sich das Kommen und Gehen fort. Jede Ausgabe der Dorfzeitung hatte in der Rubrik »Wir stellen uns vor« sicher wieder ein oder zwei Neuankömmlinge zu bieten: einen Wartungsmonteur von der Molkerei, einen Beamten von der Gemeinde, einen Krankenpfleger aus Leeuwarden, ein Groninger Ehepaar, von dem der Mann Computerkurse gab und die Frau angehende Sekretärinnen betreute, einen Manager aus Hilversum, eine Studentin und einen Projektmanager aus Sneek, einen Hausmeister aus Wirdum, einen Bankangestellten aus Het Bildt, eine ältere Dame aus Gerkesklooster oder einen Leeuwarder Speditionsmanager.

»Es gefällt uns prima, in Jorwerd zu wohnen«, schrieben sie. »Herrlich ruhig ist es hier, und man hat eine schöne Aussicht.« – »Meine Hobbys sind Lesen, Stricken, Sticken und Rätselraten.« – »Maaike arbeitet gern mit Blumen, mag Handarbeit und Lesen.« – »Es kommt einem so vor, als ob die Zeit hier stehengeblieben wäre.«

Ihr Eintreffen war von der staatlichen Politik gefördert worden. Die überfüllte Randstad begann Menschen auszustoßen. Während die Gesamtbevölkerung der Niederlande zunahm, wiesen die Einwohnerstatistiken der Großstädte einen langsamen, aber beständigen Rückgang auf. Immer mehr Niederländer bevorzugten eine halb städtische, halb dörfliche Umgebung. Auch die landesweiten Umfragen zu Umzugswünschen registrierten eine solche Fluchttendenz. Die Mehrheit der Großstadtbewohner wollte, wenn möglich, am liebsten in einem kleineren Ort wohnen. Nur ein Viertel zog die Großstadt vor. Außerhalb der Randstad war es umgekehrt. Fast drei Viertel der Befragten in den kleineren Ortschaften waren sehr zufrieden und wollten nicht weg. Nur jeder zwölfte wäre lieber in eine Großstadt im Westen der Niederlande umgezogen.

Die Konsequenzen machten sich allmählich deutlich bemerkbar. Die IJsselmeerküste zwischen Lemmer und Harlingen wurde zu einer beliebten Wohngegend, und auch viele Deutsche – die zu Hause eigentlich selbst genug Sand und Wald hatten – fühlten sich von der charakteristischen friesischen Lehmlandschaft mit ihrem hohen Himmel und ihren kahlen Ebenen angezogen. Douwe hatte Anfang der siebziger Jahre sein Häuschen noch für tausend Gulden beim Notar gekauft. Fünfundzwanzig Jahre später war es mindestens das Hundertfache wert.

Überall wurden Bungalows aus dem Boden gestampft, immer häufiger in der Form von Neppbauernhöfen, mit allem Drum und Dran, inklusive Rieddächern und den traditionellen friesischen Eulenschildern – allerdings aus Plastik. An nicht weniger als fünf Orten in Friesland plante man prestigeträchtige Landsitze, mit Gärten, Wäldern und künstlichen Teichen, selbstverständlich auch mit hübschen Wohnhäusern für die betuchten Käufer. Denn jetzt, wo die Landwirtschaft von der Bildfläche verschwand, mußten andere Aufgaben und auch Arbeitsplätze für das Dorf gefunden werden. Viele Politiker und Bauunternehmer hätten die ländlichen Regionen am liebsten in Wohnprovinzen verwandelt, in schöne und ruhige Alternativen zur Randstad, in das Florida der Niederlande, nur eben kälter und feuchter.

Diese neuen Zuwandererströme und die Veränderungen, die sie in den Dörfern mit sich brachten, ließen sich kaum messen. Einen Indikator gab es immerhin: die Sprache. Trotz aller Aufmerksamkeit für die friesische Sprache war in vielen Dörfern das Niederländische auf dem Vormarsch, und am ehesten machte sich dies auf den Schulhöfen bemerkbar. Die Lehrer, mit denen ich mich unterhielt, stellten etwa Mitte der achtziger Jahre einen deutlichen Umbruch fest – zumindest in den Dörfern mit Zugezogenen. Zuvor hatten die neuen Kinder aus eigenem Antrieb so schnell wie möglich Friesisch gelernt, um mitspielen zu können. Nun fingen die friesischen Kinder an, sich das Niederländische anzueignen. Umfragen der Fryske Akademy ergaben, daß 1980 ein Drittel der friesischen Jugendlichen im Freundeskreis kein Friesisch mehr sprach. 1993 traf dies schon auf über die Hälfte von ihnen zu. Ein Wort wie »dongje« – Mist fahren – kannten viele Jorwerder Kinder nicht mehr.

Auch die Altersstruktur veränderte sich. Aus vielen Dörfern zogen die jungen Leute nach wie vor fort, weil Bildungs- und Karrieremöglichkeiten woanders lagen. Die älteren Genießer hingegen strömten herbei. Viele Ruheständler friesischer Herkunft gingen daran, sich einen Traum zu erfüllen, indem sie ein altes Dorfhaus kauften. Nicht selten verlangten die Anbieter Preise, die Zehntausende von Gulden über dem tatsächlichen Wert lagen, in der Hoffnung, einen dummen Amsterdamer zu ködern, der plötzlich nach Friesland umsiedeln wollte. Häufig gelang ihnen das auch.

Und so bildete sich in Dörfern mit einem etwas größeren Anteil an Zugezogenen nicht selten eine zweite Elite aus Frührentnern, Managern, Wissenschaftlern, hohen Beamten und anderen Bessergestellten. Die Holländer gründeten eigene Gesellschaften, Chöre und Schachklubs, auf dem Dorffest gaben sie sich umgänglich und tranken kräftig mit, aber ansonsten hatten sie ihre eigenen Gartenfeste, auf denen das gemeine Volk nicht willkommen war.

Dann gab es noch die sogenannten Zweithäuschen. Wenn hier und da ein Möchtegernkünstler ein altes Arbeiterhäuschen kaufte, dann hatte das früher niemanden gestört, aber dies änderte sich, als das stille Genießen in manchen Regionen allmählich zu einem Massenphänomen wurde. Laut einer Bestandsaufnahme des *Leeuwarder Courant* standen im Winter 1995 in Woudsend vierzig von vierhundert Häusern leer, in Wymbritseradeel dienten von den etwa sechstausend Häusern fast vierhundertfünfzig als Freizeitdomizil, in Gaasterland waren dreihundertfünfzig von den fast viertausend Häusern ein Zweitwohnsitz, im kleinen Dorf Langweer klafften im Winter fünfzehn bis zwanzig Löcher.

Die Leute, die sich ein Zweithäuschen suchten, gaben ihren Reichtum zumeist nicht im Dorf selbst aus, so daß die lokale Wirtschaft nur wenig von ihnen profitierte. Sie waren keine Stütze für die Schule, sie engagierten sich gewöhnlich nicht in den Vereinen und in der Kirche, und drei Viertel der Zeit verbreitete ihr Haus in der Dorfstraße nichts als gähnende Leere. Außerdem trieben sie die Immobilienpreise in die Höhe, was zur Folge hatte, daß die eigene Dorfjugend oft kaum mehr an ein vernünftiges Haus kommen konnte.

So wurde für die Dörfer zu einer Qual, was für die Städter eine Freude war.

*

Als ich mit Riekele Bekkema in der Dunkelheit durch die friesische Ebene fuhr, war die Stadt in weiter Ferne und doch nahe.

Die Stadt war nahe, als am frühen Abend innerhalb einer einzigen Stunde aus Sneek plötzlich drei Fälle von Amok, Wahnsinn und Überreiztheit gemeldet wurden und Bekkema diese arbeitslosen, geschiedenen oder sonstwie aus der Balance geratenen Menschen einsperren oder besänftigen mußte. Nicht, daß so etwas auf dem Dorf niemals vorgekommen wäre, aber nicht dreimal in einer Stunde.

Die Stadt war nahe, als wir mitten in der Nacht auf ein kleines Problem in Oosterwierum stießen: Im einzigen Haus, wo noch Licht brannte, saß eine junge, bestürzte Zugezogene, deren Mutter für ein paar Tage aus Apeldoorn zu Besuch gekommen war. Sie hatten Streit über die Kinder bekommen, und dann war die Mutter in ihrer Wut hinaus auf die dunkle Straße gelaufen. Einen Bus hätte sie nicht mehr nehmen können, sie war nirgends zu sehen, vielleicht irrte sie jetzt durch die Gegend. Wir hielten vergeblich Ausschau nach ihr.

Die Stadt war nahe, was den gestiegenen Reichtum anging. Früher gab es höchstens einmal pro Monat einen Einbruch in Bekkemas Revier, jetzt passierte so etwas ein paarmal pro Woche. Früher waren die Täter zumeist professionelle Einbrecher, jetzt waren es häufig Jugendliche, die auf diese Weise schnell ein Loch in ihrer Kasse stopften, für die Disko oder für Drogen. »Früher hinterließen die Profis die Häuser wenigstens schön ordentlich«, sagte Riekele Bekkema mit leichter Nostalgie. »Jetzt richten sie ein Chaos an.«

Die Stadt war nahe, weil die Viehhändler nicht mehr ohne Bedenken mit Bargeld durch die Gegend fahren konnten, weil der Vandalismus in dem Maße zunahm, wie soziale Kontrolle und Autorität schwanden, von einigen anderen Gründen einmal ganz abgesehen. Bekkema: »Eine Vorschrift ist keine Vorschrift mehr; es muß schon etwas mehr los sein, bevor wir eingreifen.«

Die Stadt war auch nahe angesichts der Paragraphenreiter, die meinten, daß die Sicherheit auf dem Lande noch gewährleistet werden könnte, wenn man das Arbeitsgebiet von Riekele Bekkema und seinen Kollegen von hundertfünfzig auf achtzehnhundert Quadratkilometer vergrößerte, da dies durch ein zusätzliches Sprechfunkgerät und ein paar Präzisionskarten im Kofferraum ja kompensiert werden könnte.

Aber sonst blieb die Stadt weit entfernt. Es gab Kriminalität – aber in den Augen eines Städters war dies alles noch ziemlich harmlos. Es gab Raub, Gewalt, Trunkenheit und Vergewaltigung – aber das hatte es schon immer gegeben. Es gab Zerrüttung und Störung der bestehenden Ordnung – und doch blieben die Dörfer dörflich.

In Jorwerd waren einmal während einer Theatervorstellung alle parkenden Autos aufgebrochen worden, und seit etwa einem Jahr ließ man die Haustüren seltener offen, aber ansonsten waren bislang Unsicherheitsgefühle größtenteils am Dorf vorbeigegangen.

Im Gegensatz zu manch anderem Dorf diente dort noch immer Friesisch als allgemeine Verkehrssprache – obgleich die Dorfjugend unter dem Einfluß von einigen tonangebenden Zuwandererkindern immer mehr niederländische Wörter gebrauchte.

Probleme mit Zweithäuschen kannte das Dorf nicht, weil die Gemeinde schon seit Jahren eine weitsichtige Politik betrieb. In den Dorfkernen waren Zweithäuser tabu, und ringsum genehmigte man Ferienwohnungen nur hin und wieder, unter strengen Auflagen. Lediglich die Cafeteria der Eisbahn wurde im Sommer manchmal von einer holländischen Familie gemietet, aber das war dann auch schon alles.

Viele der Dorfjugendlichen, die sich in den siebziger Jahren aktiv bei der »Merke«, beim Iepenloftspul, bei den Spielwochen und den anderen Festivitäten engagiert hatten, waren in die Stadt gezogen. Sie hatten sich zunächst vom traditionellen Familienleben gelöst und schließlich auch vom traditionellen Territorium.

»Vor zehn Jahren haben wir ganze Abende in der Kneipe gesungen, mit Folkert und seinem Akkordeon«, sagte Wiepkje. »Das Alter spielte keine Rolle. Das ist alles vorbei. Jetzt haben die Kinder mit sechzehn, siebzehn nicht einmal mehr eigene Bands.«

Die Zugezogenen erlitten nach den unbekümmerten Anfangsjahren einen Rückschlag. Die meisten verstanden sich gut mit ihren Dorfgenossen, aber die Zeiten inniger Geborgenheit gehörten der Vergangenheit an. Für sie waren es vor allem die großen Rituale – die »Merke«, das Iepenloftspul –, die das Dorf noch zusammenhielten.

Auch Douwe und Lia hatten sich ein bißchen aus dem Dorfleben zurückgezogen. Noch immer spielte Douwe die Hauptrolle im Notarsgarten. 1995 stand *Anatewka* auf dem Programm, allerdings ganz auf friesisch, in einem komplett nachgebauten russischen Dorf, mit Chören und Tänzern und Live-Musik, und mit echten Kühen im Stall, ohne Ohrmarken. Und ansonsten genossen sie noch immer jeden Tag die Einsamkeit, das Licht, das Schwimmen im Kanal, die Freiheit für die Kinder, die Nicht-Stadt.

Auch bei ihnen war eines Tages ein Baulöwe vorbeigekommen. In dieser Region gab es eigentlich nur einen von der Sorte, einen gewissen Johan de Jong, ein kugelrunder Mann, der Pläne wie Taubenfutter in der Gegend verstreute und der die halbe Provinz mit seinen dunkelblauen Nadelstreifenanzügen und seinen riesigen Autos einschüchterte. Er war ein schneller Komet, der meist wieder eilig aus einer Gemeinde verschwand, dabei allerdings stets unübersehbare Spuren hinterließ.

De Jong war ein Unternehmer voller Tatendrang. Er liebte es, wild zu spekulieren, und in einigen Dörfern war er bereits in den Handel mit Grundstücken und Bungalows eingestiegen; in Het Bildt hatte er ganze Villenviertel entworfen, und eines Tages stand er auch bei Lia und Douwe am Kanal.

»Hier muß ein Bauerngasthof hin«, hatte er gesagt, »und die Bäume müssen weg.« Danach war er, mit einer kleinen Kamera bewaffnet, in ein Boot geklettert, keuchend auf die andere Seite gerudert und hatte ein paar Fotos gemacht.

»Ja, ein Bistro«, sagte er, als er wieder zurückkam. Und dann hatte er seinen Traum umrissen: Von hier bis nach Mantgum sollte alles zugebaut werden, den Kanal wollte er ausbaggern lassen, und dann sollte hier ein großes Pendlerdorf entstehen, mit einer Wasserstraße zum Snekermeer.

»Ja, so muß es werden«, sagte der kugelrunde Mann entschlossen und stiefelte in seinem dunkelblauen Anzug auf dem Grundstück von Douwe und Lia hin und her, als hätte er es schon in Besitz genommen.

Die ehrwürdigen Männer will ich preisen,
unsere Väter, wie sie aufeinander folgten.
Viel Ehre hat der Allerhöchste ausgeteilt,
viel von seiner Größe seit den Tagen der Vorzeit
[…] tüchtige Männer, auf Macht gestützt,
unbehelligt in ihrem Wohnsitz:
Sie alle waren geehrt zu ihrer Zeit,
und ihr Ruhm blieb in ihren Tagen.
Manche hinterließen einen Namen,
so daß man ihr Lob weitererzählte.
Andere blieben ohne Nachruhm;
sie sind erloschen, sobald sie starben.
Sie sind, als wären sie nie gewesen,
und ebenso auch ihre Kinder.

Jesus Sirach 44:1-2, 6-9

Eine Insel in der Zeit

Einmal stand ich während eines ganzen Winters im Bann zweier dicker Bücher. Ich las sie im Bett, ich las sie beim Essen, ich las sie, wann ich nur konnte, die Haare standen mir dabei zu Berge, und vor Schreck lernte ich auch noch Friesisch. Es waren Erzählungen eines alten Schiffersohnes. Die Geschichten gingen etwa so:

Ein junges Mädchen bat ihren Liebsten, ihr in der Zauberhöhle den Brautstrauß zu pflücken. Der Jüngling zog ins Moor und wurde dort von einem Zauberer in eine Schlange verwandelt. Das Mädchen machte sich auf, ihn zu suchen, und fand ihn bei dem Zauberer. Der ließ sie als Dienstmädchen für sich arbeiten und wollte eines Tages bei ihr schlafen. Das Mädchen stimmte zu, lockte den Zauberer jedoch aus dem Moor in die Heide, wo seine Zauberkraft nicht wirkte. Sie fing an, den Zauberer zu kitzeln, woraufhin er so lachen mußte, daß er seinen Mund weit aufsperrte. Die verhexte Schlange nutzte die Gelegenheit und schoß in den Bauch des Zauberers. Das Mädchen fesselte ihn an einen Baum und ließ ihn Hunger und Durst leiden. Die Schlange litt mit, wollte jedoch seinen Bauch nicht verlassen, bis das Mädchen sich neben den Zauberer setzte, ihre Röcke hochhob und in die Heide pinkelte. Als die Schlange dieses Geräusch hörte, kroch sie aus dem Hintern des Zauberers heraus und verwandelte sich wieder in den jungen Mann.

Gemeinsam warfen sie den Zauberer ins Moor und lebten ungestört weiter.

Ende der Vorstellung. Geschichten dieser Art fanden sich in den beiden Büchern zu Hunderten. Es waren die letzten original friesischen Volkserzählungen, die der Autor, Steven de Bruin, vor etwa sechzig Jahren aufgeschnappt hatte.

De Bruin hatte als kleiner Junge Abende lang heimlich hinter den Alkoventürchen der Kajüte gelauscht, wenn die Familie oder der Besuch sich ans Erzählen machten. Weil er ein Gedächtnis hatte wie ein Tonbandgerät, konnte er sich unzählige dieser Geschichten nahezu Wort für Wort einprägen. Sie handelten von einem toten friesischen König, der nachts auf seinem Höllenwagen donnernd durch den Himmel fuhr und dabei sein Feuerbeil zur Erde schleuderte, von uralten Hügeln auf der Heide, in denen verzauberte Töpfe mit Gold steckten, von Schiffern, die den finsteren Auftrag erhielten, nachts auszulaufen, den Kahn mit den Seelen unlängst Verstorbener beladen, raunend, unsichtbar.

Mit diesen merkwürdigen Geschichten von Steven de Bruin kam ich durch den friesischen Schriftsteller und Wissenschaftler Ype Poortinga in Berührung. Anfang der siebziger Jahre fiel ihm auf, daß die friesischen Altersheime eine wahre Fundgrube für die überlieferten Sagen und Erzählungen waren, daß er allerdings keinen Augenblick verlieren durfte, da mit den älteren Leuten auch die Geschichten starben. Mit etwa sechzig Jahren begann Poortinga also das Projekt seines Lebens: Er nahm Fahrstunden, lernte, einen Kassettenrecorder zu bedienen, und schon bald fuhr er mit seinem kleinen DAF von Dorf zu Dorf, auf der Suche nach Erzählern und ihren Geschichten.

Das Ergebnis war atemberaubend. Betagte Hausfrauen, die bestenfalls über ein paar Jahre Volksschulbildung verfügten, warteten mit uralten Legenden über Grabbeigaben auf, die sie irgendwann einmal von ihrer Großmutter gehört hatten. Ehemalige Bauernknechte verwendeten zuweilen Begriffe, die bereits seit Jahrhunderten als ausgestorben galten. Wodan und andere germanische Götter hatten offenbar in veränderter Gestalt stets weiterexistiert, ebenso der griechische Totenschiffer Charon und der Totenfluß, der Styx. Und dank eines des Lesens und Schreibens unkundigen Schiffers kam, nach vielen Generationen des Weitererzählens, sogar eine besondere Variante des »Orpheus und Eurydike«-Themas zum Vorschein.

Die Geschichten waren deftig, bisweilen ziemlich unappetitlich und wahnwitzig, und sie hatten in keiner Weise die Glätte und Geschliffenheit der klassischen Märchen von Andersen oder den Gebrüdern Grimm. Aber in ihrer schlichten Roheit übten sie eine genauso faszinierende Wirkung aus wie die Scherben und Brocken einer soeben entdeckten archäologischen Fundstelle. Seit jenem Winter stand für mich außer Zweifel, daß unser kollektives Gedächtnis Hunderte, vielleicht auch Tausende von Jahren zurückreichte, weiter als unser schriftlich fixiertes Wissen, weiter als unser Bewußtsein, weiter, als wir jemals gedacht hätten.

*

Daß er im Moffenstall hockte und mit den Tagelöhnern
im Mähfeld war?
Daß er die Gerüche kannte: von Holz am Wegrand, wo der
Rammbock aufprellt,
Und von dem Boot, das die Reusen hochzieht, von der Lohe
hinter den Fischerbuden?
Daß er die Häuser mit den Steinböden kannte
Und die niedrigen schwarzgeräucherten Decken?

Jede Gemeinschaft braucht ein kollektives Gedächtnis. Solch ein Gedächtnis verbindet, stiftet Sinn, verleiht dem Alltag neue Dimensionen. Und je stärker eine Gemeinschaft bedroht ist, desto stärker wird das Bedürfnis nach einem gemeinschaftlichen Gedächtnis. Bleibt nur die Frage, ob es überhaupt noch das kollektive Gedächtnis der Gemeinschaft selbst ist, das festgehalten wird, oder ob es die Bilder sind, die sich andere von ihr gemacht haben. Je kleiner oder marginaler eine Gemeinschaft ist, desto größer erscheint diese Gefahr.

Was Jorwerd betraf, stand und fiel das kollektive Gedächtnis mit der Kirche. Das Gotteshaus war vermutlich irgendwann zu Beginn des zwölften Jahrhunderts aus dem Missionsdrang eines benachbarten Klosters hervorgegangen, und es hatte noch immer dieselben alten, grob gearbeiteten Mauern aus Feldstein und Tuff. Die bunten Fresken – Maria und die Heiligen – waren schon vor Generationen übermalt worden, an ihre Stelle traten Reformation und Nüchternheit. Jetzt waren dort nur noch schlichte weiße Wände zu sehen, braune Bänke und eine Kanzel mit einer Sanduhr. Aber als Balken im Gewölbe dienten noch immer die rauhen, halbrunden Baumstämme von einst. Dies war das älteste Gebäude des Dorfes.

Andere historische Denkmäler hatte man weniger respektvoll behandelt. Erst 1952 war das älteste Haus von Jorwerd, das Grietenijhaus aus dem achtzehnten Jahrhundert – »ein bescheidenes, aus kleinen gelben Steinen errichtetes Gebäude mit einem Satteldach zwischen zwei Halsgiebeln« –, abgerissen worden, um Platz für einen reichlich gewagten Neubau zu schaffen. Niemand hatte dem alten Bauwerk eine Träne nachgeweint.

Der größte Teil der Warft war schon vor Jahren wegen ihrer fruchtbaren Erde abgetragen worden, und das gleiche galt für die meisten anderen Wurten und »Stinsen« – befestigte Bauernhöfe –, mit denen das friesische Land früher übersät war. Auf seiner Karte aus dem Jahre 1718 hatte der Kartograph Schotanus etwa hundertzwanzig »hege wieren« verzeichnet – besonders hohe Warften, die auch als »Stinsen« dienen konnten. Auf den Karten, die der Kartograph Eekhoff zwischen 1849 und 1850 anfertigte, vermochte man sie noch fast alle zu erkennen. 1995 waren ganze fünf davon übrig.

Im Grunde ließ sich die Vergangenheit des Dorfes nur auf dem Friedhof aufspüren, dem Ort, wo die Jorwerder schon seit bestimmt tausend Jahren ihre Toten begruben. Im Gemeindearchiv fand ich eine Bestandsaufnahme von 1973, und wie sich zeigte, waren auf dem Jorwerder Friedhof Angehörige aus allen großen Familien des Dorfes begraben: Kingmas, Kundersmas, Hoogenbrugs, Sieslings, Greijdanus, Hallemas. Manche Namen kamen seit mehr als zwei Jahrhunderten im Dorf vor. Die Familie von Gais, die Greijdanus, lebte seit 1781 im Dorf. Durks Verwandte, die Sieslings, wurden seit 1813 ohne Unterbrechung in den Registern geführt. Aber bei Namen blieb es auch.

Bouke Sijkes Kundersma, 1894-1918: *Lieber Toter, ruhe sanft / Allzu früh hierher gebracht / In deinem kurzen Leben / Hast die Pflichten stets geacht'.*

Eelkje Oene Hoogenbrug, 1846-1871: *Betracht', o Wanderer / dies Grab / In stiller Einsamkeit / Die Frau, die Gott mir einmal gab / Wurde hier hinabgeleit' / Sie starb ergeben in ihr Los / Mit flehentlichem Blick zu ihrem Gott.*

Dies wußten wir also noch von Bouke Sijkes und Eelkje Oene, aber viel mehr auch nicht.

Wie weit reicht der Begriff »Menschengedenken«? Sind die Älteren tatsächlich »lebende Bücher«, wie der französische Historiker Michelet einst schrieb, die »sich unglücklicherweise täglich schließen? Sind es Annalen, die sich ihrer selbst nicht immer bewußt sind, die aber Tausende von Antworten finden und den etwas lehren können, der sie heranzuziehen weiß?«

In der Nähe von Jorwerd lagen einige Dörfer, die sich vierhundert Jahre nach der Reformation noch deutlich als katholische Enklaven von einer sonst protestantischen Gegend abhoben. Sie waren katholisch geblieben, weil dort ein untergetauchter Priester geblieben war und seine Arbeit fortgesetzt hatte.

In Prozeßakten aus dem siebzehnten Jahrhundert, die Jolt Oostra ausfindig gemacht hatte, las ich von einem heftigen Streit zwischen Nachbarn am Jorwerder Notarsgarten. Dort in Gruppen herumzustehen und zu reden scheint bereits im Jahre 1698 eine beliebte Freizeitbeschäftigung gewesen zu sein. Bis in die fünfziger Jahre dieses Jahrhunderts haben die Jorwerder diese Gewohnheit beibehalten, fast drei Jahrhunderte lang, immer zur selben Zeit, immer am selben Ort.

Das »Tippen« wurde in dieser Gegend bestimmt zwei Jahrhunderte lang gespielt. Alles, was man dazu brauchte, fand sich auf jedem Bauernhof: ein Stock, ein altes Wagenrad und ein Bällchen – früher benutzte man vermutlich ein Gipsei. Irgendwann einmal war das »Tippen« überall im friesischen Weidegebiet an sommerlichen Sonntagnachmittagen ein beliebter Zeitvertreib gewesen. Jetzt war es zu einer seltenen Attraktion geworden, der man nur noch in Jorwerd und vielleicht in ein, zwei anderen Dörfern begegnete.

Denn das war die andere Seite der Medaille: Traditionen verschwanden Ende des zwanzigsten Jahrhunderts genauso schnell wie bestimmte Pflanzenarten auf einer Viehweide – sofern man sie nicht künstlich am Leben erhielt. Spezielle Trauerkleidung – bis in die fünfziger Jahre der Normalfall – war unüblich geworden. Die feierliche Bekanntgabe eines Todesfalls wurde etwa zur gleichen Zeit eingestellt. Bis in die sechziger Jahre saßen vorn in der Jorwerder Kirche Frauen mit Trachtenhüten aus dem achtzehnten Jahrhundert, den Kopf unter Flügelhauben mit Spitzenbesatz versteckt. Danach waren solche Attribute nur noch in Museen und Antiquitätenläden zu bewundern.

Bis zum Zweiten Weltkrieg tanzte man auf der Jorwerder »Merke« noch regelmäßig den »schottischen Dreier«[*] und die »Eispolka«. Gais erzählte, daß sie mit anderen jungen Mädchen oft etwas amüsiert zugeschaut hatte, wenn die Älteren plötzlich anfingen, »schottisch zu tanzen«. Aber nach dem Krieg – man hatte einige Jahre keine »Merke« gefeiert – war das vorbei. Die traditionellen Volkstänze wurden nur noch wie Theaterstücke aufgeführt – von Gruppen, die sie eigens einstudiert hatten.

Ich erinnere mich an einen Wintersonntag bei einem Freund. Wir spielten im Heu, der Stall war warm und gemütlich, das Vieh scharrte, Eimer klapperten. Wir saßen mit der ganzen Familie um einen Holztisch und tranken feierlich einen Becher warme Milch, und abends im Bus stimmten die Fahrgäste auf dem Heimweg ihre Lieder an. Das war irgendwann Ende der fünfziger Jahre gewesen. Dreißig Jahre später waren die Ställe offen und weit geworden, und der üppige Duft des Misthaufens und des Heus gehörte der Vergangenheit an. Diesen Sonntag umgab eine Stimmung, die so alt und ewig schien wie die Welt, und doch war sie irgendwie verlorengegangen.

Eine andere Erinnerung: die Route, die der Frachtführer Tjitse Tijssen Jahr für Jahr benutzte. Im Sommer 1827 notierte Doeke Wijgers Hellema nicht ohne Erstaunen in sein Tagebuch, daß man dabei sei, zwischen Zwolle und Leeuwarden eine Pflasterstraße anzulegen. Am 5. November, als die Arbeiten nahezu abgeschlossen waren, ging er dorthin, um sich die Sache einmal aus der Nähe anzusehen. Der alte Weg war »fortwährend ein einziger Morast gewesen«, so schrieb er. »Als man davon zu sprechen begann, daß diese Straße angelegt werden sollte, dachten sich die Friesen ihren Teil, betrachteten dieses Werk als ein Hirngespinst und hielten es für undurchführbar, ja, sie meinten nämlich, daß es wegen der Schwierigkeiten bei der Materialanlieferung nicht zu bewerkstelligen sein würde – und siehe da! Nunmehr ist dort eine Pflasterstraße!« Dieselbe Straße wurde, in etwas modernisierter Form, hundert Jahre später noch immer genutzt. Ich erinnere mich daran,

---

[*] Als »schottischer Dreier« (»skotse trije«) wurde in Friesland die Ecossaise bezeichnet, ein schottischer Reigentanz im gemessenen Dreivierteltakt (Anm. d. Übers.).

wie wir als Jungen darauf Fahrrad fuhren, an das Holpern auf dem Kopfsteinpflaster, an den Wind in den hohen Bäumen, die sich in einer endlosen Reihe bogen.

Anfang der sechziger Jahre wurde eine neue Schnellstraße gebaut, um die Dörfer herum, das Neueste vom Neuen. Kaum dreißig Jahre später standen überall in der grünen Landschaft enorme Sandhügel, abermals für eine neue, diesmal vierspurige Straße.

Die Feldwege, mit denen unser Wirdumer Bauer aufgewachsen war, hatten vier- bis fünfhundert Jahre hinter sich. Die Pflasterstraße, deren Bau er erlebte, hielt fast anderthalb Jahrhunderte. Die Schnellstraße hatte man bereits nach einer einzigen Generation abgeschrieben.

Während der letzten Wochen, die ich in Jorwerd verbrachte, fragte ich mich oft, in welcher Form all diese Veränderungen in die Dorfgeschichte eingehen würden. Wie würde man später von den vier denkwürdigen Jahrzehnten erzählen, in denen alle Knechte und Mägde von den Höfen verschwanden, in denen nach Tausenden von Jahren die Zusammenarbeit von Mensch und Tier durch das Aufkommen des Traktors jäh beendet wurde, in denen die Landwirtschaft nahezu verdrängt wurde, in denen sich das lebhafte Treiben im Dorf verflüchtigte?

Wie würde man diese seltsame Zeit beschreiben? Würde man später noch erzählen von der Ruhe und den Entbehrungen, von der Wärme der alten Ställe, vom Glockenbimmeln und Schlurfen in den Dorfläden, von Akke van Zuiden, dem guten Menschen von Jorwerd?

Die Art, wie die meisten Jorwerder ihre eigene Geschichte betrachteten, ließ sich am besten mit einer auf den Kopf gestellten Pyramide vergleichen: Was sich erst vor kurzem zugetragen hatte, war in den Gesprächen noch lebendig, aber wenn etwas länger als zwanzig Jahre her war, ließ die Erinnerung nach, es sei denn, es handelte sich um Großereignisse. Vom Einsturz des Turmes wußten noch alle, auch vom Krieg wurde ständig erzählt, und Folkert konnte mir ausführlich vom großen Brand am 15. August 1930 berichten, als vier Bauernhöfe gleichzeitig abbrannten, durch Heugärung und Sturm. »Es war Viertel nach zwölf. Wir aßen gerade. Da kommt plötzlich jemand zu uns ans Fenster; Van der Hems Hof steht in Flammen...«

Aber danach versiegten offenbar die meisten Geschichten und Erinnerungen in Jorwerd. Sie waren kaum mehr als Steine, die bestenfalls die Wogen von ein, zwei Generationen übersprangen, um dann endgültig in Vergessenheit zu geraten.

Durk Siesling, der seit dem plötzlichen Tod seiner Aaltsje stiller und einsamer geworden war, hatte mir einmal erzählt, daß sein Großvater noch Sand für den Bau der Bahnlinie verschifft hatte, um 1885 herum. Hundertzehn Jahre also. Vom alten Notar hörte ich, daß sein Großvater schon 1890 an der Elfstädtetour teilgenommen hatte. Damals war noch nichts organisiert, die Leute legten einfach einen Zettel mit den Unterschriften von Gastwirten vor. Hundertfünf Jahre. Und in einem Nachbardorf konnte man noch immer genau die Stelle zeigen, wo 1887 der vielversprechende Sohn des örtlichen Pfarrers auf dem Eis eingebrochen und ertrunken war. Hundertacht Jahre.

Während die Zeit in aller Ruhe verstrich, erwies sich das kollektive Gedächtnis des Dorfes als auffällig kurz und als selektiv obendrein.

Der charismatische Pastor Hille Ris Lambers hatte zwanzig Jahre lang mit seinen Büchern über chinesische Philosophie und mit den Gesangsdarbietungen seiner hübschen Töchter Heleen und Annie im Dorf den Ton angegeben. *Hinten im Garten begann ein seichter Tümpel, Wo wir einander abends unter Zweigen fanden.*

In den Zeilen von Slauerhoffs Dichtung sah ich manchmal noch das alte Jorwerd aufblitzen, aber umgekehrt war der Bezug weniger stark. Im Dorf hatte man den Dichter, den Pfarrer und seine Töchter nach achtzig Jahren vergessen – Gais, den Pastor, den Lehrer und ein paar Intellektuelle ausgenommen.

Ich hatte Folkert danach gefragt: Das einzige, woran sich die Älteren im Hinblick auf die Familie Hille Ris Lambers erinnerten, war das Stinkgas – Sumpfgas, das er aus demselben »seichten Tümpel« gewann, den Slauerhoff geschildert hatte und der in den sechziger Jahren einem Parkplatz gewichen war. »Dieser Pfarrer Lambers hatte es im Ersten Weltkrieg doch tatsächlich hinbekommen, Gas aus diesem stinkenden Kanal aufzufangen, Teufel noch mal«, sagte Folkert. »Und mit dem Stinkgas kochten die auch noch.«

Eines Abends besuchte ich Philippus Breuker, früher Lehrer, später Professor für friesische Sprach- und Literaturwissenschaft in Amsterdam, stets an allem interessiert, was sich um ihn herum tat. Breuker wohnte im Nachbardorf Bozum, er hatte die gesamte Geschichte der Gemeinschaft ausgegraben, und eigentlich war er noch immer damit beschäftigt.

»Was konkrete Ereignisse angeht, reicht das kollektive Gedächtnis nicht weiter als vielleicht hundert Jahre«, war seine Erfahrung. Er erzählte mir, wie er eine Familie ausfindig gemacht hatte, die schon seit dem fünfzehnten Jahrhundert ununterbrochen in seinem Dorf wohnte, eine Generation nach der anderen, fünf Jahrhunderte hintereinander, bis auf den heutigen Tag. Aber die Leute ahnten überhaupt nichts von ihrer Herkunft, geschweige denn davon, wie weit ihr Stammbaum zurückreichte.

»Ich stieß auf alles mögliche: Unfälle, Streitigkeiten, Diebstähle, alles mögliche – schwerwiegende Dinge, die häufig vor weniger als hundert Jahren passiert waren. Aber wenn ich die Enkel und die Urenkel der damaligen Hauptpersonen danach fragte, wußten sie schon nichts mehr davon. Es gab hier zum Beispiel einen Pfarrer, der die gesamte Provinz in Aufregung versetzt hatte, indem er das Ende der Welt prophezeite – um genau zu sein: für den 8. Mai 1774 –, worüber noch sechzig Jahre später in Friesland geschrieben wurde. Ich habe vor Jahren mit einem seiner Ururenkel gesprochen, einem steinalten Mann, der 1875 geboren war. Daß er von einem so legendären Vorfahren abstammte, davon hatte er noch nie etwas gehört.«

Ausnahmen gab es natürlich auch. Der Jorwerder Notar wußte zu erzählen, daß sein Ururgroßvater sich 1830, nachdem er zum Wehrdienst einberufen worden war, einen Ersatzmann genommen hatte und daß dieser arme Bursche wegen des Belgischen Krieges[*] für nur hundert Gulden hatte weiterdienen müssen. Hundertfünfundsechzig Jahre. Mein Freund, der Zeitungsmann, hatte um 1820 einen Ururgroßvater, der laut Familienüberlieferung »so furchtbar schnell Schlittschuh laufen konnte, daß er jeden vom Eis fegte«. Er

---

[*] Gemeint sind die niederländischen Versuche zur Rückeroberung Belgiens im Anschluß an den Brüsseler Aufstand von 1830, der die Unabhängigkeit Belgiens einleitete (Anm. d. Übers.).

ging der Sache anhand der Verzeichnisse des *Leeuwarder Courant* nach: Wie aus den Ranglisten der Eisschnelläufer hervorging, war dieser Hantsje Jans tatsächlich zehn Jahre lang nicht zu schlagen gewesen. Hundertfünfundsiebzig Jahre. Und Breuker hatte einmal einen alten Bauern getroffen, der zu erzählen wußte, daß bei einer Überschwemmung vor langer Zeit »das Wasser bis zum alten Deich vom Middelzee stand« – was bei einer Überflutung, die auch Hellema schilderte, 1825 tatsächlich geschehen war. Hundertsiebzig Jahre. Aber weiter war er nie gekommen.

Als der französische Historiker Emmanuel Le Roy Ladurie anhand einer Reihe detaillierter Inquisitionsakten das Alltagsleben im mittelalterlichen Dorf Montaillou zu rekonstruieren versuchte, stieß er auf das gleiche Phänomen. »Die Einwohner von Montaillou lebten gleichsam auf einer Insel in der Zeit«, schreibt er. Die Erinnerung der Bauern, die um das Jahr 1329 lebten, reichte offenbar nicht weiter zurück als in die Zeit des vorigen Grafen, der 1302 gestorben war. In den aufgezeichneten Gesprächen begegnete Le Roy Ladurie nur ein einziges Mal einem Hinweis auf ein Ereignis, das etwa 1240 stattgefunden hatte. Oder, wie es einer der damaligen Bauern formulierte: »Es gibt keine andere Zeit als die unsrige.«

Auch der polnische Anthropologe Kazimierz Dobrowolski registrierte in »seinen« Dörfern einen auffallenden Mangel an kollektiven Erinnerungen – nur Kriege, Hungersnöte und Überschwemmungen blieben vereinzelt hängen. Seiner Meinung nach erklärte sich das daraus, daß alles mündlich überliefert werden mußte – geschrieben wurde in den Dörfern kaum – und daß die Generationen zu schnell aufeinanderfolgten, um die alten Geschichten richtig weitergeben zu können. Historische Begebenheiten wurden meist kreuz und quer durcheinandererzählt, ohne klare Chronologie, wodurch Begebenheiten, die in Wirklichkeit zeitlich weit voneinander entfernt waren, zu einem großen Ganzen umgeschmiedet wurden – die *Ilias*, die *Odyssee* und andere Heldenepen dürften genauso entstanden sein. Überdies waren die alten Zeiten häufig so arm und wüst, daß spätere Generationen gar nicht mehr den Wunsch hatten, sich dieser »unzivilisierten« Vergangenheit zu erinnern.

»Dörfer haben einfach ein schlechtes Gedächtnis, und damit

werden wir leben müssen«, meinte Philippus Breuker. «Letztlich ist man gezwungen, auf Archivmaterial und andere schriftliche Quellen zurückzugreifen. Oder hier, sieh mal, zwei Keramikschüsselchen aus dem frühen siebzehnten Jahrhundert. Hier im Obstgarten gefunden, weniger als zehn Zentimeter tief im Boden, direkt unter einem Baum, vielleicht einmal einen Sommer lang zum Füttern der Hühner benutzt, dann im Herbst liegengelassen und vergessen.« Ich durfte sie kurz in der Hand halten. Elegante braune Schälchen, mit drei kleinen Füßen, makellos wie aus dem Laden. Das ist doch auch etwas Schönes?

*

Haben Dorfgemeinschaften denn tatsächlich ein so geringes Erinnerungsvermögen? Können Freud und Leid von ganzen Bauerngenerationen, kann so ein Wissens- und Erfahrungsschatz dahinschmelzen wie Schnee in der Sonne?

Die klassische Methode, Lebensweisheit weiterzugeben, war bis vor kurzem das Erzählen, die mündliche Vermittlung von Erfahrungen, ihre Überlieferung von Geschlecht zu Geschlecht. Während in der Stadt schon längst geschrieben und gedruckt wurde, hielt man auf dem Land noch jahrhundertelang am Erzählen fest. Wer einmal einen echten Dorferzähler erlebt hat, der weiß nicht, wie ihm geschieht: Die Geschichten überstürzen sich, Spannungsbögen entstehen, es wird imitiert und Theater gespielt, der Abend vergeht wie im Fluge, und niemand sehnt sich mehr nach Buch und Fernseher. Echtes Erzählen ist eine Gabe, eine nahezu vergessene Fertigkeit.

In seinem Buch über Montaillou gibt Le Roy Ladurie ein seitenlanges Protokoll von einem Gespräch zwischen zwei essenden Männern in einer Küche wieder, das um nichts anderes kreist als um die Qualität von Käse, Brot und Fisch und darum, wie die Frau das Öl auspreßt. Diese Unterhaltung unterschied sich kaum von dem Konversationstyp, der üblicherweise in der Jorwerder Kneipe gepflegt wurde und den man gewöhnlich als »Schwatzen« bezeichnet: das Springen von Assoziation zu Assoziation, das Wiederholen kleiner Geschichten, die gerade in ihrer Wiedererkennbarkeit ein Gefühl der Geborgenheit vermitteln; man umhegt und laust sich gegenseitig wie Affen in der Sonne.

Da war die unendlich oft wiederholte Geschichte vom Notar, der einen solchen Narren an Autos gefressen hatte, daß er an einem warmen Sommernachmittag einmal dabei beobachtet worden war, wie er auf einer Weide unter einer Beregnungsanlage seine Runden gedreht hatte, stundenlang. »Ja, ich wollte mal schauen, ob meine Scheibenwischer noch gehen.« Und von dem einen Mal, als der Notar aus dem fernen Luxemburg in der Kneipe anrief, weil er Beerenburg brauchte. Und daß der Lehrer prompt seine Ente in Bewegung gesetzt hatte, um ihm zwei Flaschen Beerenburg und eine Flasche alten Klaren zu bringen.

Da war die Geschichte von Folkert über Hitler. »In Baard wohnte ein gewisser Dijkstra, der für die SS an der Ostfront kämpfte. Und er kämpfte so gut, daß er von Adolf Hitler eingeladen wurde. Er durfte sich etwas wünschen. ›Ich würde gerne mal mit Ihnen angeln.‹ Na, prompt stand Dijkstra aus Baard am nächsten Morgen mit Hitler an der Wolga und angelte.« So ungefähr gingen die Kneipengeschichten. Aber echtes Erzählen bedeutet noch etwas mehr.

Erzählen ist die Literatur der Armen und Unscheinbaren. Es stellt eine hervorragende Methode dar, wichtige Erfahrungen mit Hilfe kleiner Gedächtnisstützen wie Rhythmus und Reim relativ unversehrt durch die Zeit zu lotsen. Aber wie die Literatur kennt es daneben auch tiefere Schichten von Weisheit, Schönheit und Poesie. Und so hat eine Volkserzählung gelegentlich etwas von einer Kathedrale, von einem Kunstwerk, das von Generationen erschaffen worden ist.

An Kathedralen erinnerten zuweilen auch die Erzählungen, die Ype Poortinga mit seinem Kassettenrecorder in letzter Sekunde den Senioren in den Altersheimen entlockte. Oder diejenigen, die ein anderer großer Sammler, der Vikar Adam Jaarsma, noch zwischen 1965 und 1980 in friesischen Dörfern aufspürte – er fand gut sechzehntausend Geschichten. Aber es ist fraglich, ob man den Einsturz des Jorwerder Turms in Erzählungen überliefern wird. Oder die Geschichte vom Pfarrer, der sich im Dachstuhl seiner Kirche vor den Deutschen versteckte. Oder den Winter von 1979, als der Schnee bis zu den Dachrinnen stand.

Durch die vielen Veränderungen war auch die mündliche Überlieferung von Geschichte und Lebenserfahrung in Bedrängnis geraten. Dies hatte nicht nur mit dem Erzählen selbst zu tun. Auch die

Gelegenheiten, Teile des kollektiven Gedächtnisses aufzufrischen, waren weniger geworden.

Der Wandel des Phänomens »Zeit« spielte dabei eine wichtige Rolle. Zu Beginn des zwanzigsten Jahrhunderts hatte Zeit etwas völlig anderes bedeutet als zu seinem Ende: Es hatte langwierige und monotone Arbeit im Überfluß gegeben, das Reisen hatte lange gedauert, die bäuerliche Arbeit war stark saisonabhängig, Zeit und Leben waren im großen und ganzen deckungsgleich gewesen. Außerdem hatte man zahlreiche Tätigkeiten gemeinsam verrichten müssen. Und dann waren da noch die dunklen, endlos langen Winterabende auf den Bauernhöfen gewesen. Kurzum, in der guten alten Zeit hatte es reichlich langweilige Stunden gegeben, in denen eine spannende Geschichte Gold wert war. Hatte Steven de Bruin nicht als kleiner Junge die schönsten Erzählungen aufgeschnappt, wenn sein Vater irgendwo auf Fracht wartete oder bei flauem Wind durch einen langen Moorkanal dümpelte?

Die mündliche Überlieferung wurde nicht nur von der modernen Kommunikation überwuchert, sie war auch verkümmert, weil sie ihren wichtigsten Nährboden eingebüßt hatte: die langen, tristen Tage, die man früher miteinander verbracht hatte, Tage, an denen sich die Zeiger der Uhr immer langsamer zu bewegen schienen.

Aber selbst wenn man sich Geschichten erzählte, blieb die Frage, wie weit die Erinnerung auf diesem Weg reichte. Und in welchem Maße die überlieferten Geschichten vom Dorf und von den Menschen selbst herrührten. Denn bei näherer Betrachtung erwiesen sich längst nicht alle Volkserzählungen auch wirklich als solche.

Sagen und Märchen haben eine eigene Struktur, die davon beeinflußt ist, auf welche Weise solche Geschichten weitererzählt wurden. Es gibt sogar ein internationales Klassifikationssystem für alle bekannten Märchen und Volkserzählungen, eine Art Strichkode des Mysteriums. Diese Einteilung kennt Dutzende von Kategorien und Subkategorien: Tierfabeln, Legenden, Märchen, lustige Geschichten und vieles andere mehr. Hänsel und Gretel zum Beispiel fallen unter die Kategorie AT 327A: Wundermärchen, Subkategorie übernatürliche Widersacher. Die Geschichte von der pinkelnden Frau und der verhexten Schlange von Steven de Bruin ist auch als AT 285B bekannt. Orpheus und Eurydike gelten als eine

Variante des Erzähltyps AT 306. Vor einigen Jahren hat der Literaturwissenschaftler Jurjen van der Kooi eine präzise Bestandsaufnahme der von Poortinga und anderen gesammelten Geschichten gemacht und kam dabei zu dem überraschenden Schluß, daß es sich bei diesen mündlich weitererzählten Geschichten in mindestens einem Achtel der Fälle um regelrechte Neppantiquitäten handelte: Sie waren erst kurz zuvor in Umlauf gebracht worden, nachdem sie in einer Zeitung, einem Volksalmanach oder in einer anderen schriftlichen Quelle erstmalig erschienen waren. Von manchen Geschichten, die Poortinga aus dem Munde irgendeiner alten Bäuerin gehört und aufgezeichnet hatte, fand er sogar die fast wörtliche Vorlage in einem Abreißkalender aus dem vorigen Jahrhundert.

Laut Van der Kooi waren die meisten Volkserzählungen also nicht das Relikt einer reichen, durch das Lesen allmählich verdrängten Erzähltradition. Vielmehr traf eher das Gegenteil zu: Das angebliche Märchen war häufig gerade das Resultat der Alphabetisierung und der zunehmenden Lektüre.

Das alles ändert nichts daran, daß es Geschichten gab – erzählt von einem alten Landarbeiter oder einem greisen Schiffer –, die aus unerklärlich weiten Fernen kamen, verblüffend gut erhalten wie die Schälchen von Philippus Breuker, Geschichten, so grell, erotisch oder absonderlich, daß sie ganz und gar nicht in die romantische Erzähltradition des neunzehnten Jahrhunderts paßten. Geschichten, deren Zahl so groß war, daß sie unmöglich alle aus Volksalmanachen oder Zeitungen stammen konnten.

Es muß in den Niederlanden sehr wohl eine umfassende mündliche Überlieferung gegeben haben. Das kann auch kaum anders sein. Bevor Buch und Schrift Verbreitung fanden, war jegliche Historiographie auf das endlos fortgesetzte Weitererzählen von Geschichte angewiesen, auf die wiederholte Rekonstruktion früherer Zeiten, deren einzige Stütze das Gedächtnis bildete. Darauf basierten die genannten griechischen Heldenepen, auch Teile der jüdischen religiösen Texte, und manche Völker kennen noch heute die Disziplin der gelehrten und tradierten kollektiven Erinnerung als eine mündliche Überlieferung historischer Erzählungen, die sich jahrhundertelang fortsetzen kann.

Im Grunde war es mit Erzählern wie Steven de Bruin nicht anders: Sie stammten fast durchweg aus Dörfern, die bereits über eine alte Erzähltradition verfügten. Ype Poortinga sah, in Anlehnung an die Formulierung eines irischen Kollegen, sogar »Dynastien von Geschichtenerzählern« am Werk, denen man vor allem beim »fahrenden Volk« begegnete – bei Schiffern, Händlern, umherziehenden Saisonarbeitern – und in Gegenden wie der kargen Heide, wo besonders viele unterschiedliche Menschen lebten. Aber auch er räumte ein, daß die Vorstellung von einer »kollektiven Erzählung«, die nur darauf warte, entdeckt zu werden, romantischer Unfug war.

»Erzählen ist eine künstlerische Leistung«, schreibt Poortinga, und daher läßt sich eine alte Geschichte nie unabhängig von ihrem Erzähler betrachten: »Wenn Onkel Haring auf seinem Stuhl herumrutschte und darauf brannte, seinen Vorredner mit einer noch etwas packenderen Geschichte zu übertrumpfen, dann klang diese Geschichte völlig anders, als wenn wir sie jetzt aus einem Buch vorlesen.«

Diese Situation ließ sich 1976, als Poortinga dies schrieb, bereits kaum mehr rekonstruieren. »Die größten Erzähler sind schon jetzt häufig isolierte Gestalten«, lautete Poortingas Erfahrung, und er war aus tiefstem Herzen davon überzeugt, daß er es mit der letzten Generation großer Erzähler zu tun hatte.

*

In Jorwerd war das Erzählen bis in die fünfziger Jahre noch eine Alltagsbeschäftigung. Täglich standen Männer und Jungen an der Brücke oder am Wirtshaus herum. Dort wurde viel geschwatzt, aber es gab auch Abende, an denen wirklich erzählt wurde.

Der Bunte Dienstagabendzug, um 1955 eine höchst beliebte Radiosendung, schlug die erste Bresche in diese Gewohnheit. Dann hielt das Fernsehen Einzug mit Geschichten, für die man keine Phantasie mehr brauchte. Und dann kamen die jungen Leute, die alles besser wußten.

Ids Meinsma und Willem Dijkstra erinnerten sich daran, daß noch bis in die achtziger Jahre nach dem »Kaatsen« alte Geschichten erzählt worden waren und daß sie das sehr genossen hatten, obwohl sie damals erst ungefähr sechzehn waren. Mit der nächsten Generation der Dorfjugend war auch diese Tradition abgebrochen.

So verschwand der Erzähler aus Jorwerd. Damit ging eines der wichtigsten Mittel der Dorfgemeinschaft verloren, etwas Eigenes zu überliefern, unabhängig von Büchern, Fernsehen und anderen Medien der Stadt. So büßte das Dorf nicht nur sein Herz, sondern allmählich auch seine Erinnerung ein. Eines Nachmittags im Sommer 1994 sah ich den Pfarrer gemeinsam mit Gais und einem Maurer etwas wiederherstellen, das vor Jahrhunderten zu Bruch gegangen war. Die übrigen Dorfbewohner feierten auf der »Merke«, aber die drei kümmerte das nicht. Der Pfarrer hatte den alten Altarstein wiedergefunden, den Stein, der irgendwann zu Zeiten Wattie van Hanias im Zuge der Reformation aus der Kirche entfernt worden war und danach jahrhundertelang bei der Hintertür des Pfarrhauses gelegen hatte. Er hatte ihn etwas ausgebessert, und an jenem Nachmittag trug er ihn behutsam wieder in die Kirche hinein. Aus großen Ziegeln hatte er ein schlichtes Podest anfertigen lassen, und so wurde, nach gut vierhundert Jahren, der alte Altarstein an seinen Platz zurückgelegt.

In einer Nische hatte Gais eine Kerze angezündet, die Flamme bewegte sich in der stillen Kirche sanft hin und her; draußen sang und tanzte das Dorf. Außer uns wußte kein Mensch von diesem historischen Ereignis, und doch war uns ein wenig feierlich zumute.

Um uns herum lag der Friedhof. Die kleinen Holzkreuze der Kindergräber, die dort 1973 noch gestanden hatten, das Gedicht für Eelkje Oene Hoogenbrug – *Sie starb ergeben in ihr Los* –, der Grabstein von Antje Kalma (1856-1884) – *Ihr Leben war auf Erden eine Hilfe / Für Ehemann und Kinder / Aber Gott berief sie ab von hier / Dies vermag ein Mensch nicht zu verhindern* –, waren alle verschwunden, denn auch auf einem Friedhof geht das Leben weiter.

Aber rings um das Grab von Wiepke Algera, dem Bauern mit der ersten tuckernden Melkmaschine, blühten die Gänseblümchen. Ebenso bei den Eltern von Riemer de Groot – *Mein Leben ist in Deiner Hand*. Auch Tjitse Tijssen lag dort, mit seiner Frau. Und Fopma, der Bauer, der Oebele van Zuiden die Chance seines Lebens gegeben hatte. Und Lamkje und ihr Mann. Und Hendrik Meinsma. Und Aaltsje Siesling lag in einem Blumenmeer, im Sommer wie im Winter, immer machte sich Durk daran zu schaffen. So erzählte er seine ganz persönliche Geschichte.

Al myn libbens freugden sitte yn de prunusbeam
                              mei in inkeld giel blêd dat trillet,
Yn de wolkens dy't út it suden it loftrom lâns skowe,
Yn de blommen fan de attinsje dêr de sinne op skynt:
It is de ljochtskyn fan it wetter dat yn de leie stiet,
De tyliens geur fan de rûchskerne yn it foarjier,
It sjongende lûd fan de rotgânzen op de waad.

Mar it is ek memme fleurige jonkheid sa't hja meïnoar
                              yn de moanneskyn de opfeart del ride,
It is heite bliidskip as er yn de poèzij fan de dichters
                                          syn leafde belibbet,
It is pake en beppe ljochte útgong as hja hân
                              by hân de jonge maitiid yn 'e mjitte gean.

O, en faaks is it eat fan de dream fan de fromme
As er de ingels har blanke wjokken iepen tearen sjocht.

Obe Postma

Alle Freuden meines Lebens sind in dem Kirschbaum
     mit dem vereinzelten gelben Blatt, das zittert,
In den Wolken, die sich vom Süden her den Himmel
        entlang schieben,
In den Blumen der Hortensie, leuchtend im Sonnenlicht:
Es ist das Glänzen des Wassers, im weiten Graben,
Der satte Geruch des Misthaufens im Frühjahr,
Der singende Ruf der Ringelgänse auf dem Watt.

Aber es ist auch die heitere Kindheit der Mutter,
      miteinander im Mondschein
    auf dem zugefrorenen Kanal dahingleitend.
Es ist die Freude des Vaters, der beim Lesen der Dichter
       seine Liebe erlebt,
Es ist das leichte Glück von Opa und Oma, wenn sie
    Hand in Hand dem jungen Frühling entgegenlaufen.

O und vielleicht ist es etwas vom Traum des Frommen,
Wenn er die Engel ihre weißen Flügel auffalten sieht.

(Übersetzung: Ard Posthuma)

Epilog

Vielleicht, so dachte ich mir viel später, vielleicht waren es gar nicht die Auseinandersetzung um die Schule, der Streit zwischen Kneipe und Gemeinschaftshaus und auch nicht die Welt der neu Zugezogenen, die der guten alten Zeit in Jorwerd ein Ende machten. Vielleicht hatte es zunächst und hauptsächlich mit dem Tod von Hendrik Meinsma begonnen.

»Der menschliche Verstand«, schrieb Leo Tolstoi, »kann sich nicht in die Fülle von Ursachen hineinversetzen, die einem Phänomen vorausgehen. Aber der Drang, die Ursachen aufzuspüren, ist der menschlichen Seele eigen. Und wenn der menschliche Verstand in den unzähligen durcheinanderwirbelnden Gegebenheiten des Lebens eine Ursache zu entdecken vermag, dann sucht er sich die erste, die beste, die einleuchtendste und sagt: Das ist die Ursache.«

Als Hendrik Meinsma im Sommer 1978 immer düsterer wurde, sagten manche: »Er wird nicht damit fertig, daß er sein Geschäft aufgeben muß.« Andere meinten: »Er ist schon immer ein Grübler gewesen.« Und damit hatten sie auch ein bißchen recht. Im Sommer lief er fast jeden Abend durch das Dorf, zusammen mit Gais, und wenn er an diesem Tag irgendwo Farbe abgebrannt hatte, um dort anschließend zu streichen, dann mußten sie jedesmal unbedingt dort vorbei, um zu überprüfen, ob da nicht eine schwelende Stelle geblieben war. Sonst konnte er nicht schlafen. Immer mußte er noch einmal nachsehen.

Und doch war dieser Grübler auch ein fröhlicher Mann. Stets hielt er Ausschau nach netter Gesellschaft, zu Hause war er oft zu Scherzen aufgelegt, und immer spielte er auf seinem Akkordeon. Er genoß die neue Offenheit im Dorf. Zugleich überkam ihn das Gefühl, daß er die Kontrolle über die Dinge verlor, als zählten seine Arbeit und sein Handwerk nicht mehr, als rutschte der alte Familienbetrieb langsam hinab in den Kanal. Zumindest denkt unser menschlicher Verstand das, jetzt, im nachhinein.

Seine einzige Freude damals war ein kleines Segelboot, das er abschmirgelte und lackierte, das er hegte und pflegte wie ein Kind. Eines Tages wollte er es seinem besten Freund schenken, dem Lehrer. »Du spinnst wohl«, sagte der.

Als das Boot zu Wasser gelassen wurde, mußte die gesamte Familie für ein Gruppenbild antreten: Frau, Kinder, er und das Boot. Das mußte sein.

Danach war es, als hätte ihn seine letzte Kraft verlassen. Als sie an einem Sonntagmorgen mit dem Segelboot losfahren wollten, bekam Hendrik den Außenbordmotor nicht in Gang. Danach war er den ganzen Tag durcheinander. Am nächsten Samstag sollte der Verein vom Iepenloftspul einen kleinen Abschiedsausflug nach Zeist unternehmen. Auf einmal wollte er nicht mehr mit – bis man ihn schließlich doch überreden konnte. In jener Nacht konnte er nicht schlafen. Immer wieder weckte er Gais, um mit ihr zu reden, bis sie gegen Morgen einschlief.

Als Gais etwa um neun Uhr Kaffee gemacht hatte und ihn aus der Werkstatt rufen wollte, bekam sie keine Antwort. Sie ging hinein, und dann wünschte sie sich bloß noch, wie sie später sagte, »daß da ein Loch gewesen wäre, in das ich mich hätte fallen lassen können, aber da war nur Beton«.

Für Gais brachen Tage bloßer Verwirrung an. Alles drehte sich, in ihr selbst, aber auch im Dorf. Es gab Leute, die überhaupt nicht wußten, wie sie sich verhalten sollten. Es gab Nachbarn, die sich scheuten, bei ihr vorbeizugehen, um Abschied zu nehmen. Und dann die Kinder. »Für uns war es eine Katastrophe«, sagte Gais. »Aber gleichzeitig war es eine Katastrophe für die Gemeinschaft.« Das machte auch alles so zwiespältig. »Denn wer mußte nun eigentlich wem helfen?«

Am Abend vor dem Begräbnis fand so etwas wie eine Abschiedsfeier statt, mit dem Lehrer und anderen guten Freunden. Am nächsten Tag wurde Hendrik aus dem Haus und zum gegenüberliegenden Friedhof getragen, nur von wenigen Menschen begleitet. Danach gab es Tee und abends Erinnerungen.

Dann folgte die Rückkehr in die Öffentlichkeit, Schritt für Schritt, ein langer Weg, gesäumt von Blicken, manchmal einer Frage. Die Leute unterstützten Gais, »aber«, so erzählte sie, »das Dorf verlangte auch etwas von mir. Denn zugleich war es eine Art

Bewährungsprobe. Man achtete darauf, wie ich damit umging, wie ich das machte.«

Sie sprach mit jedem darüber, der dazu bereit war, und das half. Sie sagte immer: »Euch fällt es schwer. Mir fällt es erst recht schwer. Aber wir machen trotzdem weiter.« Und ansonsten blieben ihr immer noch das Land und der Himmel und der Halt, den ein Weidenzaun gab.

*

Die Monate in meinem Jorwerder Haus waren verstrichen, und nun begann eine Übergangszeit, ein Niemandsland zwischen Winter und Frühling. Ein kalter Wind wehte über die Felder. Die Luft war klar. Es hing noch kein Blatt an den Bäumen, das Ried war gelb, die Wassergräben grau vom Schlamm. Die Enten, die auf den Weiden grasten, duckten ihre Köpfe gegen die feuchte Kälte aus dem Norden. Zwischen goldgelben Wolken rollte ein Regenguß nach dem anderen auf das Dorf zu, eine Welle nach der anderen, manchmal kohlrabenschwarz, Hagel und Regen prasselten nieder, und dann schien wieder die Sonne, grell und stark.

Im Boden begann sich etwas zu rühren, so sagten die Bauern, aber viel war davon nicht zu sehen. Stare umkreisten zwitschernd den Turm, der Notarsgarten war voller plattgewehter Schneeglöckchen, und an »Unserem Haus« stand an der Wand: FUCK ME BABY und LICK MY DICK und I OVE YOU, ALIE TERPSTRA.

Ich saß am Ofen und las, welches Grundschema der Soziologe A.J. Wichers 1965 von der niederländischen Dorfkultur entworfen hatte.

Die Landbevölkerung sei voll und ganz auf die unvermeidliche Tatsache eingestellt, daß man vom Boden leben und diesen mühsam bestellen müsse, so schrieb er. Man habe dieses Schicksal sogar liebgewonnen, auch das Land und das Vieh. Arbeit, Genügsamkeit und sogar Armut seien dabei mit der Zeit in den Rang von Tugenden aufgerückt.

Weiter erklärte er, daß im Hinblick auf Ehe, Familie und Sex die allerstrengsten Regeln gälten. Dies rühre daher, daß die Existenzgrundlage einst spärlich gewesen sei und man daher eine stabile Ordnung gebraucht habe, um überleben zu können. So werde etwa weibliche Koketterie scharf mißbilligt; die Ehe sei monogam und eine ausgesprochen nüchterne Angelegenheit. Wenn man einmal verheiratet sei, dann gelte die Ehe in erster Linie als Arbeitsgemeinschaft, in der man sich strikt loyal verhalte.

Dadurch, daß fast jeder derselben Tätigkeit nachgehe – nämlich Viehzucht und Ackerbau –, bilde die Dorfgemeinschaft, so Wichers, eine mehr oder weniger selbstverständliche Einheit. An ihren Grenzen ende häufig auch der geistige Horizont der Bewohner, so daß sie nur wenig von der Außenwelt wüßten. Zugleich fungiere diese Dorfgemeinschaft als soziales Schutznetz und als Kontrolldienst. Denn allzu ausgeprägte Individualität gefährde die Ordnung.

Die Außenwelt sei von einem anderen, einem unbekannten Regelwerk geprägt: dem der Herrschaften, der Städter und der Landstreicher. Den ersten beiden stehe der Bauer mit einer Mischung aus Ehrfurcht und Mißtrauen gegenüber, letztere bekämpfe er. Zwar würde er mit den Herrschaften und Städtern gern genauso verfahren, aber er wisse aus jahrhundertelanger Erfahrung, daß er bei einem Konflikt mit ihnen letztlich den kürzeren ziehe.

Die Zukunft stelle sich der Bauer genauso vor wie die Gegenwart und die Vergangenheit, meinte Wichers. Die Erziehung der Jugend bestehe daher zu einem erheblichen Teil aus Disziplinierung. Die Autorität liege voll und ganz bei der älteren Generation – was folgerichtig sei, denn in einer Gemeinschaft, die sich kaum verändert, habe jene die weitaus größte Erfahrung. Außerdem herrsche zwischen ihnen ein klar erkennbares »Dankbarkeitsverhältnis«: Jüngere müßten sich Älteren gegenüber stets erkenntlich zeigen. Man entscheide sich nicht schnell, die Dorfkultur zu verlassen: Der Kreis bleibe geschlossen.

Soweit Wichers 1965.

Dergestalt sah also in groben Zügen die geistige Welt aus, in der Generationen von Bauern und Dorfbewohnern gelebt hatten, und die älteren Jorwerder waren noch mehr oder weniger nach diesen Werten erzogen worden. Wichers wußte, daß er gerade noch rechtzeitig kam, daß er eine uralte Kultur beschrieb, die im Begriff war, rasch zu verschwinden, aber niemals hätte er vermutet, welches Tempo dieser Niedergang annehmen würde.

Dreißig Jahre später wurden in den Niederlanden jährlich dreitausend Bauernhöfe stillgelegt. Nach Schätzungen der EU würde innerhalb einer einzigen weiteren Generation die Hälfte der Landwirtschaft in Nordeuropa verschwinden. Im letzten Jahrzehnt hatte über ein Drittel der Viehzuchtbetriebe zugemacht.

Dreißig Jahre später gab es spezielle »Flirtkurse« mit dem Ziel, junge Bauern bei der Partnersuche zu unterstützen, weil so gut wie kein Mädchen mehr Bäuerin werden wollte. In den Bauernfachblättern fanden sich nicht selten Anzeigen wie diese: *Damen aus Rußland und Polen sind gern bereit, einem seriösen bäuerlichen Junggesellen zur Seite zu stehen. Gratis Fotobroschüre. Amor: Tel.*

Dreißig Jahre später führten englische Landwirtschaftsblätter eine Kampagne durch, die unter dem Motto stand: *Stop the Killing Fields. Take it seriously.* Auf einem Foto sah man eine junge Mutter mit zwei Kindern auf dem Rücksitz eines Leichenwagens. *Every week someone on the farm leaves his family.* In den Niederlanden wurden Selbstmorde nicht nach Berufsgruppen registriert, aber die Signale von Kirchen und Hilfsdiensten waren durchaus besorgniserregend. Insbesondere die Brabanter Bistümer hatten auffällig viele Selbstmorde von Schweinezüchtern zu verzeichnen. In England wiesen die Bauern von allen Berufsgruppen die höchste Selbstmordrate auf.

Dreißig Jahre später war für die Bauernsöhne und -töchter die Übernahme des Hofes keine Selbstverständlichkeit mehr, sondern ein Punkt, über den heftig diskutiert wurde. Die Bauersfrauen entdeckten, daß sie sich zwischen verschiedenen Alternativen entscheiden konnten, ja sogar mußten. Mehr und mehr Höfe gingen in weibliche Hände über – immerhin jeder dreißigste Hof wurde von einer Frau geleitet. Aber in den Bauernfamilien kam es jetzt auch zu Scheidungen.

*

»Ja, solche Anrufe bekommen wir«, bestätigte Hanneke Meester von der Telefonseelsorge. »Bauern, die derart mit ihrem Latein am Ende sind, daß sie nur noch schwarzsehen. So ein Mann sagt dann: ›Wenn ich mich umbringe, gibt es wenigstens eine schöne Lebensversicherung.‹«

Ich war bei der SOS-Telefonseelsorge für Agrarier vorbeigefahren, einer landesweiten Freiwilligenzentrale, wo Bäuerinnen und Bauern anonym ihr Herz ausschütten konnten. Allein die Existenz eines solchen Hilfsdienstes hätte Wichers in Erstaunen versetzt: Bauern sind daran gewöhnt, selbst zurechtzukommen, zumal wenn es Probleme gibt. Die meisten Bauernfamilien haben in einem solchen Fall den unwiderstehlichen Drang, sich in ihr Schneckenhaus zurückzuziehen. Das Personal wird entlassen, die Familie verwandelt sich in eine Festung, der Bauer schämt sich und läßt sich nirgends mehr blicken. Wenn also Hunderte von Bäuerinnen und Bauern im Jahr solch einen Hilfsdienst anrufen, dann muß schon einiges im argen liegen.

»Erst neulich hatte ich eine Bäuerin am Apparat, die sich schreckliche Sorgen um ihren Mann machte«, erzählte Hanneke Meester. »Sie sagte, daß er den ganzen Tag im Bett liegt, nicht mehr mit ihr redet, nicht mehr ans Telefon geht, sich nirgends hinwendet, um Hilfe zu suchen. Sie sagte: ›Wenn er in den Stall geht, dann will ich ihm immer hinterherlaufen, denn ich habe furchtbare Angst, daß er sich was antut.‹ Solche Anrufe bekommen wir regelmäßig.«

In vielen Gesprächen ging es um Scham. Ein echter Bauer fühlt sich für alles auf dem Hof verantwortlich, auch für die Fehlschläge. Landwirte, die das Handtuch warfen, galten daher häufig als schlechte Bauern – vor allem aus ihrer eigenen Sicht. Zwar gab es so viele Betriebsschließungen, daß ihnen ihr Verstand sagte: Hier steckt viel mehr dahinter als nur fachliche Inkompetenz. Aber gefühlsmäßig empfanden sie es trotzdem so. Sie konnten sich jetzt bei den Bauernverbänden bedanken, denen sie ihr Leben lang angehört hatten, genau wie ihre Väter und Großväter: Sie bekamen noch etwas Hilfe, um die Finanzen in Ordnung zu bringen, und die Sache war erledigt. Aber für den Bauern fingen die Probleme dann erst richtig an. Manche ehemaligen Bauern versuchten, die frühere Atmosphäre des Hofes mit ein paar Schafen und Pferden noch rudimentär aufrechtzuerhalten. Aber die anderen landeten unwiderruflich in einem Reihenhaus im Dorf.

»Bauer zu sein ist kein Beruf, es ist ein Lebensstil«, sagte Hanneke Meester. »Dazu gehört eine enge Verbindung mit dem Boden, der Natur und den Tieren, mit allem. Ein Bauer schaut abends immer noch mal kurz beim Vieh vorbei, um zu sehen, ob alles in Ordnung ist. Wenn man das verliert, dann verliert man sein Leben. Und man bekommt das Gefühl: Alles ist zu Ende.«

Es gab Gesprächskreise für Leute, die ihren Hof aufgegeben hatten, und häufig realisierten Bauern erst dort, daß sie Schicksalsgenossen hatten. »Es ist oft, als ob ein Korken aus der Flasche springt«, erzählte Hanneke Meester. »Und wenn sie einmal angefangen haben zu reden, dann hören sie nicht mehr auf: Sie sprechen von ihren Emotionen, davon, wie schuldig sie sich fühlen, wie sie denken, daß die anderen mit dem Finger auf sie zeigen, wie man sie im Stich gelassen hat.«

Solche Klagen waren allgemein von vielen ehemaligen Landwirten über die Bauernverbände zu hören. Diese ignorierten die mentale Entwurzelung der Bauern völlig. Sie hatten nur Zahlen im Sinn.

Hinzu kam: Die Männer wollten sich keine Blöße geben. Es waren vor allem die Frauen, die solche Themen anschnitten, aber zu ihrem Erstaunen bekamen Hanneke Meester und ihre Kollegen von Anfang an fast genauso viele Anrufe von Männern wie von Frauen. »Wir fragen manchmal bei unseren Treffen: Warum geht ihr nicht zu eurem Nachbarn? Der hat doch mit den gleichen Problemen zu kämpfen. ›Das geht nicht‹, sagt dann so ein Bauer, ›denn der ist mein Konkurrent. Sobald ich bei dem auftauche, sehe ich ihn denken: Kommt der meinetwegen, oder kommt der, um mir mein Land abzuluchsen?‹«

Hanneke Meester erzählte, daß sie einmal einen Anruf von einem Mann erhalten hatte, der in seiner Gegend der letzte Bauer war. »Dieser Mann stand Todesängste aus. Der sah schon kommen, daß kein Bauer mehr übrigbleiben würde. Bauern haben einen engen Bezug zu allen grundlegenden Dingen: zum Land, zur Natur, zu den Lebensmitteln. Die fragen sich täglich, was da um Himmels willen alles im Gange ist.«

Die Umweltschutzbewegung hätte eigentlich ein natürlicher Verbündeter der Bauern sein müssen, aber meist war das Gegenteil der Fall. Viele Bauern, die anriefen, ließen an ihr kein gutes Haar. »Wer lebt denn im engen Verhältnis zur Natur? Wer hat denn immer mit ihr zu tun?« Ihrer Ansicht nach verdarben die Umweltaktivisten alles und dachten nur an ihre eigenen Gehälter. In der Achterhoek wohnte ein Ökofreak, der im Namen des Umweltschutzes

Einspruch gegen alle Betriebsgenehmigungen einlegte, die von den Landwirten beantragt wurden. Die Bauern hätten ihn am liebsten in der Luft zerrissen.

Die Anrufe, die bei Hanneke Meester und ihren Kollegen eingingen, ließen einen klaren Bruch zwischen den jüngeren Bauern und den Leuten über vierzig deutlich werden. »Jüngere sind unternehmungslustiger, sie haben die Gesellschaft oft schon etwas kennengelernt, wenn sie auf den Hof kommen, sie haben Praktika hinter sich und manchmal eine völlig andere Arbeit, als Bauarbeiter oder Lehrer oder was weiß ich. Früher stieg man als Sohn bei seinem Vater ins Arbeitsleben ein, und da blieb man auch, bis man den Bauernhof übernahm. Man kannte nichts anderes. Nach dem Krieg hieß es produzieren und nochmals produzieren, es herrschte Hunger, und die Wirtschaft mußte wieder aufgebaut werden. Deshalb haben die Älteren das Gefühl, daß sie vom Lauf der Dinge voll und ganz betrogen wurden.«

Sie hörte täglich eine verzweifelte Geschichte nach der anderen. Von einem Ehepaar, das aus gesundheitlichen Gründen aufhören mußte. Der Betrieb war hervorragend gelaufen, aber unter den heutigen Umständen fand sich niemand, der ihn hätte übernehmen wollen. Zweieinhalb Jahre später stand der Bauernhof noch immer zum Verkauf, und der Bauer war wegen all der Zinsen und Tilgungsraten fast pleite. »Diese Leute haben bald gar nichts mehr.«

Oder von einem jungen Bauern mit Freundin, der anrief. »Wir lieben uns sehr, aber sie hat eine feste Stelle und will unter diesen Umständen nicht Bäuerin werden. Wie soll es jetzt weitergehen?«

Oder über die Nachfolge. Von einem Bauern, der selbst keine Kinder hatte und den Betrieb einem Neffen übergeben wollte, der schon seit Jahren auf dem Bauernhof mitarbeitete. Und wie die übrige Verwandtschaft dies mit aller Macht zu hintertreiben suchte, weil sie ihr Erbe dadurch bedroht sah. Und andererseits von Bauern, die sich kaputtschufteten, weil die Entscheidung, aufzuhören, ständig auf die lange Bank geschoben wurde – oder nicht selten aus finanziellen Gründen von Verwandten verhindert wurde.

Oder über Banken und Bauern, die einander oft umklammerten wie Ertrinkende, weil sie beide zu viel Geld in ein halb bankrottes Unternehmen gesteckt hatten. »Die Bank ist häufig diejenige, die letztlich den Schlußstrich zieht. Bauern empfinden die Bank als den Bösewicht, aber meist trifft die Bank nur eine Entscheidung, die ohnehin früher oder später hätte gefällt werden müssen.«

»Es ist sehr wichtig, daß der Bauer selbst den Entschluß faßt aufzuhören«, meinte Hanneke Meester. »Häufig reicht die Zeit dafür nicht aus, aber es ist von wesentlicher Bedeutung. Sonst kommt man nie damit ins reine, dann bleibt es immer jemand anders, der einem das angetan hat.«

Bäuerinnen sagten es eher und aufrichtiger. »Wir bekommen regelmäßig Anrufe von Frauen, die sagen: ›Und jetzt will ich einfach nicht mehr. Es geht auf Kosten unserer Beziehung, wir haben kein Geld mehr, wir gehen kaputt. Und jetzt will mein Mann doch wieder auf die Bank, um noch einmal zu verhandeln.‹ Frauen neigen eher dazu, ihre letzte Energie in die Zukunft zu stecken statt in eine hoffnungslose Vergangenheit.«

*

Wenn eine Gesellschaft schnellem Wandel unterworfen ist, bekommen Eltern und Kinder Streit. Die ältere Generation sieht das Leben nun einmal anders als die junge, und das ist auch unabdingbar, denn sie müssen in unterschiedlichen Welten überleben. Solche Brüche können auch innerhalb des eigenen Lebens stattfinden, und dann gerät man in Konflikt mit sich selbst.

In einer festgefügten und festgelegten Welt – und so war es in Jorwerd bis 1945 – ist es sehr wahrscheinlich, daß auch wirklich eintritt, was ein Mensch erwartet. Eine Frau wie Lamkje wußte ungefähr, wie ihr Leben verlaufen würde, und so geschah es dann auch. Der Unterschied zwischen Erwartung und Wirklichkeit war nicht besonders groß.

Das hatte auch damit zu tun, daß die Erwartung in gewissem Sinn ein Spiegelbild dessen war, was man schon erlebt oder bei anderen beobachtet hatte. Die Geschichte wiederholte sich, und Träume, Erwartungen und die Realität lagen nicht allzuweit auseinander – von Ausnahmen natürlich abgesehen.

In Gesellschaften, die große Veränderungen durchleben, entfällt die Vorhersagbarkeit des individuellen Lebenswegs. Plötzlich bestätigen sich geweckte Erwartungen nicht, und nicht alle Ziele, die man sich in der Jugend gesteckt hat, erweisen sich im fortgeschrittenen Alter als realisierbar. Schlimmer noch: Auch die Familienideale wechselseitiger Hilfe und Aufopferung wird ein Bauer mitunter beiseite schieben müssen, wenn er in der heutigen Welt überleben will.

In jenen Märzwochen verschlug es mich eines Morgens auf eine Auktion irgendwo in der Gegend von Oudewater, bei der Familie Verwey, am Kanal. Das gesamte Inventar von drei Bauerngenerationen kam da an einem einzigen Morgen unter den Hammer: Traktoren, Heber, Wagen, Weidezaungeräte, Milchkannen, Schüttler, Kreiselmäher, Rückenspritzen, Zäune, Stacheldraht, Annigje 68, Coba 25, Janna 12, Juliana 107, Stijntje 153, Schraubenzieher, eine Singer-Nähmaschine – das ging samt und sonders in einem Aufwasch weg.

»Und alles bar und in Gulden zu bezahlen«, rief der Auktionator. »Nummer eins. Der Milchtank hinter der Scheune, wer bietet Geld für den Milchtank?« Er hatte sich auf einen Wagen gestellt, mitten auf den Hof. »Zehn, zehn, fünfzehn, fünfundzwanzig, fünfundzwanzig, vierzig, vierzig, vierzig, vierzig, vierzig.« Hinter ihm, groß, grauhaarig und schweigend, der Notar, in einem langen schwarzen Regenmantel. In einer Scheune wurde Kaffee verkauft, der Makler hatte sein Büro in einem Stall zwischen den Strohballen eingerichtet, im Vorgarten machte ein Imbißstand mit Pommes frites gute Geschäfte.

Es war ein klarer Frühlingstag, und der Himmel war voller Vögel. Das Gehöft hieß »Eben-Ezer«*, und aus einem leeren Stall drang das Gebell eines Hundes, das hin und wieder in Jaulen überging. Die Möbel hatte man schon aus den Zimmern geholt, das Haus war an die Nachbarn von gegenüber verkauft worden, und jetzt drängten sich Hunderte von Bauern aus der näheren und weiteren Umgebung auf dem Hof.

Die Familie ließ sich nicht blicken. Der Sohn, dem der Betrieb zuletzt gehört hatte, war in eine Anstalt eingeliefert worden, und nach Aussage der Nachbarn stierte er nur noch vor sich hin. Er

---

* Name des Ortes, an dem der biblische Samuel seinen »Stein der Hilfe« zum Andenken an einen Sieg über die Philister, den er mit der Hilfe Gottes errungen hatte, setzte. Vgl. 1. Sam. 7,12 (Anm. d. Übers.).

hatte den Bauernhof von seinem Vater übernommen, hatte angefangen, wie ein Besessener in die modernsten Maschinen zu investieren, hatte dann wilde Pläne entwickelt, nach Kanada zu emigrieren, und schließlich war es endgültig bergabgegangen.

Händler sehen immer ein wenig frivoler aus als Bauern, und das war auch hier in Oudewater so: Sie hatten einen Schal um den Hals oder einen seltsamen Hut auf dem Kopf, manche trugen einen blauen Anzug mit Weste zu grünen Gummistiefeln. Auf dem Hof hatte sich im Laufe des Morgens ein kleiner Markt für Tips, Kontakte und Geschäftsbeziehungen gebildet, und der schrillen Stimme des Auktionators hörte kaum noch jemand zu. Das Publikum sah aus wie einem amerikanischen Film entsprungen: windgegerbte Gesichter, merkwürdige Geschwüre, Billigzigarren, Mützen, pomadiges Haar, Frauen mit Tabletts und langen Kleidern.

»Ich habe in den letzten zwei Wochen bestimmt etwa fünfundzwanzig Betriebe besucht, die geschlossen wurden«, erzählte ein Händler neben dem Stall, wo es Kaffee und Kekse gab. »Die Ursachen sind immer dieselben: die Umweltauflagen oder die Nachfolge. Wenn man schon wieder Hunderttausende von Gulden in ein Güllesilo investieren muß und weiß, daß morgen schon wieder was Neues verlangt wird, und man kann gleichzeitig ein paar Millionen kassieren, na ja, dann ist die Versuchung groß.«

Der einzige Grund, weshalb viele Bauern sich weigerten, diese simple Abwägung vorzunehmen, hatte mit einem Faktor zu tun, der sich nicht in Geld umrechnen ließ: die Familie. Jolt Oostras Verzeichnis der Jorwerder Bauernhöfe zeigt deutlich, wie die Familienbeziehungen hin- und hersprangen. Die Höfe wurden an Söhne und Schwiegersöhne vererbt, dann heiratete eine Witwe ihren Knecht, daraufhin kam ein Neffe ins Spiel, dann ein Enkel, ganze Ketten von vier, fünf, manchmal dreizehn Generationen. Und sogar gegen Ende des zwanzigsten Jahrhunderts galt die Familie vielen Bauern als eine Art Grundeinheit, in der ökonomische Beziehungen und Blutsbande eng verknüpft waren. Bauern verstanden das Phänomen »Zeit« nie als eine gerade Linie von der Gegenwart in die Zukunft, sondern als Kreislauf. Zu einem Bauernhof gehörten daher auch Kinder; ihre Arbeitskraft wurde dringend gebraucht, sie dienten als Alterssicherung und gaben die Gewißheit, daß die Welt so weiterexistieren würde, wie sie war. Kin-

derlosigkeit kam für die Überlebenskünstler geradezu einer Katastrophe gleich. Geschlechtsverkehr vor der Ehe wurde auf dem
Lande daher häufig als umgekehrter Schwangerschaftstest eingesetzt. Während die Städte im neunzehnten Jahrhundert immer prü-
der wurden, ließ man auf den friesischen Bauernhöfen verliebte
Pärchen noch immer mit Absicht allein, wenn die Eltern zu Bett
gingen. Mögliche Folgen wurden mutig in Kauf genommen, oft
wünschte man sie sich sogar, denn Kinder waren die einzige Ga-
rantie, daß auf dem Hof nie Ruhe einkehren würde. Auch in der
modernen Zeit konnte die Landwirtschaft ohne starke Familienbande nicht bestehen. Noch 1995 verrichteten die Bauern und ihre
Familien in vier Fünfteln der Betriebe fünfundneunzig Prozent der
Arbeit. Ein Drittel der Arbeitskräfte in der Landwirtschaft waren
nach wie vor Frau, Kinder und die anderen Familienmitglieder, die
im Haus wohnten. Das Institut für Agrarökonomie errechnete,
daß die meisten Bauernhöfe hohe Verluste machen würden, wenn
sie sämtliche Arbeit der Familienangehörigen nach den üblichen
Lohntarifen bezahlen müßten. Nur mit den billigen Arbeitskräften
des Familienbetriebs blieb genügend Geld übrig, um beim Investi-
tionswettrennen mithalten zu können.

Allerdings konnte man einige, wenn auch langsame Veränderungen beobachten. Seit 1970 hatte sich beispielsweise der Anteil
der Frauen an der Arbeit auf dem Hof um ungefähr ein Viertel reduziert, derjenige der Kinder sogar um die Hälfte. Aber daß man
die Nachfolge nicht antrat, sondern einfach den ganzen Krempel
hinwarf und den Betrieb stillegte, des Geldes und der Erbschaft
wegen, das war ein Bruch in hundert Jahren Familie und tausend
Jahren Kultur.

»Ein Geburtshelfer. Zehn, zehn, dreißig, dreißig, fünfzig, fünfzig, fünfzig, zum ersten, siebzig, siebzig.« Ich mußte plötzlich wieder an den Film von Jos de Putter denken, in dem sein Vater irgendwann erzählt, daß es an einem Nachfolger fehle. »Das Gefühl,
einen Nachfolger zu haben, spornt einen an, das ist doch der
Grund, warum man alles macht.« Und ich dachte an Sake Castelein, der das gleiche Problem hatte, und an die Wiedijks, die auch
alles nur für die kleinen Jungs in den Pyjamas taten.

Bei den meisten Betrieben kam es allerdings gar nicht mehr zu
einer Übernahme. Bei einem gesunden Betrieb war der Marktwert

so hoch, daß ein Sohn oder eine Tochter ihn nur übernehmen konnte, wenn die anderen Kinder auf einen stattlichen Teil ihres Erbes verzichteten. Dabei wurden tiefe Emotionen aufgewühlt, die zum einen mit der bäuerlichen Tradition der Kontinuität von einer Generation auf die andere zusammenhingen, zum anderen mit modernen Konzepten von Individualisierung und »Selbstverwirklichung«. Und selbst wenn die anderen Kinder bereit waren, ihren finanziellen Vorteil dem Fortbestand des Familienbetriebes zu opfern – und das kam regelmäßig vor –, dann lastete auf dem Nachfolger immer noch eine bleischwere moralische Hypothek. Denn er mußte nun das Familienerbe durch die Brandung der Zeit lotsen. Viele Bauerntöchter und -söhne fühlten sich dieser unsicheren Zukunft nicht gewachsen. Manche gingen daran zugrunde.

Auch auf Höfen, mit denen es abwärtsging, spielte die Familienkultur eine Schlüsselrolle, wenn auch mit umgekehrter Wirkung. »Wenn es in einem Betrieb schlecht läuft, werden die Kinder oft in den Untergang mitgerissen«, lautete die Erfahrung von Hanneke Meester. Sie erzählte von einer Landwirtschaftsschule in der Umgebung, wo in nur einer Woche fünf Kinder die Schule hatten verlassen müssen, weil sie zu Hause mithelfen sollten – nicht selten auf Höfen, die auf lange Sicht ohnehin nicht zu retten waren. In ihrer Telefonseelsorge gingen immer mehr Klagen über Kinderarbeit ein. Nicht die unverbindlichen Hand- und Spanndienste von früher, sondern elementare Arbeit, und zwar für Kinder ab etwa acht Jahren: Traktor fahren, ernten, beim Melken helfen, Ställe saubermachen, einfach alles. »Das geschieht aus Verzweiflung«, sagte Hanneke Meester, »und man schämt sich dafür, deshalb hört man nie jemand davon reden. Manchmal bekommen wir Anrufe von Bäuerinnen, die sagen: ›Ich nehme die Kinder mit, ich gehe weg. Ich will den Ruin meines Mannes und seines Betriebs nicht länger mitmachen.‹ Und sie gehen wirklich, das hört man immer öfter.«

So geriet der Bauernstand in aller Stille zwischen die Mühlsteine, zwischen Familie und Markt, zwischen Tradition und Neuzeit.

Eben-Ezer, bis hierher hat uns der HERR geholfen. Draußen blökten die Lämmer. Das Geschrei des Auktionators hallte über die Felder, »die Käsepresse, fünfzehn, dreißig, vierzig, vierzig, vierzig, vierzig, zum ersten, zum zweiten«, und der Wind trug es zu den Villen und den englischen Gärten am anderen Ufer.

*

Der Jahreswechsel 1995/96 verlief in Jorwerd ruhig und einsam. Die Jugend schleppte keine Karren und landwirtschaftlichen Geräte durch die Gegend, wie es bis vor kurzem Brauch gewesen war. Niemand war auf der Straße. Fast jeder saß zu Hause, vor dem Fernseher und für sich. In St. Nicolaasga, so meldete der *Leeuwarder Courant*, hatte man eine neue, vandalismusresistente Weihnachtskrippe aufgestellt. In den vorhergegangenen Jahren waren zu viele Figuren gestohlen und zerstört worden. Das Jesuskind hatte man zerbrochen. Überall in den Dörfern klagte man über die spiegelglatten Gehwege – viele Leute streuten in ihrer eigenen Straße kein Salz mehr, weil sie fanden, daß das Sache der Gemeinde sei. Im »Wappen von Baarderadeel« war es leer geblieben. Man munkelte, Eef habe heulend hinter dem Tresen gestanden.

Eine Nacht zuvor war der Bauernhof von Wietse Blanke in Flammen aufgegangen, ohne daß jemand im Dorf es bemerkt hätte. Mit knapper Not hatte Wietse mit seiner Frau und seinen zwei kleinen Kindern über das vereiste Weideland fliehen können. Als die Feuerwehr anrückte, lag alles schon in Schutt und Asche. Nahezu ihr gesamtes Hab und Gut war verloren, auch zwei Ponys, zwei Bullenkälber, ein paar Katzen und der Hund, in den Wietse so vernarrt gewesen war. Die Familie wurde vom Dorf aufgefangen, und am nächsten Morgen begann bereits eine Sammelaktion für Kleider und Spielzeug. Aber Wietse lief noch immer an der Stelle herum, wo sein Haus gewesen war, suchte zwischen den Steinhaufen und dem feinen Schnee und rief nach seinem verschwundenen Hund.

Es war schon einige Zeit vergangen, seit ich fortgegangen war, aber in ein Dorf wie Jorwerd mußte man einfach zurückkommen, das war unvermeidlich. Irgendwann einmal hatte ich ganz in der Nähe gewohnt, in Leeuwarden und im benachbarten Dorf Hardegarijp. Leeuwarden – es war in den fünfziger Jahren – hatte noch nie die Sonne gesehen, der Bürgermeister hieß Adriaan und stellte

sein Fahrrad im Vorzimmer ab, die Leute rochen nach Schmor-
fleisch, Rechtschaffenheit und nassen Regenmänteln. In Hardegarijp tropfte der Regen von den kahlen Zweigen, das Mädchen von
der Post – in irgendeiner alten Villa – stand weinend hinter dem
Schalter, und alle Wände hatten Augen. Weg, ich muß auf jeden
Fall hier weg, das war der einzige Gedanke, der mich in jenen Jahren bewegte.

Wann genau sich meine Haltung änderte, weiß ich immer noch
nicht. Im Laufe der Jahre verblaßten Adriaan und die nassen Re-
genmäntel, und ich begann mich an die Gemütlichkeit des alten
Dorfbahnhofs zu erinnern. An die Wintervormittage, als wir alle
gemeinsam im Wartesaal um einen großen Kachelofen saßen und
auf den »Holzschuhexpreß« warteten, eine Diessellokomotive mit
einer Reihe verschlissener Wagen, die in ihren besten Tagen ganz
Europa gesehen hatten. An die Nachbarn – was für unglaublich
herzliche, nette Leute. An die verträumten Wanderungen über ver-
schneite und gefrorene Viehweiden. An die Landschaft.

Allmählich fing ich an, die friesische Seite an mir zu akzeptieren, ich bat meine Großeltern und meine Urgroßeltern herein,
stellte die besten Stühle für sie bereit und ließ sie ihre Geschichten
erzählen: meinen Urgroßvater, der als Bäcker bei der Drachter
Compagnie gearbeitet hatte und während der großen Hungersnot
um 1890 Bankrott machte, weil er nicht mit ansehen konnte, wie
seine Nachbarn Hunger litten; meinen Großonkel, Lehrer, jeden
Abend als Propagandist für die Sociaal-Democratische Arbeiders
Partij und das Blaue Kreuz unterwegs; meinen Großvater, Lehrer
im Gaasterland; meine Großmutter, Tochter eines ständig betrunkenen Dorfpolizisten in Balk; meine Mutter mit ihrem friesischen
Stolz und ihren klaren blauen Augen.

Ich ließ sie ihre Geschichten erzählen, und allmählich verstand
ich wieder ihre Sprache, ihr singendes Friesisch, wie man es heute
kaum mehr hört, ihr Sprechen in Understatements, die subtilen
Zeichen, die zum dörflichen Umgang gehörten, ihre Langsamkeit,
die nicht Trägheit bedeutete, sondern Ruhe.

Diese Wiederentdeckung war zugleich mit Wehmut vermischt.
In Wirklichkeit gab es das Dorf, das in meinem Kopf noch exi-
stierte, längst nicht mehr – so ergeht es allen Emigranten. Auch die
Dörfer waren mit der Zeit und mit dem Fortschritt gewachsen.

Als ich zurückkehrte und mich in Jorwerd niederließ, war ich denn auch darauf gefaßt, das Ergebnis einer stillen Revolution zu beschreiben, etwas, das vergangen war und nur aufgezeichnet zu werden brauchte. Aber je länger ich mich im Dorf aufhielt, desto klarer wurde mir, daß eigentlich alles erst noch bevorstand. Nur: Niemand wußte, was genau nun bevorstand und worauf es hinauslief.

Mit dem Verschwinden der Bauern schien die Stabilität in der Provinz einer heimlichen Panik gewichen zu sein. Jeden Abend wurde der *Leeuwarder Courant* in den Briefkasten geschoben, jeden Abend warf ich einen Blick auf die Titelseite und in den Lokalteil; daß so viele kühne Pläne mit so viel Aufhebens lanciert wurden, in Schieflage gerieten und kurz darauf wieder abgeblasen wurden, hatte ich nie zuvor erlebt.

Im Balker Gewerbegebiet ließ sich mit großem Getöse eine amerikanische Firma nieder, baute dort ein nagelneues Gebäude, versprach, innerhalb von anderthalb Jahren zweihundert Arbeitsplätze zu schaffen – und ging binnen Jahresfrist pleite. In Harlingen präsentierte ein Baulöwe seine Pläne, hundertsechzig Bungalows zu bauen und die Stadt durch den Bau eines Schwimmbades zu einem »Kurort mit warmen Salz- und Mineralbädern« aufzuwerten – aber nach dem lärmenden Start hat man nie wieder etwas von dem Mann gehört.

Bei Leeuwarden war eine große Mülldeponie vorgesehen – aber statt fünfzehn Arbeitsplätzen pro Hektar brachte der Komplex nur ein Zehntel davon – anderthalb Arbeitsplätze pro Hektar. In Wolvega wurde für mehrere Millionen die schönste Trabrennbahn der Niederlande gebaut – aber weil die Friesen zwar viel für Pferde übrig haben, aber nicht für Glücksspiele, meldete auch sie mangels Interesse schon nach wenigen Jahren Konkurs an. So etwas kam überall vor, aber hier passierte es doch ein bißchen zu oft. Sogar der Leeuwarder Otterpark Aqualutra, mit dem die Stadt im ganzen Land unter dem Motto werben wollte: »Köpfchen unter Wasser, Leeuwarden – die Otterstadt«, wurde kein Erfolg. Wenige Monate nach der Eröffnung häuften sich in der friesischen Presse die Meldungen über Streitigkeiten innerhalb des »Otterteams«. Schon bald übernahmen einige Freiwillige die Pflege der zehn verbliebenen Otter, des Bibers, der acht Störche, der Iltisse, der Enten und der Gänse. Am Ende stellte sich heraus, daß der Direktor einen Otter gezähmt und, mit einem Geschirr versehen, zum eigenen Vergnügen zu Hause auf dem Dachboden gehalten hatte.

Es war, als hätte die Provinz die Balance zwischen sich und der Zukunft verloren. Überall kreuzte die Sorte von Yuppies auf, die aus der Randstad längst wieder verschwunden war und die jetzt von den Sorgen einer ländlichen Region im Umbruch profitierte.

Nach Jahrhunderten von Ackerbau und Viehzucht hinterließ der Bauernstand eine Lücke, mit der niemand so recht etwas anzufangen wußte. Ein Projekt nach dem anderen wurde konzipiert – ausgereift und unausgegoren, brauchbar und wahnwitzig, alles durcheinander. Und bei Lichte besehen nahm man sich jedesmal ein bißchen zuviel vor, war die Sprache ein Quentchen zu bombastisch, und fast immer wirkten die Prognosen so hoffnungsfroh, daß selbst ein Laie ein ungutes Gefühl dabei hatte.

In Grouw wollte man zum Beispiel am Pikmeer ein »Hafenviertel«-Projekt nach dem Vorbild von San Francisco realisieren. Auf der gegenüberliegenden Seite des Sees war eine Villengegend vorgesehen, allerdings von solchen Ausmaßen, daß man dort wohl alle Begüterten Frieslands hätte unterbringen können.

Die Region zwischen Oudemirdum und Rijs wollte ein weitläufiges Feriendorf anlegen, obendrein einen Jachthafen am IJsselmeer, einen Strand, eine Wildwasserbahn zum Kanufahren, ein Restaurant und ein fast zweihundert Hektar großes Naturschutzgebiet – aber der Gemeinderat blies das Vorhaben ab. Bei Kollum hatte man einen Freizeitplan entworfen, einen »einzigartigen Plan« für hundertfünfundsiebzig Bungalows – nur konnte niemand so recht erklären, was nun genau das Einzigartige daran war. In Beetgum und Beetgumermolen trafen wir wieder auf unseren Johan de Jong, jetzt mit einem »Masterplan Menaldumadeel«, der auf einem »erstklassigen Standort« zweihundert großzügige Landhäuser vorsah, einen Baggersee – den »Hemmema-See« – sowie elf Minipaläste, die als Apartments verkauft werden sollten.

In der Tat gab es allen Grund zur Sorge – was aber nicht bedeutet, daß man panisch Pläne machen muß. In den achtziger Jahren hing noch ein Viertel aller Arbeitsplätze in der Provinz von der Landwirtschaft ab. Zehn Jahre später war ein erheblicher Teil davon abgebaut. Die Provinz hatte das niedrigste Wirtschaftswachstum der Niederlande, und die Zukunftsaussichten waren nicht gerade rosig. Die EU hatte einen Großteil Frieslands zur strukturschwachen Region erklärt – was ordentliche Beihilfen einbrachte, aber auch etwas über den Ernst der Lage aussagte.

Mehrere Anzeigenkampagnen wurden gestartet, um die Provinz als attraktiven Standort zu propagieren – obwohl ein Forschungsinstitut nach Gesprächen mit gut fünfhundert »holländischen« Unternehmen zu dem Schluß gekommen war, daß solche Kampagnen eventuelle Umzugspläne nicht im geringsten beeinflußten. Neue Betriebe bevorzugten weiterhin die Umgebung von Schiphol, und sie mieden die Leere des Nordens. An den Unternehmen, die sich dennoch meldeten, war zudem oft einiges faul – im wörtlichen oder im übertragenen Sinn –, so daß sie in der Randstad nirgends unterkamen. Durch die Ansiedlung solcher Betriebe drohte auf lange Sicht der Ausverkauf des ländlichen Charmes. Und dies wiederum kollidierte mit den Interessen des Freizeitsektors – der im übrigen auch nur etwa vier Monate im Jahr Arbeit brachte, denn klimatisch sind die Niederlande nun einmal nicht verwöhnt.

Die Provinz stand also vor einer ganzen Reihe schwieriger Dilemmata. Sollte die ländliche Region auf bessere Zeiten warten, als eine Art Bauernghetto, als grüne Reservelunge – das Nordirland der Randstad? Sollte die Provinz etwas riskieren und sich mit dubiosen Firmen einlassen, weil Urlaubsnostalgie allein keine Existenzgrundlage war? Sollte man alle Hoffnung auf den Bau eines Transrapids zwischen Schiphol, Hamburg und Berlin setzen, die den Norden in greifbare Nähe der Randstad und Norddeutschlands rücken würde? Oder sollten die Friesen auf die – oft unterschätzten – Potentiale der einheimischen Wirtschaft zurückgreifen? Sollte man sich damit abfinden, daß die Jüngeren fortzogen und die Älteren herbeiströmten? Sollte Friesland dann eben das Florida der Niederlande werden, eine grüne Erholungs- und Wohnprovinz, die in zunehmendem Maße Arbeitsplätze aus der Unterbringung, Ernährung und Pflege älterer Menschen bezog, die der Randstad den Rücken gekehrt hatten?

Im Regierungssitz Den Haag wurden die ländlichen Probleme mittlerweile als Nebensache betrachtet. Bei der Ausarbeitung des »Fünften Berichts zur Raumordnung« galt alle Aufmerksamkeit

der Randstad, den Brennpunkten Amsterdam-Schiphol, der Aus-
richtung auf das Ruhrgebiet sowie den sogenannten »Entwick-
lungsachsen« in Richtung Osten und Süden des Landes. Für die
Niederlande des Jahres 2030 diskutierte man das Los-Angeles-
Modell (Stadtentwicklung als Angelegenheit der Städte), das
Hongkong-Modell (die Stadt soll städtischer, das Dorf dörflicher
werden) oder das Zaanstad-Modell (das Wachstum wird auf den
Städtering Eindhoven, Rotterdam, Den Haag, Amsterdam, Utrecht und Arnhem beschränkt). Es gab auch Überlegungen, das
flache Land zwischen Alphen aan de Rijn, Gouda und Woerden zu
opfern und dort »Hollandstad« zu gründen, eine völlig neue Großstadt von der Größe Den Haags.

Eines hatten alle Pläne gemeinsam: Oberhalb der Linie Zwolle-
Enschede war in den nächsten Jahrzehnten nicht viel zu erwarten.
»Wer im einundzwanzigsten Jahrhundert eine ruhige Wohnlage
sucht, wird in den nördlichen Provinzen suchen müssen«, schrieb
das *NRC Handelsblad* im Sommer 1995; die Anzeigenkunden, die
in dieser Zeitung für Villen und Bungalows warben, hatten das
längst erkannt. In internen Haager Berichten wurden ländliche Regionen als »periphere Zonen« abgetan, wo sich die Probleme auf
dem Arbeitsmarkt mit der Zeit »verflüchtigen« würden, weil die
Jüngeren, Klügeren und Geschickteren fortwährend in die Randstad abwanderten.

Für Gemeindepolitiker dagegen waren schwere Zeiten angebrochen. Man arbeitete hart und ernsthaft an der Verbesserung der Infrastruktur, am Ausbau von Wasserstraßen, an der Schaffung
neuer Fahrradwege und Erholungsgebiete, am Bau neuer Schulen
und Bildungsstätten, an der Verbesserung des Wohnklimas, an der
Suche nach neuen Arbeitsplätzen.

Aber zugleich mußte jeder Bürgermeister seine eigene Umge-
hungsstraße haben. Jede Gemeinde versuchte, Neulinge anzu-
locken, indem sie alles erlaubte, was anderswo aus gutem Grund
verboten war: Bauhöhen, Standorte, Umweltauflagen, alles war
verhandelbar. Wohl jeder größere Ort war damit beschäftigt, einen
»Megapark« oder eine andere Art Industriegebiet zu konzipieren –
und dies, obwohl in der Provinz bereits gut siebenhundert Hektar
Gewerbeflächen leerstanden, weitere neunhundert Hektar im Bau
waren und tatsächlich nur etwa fünfundfünfzig Hektar pro Jahr
verkauft wurden.

In manchen Dörfern schien man die Parole ausgegeben zu haben: Uns ist alles recht, wenn nur gebaut wird und es Subventionen einbringt.

In diesen letzten Jahren erinnerte mich das dörfliche Friesland gelegentlich an das Mädchen von der Post, das sich in ihrer Angst, »nicht unter die Haube zu kommen«, mit Hinz und Kunz einließ, weil es vergessen hatte, wie hübsch es eigentlich war.

*

An einem sonnigen Märztag machte ich mich noch einmal auf den Weg: Ich begleitete Frans Gerritsma auf seiner täglichen Runde durch die Gaasterlander Landschaft. Frans war ein Mann mit gesunder Gesichtsfarbe, der stets Fröhlichkeit um sich verbreitete. Hinten im Wagen wohnten die Nachkommen von Sunny Boy, Buster, Delta Cleitus Jabot und La Belle, abgepackt in Dutzende schmaler Pipetten, in einem Kühltank mit flüssigem Stickstoff, 200 Grad unter Null.

Frans war einer der fünfundsechzig Inseminatoren des Friesischen Rindviehsyndikats, das pro Jahr für die Befruchtung von insgesamt etwa vierhunderttausend Kühen sorgte. Pipette auswählen, abtauen, Besamungsspritze anwärmen, Pipette am Rücken befestigen, um sie auf Temperatur zu halten, Handschuhe anziehen, rein in den Stall, Karteikarte nehmen, Kuh ausfindig machen, einen Arm in den Hintern, mit der Spritze den Gebärmutterhals suchen – die Kuh krümmt jetzt den Rücken, schaut fragend –, spritzen, Daten in den Minicomputer tippen, und das etwa fünfunddreißig Mal am Tag, schon einundzwanzig Jahre lang.

»Antje 47«, murmelte Frans, »schwieriges Tier.« Antje polterte durch den Stall, schnaubte, schlitterte über den glatten Betonboden. Mit Mühe konnte er sie in einer Ecke festsetzen. »Ich weiß jetzt schon, daß ich wiederkommen muß. Aus einer Befruchtung wird nichts, wenn ein Tier voller Adrenalin steckt.«

Die Friesen galten noch immer als die besten Viehzüchter der Welt, aber die berühmten Ademas, Gerards und Sietskes Keimpes, die für »Us Mem« Modell gestanden hatten, zählten nicht mehr. Die Stierkarte, eine Rangordnung der besten Bullen, ließ an Deutlichkeit nichts zu wünschen übrig. Das Sperma des amerikanischen

Stiers Jabot brachte bei einer durchschnittlichen Kuh offenbar Nachkommen mit einer Milchproduktion, die gut vierzehnhundert Liter über dem Mittelwert lag. Sunny Boy verbesserte die Milchleistung um immerhin fast tausend Liter. Ganz unten auf der Liste rangierte der beste friesisch-holländische Stier, Lodder 48. Wer 1995 eine durchschnittliche Kuh von diesem Stier decken ließ, *senkte* den Milchertrag um mindestens tausend Liter. Der Stier wurde fast nur noch für Hobbybauern geführt, zum Anschauen, als eine Art lebendes Museumsstück.

In den Ställen brummten derweil die Pumpen der Arbeitsgrube, die Gitter rasselten, und überall hing das undefinierbare Aroma von frischer Milch, vermischt mit Heu.

Das Vieh stand dampfend da und fraß. Traktoren mit Futter fuhren langsam durch den Mittelgang des Liegeboxenstalls. »Immer mehr Bauern halten ihre Tiere heutzutage praktisch ständig drinnen, das ist effizienter«, erzählte Frans. »Wenn sie frei herumlaufen, grasen sie an unterschiedlichen Stellen, und das gibt Schwankungen in der Milchleistung.« Durch die Fenster fiel das Morgenlicht in breiten Streifen. Die Katzen räkelten sich auf den Heuballen. Aber die Ställe waren längst nicht mehr voll, und häufig mußten wir uns am Eingang desinfizieren und Spezialstiefel anziehen. In manchen Ställen mußten wir sogar durch eine Schleuse, wie man sie manchmal in Krankenhäusern sieht. Die moderne Kuh produzierte zwar wie eine Milchfabrik, aber ein paar Bakterien war sie nicht gewachsen.

Wir fuhren an einem Campingbauernhof vorbei. »Hier wird keine Landwirtschaft mehr betrieben.« Ein Stückchen weiter hatte man im Stall eine Aalzucht angelegt. Ein anderer Bauernhof war an einen Fleischer aus Brabant verkauft worden. »Hier wohnt jetzt so ein Wichtigtuer aus Nordholland. Bei diesem Bauern wird Chicorée angebaut. Und dort drüben lag der Bauer letztes Jahr auf einmal tot zwischen seinen Kühen.«

Allein in dem Gebiet, wo Frans täglich seine Runde machte, hatten in den letzten Jahren gut siebzig Bauern aufgegeben, kleine, aber auch solche, die größere Höfe bewirtschafteten. »Die Kleinbauern werden von ihren Schulden an die Wand gedrückt. Ihre Kinder kommen von der Landwirtschaftsschule nach Hause: ›Papa, wir müssen Quote kaufen, sonst sieht es schlecht aus.‹ So beginnt der Gang zur Bank.«

Er erzählte von dem Streß, unter dem seine Kunden standen.

Von einem Bauern, der seinen Hund totschlagen wollte, weil das Tier eine kalbende Kuh angegriffen hatte. »Als das nicht sofort klappte, hat er das Tier an einen Trecker festgebunden und so lange darauf eingeknüppelt, bis es tot war. Da war er nicht nur seine Kuh, sondern auch noch seinen Hund los.« Oder von der Bäuerin, die eines Morgens vor ihm in Tränen ausgebrochen war. »Er prügelt meine Kinder so, weil sie nicht hart genug mitarbeiten, und mich schlägt er auch.« Frans wußte gar nicht, wo er hinschauen sollte.

Als er ein Jahr später wieder einmal dort war, erzählte der Bauer, daß seine Frau gerade vor einer Stunde einen Unfall gehabt hatte. Sie hatte in der Scheune auf einer Leiter gestanden und war mitsamt der Leiter gestürzt, auf den Betonboden. Jetzt lag sie im Vorderhaus. Ja, man hatte telefonisch Hilfe angefordert. »Müssen Sie denn nicht bei ihr sein?« hatte Frans gefragt. »Nein, ich muß beim Vieh sein.« Die Kuh, die gedeckt werden sollte, stand weit entfernt auf der Weide. »Ich komme lieber ein andermal zurück«, hatte Frans gesagt, »Sie können ja jetzt nicht mit.« Nein, es mußte jetzt sein, er würde schon mitgehen. Während sie auf der Weide beschäftigt waren, sahen sie den Krankenwagen kommen und gehen; die Bäuerin wurde ohne ein Wort des Abschieds ins Krankenhaus gefahren. »Der Bauer verteilte sein Vieh zum Schluß überall auf kleine Ställe, der drehte völlig durch. Erst letztes Jahr, mit siebzig, hat er aufgehört. Der Bauernhof wurde verkauft. Keines seiner Kinder wollte ihm nachfolgen.«

Während wir durch das Land fuhren, das Land im Übergang, fragte ich mich, warum die Bauern all die Veränderungen eigentlich so passiv hinnahmen. Waren sie zu sehr davon in Anspruch genommen, für den Fortbestand des eigenen Betriebs zu sorgen, und hatten sie deshalb keine Energie mehr für gemeinsame Belange? Oder lag es an den Subventionen, die sie nicht riskieren wollten? Oder waren ihre Interessen zu unterschiedlich?

In Jorwerd hatte hierzu wohl jeder seine eigene Meinung. Oebele van Zuiden fand, daß jeder intelligente Bauer die Vergrößerung der Betriebsflächen hätte vorhersehen können. Bonne Hijlkema meinte, daß jeder Landwirt letztlich alleine dastünde. »Der eine hat es gerade noch geschafft, der andere eben nicht. Und immer konkurriert man miteinander.«

Ich erinnerte mich an ein Gespräch, das ich mit Cor Wiedijk geführt hatte. »Natürlich sind wir Bauern selber schuld«, hatte er gesagt. »Wir haben uns gegeneinander aufhetzen lassen, und danach wagten wir es nicht mehr, etwas dagegen zu unternehmen. Ein Bauer hat immer eigenen Grund und Boden, eigenes Vieh und eigenes Vermögen. Und wenn man sich bei allem querlegt, dann weiß man, daß man einiges zu verlieren hat. Es geht zu viel Zeit dabei drauf, man setzt zu viel aufs Spiel. Und dann gibt man eben wieder nach.«

Möglicherweise erklärte sich die schwache Gegenwehr der Bauern aber auch aus ihrer Art, mit Rückschlägen umzugehen: Die brachten eben das Schicksal, die Natur, das Wetter. In gewisser Weise wurden die Launen der Politik genauso wahrgenommen wie eine Überschwemmung oder der Ausbruch einer Schweinepestepidemie. Man mußte sich als einzelner so weit wie möglich dagegen absichern, aber sonst war da nichts zu machen. In der Nachbarschaft hatte es einen Bauern gegeben, der wieder wirtschaften wollte, wie es früher üblich gewesen war, ohne sich um Milchquoten und andere Vorschriften zu scheren, einfach gegen den Strom. Alle hatten ihn gewarnt, so erzählte Cor Wiedijk, er kaufte sich aber trotzdem einen Bauernhof und Vieh. Schon bald holte die Molkerei die Milch nicht mehr bei ihm ab; er hatte ja keine Quote. Andere Bauern, die in Schwierigkeiten waren, bekamen in der Anfangsphase manchmal noch eine zusätzliche Quotenzuteilung, es gab jedoch keinen Bauern, der etwas an diesen Neuling abtreten wollte.

»Warum haben wir ihm nicht geholfen?« fragte sich Cor. »Jetzt arbeitet er bei einer Gebäudereinigung«, sagte Lies Wiedijk. »Er war von allen Seiten gewarnt worden«, sagte Cor. »Aber er war mit Leib und Seele Bauer«, sagte Lies, »und wir haben zugelassen, daß er so in die Klemme geraten ist.«

Frans hatte sich in einer kleinen Dose Brote mitgenommen, und er hatte spezielle Lieblingsorte, wo er die um die Mittagszeit gern aß. Er nahm mich mit nach Mirns, einem winzigen Hafen am IJselmeer.

»Früher saß ich immer bei meinem Onkel im Stall auf einem Schemel«, sagte er. »Mir gefiel das alles sehr. Melken, Füttern, Kalben, da schwang eine gewisse Hingabe mit. Mein Onkel hatte etwa dreißig Kühe, und davon konnte er gut leben. Jetzt kommen nur noch die geschäftstüchtigsten Bauern durch. Jetzt sind Fettgehalte und Eiweiße wichtig, mit Prozentangaben bis weit hinters Komma, und man hat Computersysteme, um nicht den Überblick zu verlieren.«

Er klagte über die Kultur des Kommerzes, die dabei war, die Kultur des Vertrauens zu überwuchern. »Jetzt wird haarscharf kalkuliert, auch bei den Bauern. Ich renne bei ihnen ein und aus, Zeit zum Plaudern hat man nicht mehr. Wenn man früher einmal die Spermasorte verwechselte – was jedem Inseminator einmal passiert –, regte sich niemand sonderlich auf. Jetzt kommen sie aufgeregt an und rufen nach Schadenersatz.«

Er erzählte von seinem Onkel, der immer dieselben Leute auf dem Hof gehabt hatte: denselben Viehhändler, denselben Schmied und dieselben Leute von der Viehfutterfabrik. Kunde und Lieferant kannten sich und vertrauten einander. Bei dem Verwandten, der den Bauernhof übernommen hatte, liefen ständig andere Leute herum: Er achtete in erster Linie auf den Preis und spielte sie manchmal gegeneinander aus.

Viele Ställe hatten jetzt computergestützte Erfassungssysteme, die es ermöglichten, alles exakt zu planen: Futtermenge pro Kuh, Milchleistung, alles. Aber man balancierte auf Subventionen und Beihilfen, und deren Finanzierung wurde immer unsicherer.

Da wunderte es nicht, daß jeder fünfte niederländische Bauer mit dem Gedanken spielte zu emigrieren. Die Fachblätter waren voller Annoncen von Auswanderungsagenturen: Sie warben für Kanada, aber auch für Frankreich, Belgien und Deutschland. Manche Bauern wollten sich ganz auf die Viehzucht verlegen, das große Talent der Friesen, oder auf Gemüse oder auf Gartenbau im Gewächshaus. Andere suchten ihr Heil in Minicampingplätzen, in Bauernpensionen mit Übernachtung und Frühstück oder im Verkauf von Gemüse, Obst, Käse und Milch »aus der Region«.

Andere Bauern wiederum hofften, in den geplanten Naturschutzgebieten als eine Art Parkaufseher weiterarbeiten zu können. Damit wurde eine neue Abhängigkeit von Subventionen geschaffen, nur waren es jetzt Natur- und Umweltschutzsubventionen anstelle von Landwirtschaftsgeldern. Nach wie vor stellte sich die Frage: Wer bezahlt das alles, und für wie lange, und in welcher

Höhe, wenn die neuen Naturschutzgebiete sich immer weiter vergrößern und es keine »natürliche« Versorgung durch die Bauern mehr gibt? Aber eines wußten alle ganz sicher: Was da geschehen war, ließ sich nie wieder rückgängig machen.

»Die Bauern verkaufen nicht nur ihren Besitz, sie verkaufen jedesmal auch ein Stückchen Landleben. Sie verkaufen es für verrückte Freizeitprojekte, für enorme Bauernhoffabriken, für die Vergrößerung der Betriebsflächen, für nichts und wieder nichts«, fand mein Freund, der Mann von der Zeitung. Er war selbst Bauernsohn. Von seinen Brüdern war der eine Lehrer, der andere Pilot, er selbst Journalist geworden, und sie hatten immer ein bißchen Mitleid mit dem einen Bruder gehabt, der Bauer geblieben war.

»Er war immer derjenige, der für das wenigste Geld am allerhärtesten arbeiten mußte. Aber vor etwa einem Jahr hat sich das völlig geändert. Jetzt ist er der Mann, der das Geld hat – mehr noch, wenn er sein Vieh und seinen Bauernhof und vor allem sein Land und seine Milchquote verkauft, dann ist er fünffacher Millionär.«

Die sozioökonomische Entwicklung, die ich auf dem friesischen Land beobachtete, war hauptsächlich deshalb so seltsam, weil die Einkommensverhältnisse der unmittelbar Betroffenen davon unberührt blieben. Es regnete, und zugleich schien weiter die Sonne.

Die Landwirtschaft ging reich zugrunde. Die Differenz zwischen Selbstkostenpreis und Milchpreis war dank all der EU-Zuschüsse so groß, daß die größeren Viehhalter ein Vermögen verdienten. Ein einziger Liter Milchquote – also das Recht, einen Liter subventionierte Milch pro Jahr zu produzieren – kostete 1995 etwa vier Gulden. Für eine durchschnittliche Kuh lief das auf zwanzigtausend Gulden hinaus. Für einen durchschnittlichen Bauernhof auf eine Million. Großbauern bezahlten dafür tatsächlich eine solche Summe, ohne mit der Wimper zu zucken. Das sagte etwas über ihre Erträge aus. Aber es besagte auch etwas über die fehlenden Möglichkeiten, anders weiterzukommen als durch blindes Weiterwirtschaften. Die Zukunft war zu haben, für vier Gulden pro Liter.

Bei Frans zu Hause tranken wir Kaffee. Er schloß sein Notebook an die Telefonleitung der Zentrale an. »Vor dreißig Jahren hängten die Bauern einen Jutesack an die Straße, wenn sie uns brauchten. Jetzt sind die Befruchtungsergebnisse bis auf Zehntelprozente bekannt. Und ganz nebenbei weiß man in Leeuwarden auch genau, um wieviel Uhr ich heute morgen bei welchem Bauern war und welche Ergebnisse ich erziele. Bei mir sieht es ja gut aus, aber bei Kollegen, die nicht so geschickt sind, kann so ein Computerausdruck ziemlichen Streß auslösen.« Der Drucker begann zu rattern: die neue Liste mit den Aufträgen für den Rest des Tages.

Wir landeten bei einem alten, krummgearbeiteten Bauern, der noch so gut wie alles von Hand machte. Wir sahen einen klassischen Stall mit dreizehn Kühen, in dem alles vor Sauberkeit blitzte, das Stroh war gelb und üppig, das Vieh glänzend, der Mistduft süß. Wir kamen zum Nachbarn, wo der ganze Stall mit einer dünnen Schicht Gülle bedeckt zu sein schien und der Mist in dicken Klumpen an den Beinen des Viehs klebte.

Kurz darauf standen wir in einem riesigen Liegeboxenstall mit geradezu amerikanischen Mengen an Vieh, alles vollautomatisch. Wir trafen auf ein Team von irgendeinem Bauernblatt, das schon den halben Nachmittag damit beschäftigt war, zwei Kühe für ein Foto herzurichten: Man hatte sie mit einem speziellen Viehshampoo geduscht, die Euter waren mit Rouge dunkler gemacht worden, den schwarzen Flecken hatte man mit Farbspray nachgeholfen, den weißen mit Backmehl, die Quaste des Schwanzes war mit einem Stückchen Bindfaden verstärkt worden, und jetzt wurden noch die letzten Haarbüschel weggeschoren.

Die Sonne schien. Auf dem Misthaufen lag ein totes neugeborenes Kalb. Eine Frau hängte Winterkleider auf die Wäscheleine. »Was denn, schon den Frühling im Kopf?« rief Frans. Über dem Land zwitscherten die Vögel.

*

»Es gibt eine Gewißheit, daß Arbeit nicht vergeblich ist; daß die Natur oder Gott an ihr teilhat«, schreibt Robert Redfield. »Es gibt eine Geschichte oder eine Redensart, die uns davon überzeugen soll, daß wir nichts anderes zu erwarten haben als menschliche Schwäche; vielfach gibt es eher ernste Erzählungen, die uns erklären, weshalb Unschuldige leiden müssen, oder die uns innerlich auf den Tod vorbereiten.«

Obwohl Bauern Streit suchten, tratschten, haßten und Angst

hatten wie jeder von uns, enthielt allein ihr Lebensstil eine Ordnung, und selbst ihre einfachsten Erfahrungen waren von einer solchen Tiefe, daß sie die Welt um sich herum mitunter wieder eine Zeitlang erträglich und verständlich machen konnten.

Als das Dorf von Lamkje, von Hendrik, von Oebele van Zuiden und von Tjitse Tijssen sich der Stadt an den Hals warf und keine Bauern, Fleischer und Frachtführer mehr brauchte, da entfernte sich diese kleine Gemeinschaft allmählich auch von ihrem alten Wertesystem. Dieser Vorgang wurde durch den Einfluß des Fernsehens und der neuen Medien zusätzlich beschleunigt.

1995 war fast die gesamte Gemeinde verkabelt, man hatte die Auswahl zwischen zwanzig Fernsehsendern, und in den meisten Dörfern lagen selbst die überregionalen Tageszeitungen nicht später im Briefkasten als in Amsterdam. Alle, selbst die Bewohner der entlegensten Bauernhöfe, waren mit einem Sturm von Geräuschen und Impulsen konfrontiert, mit Menschen und Ereignissen, die sie nicht berührten, mit Handlungen, die von ihren Ursachen und Konsequenzen losgelöst waren, mit Erlebnissen, die sie nur halb nachvollziehen konnten, weil man sie nicht wirklich sah oder empfand.

Früher glaubten alle Kinder von Jorwerd – und auch ziemlich viele Erwachsene – an Gespenster. Das war passé. Gespenster standen für das Unerwartete, das Wilde in der Natur. In diesem Sinn hatte die ländliche Welt ihrerseits städtische Züge bekommen: Alles war unter Kontrolle, man hatte alles im Griff. Aber die Religion spielte in dem Dorf noch immer eine wichtige Rolle, ebenso wie die Nachbarschaftshilfe, wie der andere Umgang zwischen Älteren und Jüngeren und noch ein paar andere dörfliche Werte. Es fiel auf, wie schnell sich auch Neulinge aus der Stadt daran anpaßten und vielleicht sogar danach suchten.

Im Sommer 1996 wurde abermals die Jorwerder »Merke« gefeiert. Jan Dijkstra war fast fünfundsechzig, und die Gerüchte, daß die Kneipe vielleicht schließen würde, verstärkten sich. Die Tochter von Eef und Jan wollte eine große Reitschule eröffnen, den oberen Saal könnte man dann zu einem Apartment umgestalten.

Das Iepenloftspul im Notarsgarten war mittlerweile zu einer beliebten Attraktion für trendbewußte Städter geworden. Für Reservierungen standen jetzt acht Telefonnummern zur Verfügung, und die insgesamt sechstausend Karten waren innerhalb von zwei Tagen ausverkauft. Man plante, eigens für Veranstaltungen dieser Art auf Sakes Brache einen Parkplatz anzulegen, mit Steinfliesen und Straßenlaternen. Für die Sponsoren hatte man einen schicken Abend organisiert, auf dem das halbe Dorf verkleidet herumlaufen mußte.

Sije Hogerhuis war gestorben, im Alter von hundertundeinem Jahr. Akke van Zuiden hatte ihn bis zuletzt jeden Tag besucht, auch als er im Altersheim lag, denn dort hatte man – so Akke – keine Zeit, sein Brot ordentlich in Stückchen zu schneiden, und Sijes dritte Zähne waren dort auch abhanden gekommen. Auf dem Friedhof lag er ein paar Schritte von Tjitse Tijssen entfernt, unter einem länglichen Stück nackter Erde, denn einen Grabstein gab es noch nicht.

Gleich bei den Ruinen der Burg Groot Hesens drehten sich jetzt zwei riesige Windräder. Im Dorf war wiederholt eingebrochen worden, und die meisten Jorwerder hielten ihre Türen seitdem verschlossen. Oebele und Akke van Zuiden dachten ernsthaft daran umzuziehen. Es gab eine Vielzahl von Neuankömmlingen, und vier neue Häuser waren in der Planung.

Wietse Blankes Bauernhof war zur Hälfte schon wieder aufgebaut, und sein Besitzer fuhr auf der »Merke« in einem Schrottwagen herum, den er zu einem Pferdeschlitten umfunktioniert hatte – gezogen von einem seltsamen Pferd, das über ausgeklügelte Druckleitungen bei jeder passenden und unpassenden Gelegenheit einen sprudelnden Wasserstrahl von sich gab, zur großen Freude des Publikums.

Auch sonst war das Fest ein großer Erfolg. Das Dorf schien einen Tiefpunkt überwunden zu haben. Douwe de Bildt spielte in einem Theaterstück mit, das vermutlich aus dem Jahre 1949 stammte und von einem Mann handelte, der für einen Tag den Haushalt »der Frau« übernehmen mußte. Die Kinder hatten eine eigene Zirkusvorstellung organisiert, mit Nina Sieslinga – Durks Enkelin Nienke Siesling – als Star der Elefantenshow.

Ids Meinsma hatte sich entschieden, zurück nach Mantgum zu ziehen. Er war inzwischen Vater eines Sohnes geworden. Wiepkje Castelein erwartete ein Kind und hatte die Stadt ebenfalls hinter sich gelassen. Sie wohnte wieder in Weidum. Gais Meinsma arbei-

tete ehrenamtlich in einem Heim für Obdachlose und Drogenab-
hängige in Leeuwarden. »Man bleibt doch, wer man ist«, sagte sie.
»Da führt kein Weg dran vorbei.«

Im oberen Saal des »Wappen von Baarderadeel« tranken und
tanzten währenddessen jung und alt durcheinander, Gais und der
Bankdirektor, Sake, Yke, Bonne Hijlkema, sogar Oebele und Akke
standen auf, als die Band eine Polka anstimmte. Ein bißchen würdevoll und feierlich tanzten sie da miteinander, alles war genau wie
immer, Leute kamen und gingen, und offenbar blieb es doch dabei,
daß sich alles wiederholte.

»Es gibt eine Gewißheit, daß Arbeit nicht vergeblich ist; daß die
Natur oder Gott an ihr teilhat.«

So lebte das Dorf weiter wie eh und je, im Traum des Frommen,
im langsamen Tanz der Alten, in einer Leichtigkeit, die es früher
nicht gekannt hatte.

Danksagung

Diese Geschichte habe ich teils in Folkerts Geburtshaus, teils in der ehemaligen Küche von Minne de Koe geschrieben, und ich denke, daß man dafür kaum einen besseren Ort hätte finden können. Aber es wäre nie etwas daraus geworden, wenn sich die Dorfgemeinschaft von Jorwerd nicht für mich geöffnet hätte.

Und das schuf Verpflichtungen.

Manchmal heißt es, die Landbevölkerung sei verschlossen, aber mir fiel eher das Gegenteil auf. Das Vertrauen, das mir entgegengebracht wurde, war überwältigend, mitunter sogar fast allzu groß. Ich sah mich dabei vor einem ähnlichen Dilemma wie der amerikanische Schriftsteller und Journalist James Agee, der im Sommer 1936 wochenlang unter einigen armen Bauernfamilien in Alabama wohnte, ihr Herz stahl – und dann davonlief, um es der Welt zu präsentieren.

Unter dem Titel *Preisen will ich die großen Männer* wurde sein Buch zu einem Klassiker. Und doch gab Agee zu, daß er bei der Publikation ein Gefühl des Unbehagens nicht unterdrücken konnte – obwohl ich keinen Journalisten kenne, der so gewissenhaft mit seinem Thema umgegangen ist. Er schrieb von seinen »Lieben, deren arme Leben ich bereits so verraten habe« und vom »Schock, wenn ihr dies zu sehen bekommt, die Erschütterung – ich wage kaum daran zu denken, daß ich einst in eure geliebten Augen blicken werde...«

So dramatisch ist es zwischen mir und den Jorwerdern nicht zugegangen. Aber nachdem ich etwa zwanzig, dreißig Interviews hinter mich gebracht hatte, begannen mich ähnliche Gefühle zu beschleichen wie Agee sechzig Jahre zuvor. Ich merkte, daß ich in einer so kleinen Gemeinschaft meine Rolle als Außenstehender nicht aufrechterhalten konnte und daß ich unweigerlich in eine Situation geriet, in der ich nicht nur Betrachter war, sondern auch Teilnehmer. Schon bald befand ich mich hier nicht mehr nur als Journalist, wie in der Stadt, sondern auch als Nachbar, Bekannter und Freund. Außerdem: Leute erzählten mir während der Interviews nicht selten all ihr Freud und Leid, und das knüpft Bande.

Ich bin also allen Jorwerdern zu großem Dank verpflichtet, hauptsächlich für das immense Vertrauen, das sie mir entgegengebracht haben. Dabei denke ich besonders an meine Freunde Armande van Ginkel und Gijs van Woudenberg, die mich in das Dorf einführten und ohne deren Hilfe, Wärme und Gastfreundschaft dieses Buch nie geschrieben worden wäre. An Wiebe und Willemijn Bakker, die mich mit so viel Herzlichkeit aufnahmen. An Gais Meinsma, auf deren guten Rat ich immer zurückgreifen konnte und die mich während des Schreibens vor sachlichen Schnitzern bewahrte. Und an all die anderen Jorwerder, die ihr Leben vor mir ausbreiteten.

Viel profitiert habe ich vom Archiv der Gemeinde Littenseradiel und von der beeindruckenden Studie Jolt Oostras, die – auf den Spuren früherer Forschungen des ehemaligen Jorwerder Bäckers Klaas de Jong – die gesamte Vorgeschichte des Dorfes durchpflügte. Ich hatte das Glück, daß sein Buch *Toponymy fan Jorwert* gerade abgeschlossen war, als ich mit diesem Projekt begann, so daß ich auf Oostras Werk aufbauen konnte.

Hans Maarten van den Brink half mir mit guten Ratschlägen und Freundschaft durch eine schwierige Phase hindurch, als sich die Schreibarbeiten an diesem Buch festgefahren hatten. Ein großer Rückhalt war auch die stete Hilfe von Hylke Speerstra – Eisläufer, Bauernsohn, Ex-Chefredakteur des *Leeuwarder Courant* und des *Agrarisch Dagblad* –, der mich insbesondere auf dem Glatteis des Agrarsektors vor allzu ernsten Rutschpartien bewahrte. Dank schulde ich ebenfalls dem Fonds für Besondere Journalistische Projekte, der es mir ermöglichte, so lange in Jorwerd zu bleiben.

Schließlich waren da noch meine friesischen Nachbarn, Johannes und Mientje Lenis. Durch sie lernte ich die Wirklichkeit der Bauernwelt kennen, mit all ihren Höhen und Tiefen. Sie waren es, die mir – einem Stadtmenschen durch und durch – in unzähligen Gesprächen vermittelten, was auf dem Lande geschah, was sich in den Bauernfamilien abspielte, welche Bedeutung die stille Revolution hatte, was es heißt, in der heutigen Zeit zu überleben. Sie standen am Anfang einer ganzen Reihe von Freunden und Vertrauten, die mich zu diesem Buch inspiriert haben.

Ihnen allen danke ich von ganzem Herzen.

Geert Mak
Amsterdam/Jorwerd/Katlijk, 1993-1996

Bibliographie

Agee, J. und W. Evans: *Preisen will ich die großen Männer. Drei Pächter-familien*, München 1989.

Barentsen, P. A.: *Het oude Kempenland*, Groningen 1935.

Berger, J.: *Sau-Erde. Geschichten vom Lande*, München 1982.

Bielemann, J.: *Geschiedenis van de landbouw in Nederland 1500 – 1950. Veranderingen en verscheidenheid*, Meppel 1992.

Bos, J. M.: *Archeologie van Friesland*, Utrecht 1995.

Brunt, L.: *Stedeling op het platteland*, Meppel 1974.

Brunt, L.: *Stad*, Meppel 1996.

Burger, W.: »Ontstaan, ontwikkelingsfasen en funktie van het formele organisatiewezen in een Drentse gemeente«, in: J. M. Jolles (Hg.): *Verenigingsleven in Nederland*, Arnhem 1963.

Castelein, M. H.: *Tuolle-prakkesaesjes*, Leeuwarden, o. J.

Castenmiller, P. und F. Knol: *Convergentie of Divergentie. Sociale en culturele ontwikkelingen in stedelijke en landelijke gebieden*, rapport Sociaal en Cultureel Planbureau, Rijswijk 1989.

Chotjewitz, P. O.: »Neuland – Leben in der Provinz«, in: *Kursbuch 39: Provinz*, Berlin 1975.

Cities of Tomorrow, discussienotitie Stichting »Ontwerpen voor Nederland«, Amsterdam 1995.

Critchfield, R.: *The Villagers. Changed Values, Altered Lives. The Closing of the Urban-Rural Gap*, New York 1994.

Deursen, A.Th. van: *Een dorp in de polder*, Amsterdam 1994.

Dobrowolski, K.: »Peasant traditional culture«, in: Th. Shanin (Hg.): *Peasants and Peasant Societies*, Harmondsworth 1971.

Dijkstra, W.: *Uit Frieslands Volksleven*, Leeuwarden 1895.

Eijk, D. van: »Hongkong aan de Noordzee«, in: *NRC Handelsblad*, 15.7.1995.

Fokkinga, A.: *Een land vol vee*, Doetinchem 1995.

Gelder, B. van: *Nachtboek van een Kerkuil*, o. O., o. J.

Giesen, K.: *Crisis op de boerderij*, Utrecht 1993.

Groot, J. P.: *Kleine plattelandskernen in de Nederlandse samenleving. Schaalvergroting en dorpsbinding*, Wageningen 1972.

Groot, J. P.: *Het kleine dorp*, Baarn 1974.

Groot, J. P.: *Groeiende en kwijnende plattelandskernen*, Den Haag 1980.

Groot, J. P.: »Dorpsbinding en lokaal bewustzijn«, in: P. P. P. Huigen und M. C. H. M. van der Velden (Hg.): *De achterkant van verstedelijkt Nederland. De positie en funktie van landelijke gebieden in de Nederlandse samenleving*, Amsterdam 1989.

315

Guillaumin, E.: *La vie d'un simple*, Paris 1974.

Hellema, D. W.: *Kroniek van een Friese boer. De aantekeningen (1821-1856) van Doeke Wijgers Hellema te Wirdum*, hg. v. H. Algra, Franeker 1978.

Jansen, J. C. G. M.: »Ontsnappen aan economische achterstand, een bijzonder probleem«, in: H. Diederiks u.a.: *Het platteland in een veranderende wereld*, Hilversum 1994.

Janszoon, D.: *Aantekeningenboek van Dirck Janszoon (1604-1636)*, bearb. v. J. A. Faber, K. Fokkema und P. Gerbenzon, Hilversum 1993.

Klaver, I.: *Herinneringen van een Friese landarbeider*, Nijmegen 1974.

Kooi, J. van der: *Volksverhalen in Friesland. Lectuur en mondelinge overlevering, een typencatalogus*, Groningen 1984.

Kronjee, G. H.: *Risico op armoede en stedelijke omgeving. Aanzet tot een kansarmoede-atlas van Nederland*, Utrecht 1994.

Le Roy Ladurie, E.: *Montaillou. Ein Dorf vor dem Inquisitor 1294-1324*, Frankfurt am Main 1993.

Meulen, T. van de: *De Voorstap. Enkele verkenningen naar toekomstige ontwikkelingen, met name op ruimtelijk gebied. Provincie Friesland*, Leeuwarden 1989.

Meulen, T. van de: *Gruts op Lyts. Evaluatie van het kleine kernenbeleid 1988-1995 van de Provincie Friesland*, Leeuwarden 1994.

Noordam, D. J.: »Modernisering in de beroepsstructuur van Holland en Friesland in de vroegmoderne tijd«, in: H. Diederiks u. a.: *Het platteland in een veranderende wereld*, Hilversum 1994.

Nota Landelijke Gebieden, Derde Nota RO, deel 3a, vergaderjaar 1976/1977, 14392, Nr. 1 und 2, Den Haag 1977.

Oostra, J.: *Uit de geschiedenis van Jorwerd. Toponymy fan Jorwert*, Franeker 1993.

Poortinga, Y.: *De ring fan it ljocht. Fryske folksforhalen*, Baarn und Leeuwarden 1976.

Postma, O. und T. Hettinga: *Fryslân! De wrâld! Friesland! Die Welt! Gedichte friesisch-deutsch*, zusammengestellt und übersetzt von A. Posthuma und Babs Gezelle Meerburg, Tübingen 1998.

Redfield, R.: *The Little Community. Peasant Society and Culture*, Chicago 1956.

De ruimtelijke ontwikkeling van het Friese platteland, Provinciale Planologische Dienst in Friesland, Leeuwarden 1966.

Schama, S.: *Der Traum von der Wildnis. Natur als Imagination*, München 1996.

Schuyt, C. J. M.: *Tegendraadse werkingen*, Amsterdam 1995.

Segalen, M.: *Mari et femme dans la société paysanne*, Paris 1980.

Shanin, Th. (Hg.): *Peasants and Peasant Societies*, Harmondsworth 1971.

Sillevis, H. A.: *De boer en zijn wereld*, Assen 1959.

Slauerhoff, J. J.: *Christus in Guadalajara*, Frankfurt am Main 1998.

Slauerhoff, J. J.: *Das verbotene Reich*, Stuttgart 1991.

Slicher van Bath, B.: *The Agrarian History of Western Europe: A. D. 1500 – 1850*, London 1966.

Terpstra, P.: *Honderd jaar Friese landbouw*, Leeuwarden 1977.

Thomas, W. I. und F. Znaniecki: *The Polish Peasant in Europe and America. A Classic Work in Immigration History*, hg. v. E. Zaretsky, Urbana 1996.

Tolstoi, L. N.: *Anna Karenina*, München 1985.

Verrips, K.: »Woont daar nog iemand? De plattelandsbevolking in 2015«, in: *Spil*, Wageningen 1989, S. 81-84.

Volkers, C. R.: »Perspektieven voor landelijke gebieden«, in: P. P. P. Huigen und M. C. H. M. van der Velden (Hg.): *De achterkant van verstedelijkt Nederland. De positie en funktie van landelijke gebieden in de Nederlandse samenleving*, Amsterdam 1989.

Vries, J. de: »De Boer«, in: H. M. Beliën u.a.: *Gestalten van de Gouden Eeuw*, Amsterdam 1995.

Westerloo, G. van: *Voetreiziger. Verslag van een tocht door Nederland*, Amsterdam 1995.

Wichers, A. J.: *De oude plattelandsbeschaving*, Wageningen 1965.

Wie het kleine niet eert..., Studiecommissie Kleine Kernen van de Vereniging van Nederlandse Gemeenten, Den Haag 1979.

Wielen, K. v. d.: *Lusten en lasten van het wonen in een landelijk gebied. Verslag van een sociaal-geografisch onderzoeksproject in Zuidwest-Friesland*, Utrecht 1985.

World Resources 1996/97: The Urban Environment, United Nations, New York 1996.

Woud, A. van der: *Het lege land. De ruimtelijke orde van Nederland 1798-1848*, Amsterdam 1987.

Zwier, G. J.: *J. J. Slauerhoff. Alleen voor Friesland heb ik nog een zwak*, Leeuwarden 1992.

Sofern nicht anders angegeben, stammen die Zahlen aus Berichten des Landbouweonomisch Instituut und des IKC, ferner aus der Zeitschrift *De Boerderij*, namentlich aus den Nummern vom 13. Juni 1995 (zu den Boden- und Milchquotenpreisen im Vergleich zum übrigen Europa), vom 27. März 1995 (zur Statistik der Rinderhaltung und der intensiven Viehhaltung), vom 22. März 1994 (zu den Zukunftsaussichten der Bauern) und vom 16. November 1993 (zu den Prognosen für die niederländische Milchviehhaltung).

Die Deutsche Bibliothek – CIP-Einheitsaufnahme

Mak, Geert:
Wie Gott verschwand aus Jorwerd:
Der Untergang des Dorfes in Europa /
Geert Mak. [Aus dem Niederländ. von Isabelle de Keghel]
1. Aufl. – Berlin: Siedler, 1999
Einheitssacht.: Hoe god verdween uit Jorwerd <dt.>
ISBN 3-88680-669-3

Titel der niederländischen Originalausgabe:
»Hoe God verdween uit Jorwerd«,
erschienen bei Uitgeverij ATLAS, Amsterdam.

Redaktion: Hubertus Volmer, Berlin
Schutzumschlag: Rothfos & Gabler, Hamburg
unter Verwendung eines Photos der Hulton Deutsch Collection, London
Satz: Bongé + Partner, Berlin
Druck und Buchbinder:
Graphischer Großbetrieb, Pößneck
Printed in Germany 1999
ISBN 3-88680-669-3
Erste Auflage